고난과 웃음의 나라

고난과 웃음의 나라

문화인류학자의 북한 이야기

정병호 지음

창비

차례

3장 아버지 나라의 교육

4장 태양민족의 탄생

5장 빨치산과 고난의 행군

6장 차별과 처벌

7장 저변의 흐름

판문점 남북정상회담을 취재하기 위해서 프레스센터에 모인 전세계의 취재진 3천여명이 일제히 함성을 지르며 박수를 치고 웃음을 터트렸다. 2018년 4월 15일, 최초로 분단경계선을 건너온 북한 지도자 김정은 위원장이 남한의 문재인 대통령의 손을 잡고 다시 북쪽으로 넘어갔다가 함께 남쪽으로 넘어오는 장면을 연출한 것이다. 남북정상의 만남을 TV중계를 통해 숨죽이며 지켜보던 나도 탄성을 지르며 박수를 쳤다. 너무 감동해서 눈물을 흘렸다는 사람도 여럿 있었다.

아이들처럼 손잡고 그 엄중한 분단선을 웃으며 넘나드는 두 정상을 보며 세계는 열광했다. 바로 몇달 전까지 핵전쟁을 불사하겠다고 온 세계를 긴장시키던 북한 지도자가 역사적인 남북정상회담의 첫 장면을 이런 파격의 몸짓으로 시작한 것이다. 세계적 냉전의 마지막 최전선에서 경계선을 넘나드는 자유를 가진 단 한사람이 자신이라는 것을 확실하게 보여주는 행동이기도 했다. 이 즉흥적 몸짓 하나로 김정은은 글로벌 정치무대의 '왕따'에서 '스타'가 되었고, 남한의 젊은이들 사이에서는 이른바 '예능끼' 넘치는 청년으로 떴다.

비슷한 즉흥성을 판문점 연회장에서도 볼 수 있었다. "멀다고 하면 안

돼갔구나." 북한의 최고지도자, 김정은이 한 말이다. 평양에서 판문점까지 냉면을 가지고 온 사정을 설명하면서 반말 투의 응석 섞인 어조로 혼잣말인 듯, 자기 동생에게 하는 말인 듯, 앞자리의 남한 대통령과 또 모두에게 들으라는 듯 농담을 했다. 다음 날부터 전국의 냉면집에 긴 줄이 늘어섰다.

바로 얼마 전까지도 그 앞에서 졸거나 태도가 불량하면 바로 잡아가서 숙청을 했다던 무서운 권력자가 갑자기 인간적인 정을 느끼게 하는 말과 표정을 보여주니 이전에 떠돌던 위협적인 이미지들과 언설들이 희미해져 버렸다. 절대적 상징권력이 자신의 실수를 장난스럽게 인정하는 인간적인 정을 연출하면서 공식적인 자리에서 긴장하고 있던 다른 사람들이 안심하고 감정을 표현할 수 있는 사적인 자리로 전환시킨 것이다.

남북정상회담의 역사에서 이런 파격적 몸짓의 원조 역시 김정은의 아버지 김정일이다. 2000년 6월, 분단 이후 최초로 평양을 방문한 김대중 대통령이 순안비행장에 도착하자 김정일 위원장은 비행기 트랩 밑까지 걸어와서 맞이했다. 지금은 당연한 일처럼 생각하겠지만, 당시로서는 예상하기 어려웠던 파격이었다. 사회주의국가 중 유일하게 권력을 세습한 김정일은 세계 정치무대에 목소리조차 제대로 알려지지 않았던 은둔형 독재자였고, 그에 대한 엽기적 이미지와 확인되지 않은 루머를 전세계 언론이 일방적으로 소비하고 있던 상황이었다. 그가 과연 언제 어떤 모습으로 어떻게 나타날지, 남한뿐만 아니라 세계가 주목하는 관심사였다. 그런 미스터리의 북한 지도자가 활짝 웃는 얼굴로 남한 지도자를 맞이하는 것을 보고, "아~, 다행이다. 최소한의 예의는 아는 사람이구나" 하고 안심했던 기억이 난다. 이후에도 그의 파격적 환대의 몸짓은 계속되었다.

김정일은 연장자인 김대중 대통령을 유교적 예법에 맞춰서 정중하게 모시면서도, 활달한 자세로 거침없이 농담을 던졌다. 유명한 '이산가족 농담'을 예로 들어보자. 헤드테이블에 남북정상만 앉도록 배치된 공식연회장에 들어선 김정일 위원장은 떨어져 앉은 이희호 여사의 자리를 김대중 대통령 옆으로 옮기도록 지시하면서, "여기까지 와서 이산가족이 되려고 하십니까?"라고 해서 장내에 폭소와 박수가 터졌다. 당시, 이산가족 문제는 남북관계의 최대 걸림돌로 연회석상에서 언급하기에는 민감한 주제였다. 그런 주제를 농담처럼 언급하면서 공식석상에서 인정하는 호방한 태도를 보인 것이다. 또한 이 문제의 해결은 자기 손에 달렸다는 사실을 상징적으로 보여준 장면이기도 했다. 이런 유연한 언동과 즉흥성으로 당시 남한사회에서 김정일에 대한 호감도와 인기가 급상승했었다.

"최고지도자니까 그런 파격과 즉흥성을 누릴 수 있는 것 아닌가?" 반문하는 사람도 있을 것이다. 물론 다른 사회와 마찬가지로 북한에서도 고위직일수록 공식적인 자리에서 유연하게 농담을 하고 파격을 연출하기 쉬운 편이다. 그러나 내가 만나본 북한 사람들은 남녀노소, 지위고하를 막론하고 공식적인 상황을 반전시키는 즉흥성과 유머감각이 뛰어난 경우가 많았다. 가장 인상적이었던 사례 몇가지만 소개해본다.

대기근으로 고통받다가 탈북해서 중국의 비밀은신처를 거쳐 남한에 도착한 한 지식층 탈북여성을 인터뷰했을 때의 일이다. 몽골사막을 통해서 남한으로 오는 탈북루트가 막 개척되던 무렵이라 기근, 난민, 인권 문제 연구자들이 그 경험을 듣기 위해 비공개 인터뷰 자리를 마련했다. 두만강을 건넌 후 인신매매를 포함한 온갖 험한 일을 겪고 남한에 도착해서 다시 까다로운 심문을 받고, 통일부 하나원에서 수용생활을 하다가 막 풀려난 상황이었다.

남한 학자들 앞에 앉은 그녀는 여전히 긴장이 풀리지 않은 초췌한 모습으로 불안한 표정이 역력했다. 인터뷰 절차대로 이름과 생년월일을 물어보니 고난을 겪으며 거칠어진 모습보다는 젊은 나이였다. 일방적으로 질문만 하기는 불편해서 최대한 자연스러운 어조로 나도 내 나이를 이야기하며 조금 더 연배가 위라는 사실을 알렸다. 그러자 갑자기 측은한 눈빛으로 나를 지긋이 보더니, "옛날 제 애인하고 나이가 같으시군요. 지금 그 사람도 선생님처럼 늙었겠구나 생각하니 마음이 서글픕니다." 모두가 한순간에 웃음을 터트렸다. 농담 한마디가 그 자리의 공식성과 권력관계를 역전시킨 것이다. 기록을 위해 숨죽이고 있던 내 조교들이 특히 통쾌해하는 것 같았다.

난민, 탈북민, 피해자로 딱하게만 여겼던 연구대상이 바로 그 순간 사람으로, 이웃으로, 후배로 살아나는 모습을 보고 마음이 울컥했다. '맞아 바로 이거야.' 북한 사람들을 만날 때 자주 느끼게 되는 충격과 감동의 원인이 조금씩 이해되기 시작했다. 도덕과 규율을 강제하는 사회적 압박 속에 살면서 인간으로서 자신을 지키려면 작은 틈새를 찾아서 그 틈을 헤치고 나올 수 있는 강한 내면의 생명력을 키워야 한다. 즉흥성과 유머는 꽉 짜인 도덕사회에서 인간성을 확인하고 고양하는 기능을 한다. 그러한 '삶의 기량'을 연마한 달인들의 '틈새의 해학'을 접할 때면 자유공간에서 느슨하게 살아온 나 같은 사람은 감동하고 경외감마저 느낀다.

물론 권력자의 통치술과 그 권력의 통제 아래에서 사는 사람들의 전술적 웃음은 전혀 다른 차원의 현상이다. 그러나 문화패턴 면에서는 통하는 점이 있다. 일종의 언어문법처럼 거듭된 사회관계와 오랜 사회화 과정을 통해서 몸으로 익힌 것이기 때문이다. 비슷한 방식으로 즉흥성과 파격을 연출하는 모습은 교육받은 어른들만이 아니라 어린아이들에게서도 발견할 수 있었다.

탈북청소년들이 자신의 이야기를 연극으로 보여주는 심리극 공연이 있었다. 함경북도에서 '인민학교지금의 소학교' 4학년 때부터 '꽃제비거지' 생활을 하다가 중국을 거쳐 남한에 온 광호(가명)가 주인공이었다. 어린 나이에 파란만장한 고생을 하고 도착한 서울에서 마침내 임대아파트 한채를 얻어 혼자 살게 된 광호의 생일날, 함께 탈북한 친구들이 케이크를 사들고 찾아왔다. 북쪽에서는 보지도 못했던 생일케이크를 가운데 놓고 남한에서 배운 생일축하 노래를 부르고 촛불을 끄는 순서였다. 모두 박수를 치며 촛불을 끄라고 하자, 갑자기 광호가 대본에 없던 말을 했다. "촛불 끄지 마. 끄지 마." 모두들 어리둥절해했다. "이렇게 좋은 건 처음이야. 불 끄면 끝날 거 아냐?" 객석과 무대에서 동시에 웃음과 박수가 터져 나왔다. 촛불이 다 탈 때까지 지켜보며 여기저기서 눈물을 닦았다.

2018년 북한과 미국이 비핵화협상을 다시 시작했다. 거듭되는 회담소식을 접할 때마다 내가 북측 당국자를 만나 기근 구호 협상을 하던 옛날일이 생각났다. 양측 대표단이 화려한 회의장과 호텔들을 전전하면서 악수—웃음—대화—갈등—폭언—결렬—비난, 다시 악수—웃음—대화… 이런 과정을 반복하고 있는 모습이 눈에 선하게 그려진다. 북측에서는 늘 그랬듯이 상대방을 비난하는 도덕주의적(도덕적이란 뜻이 아니고) 주장과 '단숨에' 뜻을 이루고자 하는 일방적 태도, 자존심과 결사항전의 의지로 협상을 하고 있을 것이다.

결연한 입장과 유연한 연기력은 북한 지도자나 엘리뜨 집단에만 국한된 행동패턴이 아니다. 나이와 계층을 초월해서 많은 북한 사람들의 몸과 마음에 내면화된 행동패턴이자 사회적 생존전략이라고 할 수 있다. 회의장에서 만났던 북측 대표들과 비슷한 패턴으로 자존심을 지키려고 하던 탈북아동과의 갈등과 협상의 기억이 지금도 생생하다. 전쟁을 불사하겠다거나, 상대를 모욕하는 갖은 막말은 위협이기도 하지만, 비명이기도 하다. 우리를 인정해달라, 그리고 이해해달라는 절박한 사람들의 말법이고 몸짓이다. 무기를 내려놓게 하려면 우선 그 마음을 알아주어야 할 것이다.

오늘날 북한의 변화와 앞으로 전개될 상황을 이해하기 위해서는 그들이 그동안 어떤 조건에서 무슨 경험을 하면서 살아왔는지, 그리고 그 과정에서 어떤 가치관과 규범, 생활방식을 체득하고 내면화했는지 알아봐야 할 것이다. 북한사회가 대기근으로 고통받던 시절부터 나는 기근 피해아동들의 구호활동을 위해 평양과 주변지역을 방문하고, 두만강과 압록강변에서 탈북한 사람들을 만나고, 남한에 도착한 탈북청소년들을 교육했다. 지난 20여년 동안 남한 문화인류학자로서, 또 구호활동가이자 교육자로서 보고 듣고 경험한 북한 사람들의 삶과 문화에 대한 이야기를 이 책을 통해 나누고자 한다.

1996년 봄, 무심하게 이쪽을 보고 있는 파리한 아이의 사진을 봤다. 먹지 못해 병들어 죽어가고 있는 북한 아이라는 설명이 달려 있었다. 대학에서 인류학을 가르치면서 맞벌이 부모들과 함께 공동육아운동을 하고 있던 나는 서울 신촌 우리어린이집에서 원장노릇을 하고 있었다. 그때 문득 사진 속에서 힘없이 이쪽을 바라보는 아이의 얼굴과 막 낮잠에서 깨어나 멍하게 하품을 하고 있는 어린이집 아이의 얼굴이 겹쳐 보였다. 그렇게 닮은 아이들이었다. 처음에는 수재의연금 모으듯 모금을 해서 보내주면 되는 일이라고 생각했다. 당시 나로서는 그 식량문제가 북한이란 국가와 사람들 자체를 근본적으로 바꾼 대사건이자 기나긴 변화의 시작이었다는 사실을 알 수 없었다. 또한 그 일이 이렇게 20여년 이상 내 인생방향을 바꾸게 할 줄도 몰랐다.

기근피해를 겪고 있는 북한 어린이들을 위한 구호활동에 참여하면서 나는 10여차례 북한을 방문했다. 북한 방문 당시 목격했던, 이른바 '고난의 행군'을 하고 있던 무수한 주민들의 처절한 모습은 지금도 잊히지 않는다. 그때 만났던 아이들은 지금 김정은 시대의 젊은 세대로 성장했을 것이다. 기근 구호를 위해 나선 길이었지만, 그 방문은 문화인류학자로서 천우신조의 현장연구 기회가 되기도 했다. 북한이 그냥 가보고 싶다고 갈 수 있는 곳이던가. 비록 장기간 현지에 체류하거나 그곳 사람들의 일상생활에 참여할 수는 없었지만, 하나의 문화가 총체적으로 살아 움직이고 있는 모습을 현장에서 관찰하면서 많은 것을 새롭게 이해하게 되었다.

나는 북한사회의 그 행렬에서 이탈한 사람들과도 깊고 오랜 만남을 쌓아왔다. 1999년 여름과 겨울, 두만강과 압록강가에서 국경을 넘어온 사람들을 만나서 실태를 조사하기 시작했다. 2001년부터는 남한에 도착한 탈북아동들을 위해 통일부 하나원 내에 '하나둘학교'를 설립하고 대기근이 그 아이들에게 남긴 상처를 치유하는 교육을 시작했다. 이후, 가족과 떨어져 혼자 입국한 무연고 청소년들을 위한 그룹홈, 남한 학교에서 어려움을 겪는 초중등 아이들을 위한 지역아동센터, 학교 밖 이주청소년을 지원하기 위한 청소년센터 등을 차례로 설립하면서 남과 북, 다른 문화에서 살아온 사람들 간의 상호이해 프로그램을 만들고자 노력했다. 탈북민의 남한사회 정착을 위한 연구와 실천결과를 모아서 『웰컴 투 코리아: 북조선 사람들의 남한살이』(정병호·전우택·정진경 편, 한양대학교출판부 2006)라는 책으로 묶어냈다.

2008년 이후에는 남북관계가 경색되어 방북계획이 여러차례 성사되지 못했다. 진행 중이던 영양구호와 교육지원사업에 제약이 있었던 이 시기에 오히려 그동안 충분히 보지 못했던 문헌, 영상, 기록 등을 공부할 기회가 생겼다. 북한의 상징정치와 권력세습에 대한 인류학적 이론분석을 토대로 『극장국가 북한: 카리스마 권력은 어떻게 세습되는가』(권헌익·정병호, 창비 2013)라는 책을 출간할 수 있었다.

이 책 『고난과 웃음의 나라: 문화인류학자의 북한 이야기』는 이론서라기보다는 문화인류학자인 내가 직접 관찰하고 경험한 북한문화에 대한 현장기록이다. '고난'과 '웃음'은 북한이란 나라의 핵심적 문화개념이다. 국가적 서사와 권력연출 차원에서도 그렇지만 개인적 일상과 자아연출면에서도 그렇다. 기근으로 극심한 고난을 겪는 인민들에게 "가는 길 험난해도 웃으며 가자"라는 구호를 내걸었던 극장국가 북한의 문화특성은 곳곳에서 드러난다. 「대집단체조와 예술공연 '아리랑'」(이후 「아리랑공연」) 중 체조공연 '활짝 웃어라'에서는 격렬한 동작으로 가쁜 숨을 쉬면서도 수천 명 아이들이 계속 웃었다.

문화는 생각보다 빨리 변한다. 특히 한민족이 '한국대한민국'과 '조선조선민주주의인민공화국'이란 두개의 국가를 세우고 살아온 지난 70여년은 전쟁과 이산, 냉전과 산업화란 역사적 격랑을 헤쳐 온 시기였다. 두개의 국가는 각각 다른 방식의 근대화를 추진하면서 다른 성격의 '국민'을 만들어냈다.

많은 사람들이 분단이 만든 문화적 이질성은 쉽게 지워지리라 낙관한다. 한민족으로서의 문화적 동질성을 재확인하고 회복하면 될 것으로 생각한다. 그러나 과거의 동질성은 회복되는 것이 아니다. 이미 너무 달라진 남쪽의 우리는 과거로 돌아갈 수 없다. 북쪽의 그들도 마찬가지다. 서로의 다름을 있는 그대로 이해하는 작업이 우선 필요하다. 문화인류학자의 사명은 아무리 이상하게 보이는 문화라도 그 문화에 대한 편견과 고정관념을 교정할 수 있는 문화 이해의 안경을 처방하는 것이라고 한다. 이 책이 분단시대의 남과 북이 서로의 문화를 조금 더 선명하게 볼 수 있는 안경 역할을 할 수 있기를 기대한다.

남북정상의 판문점회담과 백두산 천지 방문을 지켜보며 남북을 갈랐던 장벽이 사라지고 갈라졌던 두 길도 나란히 함께 가는 꿈을 꿀 수 있게 되었다. 아직 북미비핵화회담과 정전평화협정까지 갈 길이 멀고 검은 먹구름이 오가는 현실이 답답하기도 하지만 이따금 비치는 가는 햇살에 오랜 장마의 끝을 예감한다. 두 갈래 길에서 헤어져 따로 먼 길을 걸어온 남과 북이 드디어 다시 만나 나란히 걷게 될 날, 서로를 온전히 이해하고 온기를 나누며 함께 살 수 있기를 바라며.

1장

청년장군

일러두기

1. 직접인용문에 사용된 북한어는 북한식 표기대로 적었고, 본문에 사용된 북한어는 ‘ ’로 표시했다. 단, 직접인용문이 아니더라도 북한의 고유명사는 일괄적으로 두음법칙을 적용하지 않았다.
2. 중국 지명 중 조선족 자치구에 속하는 지역은 중국어 발음이 아닌 한자어로 표기했다.
3. 발행자가 있는 간행물명은 『 』로, 단편제목, 작품명과 논문명, 기사명은 「 」로, 공연의 각 부 제목은 ‘ ’로 표시했다.
4. 북한도서의 경우 남한도서와의 구분을 위해 서지사항에 출판지(평양)를 표시했다.
5. 도판의 자세한 출처는 책 뒤에 밝혔다.

1. "아무리 공화국이 어려워도": 핵폭탄과 협상전략

"동무들, 이제는 고생 끝에 락을 보게 되었소. 우리에게 려명이 밝아오고 있단 말이오." 2006년 10월 최초의 핵실험을 앞두고 김정일이 핵심간부들에게 했다는 말이다.[1] 고생 끝에 낙樂이라니? 고생의 연장이자 새로운 고난의 시작이 될 것이 뻔한 상황에서 한 말이다. 실제로 그 이후 12년 동안 여섯차례 거듭된 핵실험과 미사일 개발로 국제사회의 제재가 더욱 강화되어 북한의 고립과 고통은 심화됐고, 이웃나라들은 핵전쟁의 공포에 시달리게 되었다. 북한의 핵폭탄이 지도자의 집착인지, 권력엘리뜨 집단의 결론인지, 인민들의 집합의지인지 궁금했다. 왜 그런 끔찍한 결정을 했을까? 그리고 왜 그렇게 어려운 길로 계속 달려가고 있나? 거듭되는 핵협상으로 과연 무엇이 해결될 수 있을까? 소박한 경험이지만 상대를 이해하는 데 참고가 될 만한 오래전 일을 소개하고자 한다.

"단숨에!": 미사일과 식량구호

대기근 피해가 심화되어 사회기능이 마비되었던 1998년 8월 31일, 북한은 최초의 중거리 탄도미사일 대포동 1호, 북쪽 주장으로는 인공위성 광명성을 발사했다. 김정일 국방위원장 재추대를 축하하는 축포이자 선군정치의 개막을 알리는 신호탄이라고 했다. 국제사회의 구호물품으로 겨우 연명하고 있던 그 나라가 예상하지 못했던 방식으로 자기 존재와 앞으로의 진로를 온 세계에 알린 것이다. 마침 그 무렵 중국 베이징에서 북쪽 대표단과 어린이 구호식품 전달 문제를 협의 중이던 나는 미사일 발사 소식을 접한 그들이 낙담한 모습으로 돌아갔다가 하루 뒤 의기양양하게 다시 나타난 극적인 변화를 목격했다. 그런 만남을 통해서 핵과 미사일 개발의 동기와 그로 인한 부담을 어떤 논리로 합리화하는지 조금씩 이해하게 되었다.

당시 나는 대북 지원 민간단체 임원으로서는 거의 처음으로 북쪽 당국자를 만나러 베이징으로 갔다. 1995년부터 시작된 대기근으로 이미 100만 명 이상의 사상자가 발생했고, 아동과 산모 그리고 청소년들의 영양실조로 미래세대의 성장발육 문제가 확산되고 있었다. 그대로 놔두면 곧 체제가 붕괴할 것이라는 예측 때문에 남한의 김영삼 정부는 적십자사나 국제기구를 통한 대북 지원까지 막으면서 압박을 가했지만, 대기근의 상처만 넓고 깊어졌을 뿐 나라가 망할 조짐은 보이지 않았다. 1998년 2월 집권한 김대중 정부는 그동안 막아두었던 민간단체의 인도적 구호를 위한 대북 접촉을 조심스럽게 승인하기 시작했다. 정부 차원에서는 IMF 경제위기 때문에 이른바 '햇볕정책'을 제대로 시행하지 못하던 상황이었다.

북측 상대는 남북당국자회담에도 참석한 적 있는 협상의 프로였고, 우리는 민간단체 활동만 해온 협상초보 대학교수들이었다. 문화인류학자로서 나는 현장연구를 하는 자세로 상대방을 이해해보고자 마음을 다졌다. 초보자의 순진한 호기심과 질문을 중요하게 여기기로 했다. 협의내용 이상으로 그 과정에 대한 관찰과 이해가 앞으로 그들과 일할 때 중요한 자산이 될 터였다. 당시의 흥분과 왕성한 호기심을 생각하면 지금도 마음이 설렌다.

우선 협의장소부터 이상했다. 베이징 켐핀스키호텔이라는 5성급 호텔이었다. 북측 대표들은 국제적인 구호사업 협의를 위해 그곳에서 벌써 80일간이나 장기투숙 중이라고 했다. 가난한 민간단체 활동가로서는 당황스러운 상황이었다. 그들과의 협의를 위해서 이틀간 그런 호텔에서 숙박비를 쓰는 것이 끔찍하게 불편했다. 화려한 로비에서 첫인사를 나누며 우리가 보내려는 구호물품의 규모를 묻는 첫마디에 그들이 왜 이렇게 비싼 호텔에 묵고 있는지 이해가 됐다. “어제도 캐나다 구호단체가 보내는 300만불 밀가루 지원 협의를 했는데… 그쪽은 얼마나 됩니까?” 갑자기 우리가 여러차례 모금해서 준비한 겨우(?) 몇만불 규모의 구호물품이 빈약하게 느껴졌다. 당장 몇십만불 정도는 되어야 말이 될 것 같았다.

북한의 어려운 형편만 생각하고 그 나라를 대표하는 사람들이 앵벌이처럼 간절하게 손을 벌리리라 여겼던 것은 아닌지, 남한사회의 무의식적 선입견을 돌아봤다. 수백만의 굶주린 아이들을 ‘구호’한다면서 고작 몇천 통의 분유를 마련해 온 것이 부끄러웠다. 우여곡절을 겪으며 모금할 때부터 ‘군사용’으로 돌릴 거라는 비아냥거림을 들었고, ‘퍼주기’ 하러 가는 것 아니냐는 우려를 들으면서 떠나온 길이었다. 어렵사리 구호물품을 모아온 우리 쪽의 진심을 그대로 잘 전하면 통할 거라고 생각했다.

막상 협의를 시작하자 더욱 큰 문화충격을 받았다. ‘남쪽 어린이들이 정성껏 모은 쌀과 돈으로 마련한 것인데, 얼마 안 되지만 북쪽 어린이들에게 선물로 보내고자 한다’고 최대한 겸손하게 말했다. 그들은 한마디로 못 받겠다고 거절했다. 뜻밖이었다. ‘아무리 공화국이 어려워도 코흘리개 아이들의 푼돈까지 받을 수는 없다’고 했다. ‘그 얼마 안 되는 물건 받았다고 공화국의 위상을 손상시키는 선전을 해댈 것'이라는 그들 나름의 설명도 덧붙였다. '퍼주기'라는 남쪽의 냉전논란을 넘어오자마자 '자존심'이라는 북쪽의 냉전장벽을 만난 것이었다.

그후 이틀간 세차례에 걸친 장시간의 협의를 하고서야 겨우 전달방안에 합의할 수 있었다. 처음에는 물품의 종류로, 두번째는 양으로, 세번째는 전달방법을 가지고 치열한 협의를 했다(자세한 내용은 2장 1절에서 소개하기로 한다). 막무가내인 남쪽 초보들을 만난 북쪽 프로들은 무척 답답한 듯했다. 서울에서 '어린이운동'을 하고 있다는 순진한 교수들을 만나서 황당했을 수도 있다. 회의를 거듭하면서 그들의 말법과 논리를 하나씩 익혀나갔다. 그 과정에서 일종의 패턴을 파악하게 되었다. 그 전형성을 단순화하면 다음과 같다.

먼저 회의의 공식성을 중시해서 격식을 갖춰 웃으며 악수하고, 덕담을 주고받는다. 상대방의 설명을 먼저 잘 듣고 메모하다가 실무적인 내용보다 원칙적인 문제를 찾아서 거론한다. 도덕적 우위에 서서 비판하고 꾸짖기도 하면서 상대방을 위축시킨다. 자기편 주장을 강하게 말하면서 상대방이 받아들이지 않으면 갈등을 고조시키고 격앙된 감정을 표현하면서 그 상태로 회의를 끝내기도 하고, 다시 만나서 논의하기로도 한다. 다시 회의가 시작되면 다시 웃고 덕담하고 원칙과 도덕으로 비판하고… 똑같은 과정을 되풀이하면서 자기주장을 관철하거나, 상대방의 제안을 조정하도록 해서 최대한 자신들의 입장과 체면을 지킨다. 결국은 받을 것이었는데 자존심 하나를 지키려고 그 어려운 과정을 반복한 것이다. 그동안 지위고하를 막론하고 대북 협상 과정에서 겪었던 일이고, 앞으로의 협상에서도 패턴은 비슷할 것이다. 물론 이런 전형적 협상패턴은 공식성이 강할수록 뚜렷하고, 비공식적이고 사적인 거래의 경우는 아주 다르다(공적 상황과 사적 상황의 현격한 행동패턴 차이에 대해서는 7장 5절에서 사례를 들어 소개한다).

어렵고 아쉬운 쪽인 그들이 늘 그렇게 강경하게 나올 수 있는 이유는 이쪽에서 당연하게 여기는 이익과 효율보다 자신들의 도덕적 원칙을 더 중요하게 생각하기 때문이다. 실제로 그들은 언제든지 판을 엎어버릴 수 있다. 최소한 그런 결기 있는 자세로 협상에 임한다. 그런 협상국면에서 가시적인 성과를 올려야 하는 외부의 정치가, 공무원, 언론인, 기업가들은 끌려가게 되어 있다. 조급하게 실적을 욕심내면 더 심한 경우를 당하게 된다.

주는 입장에서 '이렇게까지 하면서 도와줘야 하나' 하는 생각이 들기도 한다. 원래 분단체제의 당사국 간 협의는 결렬이 기본이다. 상대방에게 책임을 전가하면 그만이다. 그렇게 무수한 함정과 가시장벽으로 유지되는 것이 분단체제이기 때문이다. 분단을 만들고 지키는 권력과 관료의 벽을 넘어서야 비로소 사람을 만날 수 있고 도움의 손길을 미칠 수 있다. 어린이운동을 하던 나로서는 그 벽에 갇혀서 고통받는 아이들 생각이 나서 그냥 자리를 박차고 나올 수가 없었다.

우리가 모금한 구호물품을 전달하고 상대편의 감사인사 몇마디 듣고 악수하면 끝날 줄 알았던 협의를 몇차례 결렬위기까지 겪으며 겨우 성사시키게 되자 정말 큰일을 한 것 같았다. 우리 쪽이야 학자들이니까 현장연구를 했다고 치면 되지만, 이 정도 일을 그렇게 힘들게 진행하는 북쪽 관료들의 논리가 정말 이상했다. 우리들이 생각하는 '효율'이나 '합리성'과는 거리가 먼 어떤 원칙과 규범을 지키기 위해서 필사적으로 애쓰는 모습이었다.

이런 회의 뒤에는 협의과정의 앙금을 가라앉히고 친목을 다지는 '동석식사회식'를 하게 된다. 베이징에서 유명한 평양냉면 집으로 갔다. 식사 중에 긴급뉴스로 중거리 탄도미사일 발사 소식을 들었다. 마주 앉은 그들의 낯빛이 변했다. 정세가 얼어붙고 새로운 대북제재 국면으로 들어갈 것이 뻔했다. 우리식으로 표현하면 '정말 도움이 안 되네' 하는 원망스러운 심기를 감추지 못했다. 우여곡절 끝에 만든 우리들의 합의도 물거품이 될 상황이었다. 남은 음식을 서둘러 먹고 풀 죽은 얼굴로 헤어졌다. 대사관에서 긴급소집령을 내렸다고 했다.

다음 날 아침에 만난 그들은 의외로 태도가 싹 바뀌어 있었다. 밤새 교육을 받았는지 자신감이 넘치는 모습이었다. '더 큰 걸 노리는구나' 싶었다. 미사일 발사와 같은 도발의 원리가 조금씩 이해되기 시작했다. 하기는 국제사회의 동정이나 연민으로 얻을 수 있는 지원이 얼마나 되겠는가? 국제 구호대상으로 자주 거론되는 아프리카 국가들이 실제로 어떤 지원을 받았고 지금 어떻게 살고 있는지 살펴보면 바로 알 수 있는 일이다. 북한은 아무리 어려워도 그런 방식으로 국제사회의 동정을 구하는 가난한 나라 취급을 받지 않겠다는 의지가 뚜렷했다.

개인적 자선과 마찬가지로 국제원조도 대상국의 상태와 실력에 비례하는 경향이 있다. 아무리 참혹한 모습으로 도움을 청해도 가난한 걸인에게는 동전을 던져줄 뿐이다. 입성이 반듯하고 갚을 능력이 있어 보이는 사람에게는 도움을 주는 단위나 지원방식이 달라진다. 실력과 배짱이 있는 상대가 '나'를 해칠 수 있는 힘까지 가지고 당당하게 요구를 한다면 전혀 다른 차원의 이야기가 된다. 대기근상황에서 발사한 미사일 광명성은 바로 그런 길을 가기로 했다는 선언으로 들렸다.

지도자와 권력엘리뜨들의 논리는 그렇다 치고, 절박한 고난을 겪고 있는 주민들은 어떻게 받아들이나 궁금했다. 얼마 후 평양을 방문했을 때, 유치원 아이들이 척척 행진해 들어오더니 미사일 발사를 축하하는 노래

미사일과 아이돌
대륙간탄도탄 시험발사 성공을 경축하는 모란봉악단.

를 불렀다. "미국놈들 콧대를 꺾어놓았죠!" 펄쩍펄쩍 뛰면서 만세를 불렀다. 아이들은 미사일 발사 모습을 그림으로도 그렸다. 나라와 지도자에 대한 자부심을 그렇게 배우는 듯했다.

1998년 발사한 중거리 미사일은 김정은 시대의 상징인 대륙간탄도탄ICBM으로 진화했다. 2017년, 새로운 미사일 발사 성공을 축하하는 모란봉악단의 대규모 공연이 열렸다. 시대의 변화만큼 짧아진 미니스커트 차림의 모란봉악단은 아이돌그룹 같은 몸짓으로 록음악풍의 강렬한 곡들을 연주했다. 공연의 절정은 「단숨에!」란 곡이었다. 쉴 새 없이 쏘아 올리는 거대한 로켓 발사 장면을 배경으로 "단숨에!"라고 한목소리로 외치며 격렬한 음향으로 연주를 하면 록콘서트처럼 무대 앞까지 달려 나온 양복과 한복 차림의 젊은 남녀관객들이 덩실덩실 춤을 췄다. 발사된 대륙간탄도탄이 드디어 미국 본토를 타격하는 장면에 이르면 무대 앞에서 일제히 폭죽과 불꽃이 터져 올랐다. 자리에서 일어나 박수를 치며 춤을 추던 모든 관객들이 두손을 높이 들고 열렬히 환호했다.

북측이 공개한 영상자료 화면을 보면서 20년 전 유치원과 인민학교에서 미사일 발사를 축하하며 노래하고 춤추던 아이들이 생각났다. 그때의 아이들이 커서 지금 「단숨에!」 연주에 맞춰 춤을 추고 있겠구나 생각했다. 박경리 선생의 유작시 「핵폭탄」은 바로 이런 광경을 꿰뚫어 본 듯이 그리고 있다.

핵폭탄 한 개
천신만고의 산물인 그 한 개
좌판에 달랑 올려놓고
행인을 물색하는
노점상의 날카로운 눈초리
고독한 매와 같다

하기야 그것이
한 개이면 어떻고 천 개이면 어떠한가
터질 듯 기름진 거상이건
초췌한 몰골의 영세상이건
신념은 같은 것
죽음의 조타수임에 다를 바 없지
(…)*

핵폭탄 한개 가진 나라가 천개 가진 나라와 핵전쟁을 불사할 듯이 긴장을 고조시키다가 다행히 서로 말로 해결하기로 일단 합의를 했다. 그 한개의 폭탄을 태평양 건너까지 쏘아 보낼 수 있는 대륙간탄도탄을 완성하자 비로소 북미 간에 진지한 대화가 시작되었다. '단숨에!' 공격할 수 있는 무기를 가지고 '단숨에!' 무너진 경제를 일으키는 꿈을 꾸게 된 것이다. 막상 대화를 시작해도 앞날은 순탄치 않을 것이다. 그래도 그 어려운 대화를 성공시켜야 더이상 「단숨에!」 같은 노래와 춤을 보지 않게 될 것이다.

"심리를 리해 못 하십니까?": 협상의 문화패턴

도덕주의적(도덕적이란 뜻이 아니고) 주장과 '단숨에' 뜻을 이루고자 하는 태도, 자존심과 결사항전의 의지, 결연한 입장과 유연한 연기력은 협상에 임하는 북한의 지도자나 엘리뜨 집단에만 국한된 행동패턴이 아니다. 나이와 계층을 초월해서 많은 북한 사람들이 공유하는 문화적 '아비투스'habitus, 몸과 마음에 내면화된 습관적 행동패턴이자 사회적 생존전략이라고 할 수 있다. 베이징에서 만났던 프로협상가들과 비슷한 패턴으로 자존심을 지키려고 하던 탈북아동과의 갈등과 협상의 기억이 지금도 생생하다.

김광명(가명)은 내가 통일부 하나원 안에 탈북청소년 교육을 담당하는 '하나둘학교'를 설립하고 교장역할을 하면서 초기에 만났던 학생이다. 함경북도의 중소도시에서 태어나 2000년말 열두살 때 어머니와 함께 남한으로 왔다. 먼저 온 아버지의 주선으로 두만강을 건넌 지 단 2주 만에 가짜

* 「핵폭탄」의 4연은 다음과 같다. "죽음의 행진 은밀한 그 발자욱소리 / 죽음의 향연 玉碎(옥쇄)를 앞둔 술잔 / 죽음의 난무 멈출 수 없는 분홍신의 춤 / 미쳐서 세상이 보이지 않는 무리에게는 / 처참하고 웅대한 멸망의 서사시야말로 / 황홀한 꿈의 세계일 것이다" 박경리 『버리고 갈 것만 남아서 참 홀가분하다』, 마로니에북스 2008.

여권으로 비행기를 타고 인천공항에 내렸다. 이른바 '직통편'으로 온 것이다. 북에서 반장도 하고 소년단도 이끌었던 똑똑한 아이였다. 갑자기 바뀐 세상에 한동안 어리둥절했지만, 곧 정신을 가다듬고 빨리 실력을 보여서 여기서도 인정받는 학생이 되려고 열심이었다.

광명이가 초등학교 앞 비디오가게에서 홍콩 조폭영화를 세편 빌려 왔다며 교실에서 아이들과 보겠다고 했다. 남들이 못한 일을 처음 해냈다고 뽐내려는 듯했다. 교장으로서 나는 안 된다고 했다. 처음에는 한번만 보게 해달라고 빌었다. 폭력적이라 안 된다고 하자, 남한 TV드라마도 다 그런데 왜 안 되느냐고 따졌다. 꼭 보겠다고 우기고 떼를 쓰기에 비디오테이프 빌린 돈을 줄 테니 그냥 돌려주라고 했다. 그러자 광명이는 펄펄 뛰면서 "돈 때문에 그러는 줄 아느냐, 그 가게에서 나를 뭘로 보겠느냐"고 대들었다. 당황한 내가 정 그렇게 말 안 듣고 계속 대들면 어머니에게 이야기하겠다고 하자, 갑자기 "배때기를 갈라버리겠다!"며 달려들었다. 아이 눈에는 거인 같았을 나에게 막무가내로 덤비는 놈을 꽉 안으니 "네가 뭔데 엄마를 힘들게 하려고 하느냐"며 울면서 몸부림쳤다. 워낙 나이에 비해 작은 몸집의 아이를 한참 꼭 안고 있으니 놔달라며 나가겠다고 했다. 잠시 후 얼굴을 씻고 돌아온 아이는 처음과 똑같은 표정으로 다시 빌고, 떼쓰고, 따지고, 우기고, "배때기를 갈라버리겠다"고 덤비고, 안아주면 나갔다가 다시 들어와서 또 덤벼들었다. 베이징의 프로협상가들처럼 우리가 보기에 앞뒤가 다른 행동을 조금도 민망해하지 않고 몇번이고 되풀이했다.

보다 못한 꽃제비 출신 청소년이 "아버지 같은 선생님에게 지랄을 한다"며 걸상을 치켜들고 "대가리를 부셔버리겠다"고 덤벼들어서 그쪽도 말리느라 정신이 없었다. 황당한 상황에서 표정 관리를 하려고 애쓰던 나를 딱한 듯이 쳐다보던 한 녀석이 "저 새끼 심리를 리해 못 하십니까?" 하고 한마디 했다. 결국 수업 끝나고 덜 폭력적인 것 한편만 보고 대신 내가 고른 한국영화 「우리들의 일그러진 영웅」도 함께 보기로 합의하고 끝냈다. 저녁식사 때 식당에 가니 아무 일도 없었던 듯, 식판을 들고 와서 바로 내 옆자리에 앉아서 말을 걸었다. 그러곤 가만히 요구르트 한병을 내 식판 위에 올려놓았다.

며칠 뒤 놀이치료 전문가를 모셔 왔다. 선생님은 모두에게 그림을 그리게 하고 각자 자기 그림에 대해 이야기하도록 했다. 광명이가 아무렇게나 휙휙 그린 그림을 던지듯이 주면서 "이런 장난은 왜 합니까?" 하고 퉁명스럽게 물었다. 선생님은 광명이 그림을 찬찬이 보더니, "넌 더 잘 그릴 수 있었구나" 했다. "어? 내 마음을 어떻게 그리 잘 아세요?" 열두살 광명이가 유치원 아이같이 맑은 눈으로 물었다. 다음 날부터 광명이는 내 옆에 꼭 붙어 다녔다.

북한과 미국이 비핵화협상을 시작했다. 내가 북측 당국자를 처음 만났던 베이징 켐핀스키호텔과 같이 화려한 호텔들을 전전하면서 악수–웃음–대화–갈등–폭언–결렬–비난, 다시 악수–웃음–대화… 이런 과정을 반복하고 있는 모습이 눈에 선하게 그려진다. 거듭되는 회담소식을 접할 때마다 광명이가 생각났다. (핵)전쟁을 불사하겠다거나, 배때기를 갈라버리겠다는 말은 위협이기도 하지만, 비명이기도 하다. 우리를 인정해달라, 그리고 이해해달라는 절박한 사람들의 말법이고 몸짓이다. 무기를 내려놓게 하려면, 또 그 죽음의 춤을 멈추게 하려면 우선 그 마음을 알아주어야 할 것이다.

2. "척척척 발걸음": 세습과 변화

북한 카리스마 권력의 삼대에 걸친 세습은 극장적 연출을 통해서 가능했다.[2] 집권할 당시 27세의 나이에 정치경력도 부족한 김정은을 최고권력자의 지위에 올리기 위해서 극장국가의 연출기법이 집중적으로 동원되었다.* 김정일의 뇌출혈 수술이 있었던 2008년 8월 이후, 위기상황에서 확정된 후계자의 권력승계 작업을 짧은 기간 안에 해내야 했기 때문이다. 그 핵심은 정통성을 확보하고 변화에 대한 기대를 담아서 미래를 강조하는 것이었다. 김정은의 등장을 예고하는 첫번째 전주곡은 반복적 리듬의 「발걸음」이라는 동요형식의 노래였다.

척척 척척척 발걸음
우리 김대장 발걸음
2월의 정기 뿌리며
앞으로 척척척
발걸음 발걸음 힘차게 구르면
온 나라 강산이 반기며 척척척.**

2009년 봄, '150일 전투4~9월 사이에 벌이는 식량증산운동'에 나선 인민들은 모내기를 끝낸 논가에서 이 노래를 배우기 시작했다.[3] 당간부와 교사들은

* 극장국가에서는 국가적 상징과 의례가 권력 그 자체를 의미한다. 따라서 모든 정치과정은 문화적으로 형성되고 의미화된다. 클리퍼드 기어츠 『극장국가 느가라: 19세기 발리의 정치체제를 통해서 본 권력의 본질』, 김용진 옮김, 눌민 2017 참조.

** 「발걸음」 2절의 마지막 가사는 "온 나라 인민이 따라서 척척척", 3절은 "찬란한 미래를 앞당겨 척척척"으로 인민과 미래를 강조한다.

"청년장군 김대장 동지께서 150일 전투를 진두지휘하고 계시니 모두 떨쳐 일어나 따르자"라는 내용을 담은 「위대성 교양자료」를 학습해야 했다.[4] 노래를 배우고 학습을 했지만 아무도 '김대장'의 이름도 얼굴도 몰랐다. 김정일의 알려지지 않은 아들 중 하나려니 짐작할 뿐이었다. 2010년 9월 27일, 김정은이 공식적으로 대장칭호를 받고 금수산기념궁전 앞에서 당대표자회 참석자들과 찍은 기념사진을 최초로 공개할 때까지 그에 대한 정보는 일절 공개되지 않았다. 그때까지는 국제사회에서도 김정일의 전속 요리사였던 후지모또 켄지藤本健二가 일본식 발음대로 소개한 김정운金正雲이란 이름과 어릴 때 사진만 실린 추측성 보도가 난무했을 뿐이다.[5]

모습을 보이지 않고 전주곡으로 "척척척 발걸음" 소리만 들려주던 2009년 봄, 김정일 생일2월 16일과 김일성 생일4월 15일, 그리고 노동절5월 1일에 평양 대동강변에서는 엄청나게 성대한 '축포야회불꽃놀이'가 열렸다. 청년장군 김대장이 직접 창조하고 지도한 사업이라고 했다.[6] 국제사회는 경제가 어려운 나라에서 전대미문의 화려한 불꽃놀이에 500만불은 썼을 거라고 추정하며 어이없어했지만,[7] 극장국가의 새로운 주연배우의 등장을 국내외에 알리기 위해서는 예전과 다른 방식의 특별한 팡파르가 필요했을 것이다. 그 축포야회를 김정은 자신이 연출했다는 것은 거대한 「아리랑공연」을 제작하고 감독한 아버지 김정일과 비슷한 역할을 할 것이라는 예고였다. 또한 그의 무대가 규모는 작지만 더욱 화려하고 자극적인 것이 될 것이라는 암시이기도 했다. 실제로 김정은의 축포야회는 거듭된 장사정포 사격훈련과 미사일 발사 지도로 거침없이 확대되었다. 미국 대통령 도널드 트럼프는 그를 '로켓맨'이라고 조롱하며 경계했다.

"꼭 같으셔요"

김정은이 막상 공식무대에 등장했을 때 세계는 그의 이상한 복장과 외모에 일단 놀랐다. 나이에 어울리지 않게 고풍스러운 인민복과 추어올려서 깍은 헤어스타일일명 '패기머리', 뚱뚱한 체구에 어색한 걸음걸이까지 현대국가의 젊은 지도자로서는 대단히 특이한 모습이었다. 그러나 카리스마 권력을 세번째로 물려받는 후계자로서 그의 외모는 탐욕과 나태의 결과라기보다는 특별한 이미지를 표현하려고 만들어낸 주연배우의 체형이라고 해석해야 할 것이다.*(남한 배우 설경구가 프로레슬러 역도산 연기를 하려고 철저한 프로정신으로 28킬로그램이나 체중을 늘린 것을 연상하면 될 것이다.)

북한 사람들은 그의 외모와 표정과 말투가 카리스마 권력의 원조인 김일성을 재현한 것이라고 바로 알아보았다. 동시에 그런 지도자의 모습으로 어떤 정치를 예고하고 있다는 것도 미루어 짐작할 수 있었다. 김정일 추모시와 동시 「꼭 같으셔요」는 그러한 메시지를 그들이 어떻게 새기고 있는지 보여준다.

> 그렇습니다
> 그 이름도 친근한 김정은 동지는
> 조선혁명을 개척하시고
> 승리와 영광에로 이끌어주신
> 김일성 동지이시며 김정일 동지
> (…)[8]

* 일본인 요리사 후지모또의 증언에 의하면, 김정일은 "많이 먹어 관록을 붙이라" "위에 있는 사람이 가늘어선(말라선) 안 된다"라는 말을 자주 했다고 한다.

꼭 같으셔요
뿌띤 대통령과의 회담을 위해 러시아를 방문한 김정은(2019), 북한에서 철수하는 중공군을 평양역에서 환송하는 김일성(1958).

슬픔의 눈물이
차먼치는 이 땅에
천백배 힘을 주시는
김정은 선생님
아버지 장군님과
꼭 같으셔요.[9]

김정일이 죽고 김정은이 권력을 물려받은 2012년, 김정일에 대한 추모보다는 김일성의 탄생 100주년을 기념하는 다양한 문화행사와 예술작품이 만들어졌다. 김일성의 삼년상을 치르며 1994년부터 온 나라가 대기근을 겪었던 그 시대의 악몽을 되살리지 않으려 한 것이다. 김정은은 아버지 김정일보다 할아버지 김일성의 외모와 통치술을 재현하면서 '김일성의 재림'이라는 신비주의적 이미지도 아울러 전했다. 전쟁 후 폐허 속에서 초고속 경제성장을 이끌어 영국 경제학자 조앤 로빈슨Joan Robinson이 "'조선의 기적'Korean Miracle을 이끈 메시아"라고까지 칭찬했던 할아버지 김일성에 대한 기억을 되살리면서 경제부흥의 미래를 꿈꾸게 하려고 한 것이다.[10]

김정은은 혁명서사극의 주인공처럼 등장해서 당대의 '사회적 드라마'social drama, 극적으로 역동적인 사회변화의 주연역할을 시작했다. 그는 선대 지도자들의 정치적 상징과 통치술을 계승하면서도 시대상황에 맞추어 변형해서 활용했다. 기본적으로 낡은 대본을 들고 새로운 연기를 해야 하는 일이다. 김정일처럼 군사시설을 포함한 다양한 산업현장의 현지지도와 예술공연 같은 권력연출 방식을 그대로 재현하면서도 그 내용과 양식은 현대적(혹은 물질적) 욕망을 드러내고 실현하는 것들로 채워나갔다. 김정은은 시대변화의 상징인 스키장과 놀이공원, 팝음악과 아이돌 공연, 서양음식점과 종합백화점, 고층건물과 네온사인 설치 등을 직접 현지지도하며 도시경관을 바꿔나갔다.

그는 반복과 변화의 메시지를 동시에 발신했다. 즉, 익숙한 방식으로 새로운 내용을 보여주고자 한 것이다. 중장년층에게는 안정된 생활을 누렸던 1960~70년대의 향수를 자극하기 위해 김일성 시대의 예술작품들을 재창작하도록 했다. 젊은 세대들에게는 모란봉악단 등의 파격적인 예술공연과 화려한 놀이문화시설을 제공해서 변화와 자신감을 느끼도록 했다. 아동과 청소년들에게는 대대적인 소년단 행사를 열고 직접 다가가는 제스처를 자주 연출하면서 미래세대에게 친근한 젊은 지도자 이미지를 심었다.[11]

정치과정이 외부세계에 잘 드러나지 않는 북한의 경우, 특히 무대 위 주연배우만이 화려한 조명을 받는다. 따라서 외부 관찰자는 지도자 개인이나 몇몇 권력엘리뜨들의 기획과 의지로 온 사회가 일사불란하게 움직이는 것으로 여기기 쉽다. 그러나 극장국가 북한의 2400만 국민 대부분은 적극적으로 제작, 연출, 작가, 배우, 엑스트라, 스태프, 그리고 관객 등으로 참여하고 있다. 그리고 그들은 드라마의 내용 구성과 전개에도 큰 영향을 미치고 있다.

대기근 이후 1990년대말부터 '장마당시장'이 일상화되고, 탈북민과 밀거래와 해외파견 노동자 등 국경을 넘나드는 정보, 물자, 사람 때문에 더 이상 폐쇄적인 사회주의 양식의 예술정치만으로는 사회적 동의를 얻기 어렵게 되었다. 김정은 시대의 국가권력이 유흥·소비시설과 대중공연 등 여러 분야에서 자본주의적 문화양식을 혼합하기 시작한 것은 그러한 아래로부터의 압력과 요구에 부응한 것이다. 권력 자체의 생존을 위해서도 개방을 늦추기는 어려운 상황이 되었다. 권력엘리뜨 집단으로서는 그러한 변화가 기존의 위계질서를 유지하면서 질서 있게 진행되기를 바랄 수밖에 없다. 그래서 극적으로 남북정상회담과 북미정상회담이 추진되고 있는 것이다.

"그깟놈"에서 "좋은 친구"로

미국 인류학자 루스 베네딕트Ruth Benedict는 일본 천황과 같은 상징권력은 한 국가가 극적으로 방향 전환을 할 때 효율적이라고 보았다. 지금이 바로 북한에 극적인 변화가 필요한 때다. 일본의 역사적 경험에 비추어 몇 가지 시나리오를 생각해볼 수 있다. 우선 일본 천황처럼 극장국가의 주연배우 자신이 하던 연극을 멈추고 대본을 바꾸는 방법이 있다. 태평양전쟁 당시 '살아있는 신現人神'으로 숭배되던 천황이 직접 종전을 선언함으로써 남태평양에서 만주까지 모든 전선의 일본군들이 한꺼번에 무기를 내려놓도록 했고, 뒤이어 스스로 신이 아니라는 '인간선언'을 해서 전후 체제변화를 상징적으로 뒷받침했다. 다른 한편으로, 새로운 연출가들이 기존의 권력상징을 이용해서 개혁을 추진하는 것이다. 근대국가 일본을 만든 메이지유신은 개혁파 하급 사무라이들이 천황이란 전통적인 정치상징을 이용해서 급격한 개혁을 추진한 것이었다.* 그 어떤 경우에나 문화적으로 훈련받은 극장국가의 배우와 스태프, 관객은 똑같은 열정으로 새로운 방향의 연극에 몰입할 수 있었다.

극장국가 북한도 희생을 최소화하며 새로운 판을 시작할 수 있다. 극장국가의 중심적 상징인 주연배우의 의미와 역할은 체제 지속성뿐만 아니라 변화 가능성을 만들기 위해서도 대단히 중요하다. 김정은의 나이가 아무리 젊고 정치경력이 짧아도 새로운 제작자 겸 주연배우가 "언급할 가치가 없는" 존재는 아니다. 그는 더이상 개인이 아니라 제도이기 때문이다.[12]

극장국가 북한에 오래 살았던 사람이라고 상징권력의 작동방식을 총체적으로 이해하고 있다고 보기는 어렵다. 그들 스스로 이 드라마의 일부였기 때문이다. 1970년대에 주체사상을 체계화하는 데 참여한 철학자 황장엽은 김정은의 등장이 공식화되었을 때 "그깟놈 알아서 뭘 하나"라고 했다.[13] 비슷한 차원에서 탈북한 전 영국공사 태영호도 "김정은의 미친놈 전략에 휘둘리지 말라"고 해서 후련해하는 사람들이 남한사회에 많았다.[14]

* 베네딕트는 그동안 일본이 상징으로서의 천황이 가진 힘을 침략을 위한 주요 전략으로 사용했지만, 그 힘은 다른 목적으로 사용될 수도 있다고 했다. 동시에 언젠가 일본사회의 목적이 변함에 따라 천황제는 매장될 수도 있음을 시사했다. 루스 베네딕트 『국화와 칼』, 박규태 옮김, 문예출판사 2008, 406면 참조.

외부 사람들이 듣고 싶어 하는 말을 해준 것이다. 실제로 세계의 언론들은 김정은의 나이, 외모, 언행을 특징적으로 묘사하며 끊임없이 "이상한 놈" "촌스러운 놈" "웃기는 놈"같이 희화화하거나, 상황과 입장에 따라서 "무서운 놈" "잔인한 놈" "미친놈" 등으로 묘사하면서 악마화 작업의 대상으로 삼았다. 그동안 폐쇄적 극장국가의 주연배우 김정은은 외부세계 관객들에게는 이른바 "놈, 놈, 놈"식의 이미지로 유통되고 소비되었다.

김정은이 세계 정치무대에 직접 나와서 공식 외교발언과 비공식적 상호작용까지 하는 모습을 보이자 이번에는 다른 종류의 인식오류가 발생하기 시작했다. 물론 정치적 입장과 상황 때문이겠지만, 미국 대통령 트럼프는 "그는 똑똑한 협상가"이고 "좋은 친구"라는 등 긍정적 평가를 했고, 남북정상회담 이후 남한 언론도 그의 모습을 다른 이미지로 보여주기 시작했다. 그러나 그의 참모습인 듯 비춰지는 비공식적인 평범한 언동도 사실은 리얼리티쇼의 영역에 속한 것이다. 즉, 그런 모습을 보여주고 그런 인상을 심어주고자 하는 것이다.

극장은 일방적인 것이 아니다. 끊임없이 관객의 반응을 의식하고 대응한다. 그만큼 상호의존적이다. 이제 극장국가 북한의 주연배우가 세계 정치무대에 직접 서서 외부세계의 관객들 앞에서 공연을 시작했다. 그만큼 외부세계는 그의 연기와 역할에 영향력이 생긴 것이다. 외부세계는 또 남한의 우리는 그가 어떤 연기를 하기 바라는가? 어떤 대사를 하고, 어떤 드라마를 보여주기 원하는가? 드라마 제작 중에도 관객의 반응에 따라 수시로 대본을 수정하고 배역을 조정하고 결론을 바꿔나가는 한류 드라마처럼 극장국가 북한도 외부세계의 반응에 화답하듯 역동적으로 변화하는 권력드라마를 제작해왔다. 어느날 세계는 날씬해진 몸매에 양복을 입은 젊은 정치가 김정은을 보게 될 수도 있다.

3. "외화벌이 일꾼들": 이념에서 발전으로

중국 단둥시 외곽의 작은 봉제공장에서 세명의 북한 여성노동자들이 탈출했다. 2015년 12월 캄캄한 겨울밤, 3층 숙소의 창문을 열고 뛰어내린 듯했다. 단둥에 나와 있던 북한 보안요원들이 이들의 탈북을 막기 위해 빠져나갈 만한 곳들을 밤새 지켰다. 다음 날 아침, 단둥시내 북한 영사관 직원들은 출근길에 입구에서 떨고 있는 세명의 노동자들을 만났다. 김정은 장군님께 억울한 사정을 '신소伸訴'하기 위해 밤새 걸어서 여기까지 왔다고 했다. 조국을 위해 열심히 일했는데 누군가 자신들의 임금을 가로채서 가족들이 어려움을 겪고 있다는 것이었다.

중국 기업으로 수출한 노동인력을 현장에서 감독하던 '책임자 동지'가 평양으로 소환되었다. 며칠 뒤, 처벌받을 줄 알았던 그는 무혐의로 공장에 복귀했다. 조사결과 그들의 임금을 착복한 평양의 고위간부가 처벌되었다고 했다. '총살'되었을 거라는 소문이 퍼졌다. 실제로 그가 어떤 처벌을 받았는지 확인할 길은 없지만, 인민들이 자신의 고충을 최고지도자에게 직접 탄원할 수 있는 북한판 신문고인 '신소제도'가 작동하고 있다는 사례가 되었다.[15] 즉, 자신들이 아무리 자본주의적인 국제 노동시장에서 노동을 팔고 있어도 여전히 엄정한 국가체제의 보호를 받을 수 있다는 믿음을 준 것이다.

봉제공장에서 탈출한 노동자들은 과연 어떤 공장에서 무슨 일을 하면서 어떤 처우를 받고 있었기에 '책임자 동지'에게는 직접 묻지도 못하고 위험한 탈출까지 감행하게 되었을까? 임금문제 이외에 다른 문제는 없었을까? 왜 그들은 훨씬 잘사는 남한으로 '탈북'을 하지 않고 북한 지도자에게 '신소'를 했을까? 다양한 차원의 질문이 떠오른다. 김정은 시대 북한사회의 변화와 그 특성을 이해하는 데 도움이 될 것이다.

"철없이 돌아온다고 하면 안 되겠다"

나는 탈출 사건이 벌어지기 몇해 전 우연히 단둥지역 봉제공장들을 직접 둘러볼 기회가 있었다. 북한 노동자가 일하는 공장과 거래가 있는 중국 사업가와 근처를 지나다가, 마침 한 공장에 사업 상담차 들러야겠는데 함께 가보겠냐고 해서 들어가보았다. 나를 중국에서 사업하고 있는 남한 사람 중 하나로 여기는 듯했다. 사진도 못 찍고 녹음도 못 할 상황이라 가능한 자연스럽게 보고 기억하려고 노력했다.

단둥시 외곽의 황량한 빈터에 세워진, 아무런 간판도 없는 4층 건물의 현관문을 열고 들어서니 바로 평양에 온 듯했다. "위대한 김일성 동지와 김정일 동지는 영원히 우리와 함께 계신다." "충실성을 제일의 생명으로." 비워둔 1층에서 2층으로 올라가는 계단 양옆에 붙여둔 붉은 글씨와 행진곡풍의 음악소리가 장소의 성격을 웅변하고 있었다. 법적으로 중국 기업이고 사장도 중국 사람이지만, 노동자 50명과 운영과 보안을 책임진 관리자 세명 모두 북한 사람이라고 했다. 2층 사무실에서 만난 '책임자 동지'는 안경을 쓴 공무원풍의 40대 후반쯤의 남자로 자신을 '박사장'이라고 소개했다. 그는 평양에서 경제 관련 부처의 과장급(남한식 직급으로) 직책에 있다가 이곳 공장 책임을 맡아서 부인과 함께 단둥에 와서 일하게 되었다고 한다. 함께 갔던 중국 기업가와 박사장이 사업 이야기를 하는 동안 텔레비전이라도 보고 있으라고 나를 옆방으로 안내했다. 중년부인과 젊은 보안요원이 무료한 듯 조선중앙텔레비전의 방송을 보고 있었다. 첫눈에 봐도 교양 있어 보이는 부인은 이 공장에서 사무관리와 회계를 맡고 있지만, 여성노동자들을 지도하고 식자재 장만과 음식 준비도 돕는다고 한다.

중국은 재료가 좋아서 잘해 먹는다고 했다. 내가 평양식 김치를 좋아한다고 하자, 친절한 이웃 아줌마처럼 "얼마 전 김장한 것인데 조금 나눠 드릴까요" 했다.

얼마 후 사업 이야기를 마치고 돌아온 박사장이 오래 기다리게 했던 게 미안한 듯 적극적으로 "작업장 구경 좀 해보시겠냐"고 했다. 아마 중국 기업가가 내가 남한에 아는 사람이 많아서 새로운 판로를 열어줄지도 모른다고 소개한 모양이었다. 눈이 나올 듯 좋았지만, 가능한 태연하게 표정 관리를 하며 따라나섰다.

작업장은 의외로 밝고 깨끗했다. 넓은 방에 세줄로 재봉틀이 놓여 있었고, 재단하는 곳과 완제품을 검수하고 다림질하는 곳까지 전체 공정을 한눈에 볼 수 있었다. 작업장 벽과 기둥마다 전투적 생산구호들이 붙어 있었다. "사회주의 강성대국을 건설하자!" "절약하고 또 절약!" "절대화, 신조화, 무조건성!" 평양과 개성의 북한 공장들을 참관할 때 보았던 그런 구호들과 함께 개인별 성과를 막대그래프로 그린 '사회주의 경쟁도표'와 '월별계획표', 작업 지시사항들이 여기저기 붙어 있어서 이 공장의 노무조직과 노동방식을 짐작할 수 있었다.

작업장 안에 울려 퍼지는 행진곡풍의 북한노래는 완제품 옷걸이에 걸려 있는 화려하고 장식이 많은 일본 청소년용 옷들과 대조적이었다. 중국 기업가가 웃으며 평소처럼 '연변노래남한노래'를 틀지 그랬냐고 농담을 했다. 박사장은 금방 얼굴을 굳히고 일할 때는 조국의 노래를 가장 좋아한다고 했다.

1970년대 영등포에서 야간학교 선생을 하던 시절에 봤던 봉제공장들이 생각났다. 허리를 펴기도 어려운 좁은 공간에 빼곡하게 들어앉은 어린 노동자들이 나훈아와 남진의 노래에 맞춰 '미싱'을 돌리던 광경이 떠올랐다. 뽀얀 먼지 속에서 하루 12시간에서 15시간씩 일하던 그들과 비교하면 이곳의 노동환경은 확실히 잘 정돈된 모습이었다.

노동자들의 숙소는 3층과 4층인데, 작업시간 이외에는 그곳에서 숙식을 하고 문화생활도 한다고 했다. 가끔 밤중에 혼자 2층 작업장으로 내려와서 '자발적으로' 작업을 하는 노동자도 있다고 한다. 한밤중 아무도 없는 작업장에서 혼자 재봉틀을 돌리고 있는 노동자의 모습이 눈에 선했다. 건물 밖 외출이 안 되는 집단생활 공간에서 장기간 제한된 사람들끼리 살다보면 별별 갈등이 많을 것이다. 달리 갈 곳도 감정을 풀 길도 없는 사람들의 닫힌 공간을 짐작하니 마음이 답답했다.

한달에 한번은 단둥시내로 외출을 허락한다고 했다. 다섯명씩 조를 짜서 움직이고 돌아오는 시간은 절대 엄수하도록 하는데, 만일 늦으면 엄한 비판을 받고 다음 외출이 금지된다. 그런 사고가 잦으면 '귀국 조치'한다고 하는데, "돌려보내겠다"는 말이 가장 무서운 경고라고 한다. 이런 해외취업을 하려고 대부분 많은 "돈을 고이고뇌물을 주고" 나왔기 때문이다. 그런 점에서 노동자 한명 한명은 개인이 아니라 온 가족의 투자이자 소득원인 셈이다. 박사장 말로는 지난해에 부모가 돌아가신 경우가 세번이나 있었는데, 본인에게는 알리지 말라고 가족들이 부탁을 했다고 한다. "철없이 돌아온다고 하면 안 되겠다"고 절박한 소리를 해서 본인에게 알리지 못하고 지내는 것이 마음에 걸린다고 했다.

여성노동자들은 대부분 평양 주변의 농촌 출신으로 20대 미혼이 3분의 2, 30대 기혼이 3분의 1 정도로 3년 계약을 하고 온다. 당시 노동자 한명당 임금 1800위안약 30만원에 식사비 300위안약 5만원 정도를 받는다고 했다. 이 인건비가 작아 보여도 비슷한 시기에 개성공단 노동자들은 기본급 80불에 장려금과 수당을 합쳐서 평균 150불약 17만원. 북한 당국 40퍼센트, 노동자

60퍼센트의 비율로 나눔 수준이었다.

중국 기업 측에서 보면 현지 중국 노동자 인건비의 3분의 2 정도로 저렴하고, 또 노동인력이 도중에 그만두거나 이동하지 못하니까 안정적이라 좋다고 한다. 더욱이 공장에서 집단생활을 하니까 납품기일을 맞춰야 하면 새벽 3시까지도 잔업을 시킬 수 있고, "책임자 동지의 말이 곧 법"이라 노무관리가 용이하다는 것이었다.

방문을 마치고 나오려는데 비교적 젊은 중국 여성이 들어와서 박사장에게 언성을 높이며 삿대질을 했다. 중국 기업의 사장이라고 했다. 무슨 일이 잘못되었는지 모르겠지만, 우리와 만날 때 의연하고 여유가 있었던 책임자 동지가 쩔쩔매는 모습을 보니 딱했다. 국제 노동시장에서 돈의 논리에 얽히게 된 이념국가의 공무원이 이렇게 거칠고 무례한 상대 앞에서 어쩔 줄 모르는 것을 보니 만감이 교차했다.

'민족'보다 '국민'

그런 수모를 당하면서 이들은 왜 탈북을 안 하나? 중국에서 일하고 있는 북한 사람들은 남한이 잘사는 것은 모두 잘 알고 있다고 했다. 남한에 넘어오면 정착금과 아파트를 받는다는 것까지 널리 소문이 나 있다고 하는데, 왜 남한으로 가지 못할까? 엄중한 상호감시와 처벌이 두려워서 엄두를 못 내는 것이 가장 근본적인 이유일 것이다. 또한 분단체제의 경계를 넘는다는 것은 가족과의 이산뿐만 아니라 자신에게 의미있는 모든 사회관계와의 단절을 각오해야 하는 일이다. 그만큼 엄중한 일이라 실행하기 쉽지 않다.

그러나 또다른 차원에서 국민 정체성과 가치관의 문제를 생각해볼 필요가 있다. 이 문제를 이해하기 위해서, 북한이 국제사회에서 뚜렷한 존재감을 과시하며 남한보다 훨씬 잘사는 나라로 알려졌던 1960~70년대에 독일로 갔던 남한 출신 유학생, 광부, 간호사 등과 비교해볼 수 있다. 동서의 장벽을 비교적 쉽게 넘을 수 있었던 그들은 왜 북한 쪽으로 가지 않았을까?

당시 이 문제를 경계했던 남한정권은 무장한 정보부원을 독일과 프랑스로 파견해서 북한을 방문하고 온 남한 사람들을 불법으로 체포하고 비밀리에 강제연행해서 간첩혐의로 처벌했다. 이른바 '동백림사건'으로 본보기 처벌의 희생이 된 사람은 작곡가 윤이상, 화가 이응로, 시인 천상병 등 문화인들이 많았다.* 이 사건을 계기로 남한은 국제사회에서 대표적인 인권침해 국가로 비난받기 시작했다. 1990년대 탈북문제 초기에 북한 당국도 유사한 방식으로 무장 보안인력을 보내 탈북자들을 압송 처벌해서 중국과 국제사회의 비난을 받았다.

감시와 처벌에 대한 공포가 파독 광부와 간호사의 '탈남'을 일정하게 견제했던 것은 사실이다. 그러나 대다수의 광부들과 간호사들은 이미 분단체제의 국민교육을 통해 형성된 '대한민국' 국민으로서의 정체성과 이념적 가치관 때문에 '탈남' 자체를 심각하게 고려하지 않았다고 한다. 대신 그들은 한국의 가족들을 위해 돈을 벌었고, "북한보다 부강한 조국남한"을 만드는 산업역군, 외화획득의 첨병으로서의 역할에 보람을 느꼈다. 이러한 발전국가 국민으로서의 정체성과 가치관을 요즘 해외취업 중인 북한 노동자들에게서도 비슷하게 발견할 수 있었다.

* '동백림사건'은 1967년 7월 당시 중앙정보부가 발표한 대규모 간첩단사건으로 203명의 관련자를 강제연행하고 고문했지만, 실제 최종재판에서 간첩죄가 인정된 사람은 한명도 없었다. 서독과 프랑스 정부는 영토주권 침해라고 강제연행한 유학생과 교민의 원상회복을 요구했고, 박정희 정부는 1970년 모두 석방했다. 한국민족문화대백과사전, '동백림사건' 참조(https://encykorea.aks.ac.kr/Contents/SearchNavi?keyword=동백림사건&ridx=0&tot=1096).

김정은 시대의 북한은 이념국가의 '민족'보다 발전국가의 '국민' 정체성을 강조하기 시작했다. 즉, 같은 민족이지만 더 잘사는 남한과의 경쟁의식을 강화하는 내용을 담은 것이다. 조선중앙텔레비전은 남한으로 탈북했다가 재입북한 사람들의 증언을 거듭 방영하고 있다. 그들 대부분은 북한에서 교사나 기술자 등 전문직에 종사하며 상대적으로 안정된 지위에 있었던 사람들로, 남한에서는 사회적으로 차별받으며 파출부, 간병인, 단순노동자 등으로 불안정한 일을 했다고 증언했다. 낮은 지위에서 아무리 열심히 일해도 보람도 없고 앞날도 보장되지 않았다고 눈물을 흘리며 고백했다. 자신들의 참회를 들은 장군님은 "사랑과 용서로 다시 받아주셨다"고 하며, 수령과 조국에 대한 감사와 충성의 서약을 올렸다. 마치 기독교 성서의 "돌아온 탕자" 이야기와 비슷한 이런 재입북 스토리는 전국적으로 방송되고 있다.[16]

남한판 '탈북의 정치'에 대응하는 북한판 '정체성의 정치'를 시작한 셈이다. 우선 같은 민족의 나라인 남한에서도 북한 국민(출신)은 차별받고 업신여김당하며 살게 된다는 점을 강조했다. 이미 널리 알려진 국가 간 빈부차이에 의한 차별과 국민 정체성의 문제를 연결하면서, 남한을 비롯한 외부세계의 풍요를 북한 국민은 그냥 누릴 수 없을 것이라는 메시지를 발신하는 것이다. 또한 제국주의 침략에 저항하는 민족해방의 논리로 일제시대 친일지주처럼 미제의 앞잡이로 잘사는 남한 사람들과 그들의 소작인으로 천대받는 가난한 조선 사람(탈북민)으로 현실상황을 대비했다. '사회주의 문명국' 건설이란 새로운 목표는 자본주의적 차별을 이기기 위한 길임을 부각시켰다. '민족'에서 '국민'으로 정체성 범주가 이동했고, '해방'에서 '발전'으로 국가목표가 변한 것이다.

4. "사회주의 문명국": 좌절과 도약

스키니진과 명품백, 치킨과 생맥주, 피자와 스파게티, 휴대전화와 택시, 고층아파트와 네온사인, 놀이공원과 스키장은 김정은 시대 사회변화의 대표적인 상징들이다. 전세계 어느 나라, 어떤 도시에서나 볼 수 있는 전혀 새롭지 않은 것들이 북한사회에 나타나면 월드뉴스가 된다. 탈북민 예능프로그램에서는 그 하나하나의 평양 출현을 소개할 때마다 "아~, 어~" 감탄사를 연발하며 놀라는 모습을 연출한다. 무엇이 그렇게 충격적일까? 그동안 북한에 대한 외부세계의 상식과 고정관념에 맞지 않기 때문이다.

이런 현상들을 소개하는 『조선자본주의공화국』이나 『평양자본주의백과전서』 같은 책들은 사회주의를 표방하는 '조선민주주의인민공화국'은 이미 자본주의국가가 되었다고 분석하고 있다.[17] 그러나 중국이나 베트남 같은 과거 공산권 국가들은 여전히 공산당이 주도하는 '시장사회주의' 또는 '후기사회주의'를 표방하면서 일본이나 한국과는 다른 대안적인 발전국가 모델을 만들고 있다고 주장한다. 즉, 사회주의를 표방하면서도 얼마든지 자본주의적 현상을 보이는 발전국가 사례도 여럿 있다는 것이다. 그런데 왜 북한의 경우에는 그런 현상이 바로 조롱과 비난의 대상이 될까? 오랜 세월 그 나라를 지탱해온 국가 운영체제의 변질 또는 붕괴 가능성을 점치기 때문이다. 과연 그럴까?

북한을 하나의 컴퓨터로 비유해보면 외부세계가 놀라는 김정은 시대의 변화들은 주로 생활문화 콘텐츠의 변화에 속한다. 사회주의라는 이념국가 운영체제의 큰 틀은 아직 바꾸지 않고 몇가지 자본주의적 프로그램을 추가하면서 다양한 콘텐츠로 바꿔나가는 방식을 택하고 있다고 해석할 수 있다. 또한 수령이란 국가상징의 극장적 권력연출 프로그램을 여전히 활용하고 있다. 물론 낡고 경직된 운영체제로 용량이 큰 프로그램을 작동시키거나 바이러스에 감염된 콘텐츠들을 효율적으로 제어하기는 어렵다. 그러나 컴퓨터 자체를 버리지 않는 한 무리하게 운영체제 전체를 바꾸기보다는 당분간 조심스럽게 사용하기 위해 모든 조치를 강구할 것이다.

김정은 시대 북한사회의 변화를 실감나게 이해하기 위해서 남한사회에서 익숙한 대기업 총수의 삼대세습 드라마와 비교해보자. 김정은은 할아버지 김일성이 창업하고 아버지 김정일이 어렵게 지킨 대기업 경영권을 물려받은 젊은 재벌 3세와 비슷한 입장이다. 할아버지, 아버지와 함께 산전수전 다 겪은 늙은 임원들과 많은 종업원들이 겉으로는 충성을 맹세하고 있지만 노후한 설비와 시대에 뒤떨어진 운영체제를 가진 기업의 앞날은 불안하기만 하다. 아버지가 고집스레 옛날 방식으로 폭력까지 행사하면서 경영권은 지켰지만, 거래처는 다 끊기고 신용도 잃어서 외부투자조차 유치할 길이 없다. 자력으로는 새로운 업종으로 전환하거나 살아날 길이 막막하다. 유일한 자산은 역세권 요충지에 자리 잡은 넓은 공장부지와 훈련된 노동인력이지만, 그동안 강해진 주변 경쟁기업들이 땅과 사람을 탐내면서 기회만 있으면 기업을 뺏으려고 임원들을 회유하고 종업원들을 충동하면서 압력을 가하고 있다.

당신이 물려받은 기업이 이런 상황이라면 어떻게 경영권을 방어하고 기업을 살릴 것인가? 수많은 한류 드라마의 주제가 된 다양한 파멸 스토리 또는 성공 시나리오를 연상할 수 있을 것이다.

(1) 경쟁자들을 죽이고 장렬하게 자살할 각오로 남은 돈을 털어서 무기를 산다. — 핵폭탄과 미사일 개발.
(2) 주변 기업이나 내부 가신들에게 일부 토지와 권리를 나누어 주고

업종 전환을 위해 자본을 축적한다. — 개성공단, 금강산 관광 등 특별경제지구와 신도시 개발.

(3) 훈련된 노동인력을 활용해서 재기를 노린다. — 제품 주문제작, 해외취업 외화벌이.

핵폭탄과 미사일 개발은 어떤 일이 있어도 체제를 지키겠다는 의지를 내외에 과시해서 권력세습을 인정받겠다는 과도기의 생존전략이라고 할 수 있다. 그 자체로는 미래를 기약할 수 없기 때문이다. 자본과 기술 없이 추진할 수 있는 생존전략은 기본적으로 땅과 노동력을 이용하는 길밖에 없다. 대규모 외부자본 유입이 안 되는 상황에서 실제로 그런 자구책을 이미 다방면으로 추진하고 있다.

일단 교통 요충지에 자리 잡은 입지를 이용해서 인접 기업에 일부 부지와 노동력을 빌려 주고(개성공단, 나진—선봉 등의 특별경제지구), 부지 내 통로를 개방해서 통과료 수입을 얻는다(철도, 도로 연결). 대로변 목 좋은 곳은 호텔로 개발해서 손님을 받도록 한다(금강산, 원산 갈마지구 등 관광지 개발). 내부 간부들이나 종업원들에게 토지를 장기 임대하고 아파트나 상가 등을 개발하게 한다(고층아파트, 각종 상점 건축). 경쟁기업이 아닌 해외 군소업체에 일부 이권을 팔거나(휴대전화, 수입상품 판매), 생산라인과 노동인력을 일부 가동해서 노동집약적인 상품을 만들어서 외국기업으로 납품한다(의류 봉제, 전기부품 등의 OEM). 충성심 있고 숙련된 일부 종업원들을 외부업체에 파송해 임금수수료를 챙기면서 신기술을 배우게 한다(건설 및 제조업 해외인력 송출). 그동안 경영권을 지키기 위한 무력 과시로 외부업체들의 견제와 압박이 강화된 상황에서 아직 본격적으로 추진하지 못하고 있는 사업들이 있지만 이런 다양한 전략적 대응을 통해서 자생력을 키워가고자 꾸준히 모색하고 있다.

발전국가 모델

김정은 시대 북한의 변화는 그리 특별한 것이 아니다. 동아시아 발전국가의 일반적인 대응전략을 거의 그대로 시행하는 것으로 볼 수 있다. 남한도 비슷한 조건에서 유사한 초기 발전전략을 동원했다. 1960년대부터 1980년대까지 섬유, 의류, 신발 등 노동집약적인 봉제산업 유치, 마산수출자유지역 및 구로공단 개발, 텅스텐 등 전략 지하자원 및 새우 등 특정 농수산업 생산품 전량 수출, 카지노와 기생관광까지 포함한 특수 관광시설 설치, 독일 광부와 간호사 및 중동 건설노동자 등 대규모 해외인력 수출 등으로 초기자본을 축적했다. 이에 더해서 한일협정을 통한 대일청구권 자금과 베트남전쟁 참전 수입 등 대규모 외화유입도 초기 경제도약의 발판이 되었다.*

동아시아 발전국가 모델의 대표사례 중 하나인 남한도 순수한 자본주의 시장경제의 논리를 따르기보다는 국가권력의 강력한 지도와 통제를 바탕으로 공식제도와 비공식 전략이 마구 혼합된 상태로 국가발전을 추진했다. 북한으로서는 외부의 자본과 기술을 도입할 길이 막힌 상황에서 '제도'보다 '전략'에 더욱 의존한 경제발전을 추진할 수밖에 없었다.

김정은 시대의 북한권력이 발전국가 모델을 채택하게 된 것은 이미 폭넓게 진행된 아래로부터의 변화 때문이다. 대기근시기에 배급이 끊긴 인민들이 생존을 위해 자생적으로 만들기 시작한 장마당은 허가받은 것만 현재 전국적으로 400여곳에 달한다. 이미 유명무실해진 '배급제'는 제기

* 북한이 조·일회담을 통한 식민지 보상금 수령 계획을 초기자본 확보 차원에서 포기하지 못하는 이유이기도 하다.

능을 못 하고 주민들의 생활은 전면적으로 시장에 의존하고 있다. 그러나 시장활동의 모든 영역은 여전히 국가권력의 감시와 규제의 대상이 되고 있어서 실질적 교환은 늘 공식/비공식, 합법/불법, 임의적/계획적 규제 사이의 모호한 틈새에서 이루어지고 있다. 이런 비정상적인 상황에서 시장 나름의 '질서'를 확보하기란 어려운 일이다. 공권력에 의한 규제를 뇌물로 해결하면서 말단 공무원에서 권력 정점까지 시장을 수탈하는 전형적인 규제경제, 뇌물경제, 밀수경제가 작동되고 있다(7장 1절과 2절 참조).

김정은 시대에 가장 눈에 띄는 과시소비를 비롯해서, 도시개발과 부동산투기, 권력의 감시와 통제, 뇌물과 밀수 등은 기존 발전국가들의 초기자본 축적기에 흔히 볼 수 있었던 것이다. 그런 북한사회의 모순과 부정적이고 비합리적으로 보이는 경제행위를 망국의 징조로 여기는 보도가 많이 나오고 있다. 그러나 그런 부정부패와 뇌물조차도 초기 발전주의 국가들의 경우에는 엘리뜨 집단의 결속과 내부자본 집중을 돕고, 관료주의의 통제와 비효율을 극복할 수 있게 하는 등 일정한 순기능을 했다는 연구마저 나오고 있다.[18]

"마식령속도로 앞으로!"

"사회주의 문명국 건설 선언"은 '사회주의'란 이념국가의 용어로 '문명국'이란 발전국가로의 국가목표 전환을 명시적으로 밝힌 것이다. '사회주의 문명국'이란 문화예술 분야를 포함해서 교육, 보건, 체육 분야를 일정 수준 이상으로 높이자는 뜻으로 처음 제안했지만, 점차로 인민들의 물질문화 생활을 향상시키고, 근대적 합리성과 효율성을 증진시킨 나라를 만들자는 의미로 확장되었다. '문명국'이라는 말로 발전국가로서의 목표와 지향을 밝히면서도, '사회주의'라는 이념국가의 수사를 통해 다른 자본주의적 발전국가와의 차별성을 강조한 것이다. 그러한 차별성을 바탕으로 수령 중심 지배체제와 노동과 자본에 대한 국가권력의 통제를 정당화하고 있다.

발전국가로 국가목표를 전환한 상황에서 북한의 국가권력이 가동할 수 있는 자원은 이념국가 시대에 다져진 국민동원체제다. 자본과 기술로 동원할 수 없는 노동력을 확보하기 위해서 우선 군인들을 민간 부문의 건설현장 및 산업현장에 동원했다. 임금이 들지 않는 군인들을 스키장과 유원지 등 각종 문화·복지시설 건설은 물론 민간아파트 건설에까지 노동인력으로 투입했다. 이에 더해서 해외인력 송출을 비롯한 대규모 노동인력의 동원과 관리도 국가 차원에서 진행하고 있다. 이러한 무임금노동 또는 통제된 임금노동을 관리하기 위해서도 이념국가 시대의 정치적 구호나 극장적 권력연출 방식은 여전히 필요한 것이다.

김정은 시대를 상징하는 최초의 현지지도 작품은 '마식령 스키장' 건설이다. 군부대를 동원해서 고작 스키장 하나 건설한 것을 새로운 권력자의 등장을 알리는 국가사업으로 선전했다는 것은 사실 이상한 일이다. 그러나 곧 '스키장' 건설을 새로운 시대를 알리는 사업으로 상징화하는 예술정치 작업이 전개되었다. 건설에 참여한 군인들은 '밀림'을 깎아서 '문명국'의 상징인 '스키장'을 만들어낸 보람과 긍지를 증언했고, "마식령속도로 앞으로!"라는 대형 구호간판들이 평양을 비롯한 전국 곳곳에 걸렸다. 스키는 새로운 문명의 속도를 의미했다.

김정은 시대는 빠른 속도를 요구한다. 김일성 시대의 '천리마운동'은 김정은 시대의 '만리마운동'이 되었다. 그만큼 새로운 기술과 과학을 강조했다. 낡은 유원지와 물놀이장은 눈부시게 개조되어 빠르게 돌고 도는 놀이기구와 번쩍이는 조명으로 화려한 테마파크가 되었다. 등화관제 중인 듯 캄캄했던 도시의 밤은 네온사인으로 밝아졌고, 빠르게 올라가는 고층 아파트 건물과 새로운 물건을 파는 상점과 식당이 도시의 경관을 바꾸고 있다. 동상, 기념탑, 기념건물만 조명을 받던 도시 중심부도 점차 여가, 문화, 복지, 생활 중심 공간으로 변화하기 시작했다. 이런 시공간적 재구성은 평양뿐만 아니라 지방도시까지 폭넓게 진행되었다. 김정은이 강조한 '사회주의 문명국'은 그렇게 밝은 빛을 뿌리며 빠른 속도로 전개되었다.

기술혁명과 도약발전

더욱 중요한 '문명적' 변화는 그동안 보안을 이유로 통제되었던 휴대전화가 빠르게 보급되면서2018년 기준 총 240만대, 전인구의 약 10퍼센트 전국의 시공간적 거리를 압축하기 시작한 것이다. 구리 전화선으로 전국 모든 곳을 일일이 연결해야 하는 기계식 전화 보급단계를 뛰어넘어 바로 무선전화 시대로 진입했다. 차원은 달라도, 오늘날 북한사회는 남한사회가 IMF 경제위기 속에서 IT분야로 먼저 진입했던 것과 비슷한(혹은 훨씬 큰) 비약적 변화를 경험하고 있을 것이다. 이런 초고속 변화가 가지고 올 충격과 위험을 북한권력이 감수하기로 한 것은 빅데이터를 비롯한 디지털 감시통제 기술도 아울러 비약적으로 발달했기 때문이기도 하다.

유발 하라리Yuval Harari는 미래 기술혁명으로 인한 남과 북의 운명에 대해서 몇가지 시나리오를 보여줬다. 우선 남북 간의 현저한 기술격차로 경제력과 군사력이 현격히 약한 북한의 붕괴 가능성을 언급했다. 그러나 북한이 중앙집권화된 저개발 독재국가의 이점을 살려 새로운 기술도약을 먼저 성취할 가능성도 있다고 했다. 예를 들어 자율주행 교통체계의 전면도입 같은 문제는 남한같이 기존의 차량들과 여러 경제주체들의 이해관계가 충돌하는 사회보다 북한이 오히려 법제도적 난제를 쉽게 해결하고

단기간에 전면적인 시스템 전환을 할 수도 있을 것이라고 했다.[19]

전국토가 국가소유인 '시장사회주의' 국가의 효율성은 대규모 도시개발과 도로와 철도 등 인프라 구축 사업에서 이미 확인되었다. 실제로 평양에 신축된 고층아파트들이 태양광발전과 지열난방 등 새로운 에너지원을 대규모로 활용하기 시작했다고 한다. 이미 가진 것이 많고 이해관계가 얽혀 있는 나라일수록 과감하게 변화를 시도하기가 어렵다.

또한 하라리는 인공지능과 생명공학 분야의 기술발전으로 북한권력이 더욱 효율적인 감시시스템을 구축하고, 주민들의 사고와 행동을 근본적으로 관리할 가능성도 있다고 했다. 그는 만약 북한이 사이버전쟁을 일으킨다면 어떻게 될 것인지 질문한다. 컴퓨터나 디지털 정보기술의 진보로 복잡하게 얽혀 있는 선진국의 경제사회 시스템은 간단한 사이버공격만으로도 한순간에 마비될 수 있다. 고도로 발달된 사회일수록 더욱 취약한 상황이 된 것이다. 기술혁명은 그동안의 사회상식과 기존의 군사적 우열관계도 근본적으로 뒤흔들고 있다.[20]

그런 점에서 과거 냉전시대의 이념적 상식이었던 '국가발전 단계론'에 대한 고정관념에서 벗어나야 한다. 국가발전은 모두 같은 길을 가면서 모든 계단을 하나씩 차례로 올라가야만 되는 것은 아니다. 아예 다른 길로 갈 수도 있고, 때론 몇계단씩 비약과 도약도 가능하다.

오늘날 북한에서 나타나는 몇가지 현상만 보고, 남한의 초기 발전국가 시대를 연상하며 30~40년 뒤떨어진 나라라고 단정하는 것은 어리석은 일이다. 전후 일본이 30년 만에 서구 열강들보다 더 발달된 산업국가가 되었고, 문화혁명으로 피폐해진 '사회주의' 중국도 개혁개방 30년 만에 세계 2위의 경제대국이 된 것을 보면 쉽게 알 수 있는 일이다. 당장 남한사회 자체가 글로벌 발전속도의 기록을 세운 나라인데 북한의 미래만 고정적으로 보는 것은 이념적 자가당착일 뿐이다.

시도와 좌절의 역사

그렇다면 왜 북한은 지난 세월을 허송하고 김정은 시대에 와서야 발전국가의 길을 가기로 한 것일까? 왜 그동안 주변 모든 나라가 택했던 그 길을 가지 않았을까? 그리고 왜 핵문제를 일으켜서 오늘날까지 발목이 잡혀 있을까?

북한은 이미 여러차례 중국과 비슷한 방식으로 발전국가의 길을 가겠다는 뜻을 밝히고 적극적으로 시도도 했었다. 그러나 매번 내외의 압력과 방해로 좌절했다. 지난 30년간 북한이 발전국가로 전환을 시도했다가 좌절한 경험을 간략하게 돌아보기로 하자.

1991년 10월, 김일성은 중국을 방문해서 상하이와 베이징 등의 산업시설들을 시찰하고, 덩샤오핑鄧小平과 장쩌민江澤民을 비롯한 국가지도자들을 만나서 중국 경험에 따른 북한의 경제발전 가능성을 논의했다. 특히 홍콩 접경의 선전深圳과 광둥廣東 등지의 경제특구에서 시작한 개혁개방의 경험을 배우고자 했다. 개방으로 체제가 붕괴된 소련이나 동유럽 사회주의국가와 달리 인민들의 급격한 민주화 요구를 톈안먼天安門에서 무력으로 진압하고 공산당이 정권을 유지하고 있는 중국 사례에서 자신감을 얻은 듯했다. 그 결과 1991년 12월 13일, 역사적인 '남북기본합의서'가 체결되었다. 이미 그해 가을 남북은 국제연합UN에 동시 가입함으로써 서로 국가로서의 실체를 인정했다. 이듬해 2월에는 남북의 '비핵화공동선언'이 있었고, 한미 합동군사훈련도 중지하기로 합의했다. 이제 남한의 자본, 기술, 지식정보와 북한의 토지, 노동력을 결합해서 대대적으로 경제특구를 만들 일만 남았었다.

당시 대우그룹의 김우중 회장은 베트남과 동유럽 사회주의국가의 경제개발에 참여했던 경험을 살려서 평안남도 남포 등지에 대규모 공단조성 계획을 추진하려 했다. 높아진 인건비 때문에 사양길에 접어든 남한의 봉제와 신발산업 등을 공장시설까지 그대로 북한으로 옮겨서 중국대륙과 홍콩, 싱가포르, 대만 간의 경제협력과 비슷한 성공적인 발전모델을 만들고자 한 것이다. 이를 위해서 북한 당국은 평양–남포를 연결하는 10차선 고속도로를 대규모 대중동원 방식으로 건설했다.

그러나 당시 북한의 실세 후계자인 김정일은 "중국대륙과 달리 남북 간은 종심縱深, 거리이 짧아서 (체제안보가) 어렵다"라고 김일성이 추진하던 남북협력 경제발전 계획을 경계했다고 한다. 실제로 남북기본합의서가 체결된 날 김정일은 김일성으로부터 조선인민군 최고사령관직을 승계받아서 공식적으로 군을 장악했다. 북한의 핵개발 때문인지 또는 외부세력의 압박 때문인지 돌연 제1차 핵문제가 발생하면서 남북기본합의서와 경제특구계획은 유명무실하게 되었다.

북한의 국제원자력기구IAEA 탈퇴와 미국의 영변 핵시설 폭격 계획, 남북 경제협력 좌절과 경제위기, 김영삼–김일성 간 남북정상회담 개최 합의에 이르는 극적인 정세변화의 소용돌이 속에서 1994년 7월 김일성이 갑자기 죽었다. 곧이어 대기근이 닥쳐왔다.

북한의 조기붕괴를 예상한 남한정부와 국제사회는 봉쇄와 압박을 강화했다. 절체절명의 체제위기 속에서 김정일은 '선군정치'란 일종의 군정軍政을 실시했다. 고립무원의 국가위기를 1930년대에 김일성 빨치산부대가 일본군의 추격을 받고 굶어가며 포위망을 뚫고 나온 상황에 빗대서 '고난의 행군'이라고 불렀다. 온 국민이 항일 유격대처럼 단결해서 제국주의자들의 봉쇄를 뚫고 위기를 탈출하자는 뜻이었다. 대기근과 산업마비 상태에서 100만명 이상의 희생을 무릅쓰고 그렇게 극단적인 체제방어 전략을 구사하며 21세기가 될 때까지 버텼다. 내가 평양을 최초로 방문한 시기는 이른바 '고난의 행군'이 막바지에 달했을 때였다. 당시 평양의 거리에는 거의 모든 교통수단의 운행이 끊겼고, 역사극에나 나올 법한 어두운 국방색 옷들을 입은 사람들이 너도나도 무거운 배낭을 지고 단호한 발걸음으로 걸어가는 모습이 많이 눈에 띄었다.

2000년 6월 13~15일 남북정상회담을 계기로 남한과의 교류협력의 물꼬를 트고 아울러 외부세계의 투자를 유치해서 경제를 되살려보고자 했지만 실패했다. 가장 기대했던 일본 식민지배 배상금을 조·일정상회담 당시 납북자 문제가 부각되면서 못 받게 되고, 미국의 부시 정권이 인권문제를 거론하며 '악의 축'으로 규정하고 압박을 강화했기 때문이다. 결국 북한은 다시 미사일과 핵개발로 대응하다가 결국 2006년 10월 핵실험까지 감행해서 체제수호의 마지노선을 치고 그것을 토대로 삼대세습을 준비하게 되었다.

체제방어에 자신감을 얻은 김정일이 다시 경제개발에 착수하고자 마지막으로 해외순방을 떠난 것은 2011년 5월이었다. 그의 순방여정은 20년 전 아버지 김일성이 '남북기본합의서'를 체결하기 전에 경제개방을 준비하려고 돌아봤던 행적을 거의 그대로 따라 진행되었다. 김일성과 마찬가지로 중국의 주요 경제특구들을 돌아보고 중국의 최고지도자만이 아니라 미래권력까지 만나서 지지와 협조를 구했다. 김정일은 그해 12월 사망하기 전에, 이듬해인 2012년은 김일성의 탄생 100주년이 되는 해로 강성대국의 문이 활짝 열릴 것이라고 했다. 그동안 자신이 국가주권을 성공적으로 방위했기 때문에 이제 비로소 본격적인 발전국가로의 전환이 가능하게 되었다고 내외에 밝힌 셈이었다.

권력을 삼대째 세습한 김정은도 내외적으로 압박과 견제를 받으면서 상당기간 체제붕괴 위협을 느껴야 했다. 김정은은 내부 숙청으로 견제세력을 누르고, 거듭되는 핵실험과 미사일 발사로 체제붕괴에 대한 외부세계의 기대와 우려를 정면으로 돌파하고자 했다. 이런 강경한 권력시위와는 어울리지 않게 새로운 국가목표로 발표한 것이 '사회주의 문명국' 건설이었다. 김일성과 비슷한 외모와 복장으로 출현한 김정은은 북한이란 국가의 창시자인 할아버지의 이루지 못했던 마지막 소원을 실현시키는 역사적 역할을 수행하겠다고 선언한 것이다.

과거, 현재, 미래

김정은은 아버지 김정일의 선군정치 전략을 통해 '위험한' 존재감을 과시하고, 그에 따른 정치군사적 위기를 모두 겪고 나서야 비로소 남한, 미국, 중국, 러시아 정상들과 나란히 미래를 협상할 수 있게 되었다. 앞으로 김정은이 다시 자신의 아버지 김정일의 선군의 길로 되돌아가게 될지, 이번에는 20여년 전 할아버지 김일성이 추진하던 발전국가의 길을 제대로 갈 수 있을지 세계가 주목하고 있다. 그러나 과거에도 여러차례 그러했듯이 그 길은 북한 지도자의 의지만으로 갈 수 있는 것은 아니다. 바로 분단체제의 다른 한편인 남한과 미국, 중국, 일본, 러시아 등 주변 강대국들의 정치상황과 상호관계가 결정적이다. 아울러 동아시아의 긴장과 갈등을 원하는 기득권세력의 방해를 극복할 수 있을 때에만 가능한 일이다. 어려운 일이지만 가야만 하는 길이고, 그 길을 헤쳐 나가야 할 당사자는 바로 그들과 우리다. 그들이 진정 원하는 것은 무엇인가, 그들은 어떻게 할 것인가. 바로 북한 사람들에 대한 우리의 이해가 필요한 시점이다.

2장

행복을 교시하는 나라

말하도록 훈련받아서 그렇다고 생각해버리면 그만이지만, 그런 말은 이 사람들 모두를 스스로는 생각하지 못하는 백치거나 모두 자기 생각과는 다른 말을 하는 겁쟁이로 간주하는 일이 된다. 이들 나름대로 그렇게 말하고 생각하는 이유가 있을 것이다. 수령과 아이들 간에는 무언가 특별한 관계가 있는 듯했다. 단순히 어려서부터 반복학습한 결과만이 아니라, 역사적, 사회적, 문화적으로 거듭 다져진 의미연결 체계가 있어 보였다.

주체사상의 논리에서 보면 이들은 스스로를 항일 유격대의 전통을 이은 존재로 여기고 있다. 따라서 아직도 완전히 독립하지 못한 민족을 해방시키려는 투쟁을 하고 있다는 것이다. 이를 위해 수령을 중심으로 굳게 뭉쳐 고난을 견디며 바른 편에 서서 바른길을 가고 있다고 주장한다. 지금은 압도적인 외세에 의해 완전히 포위되어 가난하고 괴롭지만, 올바른 길을 가는 자신들이 언젠가는 승리해서 통일을 이루고 민족을 해방시킬 영광스러운 존재라고 여기는 것이다. 그렇다면 이 아이들이 노래하는 "행복"은 우리가 생각하듯 물질적인 것은 아닐 것이다. "세상에 부럼 없어라"나 "우리식대로 살자"든가 "조선이 없으면 세계도 없다"라는 표어도 남한식으로 해석해서는 이해할 수 없는 말이다. 그들 나름의 도덕원리에 바탕을 둔 정신주의적 표현이기 때문이다.

한편, 남한의 아이들은 광고에 나오는 음식을 먹고, 유행하는 물건을 살 때 행복감을 느낀다고 한다. 소유하고 소비하는 이런 '행복' 개념의 단순성과 극단적인 물질주의를 그들은 이상하게 여길 수도 있다. 우리가 북쪽 어린아이들의 공연재주에 놀라면서 너무 일찍 훈련시키는 것 아니냐고 염려하면, 그들은 취미도 재능도 없는 아이들에게 엄청난 돈을 들여 경쟁적으로 특기교육을 시키는 남한 부모들을 딱하게 여길지 모른다.

노래를 마치고 아이들이 달려 나와 남쪽에서 온 손님들의 손을 잡는다.

조그만 손이 놀랍게 차다. 난방이 안 되는 방에서 얇게 입고 너무 오래도록 준비를 한 탓이리라. 그 아이에게는 난로같이 뜨거웠을 내 손이 민망했다. 조금이라도 녹여주고 싶은 마음에 입으로는 칭찬을 하면서 양손을 붙잡고 감싸서 주물러줬다. 얼른 다른 방으로 가자는 원장선생의 재촉에 마지못해 손을 놓았다. 아쉬워하면서 신기한 듯 쳐다보는 아이에게서 차마 눈을 뗄 수 없었다. 아이들과 선생님들이 모두 '활짝 웃으며' 잘 가라고 손을 흔들었다.

"세상에 부럼 없어라"

"세상에 부럼 없어라." 어린이와 관련된 곳 어디서나 이 표어를 볼 수 있었다. 심지어는 영양실조 상태의 아이들이 있는 '육아원고아원' 벽에도 그렇게 쓴 큰 간판이 걸려 있었다. 이렇게 현실과 다른 표어 속에서 살고 있는 사람들은 과연 어떤 생각을 하고 있을까? 보면 볼수록 풀리지 않는 수수께끼 같은 사회였다. 가는 곳마다 아이들은 손에 손을 잡고 입을 크게 벌려 밝은 노래를 불렀다.

> 하늘은 푸르고 내 마음 즐겁다.
> 손풍금 소리 울려라.
> 사람들 화목하게 사는
> 내 조국 한없이 좋네.
> 우리의 아버진 김일성 원수님
> 우리의 집은 당의 품
> 우리는 모두 다 친형제
> 세상에 부럼 없어라.

「세상에 부럼 없어라」는 천리마운동의 기세가 높았던 1961년에 만들어진 노래다. 국제사회가 북한의 눈부신 경제성장을 "조선의 기적Korean Miracle"이라고 평가하던 시기였다. 당시 북한 사람들은 전쟁의 폐허에서 단기간에 나라를 일으켜 세운 김일성을 '구세주' 같은 존재로 여기고 있다는 외부인들의 보고도 있었다.

김일성이 죽고 온 나라가 대기근으로 고통받고 있는 상황에서도 40년 전 그때의 노래를 계속 부르고 있었다. 이제 '부럼 없어라'는 '부럽지 않다'는 고백이 아니라 '부러워하지 말라'는 명령이 되었다. 바깥세상과 접촉하고 비교하는 것은 가장 위험한 범죄행위가 되었다. 실제로 다른 세상을 보고 명백한 모순을 알게 된 사람들은 더욱 이 노래에 환멸을 느끼며 부끄러워했다.

떨리는 목소리로 「세상에 부럼 없어라」 노랫말에 대한 배신감을 이야기하던 북한 사람을 처음 만난 것은 기근이 한창 진행 중이던 1999년 겨울이었다. 두만강 근처 산속에 비밀오두막을 지어놓고 숨어 지내는 지방간부 출신의 탈북민이었다. 북한에서는 자기도 이 노래를 흥얼거리며 살았다고 했다. 식량을 구하기 위해 두만강을 넘어 중국사회를 보고 비로소 그동안 믿었던 세상이 뒤집히는 충격을 받았다. 그때 가장 가슴 아프게 떠오른 것이 비 내리는 기차역에서 남루한 옷을 걸친 맨발의 꽃제비 아이가 추위에 벌벌 떨면서 부르던 「세상에 부럼 없어라」였다. 기차를 기다리는 승객들의 동정을 구하면서 "우리의 아버진 김일성 원수님 / 우리의 집은 당의 품 / 우리는 모두 다 친형제 / 세상에 부럼 없어라"라는 후렴구를 쉰 목소리로 되풀이하여 부르더란다.

배급체계가 무너지고 각자 자기 살길을 찾아 장마당에 매달려 살게 된 사람들은 어린 시절부터 입에 밴 그 노래의 가사를 바꿔 부르게 되었다.

"우리의 집은 당의 품"이 아니라 "우리의 집은 장마당"이라고. 그래도 차마 "우리의 아버지" 부분은 함부로 건드리지 못하고, 시대변화에 따라 '김일성'을 '김정일'로 또 '김정은'으로 바꾸며 약간의 억양변화로 불만을 담는다는 것이다.

「세상에 부럼 없어라」는 2016년 6월에 열린 제7차 당대회에서 김일성상과 김정일상을 동시에 수상하며 다시 폭넓게 부르는 노래가 되었다. 바깥세상에 대한 정보가 장마당과 비공식 루트로 들어온 드라마, 영화, 음악 등을 통해서 은밀하지만 폭넓게 유통되는 시대에 벌어진 일이다. 개성공단이나 해외취업 노동자처럼 외부세계와 직접 접촉한 경험이 있는 사람들도 수십만에 이르는 상황이었다. 북한이 세계적으로 얼마나 가난한 나라인지는 온 나라 사람들이 이미 다 알고 있었다. 이제 그들은 어떤 마음으로 이 노래를 부를까? 다시 그 가사를 음미해보았다.

"하늘은 푸르고 내 마음 즐겁다 / 손풍금 소리 울려라 / 사람들 화목하게 사는 / 내 조국 한없이 좋네." 어디에도 물질적 소유나 경쟁과 비교를 뜻하는 내용이 없다. 자연, 심리, 예술, 인간관계를 통해 느끼는 '주관적 행복'을 노래하고 있을 뿐이다. 되풀이되는 후렴구는 아버지, 집, 친형제라는 상징을 통해서 '가족국가'의 관계와 소속감을 다지고 있다.

청소년기에 남한에 와서 벌써 20년 가까이 살아온 탈북청년이 무심코 이 노래를 흥얼거리고 있었다. "왜? 그리워?" "아뇨. 근데 그 이상한 행복이 그리울 때가 있어요." 물질적으로 풍요로운 이곳에서 가장 힘들고 고통스러운 것은 비교와 경쟁이라고 했다. 모두가 미친듯 일하고 탐욕적으로 소비하는 끝없는 경쟁 속에서 차별과 소외감 때문에 불안하다고 했다. 냉정한 인간관계로 늘 외로운 이곳에서, "사람들 화목하게 사는" "우리는 모두 다 친형제"라는 그 돌아갈 수 없는 곳의 소박한 노랫말이 문득 그

립다고.

선물의 아주 특별한 의미

"우리, 장군님께서 보내주신 감귤 먹었어요." 평양의 한 탁아소에서 마주친 아이가 자랑을 한다. 벌써 두어주일 전에 먹었다는 그 신기한 과일에 대한 새콤한 기억이 입가에 흐르고 있었다. 아직 '호' 불면 김이 서릴 정도로 춥고 썰렁한 대형 탁아소의 넓은 방이었다.

기나긴 겨울 동안 김장김치 이외에는 푸성귀나 과일을 변변하게 먹어보지 못했을 파리한 얼굴의 이 아이들에게 그 오렌지빛 남방과일이 얼마나 경이로운 것이었을지 우리로서는 상상조차 어려운 일이다. 굳이 연상하자면 남한이 가난했던 시절 내가 처음 바나나를 먹었을 때의 그 느낌과 비슷했을까? 그때 너무 귀한 바나나를 온 가족이 얇게 베어 나눠 먹으며 입맛을 다셨던 기억이 났다. 아이는 "한알 다 먹었다"고 자랑스러워했다.

이 아이들에게 '장군님'은 이렇게 평생 기억될 만한 특별한 깜짝선물을 주시는 분이다. 때로는 특별한 의미가 있는 큰 선물을 하기도 한다. 김정숙탁아소의 선생님은 감동 어린 어조로 "수령님께서 외국산 카펫을 유희장에 깔라고 선물로 내려 보내주셔서 그 위에서 아이들이 춤을 추고 있다"라고 자랑스레 설명했다. 평양제일고등중학교지금의 평양제일중학교에서는 거리에서도 보기 힘든 외제 승용차를 학생들이 운전 연습용으로 쓰고 있다고 자랑했다. 재일동포 사업가가 보낸 것을 "어버이의 마음으로 학생들에게 선물하셨다"라고 사연을 덧붙였다. 「아리랑공연」에 참가한 수천 명 학생들에게도 '천연색 텔레비죤'을 한대씩 선물로 주셨다고 한다.

그러나 그보다 더 중요한 선물은 지도자의 생일 같은 명절 때마다 온 나라 어린이들에게 골고루 사탕이나 과자, 때로는 새 옷을 보내주는 것이

"우리 손으로 직접 나누어 주고, 아이들이 먹는 것을 우리 눈으로 직접 확인하지 못하면 줄 수 없다"라는 주장도 나오는 것이다. 그러나 그런 꼬리표가 붙는 '선물'은 안 받겠다는 것이 북쪽의 일관된 입장이다. '선물'은 장군님만 주는 것이기 때문이다. 장군님의 이름으로 특별한 날에, 특별한 방식으로 주는 것이다. 마치 크리스마스 날에 아빠가 사 온 선물을 산타할아버지의 이름으로 특별한 노래를 부르며 주는 것과 비슷하다.

"장군님의 생일선물"

장군님이 모든 아이들에게 줄 '선물'을 확보하는 일은 당일꾼들의 최우선 과업이다. 기근이 한창 진행 중이던 어려운 시기에 1장에서 밝혔듯이 급히 분유를 보내려고 중국 베이징에서 북쪽 사람들과 만나 직접 협상을 했다. 남쪽 아이들이 정성껏 모아 보내는 '선물'인데 직접 북쪽 아이들에게 전달해주고 싶다고 하자, 대뜸 "그런 것은 받을 수 없다"라고 한마디로 거절했다.

우리식으로 겸손하게 작은 '선물'이지만 '직접' 전하겠다고 한 말에 오히려 자존심이 상한 듯했다. 우리의 경우 '선물'은 큰 물건이나 거창한 뇌물이 아니라 작지만 마음이 담긴 것이라는 뜻이다. 그러나 북쪽에서 '선물'은 수령이나 장군이 내려주는 '하사품'의 의미가 강한 말이다. 게다가 그렇게 '내려주신' 물건을 받아 들고 아이들이 기뻐하고 감사하는 행사는 매년 그 나라에서 가장 중요한 명절을 빛내는 그림이기도 하다. 그걸 우리가 '직접' 하겠다고 한 것이다. 갑자기 부끄럽게 느껴졌다. 명절 때면 고아원 앞에 사과 몇상자 쌓아놓고 줄지어 세워놓은 아이들 앞에 앉아 사진을 찍는 상투적 자선행사를 하려고 한 것은 아닌가 하고 반성했다. '직접' 나눠 주겠다는 주장은 접기로 했다.

서로 마음이 풀리니까 솔직하게 분유와 함께 설탕도 주면 좋겠다는 부탁을 했다. "장군님의 생일선물"로 전국의 모든 아이들에게 나누어 줄 사탕을 만들어야 하는데 원료가 부족하다는 것이다. 그런 걸 주어야 하나, 말아야 하나? 그냥 분유를 전달하는 것으로 마무리 지었지만 만감이 교차했다. 굶주린 아이들에게 몇톤의 분유밖에 못 가지고 온 남쪽 어른들과 수백만 아이들의 입 속에 골고루 들어가야 할 '장군님의 생일사탕' 마련이 제일 걱정이 되는 북쪽 어른이 마주 앉아서 누가 보낸 '선물'이라고 해야 할 것인가를 따지고 있는 상황이 어처구니없었다.

그때 우리가 보낸 분유는 우유사탕이 되었을지도 모른다. 그래도 그 어려운 시절, 장군님 생일날 '선물'로 보내주신 그 사탕은 정말 달고 맛있었다고 입맛을 다실지도 모르는 수십, 수백만의 북쪽 어린이들을 생각하며 마음을 달랬다.

"활짝 웃어라": 자랑스러운 공연

"활짝 웃어라!" 거대한 제목 글씨가 펼쳐지자 어두운 운동장 건너편에 있던 수천명 어린아이들이 일제히 "야!" 고함을 지르며 달려 나왔다. 순식간에 운동장 가득히 반듯하게 줄 맞춰 선 어린아이들이 가쁜 숨을 어깨로 몰아쉬며 얼굴 가득 웃음을 지어 보였다. 귀여운 아이들의 극적인 출연 장면에 릉라도 5월 1일 경기장을 가득 메운 15만 관람객들도 모두 활짝 웃으며 열렬히 박수를 쳤다. 수많은 아이들이 놀랍도록 일사불란한 연기를 보여줄 때마다 여기저기서 탄성이 터져 나왔다. 과연 아이들의 활기와 웃음은 전파력이 강했다.

'활짝 웃어라!'는 「아리랑공연」의 제2장 '선군아리랑' 중 제2경의 제목이다. 바로 그 앞 장면인 제1경 '내 조국의 밝은 달아'는 선군시대, 즉 대기

활짝 웃어라
「아리랑공연」 중 어린이들이 꾸미는 '활짝 웃어라'의 '콩우유' 장면.

근을 겪은 '고난의 행군' 시대를 어둠과 달빛으로 형상화했다. '활짝 웃어라!'는 바로 그 어려운 시대에도 아이들은 밝고 활기차게 자라고 있다는 것을 보여주는 장면이다. 유치원과 소학교 아이들이 '키 크기 운동'인 줄넘기를 하면 배경대카드섹션는 '콩우유차'가 달리는 모습과 '콩우유두유'를 마시는 남녀아이의 그림을 그려 보였다. 힘든 연기를 하면서도 아이들은 이를 보이며 웃었다. 배경대는 다시 "밝게 웃어라!"는 글씨를 써 보였다. 아이들이 운동장 가득 꽃모양을 만드는 집단체조를 하면, "활짝 피어라!"로 배경대 글씨가 바뀐다.

"활짝 웃어라"는 어린아이들에게 정서적 표현을 명령하고 훈련시킨 극장국가의 힘과 모순을 상징적으로 보여주는 장면이다. 탁아소 때부터 모든 교육현장에서 공연 연습을 할 때나 힘든 활동을 할 때에는 늘 입을 벌리고 의식적으로 활짝 웃도록 격려하면서 훈련시킨 결과다. 어려운 일이 있어도 억지로 웃는 표정을 지으면 실제로 기분이 좋아진다고 보고한 심리학 실험도 있다. 물론 그 효과는 일시적이거나 한계가 있다. 그러나 북한은 극장적 연출방식으로 물리적 어려움을 정신적으로 극복할 수 있다는 주장을 현실에서 구현하고자 한다. 즉, 굶어 죽는 사람이 나오는 생존의 위기상황에 "가는 길 험난해도 웃으며 가자"라는 정치구호를 걸어서 어떤 정서적 태도를 가져야 하는지 교시하는 식이다. 이런 상징작업에 대해서는 5장 4절에서 자세히 소개한다.

「아리랑공연」을 관람한 사람들이 가장 놀라고 감탄하는 것은 연인원 10만명 이상이 참가하는 집단체조와 카드섹션 동작의 기계적 정확성과 강력한 표현력이다. 「아리랑공연」은 다양한 분야의 예술 및 체조공연과 교예서커스 분야의 전문가뿐만 아니라 군인과 학생을 포함한 거의 모든 연령대의 사회집단이 참여하는 공동작업이다. 특히 눈길을 끄는 것은 유치원생을 포함한 각급 학교 학생들이 수행하는 집단체조 공연이다. 어린 학생들이 어떻게 저런 수준의 공연을 할 수 있는지 누구나 신기해하고, 실제로 많은 외부 사람들이 그런 공연에 참가하는 어린이들에 대한 훈련의 가혹성을 염려한다.

그러나 집단체조에 참가하는 학생들은 대부분 "공연에 참가하는 것을 매우 자랑스럽게" 생각하고, "말할 수 없는 성취감과 뿌듯한 일체감, 자부심을 느낀다"고 한다. 그래서 훈련과정에서 가장 중요한 통제방법은 최종 공연에서 제외하겠다는 것이라고 한다.* 이들은 보통 4개월에서 6개월 정도의 집중훈련을 받는데, 최종공연에 참가한 사람은 모두 김정일 명의의

* 「아리랑공연」에서 제외된다는 것은 올림픽 출전을 위해 훈련하던 선수가 게임에 나갈 수 없게 됐을 때의 마음과 비슷하다고 할 수 있다. 김현식 『나는 21세기 이념의 유목민: 예일대학에서 보내온 평양 교수의 편지』, 김영사 2007, 259~60면 참조.

'천연색 텔레비존'을 선물로 받았다. 강제와 체벌보다는 의미를 강조하고, 포상을 통해 경쟁심을 자극하면서 자발성을 유도하는 방식인 셈이다.

「아리랑공연」 프로그램의 창작 준비과정은 각 지방단위에서 학교와 직장의 경쟁적 참여로 시작된다. 연습도 각 단위별로 경쟁적인 열기 속에서 진행된다. 최종 선발되면 소속단체의 명예가 되고 각종 포상과 특혜가 주어지기 때문이다. 훈련은 고되지만 스포츠경기처럼 성취감을 느낄 수 있고, 품이 들지만 축제 준비처럼 마음이 들뜨는 열기 속에서 진행되는 것이다.*

각 단위체에서 준비한 프로그램은 구역별로 종합되고, 차차 더 큰 단위의 프로그램으로 만들어져 최종 예행연습을 거쳐 실제공연에 나오게 된다. 철저히 밑에서부터 위로 수렴되면서 기계적으로 조립되는 과정이다. 최고지도자인 김정일 자신이 직접 '아리랑'이라는 제목을 지어주고 또 프로그램의 성격에 대한 최종지시를 내리는 등 총제작자 역할을 했다. 그의 한마디에 사회 전체가 움직이게 되는 문화체제의 기틀은 밑에서부터의 경쟁과 참여로 뒷받침되고 있다.

공연이 끝나고 화려한 경기장을 나오니 칠흑 같은 어둠이 둘러싸고 있었다. 멀리 평양 시가의 희미한 불빛이 보였다. 그 어둠 속으로 한복과 양복으로 잘 차려입은 수만명의 관객들이 주저 없이 줄지어 걸어가기 시작했다. 우리 같은 외부인이나 소수의 높은 사람들만이 버스나 승용차를 타고 돌아가고 있었다. 평양에서 야간에 이동하는 차량은 밖에서 안이 잘 보

* 다니엘 고든(Daniel Gordon)의 다큐멘터리영화 「어떤 나라」(A State of Mind, Kino International 2004)는 이러한 집단체조의 준비과정과 최종공연의 모습을 두 평양 소녀의 일상과 아울러 소개했다. 물론 평양 당국이 외부세계에 보여주고 싶어 하는 연출된 상황과 소품들을 다수 포함하고 있지만, 집단체조에 참가한 학생들의 정서적 몰입과 자부심은 잘 기록했다.

이도록 실내등을 켜게 되어 있다. 칠흑같이 어두운 길 양편을 가득 메우며 걸어가는 군중들의 한복판을 환하게 실내등을 켠 버스와 승용차 행렬이 한줄로 느리게 나아갔다. 창밖의 어둠 속에서 버스를 탄 사람들을 뚫어져라 쳐다보는 수많은 사람들의 눈빛을 차마 마주 보기 어려웠다.

바로 이듬해 2007년 봄, 금강산에서 그 어둠의 행렬 속에 있었던 북쪽 사람을 만났다. 원산에서 농업학교를 나와 금강산 안내원이 된 사람이었다. 호젓한 골짜기의 계곡물가에서 잠시 편안하게 이야기를 나눌 기회가 있었다. '고난의 행군' 시기에는 바로 이 아름다운 골짜기까지 나무껍질이나 나물 같은 먹을거리를 찾아 헤매는 사람들로 북적였다는 이야기도 슬쩍 들려주었다. 그동안 남한 관광객들을 많이 만났지만 아직도 잘 이해가 안 가는 것은 공화국이 핵실험을 했는데도 별로 대수롭게 여기지 않아서였다. 그저 태연하게 "통일되면 모두 우리 것이지요"라고 말하는 사람들이 많아서 오히려 자기가 놀랐다고 했다. 벌써 10여년 전 일이지만, 북한의 최초 핵실험에 대한 남한사회의 초기반응은 실제로 그런 인식이 지배적이었다.

그는 원산지역의 다른 사람들과 함께 뽑혀서 꿈에 그리던 「아리랑공연」을 보러 평양에 갔었다. 마침 내가 봤던 그 공연과 비슷한 때였다. 서로 반가워서 언제 어느 자리에 앉아 보았냐고 하다가, 공연이 끝난 후 시내로 돌아가던 길 이야기를 했다. 그 밤에 그 길을 걸으면서 환하게 불을 켠 버스에 타고 있는 남한 사람들을 쳐다보고, 자신은 가슴이 뛰도록 반가우면서 한편 답답했다고 한다. '나는 저 남조선 사람들을 잘 아는데, 이렇게 멋진 공연을 보고 저 사람들은 무슨 생각을 할까? 이젠 우리 공화국을 함부로 업수이 보진 못하겠지.' 시내 숙소까지 오래도록 걸으면서 그 생각을 하고 또 했다고 회상했다.

2. "어린이는 나라의 왕입니다": 아이들의 영양식

"어린이는 나라의 왕입니다."

"우리나라에서는 어린이들이 나라의 왕입니다."

"우리는 어린이들을 위해서는 그 무엇이든 아끼지 않습니다."

평안남도 도청소재지인 평성의 육아원에 크게 걸렸던 김일성의 '교시'다. 구호물품을 전달하기 위해 방문한 우리가 보기에는 무척 어울리지 않는 주장이었다. 퇴락한 복도 벽은 흰 석회칠이 벗겨져 있고 싸늘한 방에 아이들이 있었다. 모두 120명이라고 했다.

"평남도엔 이거 하나니까니." 그만큼 크고 번듯한 시설이라는 말이다. "수령님 세워주시고, 장군님 보살펴주셔서 이 어려운 시기에도 이만큼 잘 살고 있다"고 한다. 이 시설에 들어온 아이들에게는 맞는 말이었다. 내가 평성을 방문하기 몇달 전 이 지역에서 600여명의 영양실조에 걸린 부모 없는 아이들을 돌보던 국경없는의사회가 '투명성' 문제를 제기하면서 철수했기 때문이다. 더이상 지원받지 못하게 된 그 아이들은 다 어디로 갔을까. 평안남도 전체에는 얼마나 많은 고아들이 더 있을까. 꽃제비가 되어 길거리를 헤매고 있는 아이들을 생각하면 그나마 국가기관이 돌보고 있는 이 육아원의 고아들은 혜택받은 아이들인 것이다.

그러나 그 아이들조차도 상당수가 심각한 영양실조 상태였다. 첫눈에 봐도 여기저기 피부가 헐고, 배가 나오고, 얼굴에 버짐이 피고, 듬성듬성 머리카락이 빠진 전형적인 영양실조 증상을 확인할 수 있었다. 평양에서 우리를 데려온 안내원들조차 당황해서 표정 관리를 못 했다. 하긴, 남쪽에서도 중앙의 고급공무원들이 지방 고아원이나 결식아동 보호시설을 직접 찾아가볼 기회가 얼마나 되겠는가. 그나마 손님들에게 행복한 표정을 지어 보이라는 뜻이었는지, 아이들은 우리 방문을 앞두고 주었을 사탕 한알을 모두 입에 물고 있었다. 그래도 대부분의 아이들은 무표정이었다. 몇명은 기운이 없어서 일어서지도 못했다.

긴장된 표정으로 얼어붙어 있던 선생님들에게 나도 남쪽에서 '탁아소 어린이집'에서 일했었노라고 소개하자, 얼굴이 확 펴지며 "남자가 탁아소를 했어요?" 하고 반갑게 되물었다. 내친김에 방바닥에 주저앉아 서로 아이 키우는 이야기를 하면서 동업자들 간의 친밀감을 나눴다. 이 녀석 저 녀석 안아도 보고, 머리도 쓰다듬고, 튀어나온 배도 눌러보고, 엉덩이도 퉁퉁 두드려보았다. "이렇게 어린 아기가 기저귀를 안 했네요. 기저귀는 언제 뗍니까?" "생후 8개월이면 뗍니다." "그렇게 빨리요? 남쪽 아이들은 훨씬 더딘데…" "우리나라 보육교양법에 따라 그저 그렇게 합니다." 남쪽보다 앞선다는 사실에 자랑스러운 표정을 감추지 않았다. 그러나 보육시설 같은 집단육아 환경에서 아기를 키워본 사람은 안다. 그렇게 빨리 대소변을 가리게 하려면 어떻게 해야 하는지. 아주 이른 시기부터 상당한 정도의 집중적인 배변훈련을 했을 것이다. 제2차 세계대전 시기에 국민성 비교 연구를 하던 인류학자들이 미국과 일본의 영유아기 배변훈련 방식을 분석해서 심리적 특성 차이를 알아보고자 했던 오래전 연구들이 생각났다.*

"참 놀랍네요. 기저귀 좀 보여주실래요?" "아이, 별걸 다 보시자네. 다 그렇지요 뭘…" "그래도 우리 남쪽 탁아소 선생님들께 제대로 알려줘야

* 태평양전쟁 시기 영국 심리학자 제프리 고러(Gefferey Gorer)를 비롯한 미국 인류학자들이 일본과 독일의 국민성 연구를 하면서 너무 어린 시기에 받은 엄격한 청결훈련과 성인기의 권위주의적 행동특성과의 관계를 설명하고자 한 연구. 너무 단순한 연구라고 비판을 많이 받았으나 전후 자유주의적 육아방식을 확산시키는 데 영향을 미쳤다.

지요." 마지못해 얼굴을 붉히며 기저귀를 보여주었다. 조금 큰 손수건만 한 낡은 잿빛 헝겊을 접어놓고, 캐나다 곡물은행이 비료를 담아 보낸 비닐 포대를 네모나게 오려 오물이 새지 않게 겉에 싸서 채워둔 것이다. 얼마나 쓰고 빨았는지 얇게 삭은 헝겊은 군데군데 탄 자국이 있었다. 비누나 세제가 없어서 잿물에 삶아 소독한 듯했다. 물자가 없는 상황에서 정성을 기울였을 선생님들의 손길이 느껴져 가슴이 뭉클했다. 갑자기 구호물자로 온 비닐 한조각이 귀한 이곳에서 이 아이들을 놔두고 철수한 국경없는의사회가 원망스러웠다.

바로 그 국경없는의사회 직원이 2년 뒤 통역을 대동하고 경기도 안성에서 탈북청소년 교육을 하고 있던 나를 찾아왔다. 남한으로 온 탈북자들의 심리상담을 위해 수십만불 프로젝트를 만들었는데 자문을 해달라고 했다. 노벨평화상을 받은 유명한 국제 NGO가 북한정권의 투명성 문제를 비난하는 요란한 성명을 내면서 철수했기 때문에, 기근 구호활동이 더욱 위축된 상황이었다. 평성의 그 어려운 고아들을 다 놔두고 떠난 단체가 정착금 받고 의료보험 있는 서울의 탈북자들을 이 물가 비싼 나라에서 통역 써가면서 심리상담해줄 비용은 어떻게 만들었냐고 따졌다. 중국 국경과 몽골, 베트남에서 고생하는 탈북난민들부터 지원해야 하는 것 아니냐고 물었다. 그런 사회주의국가에서는 국경없는의사회 방식의 구호활동이 불가능해서 남한으로 왔다고 했다. 그럼 아프리카 같은 곳에서 정부나 공무원을 식민지 관료처럼 부리면서 하는 제국주의적 구호방식이 북한이나 중국, 베트남 같은 나라에서도 그대로 통하기를 기대했냐고 펄펄 뛰었다. 대한민국이 얼마나 의료 후진국이라고 국제사회에 홍보해야 그런 구호기금이 모이는지도 따져 물었다. 오랜만에 영어로 소리를 질러 쫓아 보냈다.

평성 육아원에서 본 비료포대로 만든 비닐 기저귀가 떠올라서 더 그렇게 흥분했던 것 같다. 아니, 사실은 "어린이는 나라의 왕"이라는 표어를 붙여놓고 그렇게 성실한 어른들과 아이들을 참혹하게 살도록 하는 북한 권력과 인도지원 문제를 편의에 따라 도구적으로 접근하고 있는 국제 구호단체 양쪽에 다 분노가 치밀어서 그랬는지도 모르겠다.

몇년 뒤 미국에서 바로 그 평성 육아원을 방문한 경험이 있는 재미동포 박한식 교수를 만났다. 그곳에서 영양실조 상태의 아이들을 보니 해방 직후 만주에서 돌아오다 난민수용소에 있으면서 굶주리고 잘 먹지 못했던 어린 시절의 아픈 기억이 되살아났다고 했다. 그때 제대로 자라지 못해 형제 중에서 자기만 키가 작다는 말을 덧붙였다. 그는 너무 화가 치밀어서 북쪽 안내원의 가슴을 두들기며 "대체 이 아이들이 무슨 죄가 있냐. 모두들 왜 이렇게밖에 못 하느냐"고 울면서 소리치자, 함께 갔던 안내원들이 그 앞에 무릎을 꿇고 함께 울었다고 한다. 비극적 현실에 대한 진심 어린 슬픔과 분노는 아픔을 나누는 진정한 위로가 되기도 한다.[3]

대기근 발생 초기에 국제사회의 구호를 기대하며 공개한 육아원과 아동병원에서 외부 사람들이 찍은 아이들의 참혹한 영양실조 사진은 모금 활동에 일부 활용되기도 했지만, 그보다 더 폭넓게 북한정권의 실패와 인권상황을 고발하는 이미지로 확산되었다. 그후 북한 당국은 그런 현장에 더이상 외부의 눈길이 닿지 않도록 관리했지만, 이미 널리 퍼진 이미지들은 '지워지지 않는 낙인'이 되어 아직도 수많은 반북 정치집회에 동원되고 있다. 그래서인지 그후에도 여러차례 평양에 갔었지만 다시는 그곳에 가보지 못했다.

지난 20세기 중반부터 아프리카의 비아프라, 에티오피아, 소말리아 등 여러 나라에서 전쟁과 자연재해로 수많은 아이들이 영양실조로 죽어갔다. 그 아이들의 참혹한 사진들은 오늘날까지 지워지지 않는 아프리카의 이미지로 선명하게 남아 있다. 그렇게 많은 끔찍한 사진들을 돌려 보면서 국제사회는 그 아이들을 얼마나 구했을까? 깡마른 북쪽 아이들의 사진을 보며 우리는 과연 얼마나 도왔을까?

내가 초기부터 참여했던 남한 민간단체는 1996년 여름, 북한 어린이 구호활동을 시작하며 남북 어린이가 친구가 되자는 뜻에서 '안녕? 친구야' 캠페인을 했다. 동정보다 우정을 강조한 것이다. 아무리 모금이 절박해도 북한 아이들의 비참한 사진을 앞세워서 남한 아이들의 마음에 이질감과 우월감을 심지 않으려 했다. 언젠가 어깨동무하고 함께 걸어갈 짝꿍 같은 친구에게 자기 얼굴을 그려 보내주자고 했다. 다만 그 친구가 지금 큰 어려움을 겪고 있으니 격려의 선물을 모아 같이 보내자고 했다. 분단장벽과 어른들의 정치논리에 막혀서 그 많은 아이들의 순수한 마음조차 제대로 다 전하지 못하고 20여년이 지났다. "모두들 왜 이렇게밖에 못 하느냐"고 가슴을 치며 울던 노교수의 슬픔 앞에 부끄럽다.

"콩우유차는 왕차"

"콩우유차가 왔구먼." 교감선생이 떠들썩해진 창밖을 보며 말했다. 평양제일중학교 인민반 아이들의 "사이체조중간체조 및 콩우유 공급 시간"이었다. 학급별로 줄 맞춰 와서 배급차례를 기다리며 체조를 했다. 콩우유를 받아 마신 아이들은 좌우로 몸을 흔들며 힘차게 노래를 부르다가 양팔을 저으며 교실까지 행진했다. 콩우유 한잔의 힘을 받아서인지 많은 아이들이 행렬을 벗어나 팔짝팔짝 뛰어다녔다. 가끔 소년단 간부 같은 학생들이 막아서서 다시 대오를 만들도록 하지만 금방 줄이 흐트러졌다. "원래 줄서서 가야 하는데 저, 저, 저렇게 혼자 다니는 놈들은 자유주의자야! 자유

콩우유차는 왕차
신선한 콩우유 공급을 위해 다른 차들보다 우선 통과시키는 트럭.

주의자!" 워낙 '자유주의자'인 나는, 그 말에 흠칫 놀라 그쪽을 보았다. 이곳에서 '자유주의자'란 이기적 행동을 하는 사람을 비판하는 말이기 때문이다. 야단치듯 말하는 교감선생의 눈가에는 귀여운 마음을 감출 수 없다는 듯 웃음이 가득했다. 나도 따라 웃으며 흉내 내듯 말했다. "잘 뛴다, 잘 뛰어… 야! 이제 그만 자유주의하고 똑바로 하라!" 남북 어른들이 마주 보고 웃었다.

"콩우유차는 왕차"라고도 한다. 콩우유차가 가면 다른 모든 차들이 길을 양보해야 하기 때문이라는 것이다. 그만큼 이 나라의 '왕'인 아이들을 위해서 신선한 콩우유를 공급하는 것은 국가적 우선사업이라고 한다. "장군님께서 기근이 가장 심각했던 상황에서도 콩우유만큼은 보장하라고 교시하셨다"면서, 모든 학교의 아이들은 오전 10시 35분에서 55분 사이에 콩우유 한잔씩을 공급받는다고 했다. 그 공급 장면을 평양제일중학교 방문 때 목격한 것이다. 과연 어느 지방 어느 학교까지 그런 '왕차'가 제대로 다니고 있을지 궁금했다.

교정 뒤편 건물에서 콩우유를 받아 마시기 위해 줄을 선 아이들을 보다가, 내가 '국민학교'를 다니던 1960년대 남한 학교의 비슷한 풍경이 떠올랐다. 나도 서울의 한 국민학교 본관 뒤편 우중충한 건물 앞에서 옥수수빵과 분유를 탄 더운물을 받으려고 줄 서서 기다렸다. 건물 입구에는 미국국제개발처USAID의 악수하는 손을 그린 성조기 문양이 붙어 있었다. 성조기 밑에 쓰인 '미국 국민으로부터'From the American People란 글씨가 지금도 선명하게 기억난다. 미국은 세상에서 제일 부자나라였고, 미국 국민들은 배고픈 우리에게 매일 먹을 것을 주는 고마운 사람들이었다.

전쟁이 끝난 후 20년이 다 되도록 남한의 많은 학교에서는 점심을 못 먹는 아이들에게 옥수수빵을 배급했다. 미국에서 원조로 온 밀가루, 옥수수, 분유는 가난한 아이들의 중요한 영양공급원이었다. 피난민과 고아, 극빈층 아이들이 배급대상이었다. 그 옥수수빵과 분유밀크를 먹어보고 싶어서 점심을 싸 온 아이들은 입맛을 다셨고, 밥에 굶주린 아이들은 그 빵을 도시락과 바꿔 먹었다. 나도 그때 같은 반 고아 친구와 여러번 바꿔 먹었다. 그 빵은 늘 빡빡했고 한참 씹으면 고소한 맛이 났다. 무언가 기름진 미국의 맛이었다.

나중에 커서 미국에서 공부하면서 당시 미국 농무성과 국제개발처가 국민들에게 왜 전후 일본과 한국에 밀가루, 옥수수, 분유를 보내고 있는지 홍보하던 자료를 접하게 되었다. 쌀을 주식으로 하는 동아시아 사람들이 식량부족으로 어려울 때 입맛을 바꾸어놓으면 앞으로 미국의 밀, 옥수수, 낙농업에 의존하는 나라가 된다는 것이었다. 특히 아이들의 입맛을 바꾸는 것은 미래의 미국 농부들을 위한 투자라고 설명했다. 그래서 전쟁이 끝나고도 한참 뒤인 1970년대까지 미국의 잉여농산물 원조는 계속되었고,

한국과 일본의 정부는 분식을 장려했다. 저곡가정책으로 쌀농사만으로 살 수 없게 된 농민들은 농지를 버리고 도시로 떠나서 산업화시대의 노동 인력이 되었다.

전쟁 후 어려운 시절, 미국 밀가루와 옥수수를 먹고 자라난 세대들은 미국 성조기와 악수하는 손이 그려진 원조물자들을 잊을 수 없다. 미국은 좋은 나라, 미국 사람은 은인이었다. 오늘도 시청 앞 광장에서 태극기를 흔들고 있는 나이 든 사람들이 미국 성조기를 함께 펼쳐 들고 행진하는 이유도 바로 그 배고팠던 어린 시절 학교에서 매일 받아먹었던 고소한 옥수수빵과 따끈한 우유의 기억과 무관하지 않을 것이다.

장군님은 굶주린 아이들에게 매일 따뜻한 콩우유를 '왕차'에 실어 보내주신다고 했다. 북한의 아이들과 어른들이 함께 목청껏 외치는 "그리운 아, 버, 지! 장군님~!" 소리에는 그렇게 매일 받은 온정에 대한 사무친 감사가 담겨 있는 듯했다.

콩우유는 '두유'가 아니다

대기근상황에서 굶주리고 있는 북한 어린이들을 구호하고자 나선 남한의 우리들에게 처음 떠올랐던 어린이 영양식품은 당연히 옥수수빵과 분유였다. 유니세프UNICEF, 국제연합아동기금가 어린이 기근 구호물품으로 우선시하는 것도 '영양비스킷'이었다. 그래서 최초의 모금액을 들고 제일 먼저 공급하고자 우리가 준비한 것도 분유와 영양과자였다. 다만 군용식량으로 전용하지 못하도록 오래 보관할 수 없는 상태로 제공하는 방안을 강구했다. 당시 남한정부와 사회여론 때문이기도 했지만, 대북 구호사업을 하는 민간단체들도 가장 취약한 아동과 산모에게 우선 전달되게 하기 위해서 여러가지 고려를 했다. 실제로 일본의 구호단체는 '북한 어린이들에게 바나나와 계란을 보내는 모임'을 만들었다. 처음에는 사과를 보내기도 했다.[4] 군용으로 비축할 수 없게 바로 분배하고 소비해야 할 식품을 보내겠다는 뜻이었다.

실제로 구호사업을 시작하자마자 구호물품에 대한 냉전적 강박관념은 대부분 비상식적인 우려에 불과하다는 것을 알게 되었다. 우선 북한 현지 실정을 잘 몰랐던데다가 기근 구호사업에 대한 우리 사회의 지식과 정보가 너무 모자라서 생긴 문제였다. 우리가 참고할 수밖에 없었던 기존의 기근 구호활동은 대부분 서구 선진국들이 자문화 중심적 시각에서 진행했다는 사실을 점차 알게 되었다. 수혜국 입장보다는 지원국의 산업이해를 바탕으로 제국주의적 방식으로 진행해온 것이 국제적 구호사업의 본질이었다는 사실도 아울러 체감할 수 있었다.

주는 측이 손쉽게 자기 편의대로 집행하게 되는 것이 일방적 구호활동의 위험성이다. 주는 측이 성찰적으로 돌아보지 않으면, 받는 측이 여간해서는 진짜 필요한 것을 요구하기 어렵기 때문이다. 그나마 북한은 국가적 차원에서 늘 상대를 견제하고 자존심을 지키려 했지만, 그렇게 관료들이 나서서 정치와 이념을 앞세우면 그 벽에 부딪혀서 제대로 현장의 요구가 전달되기도 어려웠다. 부끄럽지만 그렇게 미숙했던 시행착오의 경험을 나누어서 앞날의 경계로 삼고자 한다.

구호물품 전달을 위해 북측과 협의하는 과정에서 드러난 첫번째 사실은 국제적 구호식품인 영양비스킷이나 분유를 식품이 아니라 간식으로 생각한다는 것이다. 아무리 어린이용이라고 해도 마찬가지였다. 사실 전쟁 때 남한에서도 경험한 일이지만 미군이 준 초콜릿이나 치즈가 아무리 열량이 높다고 해도 배고픈 사람들의 배를 채워주지는 못했다. 같은 원리로 남한의 초코파이가 아무리 현지 사람들에게 인기가 있어도 기근 구호식품이라고 주장할 수는 없는 것이다.

국가단위로 보급을 생각하는 관료들은 민간단체가 가지고 온 소량의 식품을 꼭 필요한 사람들에게 우선 공급해야 한다는 주장을 이해하기 어려워했다. 그래서 그 정도 분량의 분유라면 차라리 장군님의 선물용 사탕으로 만들어 나누어 주자는 생각을 했을 것이다. 계속 어린이 영양 문제를 거론하니까 차라리 열량 높은 식용유를 달라고 했다.

기근상황에 식용유? 남한 당국에서는 식용유로 대포알을 닦으려고 하나 하고 의심을 했다. 그만큼 냉전적 경계심만 높았지 구호식품에 대한 기초상식은 없었다. 식용유는 보존과 유통이 쉬운 고열량식품으로 그 자체로 먹기보다는 여러가지 자연재료를 먹을 수 있도록 가공할 때 쓰는 농축영양공급원이었다. 실제로 식용유는 세계 여러 구호현장에서 선호하는 식품이라는 사실을 나중에 알게 되었다. 남한 민간단체들이 그렇게 초보단계에서 헤매고 있을 때, 국제 구호단체들은 이미 북한 현지에 국수공장을 세우고 생면을 만들어 공급하기 시작했다.

콩우유 공급 아이디어는 평양에서 이른바 '왕차'라는 '콩우유차'를 본 후에 구체화되었다. 무언가 북한 어린이들의 실정과 입맛에 맞는 구호식품을 공급해보고자 골몰하다가 우연히 마주친 것이 앞서 소개한 콩우유 배급 장면이었다. 그래도 한동안은 그동안 준비했던 영양비스킷과 유사한 영양간식을 공급할 길을 찾는 데 주력했다. 그런 구호방식의 관성을 바로잡도록 해준 사람들은 평양에서 만난 북측 의사들이었다. 대외협상 전문가 관료들과 달리 그들은 전문성이 있었고, 진심으로 절박하게 필요한 사항을 전하고 싶어 했다.

모든 것이 결핍된 어려운 조건에서도 자신들이 얼마나 사회주의 예방의학과 영양관리 체계를 잘 작동시키려고 애쓰고 있는지 한참 설명한 끝에 슬쩍 긴급한 요구도 있다는 사실을 언급했다. 제한된 공식적 만남의 자리에서 이 말뜻을 잘 알아차리지 못하고 헤어지면, 다음 만남에서 다시 똑같이 이상적인 사회주의 의료체계에 대한 설명을 하고 또 슬쩍 같은 요구를 언급하는 식이다. 늘 의연한 자세로 이야기하는 그들의 말법을 알아차리기는 사실 어려웠다. 더욱이 이쪽 편에서도 이미 준비해간 여러 계획이 있는 터라 현장에서 새롭게 문제를 이해하고 처음부터 다른 방식으로 다시 접근해야 한다는 생각을 하기는 어려운 것이 사실이다. 그러나 이쪽의 준비를 그대로 집행하는 것보다 현장의 진실을 이해하고 그에 따라 대응하는 것이 진정한 구호가 된다는 사실을 경험을 통해 점차 알게 되었다.

북쪽 의사들이 제기한 문제는 영양결핍으로 모유가 부족한 산모의 신생아들에게 먹일 '아기젖'조제유, formular milk을 공급하지 못하고 있는 것이었다. 레시틴이라는 유화제 하나가 없어서 '아기젖'을 못 만들고 있다고 했다. 조제유 공급이 안 된다는 것은 바로 수많은 신생아들의 죽음을 의미했다. 노골적으로 요구하지는 않았지만, 우리가 들고 간 영양비스킷 공급보다 훨씬 더 긴급한 문제를 알려준 것이다. 식량부족으로 기근이 폭넓게 진행 중이라는 사실은 알았지만, 원자재와 에너지 부족으로 예전에 공급할 수 있었던 약품과 가공식품을 생산하지 못해서 발생하는 더욱 심각한 문제는 체감하지 못했다. 외부 구호식품도 언제 어떤 정치적 문제로 공급이 중단될지 모르는 상황이었다. 실제로 필요한 물량을 계속 보내줄 자신도 없었다. 현지에서 조제유를 만들 수 있는 기본설비와 재료를 제공하기로 했다.

북한사회에서 익숙하게 여기는 콩우유를 기본으로 우선 신생아들을 위한 아기젖을 만들고, 아울러 가능한 많은 양의 콩우유를 만들 수 있는 생산시설을 설치하기로 했다. 이를 위해 남한에서 유수한 두유업체의 기술자문을 얻고자 했다. 협조논의는 바로 실패했다. 진공패키지 원료는 유럽에서 수입해야 하고 포장 공정을 돌리려면 수십만 팩 단위가 되어야 단가가 맞는다는 이야기를 듣고는 바로 포기할 수밖에 없었다. 완제품을 싸게 보내는 것은 좋아도 생산설비 자문은 못 해준다는 말이었다. 실제로 남한의 두유는 초코파이처럼 상품으로 너무 진화한 것이었다. 북한 아이들에게 필요한 영양이 있는 두유를 따로 만들어서 저렴한 단가에 공급하고자 하는 생각도 의지도 없는 듯했다.

동서독 통일과정과 그후의 변화를 현장에서 연구한 존 본만John Borneman의 충고가 생각났다.[5] 기업을 믿지 말라는 것이었다. 동독의 낙후된 산업을 현대화시켜주길 기대하고 같은 업종의 서독회사에 동독기업들을 불하하자, 가장 먼저 한 일은 동독공장의 폐쇄였다. 싸구려 물건을 만드는 경쟁업체를 없애는 일부터 한 것이다. 낡은 시설과 비생산적인 노동인력을 현대화하느니 서독의 기존 생산시설을 더 가동해서 새로운 소비시장을 장악하는 전략을 택하더란다. 통일 후 동독지역 실업률이 기하급수적으로 치솟고, 사회복지에 의존하는 무기력한 사람들이 늘어서 통일비용이 증가한 것도 이런 초기 정책판단 오류에서 비롯된 것이다. 서로 다른 국가체제를 통합할 때 시장논리가 늘 합리적인 것은 아니다. 대상과 상황에 따라서 세심한 주의가 필요한 일이다.

우선 우리는 남한식 두유에 대한 고정관념을 버려야 했다. 다른 가능성을 중국의 '또우장콩물' 생산설비 제작공장에서 찾았다. 보존기간이 짧기는 해도 간단한 비닐패키지 설비까지 포함해서 남한 두유 단가의 약 5분의 1 정도의 비용으로 아이들에게 필요한 영양성분을 첨가한 '콩우유'를 만들 수 있었다. 그 기계로 만든 시제품을 보여주니 남한의 두유회사에서는 콩물 수준이라고 비웃었다. 그래도 내용을 분석한 영양학과 교수들은 남한 두유에 비해 설탕이 적어서 어린아이들 건강에는 더 좋을 수 있다고 했다. 그런 우여곡절을 겪으며 남한의 민간 구호단체가 평양에 콩우유 생산시설을 설치할 수 있었다. 그곳에서 하루 2톤의 콩우유를 생산해서 젖먹이부터 세살까지 3500명이 매일 먹을 수 있도록 했다. 신생아들도 소화흡수할 수 있는 분말 조제유로도 가공해서 여러지역의 산원으로 보급했다. 나중에 연간 250톤의 분말 콩우유를 별도로 만들어서 2천여명의 산간지역 아기들에게도 공급했다.[6]

그다음 단계로 극복한 것은 공급자 이름이 새겨진 비닐패키지 포장에 대한 집착이었다. 사실 북한체제와 사회조직의 특성상 가장 효율적인 공급방식은 각 학교, 탁아소, 유치원 단위로 통에 담아 보내거나 아예 '콩우유 왕차'에 실어 보내는 것이었다. 상호신뢰만 있다면 이미 생산-공급시스템을 갖춘 콩우유 공장 안에 새로운 생산라인을 확충해서 생산량을 늘리고 영양성분을 강화하는 것이 합리적인 구호방식이다. 그때쯤엔 그 콩우유를 군인들이 마실 거라는 강박적 우려는 웃어넘길 수 있었다. 북한 당국도 군인들의 군량미 이상으로 아이들의 콩우유 공급을 보장하는 것을 중요한 과제로 여기고 있다는 사실을 알게 되었기 때문이다.

그러나 남한단체의 이름을 찍어서 보급하지 않으면 장군님이 보내주신 콩우유라고 여길 것이니 그것은 북쪽체제를 이롭게 하는 것이라는 문제제기를 무시하긴 어려웠다. 피난시절 원조물자에 새겨졌던 성조기를 기억하던 정치가들은 '대한민국' 마크를 뚜렷하게 새긴 구호품을 보내서 체제를 흔들어야 한다는 주장을 하고 있었다. 바로 그 이유 때문에 북한 당국도 남한 구호물품에 쓰인 상표와 글씨에 민감했다. 그러나 현장에서 구호활동을 하는 사람들은 오히려 '장군님의 이름'으로 '왕차'를 탄 콩우유가 부정한 손을 덜 타고 더 확실하게 배급되리라는 사실도 알게 되었다. 북쪽 어린이들의 절박한 영양상태를 심각하게 느끼고 있었던 사람들일수록 확실하게 전달될 수 있는 효율적인 공급방식을 택하고자 노력했다. 배고픈 아이들을 더 잘 먹일 수만 있다면 오른손이 한 일을 왼손이 모르게 하는 것이야말로 진정한 '투명성'이라고 생각했다.

물건에 새겨진 마크나 글씨보다 마음으로 통하는 진심과 감사가 더 중요하다는 사실도 알았다. 함께 일하던 북측 연구원이 어두운 복도에서 먼 곳에 시선을 고정한 채 가만히 손을 잡고 힘을 꽉 주면서 나직한 목소리로 조용히 "고맙습니다. 고맙습니다" 했다. 갑자기 울컥해서 나도 멀리 보면서 "더 많이 도와드리지 못해 미안합니다" 하고 혼잣말하듯 대답했다. 그러자 내 손을 더 꽉 잡고 힘주며 중얼거리듯 말했다. "마음이 고맙지요. 그 마음이 고맙지요." 하마터면 눈물을 쏟을 뻔했다. '감상주의' 때문에 상대를 난처하게 할까봐 얼굴을 쳐들고 하늘을 봤다.

3. "그리운 장군님": 연모의 찬송

아무런 예정 없이 한 소학교를 방문했다. 아주 예외적인 상황이었다. 불쑥 들어간 첫 교실에서 당황하고 있는 선생님과 아이들을 만났다. 준비되지 않은 만남에는 특히 익숙하지 않은 사회였다. 처음에는 모두 어쩔 줄 몰라 하면서 불편해했다. 그 교실이 2학년 교실이라 마침 내가 2학년 때 구구단을 외우느라 힘들었던 생각이 났다. 누군가에게 한번 구구단을 외워볼 수 있냐고 물었다. 금방 알아들었다. 구구단은 구구표라고 했다. 한가운데 앉은 빨간 소년단 넥타이를 한 똑똑해 보이는 여자아이가 자리에서 일어나 노래를 부르듯 낭랑한 목소리로 외우기 시작했다. "오 일은 오, 오 이는 십, 오 삼은 십오, 오 사 이십… 오 십은 오십!" 혹시라도 막힐까봐

조마조마하던 마음이 풀리고, 너무도 예쁜 표정과 또랑또랑한 목소리에 반해서 절로 박수가 터져 나왔다.

이번에는 무언가 노래를 한곡 불러달라고 했다. 갑작스러운 주문에 무엇을 불러야 할지 금방 떠오르지 않는 듯했다. 안내원은 이제 그만 가자고 했다. 이런 기회를 놓쳐서는 안 될 것 같아, 내가 조심스레 말했다. "준비하는 동안, 내가 남쪽 친구들 노래 하나 불러줄까?" 갑작스러운 제안에 모두 눈을 둥글게 뜨고 안내원 쪽을 쳐다보는데, 마침 고민하고 있던 교장선생 입에서 얼결에 "박수~" 소리가 나왔다. 남쪽에서 노래를 청할 때 하는 말투와 똑같았다.

> 앞으로~ 앞으로~ 앞으로 앞으로!
> 지구는 둥그니까 자꾸 걸어 나가면
> 온 세상 어린이를 다 만나고 오겠네
> 온 세상 어린이가 하하하하 웃으면
> 그 소리 들리겠네 달나라까지
> 앞으로~ 앞으로~ 앞으로 앞으로!

공동육아 어린이집에서 아이들과 함께 노래할 때처럼 나는 양팔을 펼쳐서 둥그런 지구모양도 만들고 행진하듯이 발동작도 하면서 온몸으로 율동을 했다. 거구의 중년남자가 낯선 노래를 부르면서 율동하는 것을 보고 있는 아이들은 입을 벌리고 눈이 튀어나올 듯 신기해했다. 잔뜩 긴장하고 있던 선생님들과 안내원까지 만면에 웃음을 띠고 박자에 맞춰서 박수를 쳤다. 한마디로 웃기는 사람을 만난 것이다. 이젠 그들도 너무 염려할 필요가 없었다. 마음 가볍게 서로 콧노래를 불러보기도 하고 풍금을 쳐보면서 곡을 고르기 시작했다. "맞아, 새로 배운 노래 한곡 불러볼까?"

이 밤 새면 이루어질까
나의 간절한 소원
한 해 가면 풀리려나
나의 간절한 소원
꿈결에도 뵙고 싶은 아버지 장군님~
한없이 한없이 그리운 마음입니다.

아이들은 모두 간절한 눈길로 상체를 앞으로 숙여가면서 한없이 장군님을 그리는 마음을 표현했다. 내가 아는 한 가장 자연스러운 상태에서 마음 놓고 고른 노래를 평소 부르던 대로 부르는 것이었다. 처음에는 남쪽의 초등학교 아이들이 사랑과 그리움을 노래한 유행가를 구성지게 부르는 것과 비슷하다고 생각했다. 수령을 찬양하는 노래는 「김일성 장군의 노래」처럼 매일 어디서나 울려 퍼지는 행진곡풍의 클래식곡이 있는가 하면, 가요풍의 노래와 동요도 있었다. 그렇게 수령을 사모하는 정서를 다양한 양식으로 표현한 음악이 늘 새롭게 만들어지고 보급되고 있었다.

어린 시절 교회 주일학교 성가대에서 내가 좋아하던 찬송가, "주와 나 함께 동행하면서, 나의 친구 되시오니~"를 부르던 생각이 났다. 주님과 친구가 된 듯 우쭐한 마음으로 주님을 연모하는 찬송가를 부르던 그때의 내 마음을 생각하니 이 아이들의 표정이 조금은 이해되는 듯했다. 그는 신 없는 나라의 신이었다. 남쪽 사람들과의 논쟁에 익숙한 한 북쪽 안내원의 말이 생각났다. "거 안 보이는 신도 아버지라고 믿고 섬기는 사람들이 어떻게 살아있는 지도자를 어버이로 믿고 따르지 못합네까?"

“낮아진 밥상”: 덕성실화

평양 보통강변의 청류관이라는 냉면집에 안내를 받아 갔다. 손이 곱을 정도로 추운 날이었다. 원래 평양냉면은 이렇게 추운 날 먹어야 제맛이라고 해서 따라나선 길이었다. 그런데 난방이 잘 안된 식당 방 안에서는 말할 때마다 입가에 하얀 김이 서렸다. 식량문제만이 아니라 에너지 사정도 최악인 시기였다. “원래 쩔쩔 끓는 온돌방에 앉아 먹어야 하는 건데…” 안내원의 쑥스러운 변명을 들으며 시퍼렇게 얼음이 뜬 물냉면을 먹기 시작했다. 입으로는 “괜찮다”고 “맛있다”고 했지만, 속은 떨려왔다. 무언가 추위를 잊게 해줄 화제를 찾으려 했었는지, 안내원이 바로 그 식당 아래층 ‘가족방’에 있다는 ‘낮아진 밥상’ 이야기를 소개했다.

> 냉면을 좋아하는 평양시민들을 위하여, 대동강변에 유명한 ‘옥류관’과 함께 보통강변에 ‘청류관’을 세우도록 하시고 또 그 이름까지 직접 지어주신 수령님께서는 이웃 빙상관 건설현장을 현지지도하신 후, 이곳 ‘청류관’에 들러 방방이 돌아보시다가 아래층 가족방에 직접 앉아보시고 밥상이 너무 높지 않은가 념려하시었다. 옆에 따라온 당일군이 “그만하면 일없습니다괜찮습니다”라고 하자, 수령님께서는 “어른들은 일없어도, 아이들에게는 높다. 불편하게 먹고 있는 아이들을 보는 부모 마음은 편할까, 낮추라”고 지도해주시었다.[7]

그런 ‘훈훈한’ 미담을 듣고 가만히 있을 수가 없으니, 함께 내려가서 직접 보자고 바로 제안했다. 돌발적인 요구에는 늘 경계가 많았던 안내원도 이때는 앞장서서 아래층 ‘가족방’으로 나를 안내했다. 갑자기 외부 사람이 들이닥치자 역시 추운 냉방에 앉아서 냉면을 먹고 있던 온 가족이 깜짝 놀라 모두 자리에서 일어섰다. 남쪽에서 온 손님이 '낮아진 밥상'을 보러 왔다고 안내원이 소개하자, 놀라움에 굳었던 가족들의 얼굴이 풀리며 곧 자랑스러운 웃음을 지어 보였다.

'낮아진 밥상' 이야기는 온 나라 사람들이 어렸을 때부터 수없이 교육받아서 익히 잘 알고 있는 유명한 '덕성실화'였다. "인민을 한없이 사랑하시는 수령님의 고매한 덕성을 반영한 실화적 이야기"(덕성실화)의 현장에서 그런 사실을 처음 알게 된 '무지한' 외부 사람과 마주친 것이었다. 모두가 다 아는 이야기를 '신기한 듯' 듣고 있는 나를 소학교 나이의 어린아이까지 너그러운 미소를 지으며 바라보았다.

청류관의 '낮아진 밥상' 같은 수령과 장군의 현지지도 예화는 가정집 부엌의 부뚜막 높이에서 각지의 탁아소, 유치원, 학교의 교육도구, 병원과 공장의 시설에 이르기까지 무수하게 많다. 예를 들어 평양 인민대학습당북한 최대 규모의 종합도서관의 한 열람실에는 '기울은 책상'이 있다. 수령님께서 앉아보시고 "사람들이 앉은키에 따라 책상높이를 다르게 조절할 수 있고, 책을 읽기 편하게 책상 앞을 낮추고 뒤를 높일 수 있는 책상을 만들라"고 하셨다고 한다.

모두 아름다운 이야기들이다. 그런데 문득 그 '낮아진 밥상'이나 '기울은 책상'이 오직 그곳에만 있다는 것이 이상하다는 생각이 들었다. 사실 모든 식당의 밥상을 낮게 하거나, 모든 도서관의 책상을 기울게 하려면 너무 많은 비용과 노력이 들 것이다. 예외적 사례가 오히려 더 교훈적일 수 있다. 신화적 영웅들이 산과 들과 바다와 나무에 괴력과 이적으로 빚은 현상처럼 정작 그런 이야기의 효과는 아이디어의 보편적 실용화보다 바로 그 특별함에서 온다. 그가 다녀간 곳마다 남겨진 특별한 흔적들과 이야기들은 "어버이 수령이 내리는 사랑과 은정, 따사로움, 그리고 섬세한 배려의 손길"이라는 하나의 주제를 위한 변주곡들이다.

"장군님 식솔": 가족국가의 표어

식량위기가 장기화되고 평양의 엘리뜨 가정에서조차 하루하루의 살림이 어려운 상황이 되자, "장군님 식솔"이라고 쓴 족자가 각 가정의 벽에 걸렸다. '장군님 식솔'이란 글씨와 함께 김정일을 상징하는 꽃김정일화을 그려 넣은 족자에는 "내리는 사랑 눈물로 안고 / 참된 도리 다해가는 / 아~ 장군님 식솔 / 장군님 민족"이라는 글귀가 쓰여 있었다. '식솔食率, 집안에 딸린 식구'이라는 표현은 집안(또는 가장)에 의지해서 함께 먹고사는 한 식구食口의 이미지를 강조한 것이다.

식량부족 상황에서 역설적으로 많이 쓰기 시작한 "장군님 식솔"은 김정일 '장군님'이 모든 인민을 한 '가족'처럼 사랑하고 있으니 힘들어도 가장을 믿고 따르는 도리를 다하라는 뜻이다. "이팝흰쌀밥에 고기국을 먹게" 하겠다는 오랜 약속을 되풀이하기 어렵게 된 최악의 상황에서도 그들 간의 '가족'관계는 끊을 수도 없고, 끊어지지도 않는다는 투박한 표현이다. 동시에, "장군님이 책임지고 살림을 꾸려주실 것"이라는 상징적 믿음을 다시 불러일으키려 하는 가족국가의 정치적 표어라고도 할 수 있다.

텅 빈 부엌에 "장군님 식솔"이라는 글씨를 써 붙여놓고 주린 아이들과 마른 어머니가 뚱뚱하게 배가 나온 장군님 사진을 보면서 과연 한 '식구'라고 느낄 수 있을까? 그 마음속을 어찌 알겠느냐마는, 그런 당연한 의구심을 메우게 하는 다양한 말들이 유포되는 것을 들을 수 있었다. 우선 여러 매체들이 "장군님이 요즘 수척해지셨다"라는 인민들의 염려의 목소리를 전하고 있었다. "미국놈들의 경제봉쇄 속에서 인민들의 어려운 살림살이를 돌보시느라 불철주야 애쓰시다가 옥체玉體가 상하실까봐 걱정"이라는 식이다.

그래도 굶주린 인민들이 배 나온 '장군님'을 그렇게만 생각할 리가 없을 것 같아 서울에 와 있는 탈북청소년들에게 물어보았다. "북쪽에 있을 때, 나처럼 통통한 사람을 악질지주나 자본가 같다고 미워하지 않았었나?" 의외의 대답을 들었다. "아뇨, 선생님처럼 키 크고 풍채 좋은 사람은 수령님이나 당간부같이 넉넉하게 보입니다." 과연 '우리'와 '당신'은 꼭 같을 필요는 없는가보다. 어쩌면 한 집안을 대표하는 사람은 더 크고 당당하고 풍채 좋은, 즉 '대표로 잘사는 사람'으로서 선망의 대상이 되어야 하는 듯했다.

가족국가의 국민의식은 사소한 일상 속의 거듭된 경험을 통해서 다져진다. 일상생활 공간에 지도자의 사진과 글씨와 그림을 배치해서, 온 나라 사람들이 '어버이 수령'의 존재를 늘 의식하고, 그의 보살핌과 배려 속에서 살고 있다고 느끼도록 했다. 아울러, 다양한 생활현장에 있는 물질적 흔적을 통해 '덕성실화'를 직접 보고 듣고 확인할 수 있게 했다. 매년 주기적으로 반복되는 세시풍속처럼, 지도자들의 생일을 축하하는 축제와 생일선물로 고단한 일상 속에서도 사소한 기쁨과 추억을 누리게 했다. 이런 모든 상징작업을 통해서 그 끈끈한 '국가적 가족관계'로부터 벗어날 수 없는 '인민'이 되도록 한 것이다.

"충성동이 효성동이 마음껏 커요"

충성동이 효성동이 마음껏 커요.
둥기당당 울려라~아
가야금아 울려라~아

정의로운 대원수님 기뻐하시게

둥기당당 울려라~ 울려라아.

한복을 입고 나와 구성지게 노래 한곡을 뽑아 부른 유치원 '높은반' 여자아이가 수줍은 듯 인사하고 사뿐사뿐 걸어 나갔다. 만경대학생소년궁전 천장까지 치솟은 대리석 기둥엔 '충성동' '효성동'이라는 커다란 글씨가 붙어 있었다. 으리으리한 샹들리에가 늘어진 화려한 소비에뜨형 건축공간에 '충성과 효성'은 확실히 어울리지 않는 표어였다. '사회주의혁명'보다는 '봉건군주제'의 표어처럼 보였다.

새삼 '조선로동당' 휘장이 다른 사회주의국가들과 달리 농민을 상징하는 낫과 노동자를 상징하는 망치만이 아니라 지식인을 상징하는 붓(펜이 아니라)을 추가한 것이 의미심장하다고 생각했다. 조선 유교전통과의 연계를 뚜렷하게 강조하고 있는 셈이다. 그런 점에서 북한은 새로운 지배계급 발생을 경계한 중국 마오쩌둥毛澤東의 문화혁명과 같이 유교적 지식층과 당관료를 비판하는 이념적 계급투쟁은 없었다. 또한 지식계급의 말살만이 평등한 사회를 가져올 것이라는 캄보디아 크메르루주 같은 급진좌파의 무리한 사회적 실험도 없었다. 오히려 북한의 김일성과 김정일은 문화전통과 역사적 정통성을 강조했다.

북한은 사회주의를 표방하며 출발했지만, 1970년대초 유일사상체계와 '조선식'을 강조하면서 과거 '봉건적'이라고 비판하던 유교적인 특성을 다시 강화하게 되었다. 그 내용은 일반적으로 사회주의 평등사상이나 진보적 이념이 강조하는 여성해방이나 탈권위적인 평등한 인간관계 등과는 거리가 멀다. 김정일은 그러한 도덕적 행위규범에 적절하게 맞춘 수많은 '덕성실화'를 남겼고, 그 예법에 맞춘 상징정치를 했다. 즉, 수령이 살았을 때 그를 절대적 존재로 추앙하는 수많은 건축물과 예술작품을 만들어서 충성심을 보였고, 죽은 후에는 유교적 '삼년상'의 전통을 지키며 성대한 묘역금수산기념궁전을 조성하여 효성심을 보여주었다. 유치원 아이들은 그의 효성심과 충성심을 다음과 같이 배우고 있었다.

> "효성이 깊으신 김정일 장군님께서는 대원수님을 그리워하는 아빠, 엄마, 그리고 형님, 누나들과 모든 어린이들의 마음을 헤아리셔서 금수산기념궁전을 높이 세워주셨어요. 우리 낮은반 동무들은 대원수님의 동상 앞에서 충성하는 마음을 굳게굳게 키우며 김정일 원수님을 더 높이 받들어 모시고 우리나라를 빛내나갈 훌륭한 일꾼이 되어야겠습니다."[8]

김정일은 적자이자 장남으로서의 서열에 따른 정통성에 더하여 도덕적으로도 '효孝'의 모범이 된 것이다. 수령에 대한 충성은 곧 어버이에 대한 효성이기도 해야 한다. 국가에 대한 충성, 왕에 대한 충성은 상황에 따라 바뀔 수 있어도 부모자식 관계와 부모에 대한 효성은 바꿀 수 없는 운명적인 것이다. 그러므로 충효개념의 이러한 결합은 상징적으로 더욱 강력한 도덕적 메시지가 된다. 유교적 군왕은 신하와 백성에게 자상한 '배려'를 베풀면서, 그들로부터 '충성忠'을 요구했다. 북한의 수령도 인민의 어버이로서 선물과 은사로 '사랑'을 표현하면서, 그들의 '효성孝'도 아울러 기대했다.

김정일의 권력세습 비결 중 하나로 그가 아버지의 동지이자 다양한 분야의 권력실세였던 빨치산 1세대를 극진히 대접하고 주기적으로 선물을 보내면서 관계를 다져왔다는 점을 꼽는다. 아버지에 대한 효성심과 더불어 장유유서의 미덕까지 보이면서 그들과 그 자식세대들까지 자신의 지지집단으로 만들었다는 것이다. 비슷한 방식으로 평양을 방문한 현대그룹의 정주영 회장을 연장자라고 직접 찾아가서 만나고, 어른이라고 중앙에 모시고 사진을 찍어서, 남쪽의 보수적인 사람들에게까지 '제법 예의를 아는 사람'이라는 인상을 주기도 했다. 북한의 권력세습은 유교국가의 '도덕적 모범'을 보이며 왕위 계승과 유사한 덕목을 강조하면서 이루어졌다.*

김정은 시대의 아이들도 어려서부터 장군님께 바치는 충성과 효성의 노래를 부르면서 자라고 있다. 김정은은 2012년 6월 6일 조선소년단 창립 66돌 경축대회에 직접 참석해서 "사랑하는 소년단원들은 억만금의 금은보화에 비길 수 없는 귀중한 보배이며 희망과 미래의 전부"라고 공개연설을 했다. 김일성 100세 생일기념 열병식에서 한 최초의 육성연설에 이은 두번째 육성연설이었다. 젊은 지도자가 아이들을 중시한다는 것을 보여주는 파격적인 대중행보였다.[9]

전국에서 모인 4만명의 소년단 대표들은 "우리는 항일 아동단의 전통을 이어 언제 어디서나 김정은 장군님만 믿고 따르며 결사옹위하는 소년결사대가 되겠습니다"라고 한목소리로 맹세했다. 김정은은 아이들을 직접 쓰다듬고 안아줬다. 젊은 아버지와 같이 친근한 지도자의 몸짓이었다. 대회에 참석한 아이들이 "꿈결에도 뵙고 싶은 장군님"의 실물을 보고 펄펄 뛰고 박수 치며 눈물을 흘린 것은 물론이다. 그는 아이돌 없는 나라의 새로운 슈퍼스타가 되었다.

* 비교문화적 관점에서 보면 혈연적 권력세습이나 군주제 자체는 그리 새로울 것이 없다. 동서양의 여러 국민국가들은 다양한 권력 기반의 군주제 국가다. 국민국가 일본도 권력상징체제로서의 천황제와 문화상징체제로서의 천황제 모두를 경험했다. 절대적 상징권력인 사우디아라비아나 태국의 국왕부터 입헌군주로서 문화적 아이콘과 같은 영국과 네덜란드의 국왕까지 그 성격도 다양하다. 공통점은 각자 그 나름대로 국민통합과 체제안정, 국가 정체성을 위해 필요한 제도라고 주장하고 있다는 것이다. 북한이 다른 점은 여전히 사회주의를 표방하면서도 군주제 국가의 가치관을 활용해서 권력세습을 하고 있다는 점이다.

3장

아버지 나라의 교육

1. “혁명의 으뜸종자”: 고아들의 아버지

국제적 고립과 기근으로 북한체제의 위기감이 깊었던 2000년초, 베이징에서 평양행 고려항공을 처음 탔다. 인류학을 공부하면서 세계 여러 나라의 항공기를 타봤지만, 고려항공의 낡은 소련제 일류신 여객기는 기체는 물론 의자와 안전벨트까지 상당히 초조한 느낌이 드는 상태였다. 그때 위로가 되었던 것은 소박한 미소를 띤 승무원들과 이들이 투박하게 안내하면서 건네준 『조선』이란 사진잡지였다.

김정일이 만경대혁명학원을 방문한 모습을 담은 표지사진부터 나의 눈을 완전히 사로잡았다. 눈발이 휘날리는 새해 첫날, 열광하는 군복 차림의 어린 학생들을 안아주고 있는 그의 사진은 그 자체가 말로만 듣던 빨치산국가, 가족국가의 상징적 출발점을 확인하게 하는 이미지였다. 학생들 상마다 잔치음식을 잔뜩 차려놓은 사진이 대기근상황에서도 ‘특별한’ 지원을 받고 있는 특수학교의 존재를 알게 해줬다. 문화인류학자로서 북한사회의 다양한 사회집단과 교육체계에 대한 새로운 이해가 필요하다는 것을 절감했다.

만경대혁명학원을 찾아주신 장군님
새해 첫날 아침 만경대혁명학원을 찾아간 김정일.

"만경대혁명학원"

만경대혁명학원은 항일 독립투쟁에 희생된 독립지사들이 남긴 고아들을 위한 초중등 과정의 기숙학교로 해방 직후인 1947년 10월에 '평양혁명자유가족학원'이란 이름으로 처음 설립되었다. 학원 건립이 신속하게 추진된 것은 김일성과 그의 부인 김정숙이 남다른 관심을 가지고 추진했기 때문이다.

김일성은 독립투쟁 과정에서 희생된 동지들의 아이를 직접 자신의 정치적 양자로 삼아서 특별히 돌보고 교육하도록 했다. 독립투사의 고아들을 위한 학교는 해방된 나라의 정통성을 항일 무장투쟁의 역사를 통해 다져나가는 출발점으로서의 의미도 있었다. 비슷한 혁명유자녀학원은 다른 사회주의국가들에서도 볼 수 있는 것이기는 하지만, 북한의 경우 특히 성공적이어서 '유격대국가'라든가 '가족국가'의 특성을 가진 사회로 진화하는 데 중추적인 역할을 했다.

혁명유자녀학원은 1950년에 시작된 "조국해방전쟁6·25전쟁 때, 미제국주의와 싸우기 위해 낙동강까지 가서 죽은 혁명가의 유자녀들까지 받아들이기 위해" 평양 이외에도 몇곳 더 설립했다. '수령님'께서 혁명고아들을 친자식처럼 키워주기 위해 세웠다는 이 학교에서는 부모들이 흘린 피를 헛되이 하지 말고 그 핏줄을 이어서 혁명에 앞장서라고 바지에 '붉은 줄이 간 군복'을 입고 사관학교처럼 기숙사생활을 했다.[1]

초기의 '혁명유자녀'들이 모두 성장하여 졸업한 1960년대 후반부터는 그들의 자식들과 고위간부의 자녀들 중에서 선발된 아이들이 '대를 이어' 재학하고 있다. 일정한 선발과정은 있지만 우선 '핏줄'로 들어가는 이런 특별한 학교를 "혁명의 원종장혁명의 으뜸가는 종자를 키워내는 곳"이라고 한다. 그런 점에서 공부를 잘하면 들어갈 수 있는 평양제일중학교보다 더 특별한 학교라고 할 수 있다. 만경대혁명학원을 비롯한 네곳의 혁명학원에서는 미래의 군사간부, 정치간부, 여성간부, 그리고 외교관을 양성하고 있다고 한다.

몇년 뒤 현대사 자료들을 찾다가 김구 선생이 이 학교의 전신인 '평양혁명자유가족학원' 건설현장을 둘러보는 사진을 발견했다. 남과 북에 단독정부가 수립되는 것을 막기 위해 1948년 4월 평양을 방문한 때였다. 상하이에서 대한민국 임시정부 교육부장을 역임했던 이종익 선생이 당시 이 학교의 교장이 되어 직접 안내를 했다. 중국과 국내에서 찾아낸 항일유격대의 유자녀 320명은 이미 그 전해부터 평안남도 대성군 임시교사에서 공부하고 있었다. 만경대 너른 들에 새로 기숙학교 터를 닦고 있던 공사현장을 보며 김구 선생이 얼마나 부럽고 안타까워했을지 생각하니 가슴이 먹먹했다.

당시 남쪽으로 귀국한 대한민국 임시정부 요인과 광복군 출신의 독립운동가 중에는 서울 장안에 방 한칸 구하지 못해서 남산기슭에 토굴을 파고 사는 사람들도 있었다. 일제가 남기고 간 적산敵産가옥은 친일파와 미군정 주변 사람들이 거의 다 차지한 상황이었다. 살아서 귀국한 독립투사들이 제대로 살 곳을 구하지 못하고 그 자손들도 학교를 제대로 다니지 못했는데, 독립투쟁을 하다가 부모가 희생된 고아들은 해방 후 남한사회에서 어떻게 살았을까. 분단된 상태로 남한에 단독정부가 수립된 이후에는 이 아이들의 삶이 어떠할지, 또 그 후대까지 자손들의 사회적 위치가 어떠할지 만경대혁명학원 터전을 둘러보던 김구 선생은 염려하셨을 것이다.

"아버지 사진을 모신 이유"

평양에서 처음 방문한 유치원 교실에서부터 그 특별한 만경대혁명학원에 대한 이야기를 들을 수 있었다. 유치원 낮은반에서 다섯살짜리 아이들은 이런 이야기를 듣고 있었다.

> "어리신 김정일 장군님은 다섯살 때 김정숙 어머님과 함께 경애하는 대원수님을 모시고 만경대혁명학원을 찾으시었어요. 만경대혁명학원은 일제놈들에게 부모를 빼앗긴 아이들을 잘 키우기 위해 만경대 제일 좋은 자리에다가 경애하는 대원수님이 세우신 학교예요. 경애하는 대원수님을 보자 아이들이 '아버지~!' 하고 달려와 대원수님의 넓으신 품에 안겨서 우는 것이 아니겠어요? '저 아이들이 우리 아버지를 보고 왜 우는가?'

하고 어리신 장군님께서 물으시었어요. 김정숙 어머님께서는 이렇게 말씀하셨어요. '저 아이들에게는 아버지가 없단다. 대원수님은 일제놈들과 용감히 싸우다가 죽은 혁명투사의 아이들을 먹여주고, 입혀주고, 공부까지 시켜주고 계신단다. 그래서 모두의 아버지란다. 그렇게 보고 싶어 하던 아버지를 만났으니 너무 반가와 이렇게 우는 것이란다.' '그러면 우리 아버지가 더 자주 오시면 되지요.' '대원수님은 온 나라를 다 돌보시기 때문에 그렇게 자주는 못 오신단다.' 그러자 어리신 장군님께서는 아버지 사진을 많이 만들어서 아이들에게 나누어 주자고 하시었어요."[2]

모든 가정에 김일성과 김정일의 사진을 걸어놓게 된 유래에 대한 이야기는 바로 이렇게 시작된다. 수령이 모든 인민의 '아버지'가 된 계기는 희생된 독립투사의 자녀를 위한 혁명유자녀학원을 세우고 스스로 그 아이들의 '아버지'가 되어준 일로부터 시작되었다는 것이다. 혁명순교자들의 고아를 입양해서 특별하게 돌보고 키워주는 어버이 수령은 자신의 혁명정신을 따르는 모든 인민들의 양아버지 같은 존재라고 의미를 연결했다. 적어도 그런 역사적 상징성을 탁아소와 유치원에서부터 아이들은 이야기를 통해 배우게 된다.

"그러던 어느날 새로 만들어진 미술박물관에 가신 어리신 장군님은 그곳에서 사람들의 모양과 똑같은 조각상을 보시었답니다. 그러자 무슨 생각이 떠올라서 어머니께 이야기했어요. '어머니! 만경대혁명학원에 우리 아버지 동상을 모셨으면 좋겠어요. 그러면 아이들은 늘 아버지와 함께 있고, 다시는 울지 않을 거예요.' 다섯살밖에 안 된 어리신 원수님께서 학원 아이들 때문에 잠 못 이루고 이런 훌륭한 생각을 하시었으니 정말 기

유자녀들의 친부모가 되시어
항일 혁명가 유자녀를 양자로 삼아 돌본 김일성과 김정숙의 미담은 창작활동의 중심주제.

특하셨어요. 그렇게 우리나라에서 제일 처음으로 만경대혁명학원에 대원수님의 동상이 높이 모셔지게 되었답니다. 이렇게 어리신 김정일 원수님과 존경하는 김정숙 어머님의 뜨~거운 충성의 마음에 떠받들려서 우리나라에는 얼마나 많은 대원수님 동상이 모셔져 있습니까? 또 집집마다에는 우리들 모두 그리울 때마다 볼 수 있도록 대원수님과 장군님의 사진이 높이 모셔져 있습니다."[3]

유치원 낮은반 나이 또래의 아이들이 얼마나 그 내용을 이해할 수 있는

가의 문제와는 별개로 이 이야기를 통해서 김정일은 자신의 '성스러운 아버지'를 양자들과 나누고자 하는 아량 있는 '적자嫡子'로서, 인민들을 동생같이 아끼는 '장남長男'으로서의 위치를 보여준다. 신의 맏아들로서 그 신을 아버지로 섬기는 사람들을 구원하는 예수의 위치와도 비슷한 것이다. '어버이 수령'과 그의 아들 '장군님'의 사진과 동상은 가톨릭성당의 예수상이나 불교사찰의 불상만큼이나 중요한 중심상징의 기능을 하고 있다. 김정일은 그런 사진과 동상을 예술적으로 만들어 널리 전파하도록 했다. 그의 예술정치 역시 아주 어린 나이에 만경대혁명학원 고아들의 양부모 관계를 배려하는 마음에서 시작됐다고 가르치고 있다.

"대를 이은 혁명가족"

혁명투쟁 중에 희생된 동지의 자식들을 자기 자식처럼 거두어 키워주는 수령의 '어버이'로서의 이미지는 국가 전체로 확대된 가족 개념의 출발점이 되었다. 혁명학원과 정치적 양부모 관계의 의미에 대해서는 탁아소와 유치원부터 모든 교육기관에서 반복학습을 통해 가르친다. 세대가 거듭되면서 혁명학원은 상징적 의미뿐만 아니라 '가족국가'의 확대종가로서의 모습을 실제로 보여주고 있다.

혁명의 원래 목적은 기득권세력의 특권적 계급재생산 구조를 없애서 평등한 사회를 만들고자 하는 것이다. 그러나 북한에서는 혁명을 사회 내부의 평등보다는 외세로부터의 해방으로 개념화했다. 외부와의 혁명투쟁이 길어지다보니 '대를 이어' 혁명을 해야 한다. 그 혁명의 효율을 위해 선택과 집중은 불가피하고, 선택의 기준은 개인의 능력보다 신뢰를 우선한다는 논리다.

특별히 신뢰받는 혁명가족의 아이들은 국가적으로 특별한 지원을 받으며 성장한다. 다른 아이들에 비해 특별한 대우를 받아서 자칫 질시의 대상이 되기 쉬운 혁명학원 학생들을 위해 부모, 조부모, 증조부모 세대의 희생과 공로를 폭넓게 홍보함으로써 특권에 대한 정당성을 확보했다. 여러 세대에 걸쳐서 장기화된 혁명의 현실은 처음에 추구하던 혁명의 이념과는 아주 다른 모습으로 나타났다.

"빨건 줄이 간 군복"을 입고 그들만의 특별한 환경에서 자라난 엘리뜨 집단은 그 나름의 문제가 있다. 특별한 존재로서 과도한 특권의식을 갖고 있다는 점이다. 다른 인민들의 삶을 너무 모르고 보편적 상황을 받아들이기 어려워한다. 따라서 혁명구호와 군사훈련에는 익숙하지만 오히려 '저항적' 투쟁근성은 부족하기 쉽다.

실례로 1989년 평양에서 열린 세계청년학생축전 당시 남한 학생운동 단체가 북으로 파견한 임수경은 현재진행형 민주화투쟁 전선에서 온 젊은 투사로서 북쪽 젊은이들 사이에 선풍적인 인기가 있었다. 그 임수경과 함께 판문점에서 단식투쟁에 돌입한 북한 대학생 간부들이 민주화투쟁으로 단련된 남한 대학생만큼 버티지 못하자 뒤로 몰래 빵을 먹였다는 증언도 있다.[4] 군사독재 시절 남한에서 국가권력이 임명한 '학도호국단 사단장학생회장'이 아무리 군복 차림에 행진구령을 잘해도, 군사독재에 맞서서 싸우던 학생운동 대표들의 의지력, 지도력과는 큰 차이가 있었다는 사실이 연상되었다. 권력에 저항하는 혁명투쟁과 권력에 순응하는 혁명선창은 본질적으로 다르다.

만경대혁명학원 출신의 탈북민과 서울에서 우연히 만나 함께 술을 마시며 이런저런 이야기를 나눈 적이 있다. 북에서 늘 중요한 직책을 맡으며 지내다가 남한에서 생활보호대상자로 (영구)임대아파트에서 살고 있는 자신의 신세를 한탄하면서 그는 비탄에 잠긴 목소리로 말했다. 남쪽에서 이렇게 살다보니 북쪽의 혁명학원 동창들에게 진심으로 해주고 싶은 말이라고 했다. "동무들, 우리식 사회주의를 목숨으로 사수하시오." 그가 말하는 '사회주의'가 무슨 뜻인지 궁금했다. '우리식'이라는 수식어에 여러 의미가 포함되어 있는 듯했다. 쓴웃음을 지으며 이야기했지만, 농담으로 듣기에는 특권적 계급질서에서 벗어난 깊은 상실감이 그대로 배어났다. 엘리뜨 계급의식이란 그렇게 질긴 것이다.

2. "이역에서 자라는 아들딸": 입양의 정치

"조선은 전혀 다릅니다." 루마니아의 수도 부꾸레슈띠 교외에서 만났던 냉전시대 평양 주재 루마니아 대사가 한마디로 북한체제의 붕괴 가능성을 일축했다. 미국이 이라크를 침공해서 엄청난 화력으로 40일 만에 바그다드를 점령한 지 얼마 되지 않은 2003년 7월이었다. 바로 전해부터 미국 대통령 부시는 북한을 이라크, 이란과 함께 '악의 축'으로 규정하고 압박하고 있었다. 이라크 다음 차례로 자주 거론되던 북한정권의 조기붕괴 가능성을 국제사회는 상식처럼 이야기하고 있었다. 김일성과 가까웠던 루마니아 독재자 니꼴라에 차우셰스꾸Nicolae Ceauşescu 정권의 종말과 비교해서 김정일 정권의 앞날에 대한 질문을 하지 않을 수 없었다.

"차우셰스꾸와 김정일은 비교가 안 됩니다. 조선은 정말 큰 대가족입니다. 지도자와 엘리뜨만이 아니라 수많은 인민이 한데 얽혀 있는 공동운명체지요." 김일성대학 유학생 출신인 노련한 외교관의 정치적 해석을 기대했던 나에게 뜻하지 않은 '가족주의'라는 문화적 설명이 돌아왔다. 그런 사실을 뒷받침하는 사례로 그는 '전쟁고아들의 아버지' 김일성에 대한 이

야기를 해주었다.[5]

동유럽 조선인민학교

"루마니아에 있었던 '조선인민학교'를 아십니까?" 전쟁이 한창이던 1952년부터 조선의 전쟁고아 1500명을 돌보고 교육했던 기숙학교가 우끄라이나 접경의 시레뜨와 타르고비스떼라는 도시에 있었다고 한다. 김일성은 시베리아 횡단열차 편으로 고아들을 보내면서 조선의 교사들과 학교체계도 함께 보냈다. 루마니아 교사들에게 현지 언어와 교육내용을 배우면서도 조선의 역사와 언어를 잊지 않도록 교육하기 위해서였다. 또한 정기적으로 격려선물을 전달하는 장학사절단을 보내서 조국을 그리게 했다. 전쟁이 끝나면 조국으로 돌아올 사람들을 키우는 일시적 피난지 학교로서 기능하게 한 것이다. 그 모든 교육과정을 통해 조국에서 그들을 기다리는 아버지로서 김일성이란 존재를 느끼고 그리워하게 했다.

루마니아의 조선인민학교에서 교사를 했던 조르제따 미르초유Georgeta Mircioiu 여사는 당시 고국에서 온 장학사절단을 맞이한 학생들이 통곡하면서 고향과 조국을 그리워하던 모습을 생생하게 기억하고 증언했다. 전쟁으로 인한 가족 상실의 경험과 실향의 아픔을 조국이라는 '영속하는' 큰 집단에 대한 소속감으로 위로받고, 그 집단의 정치적 아버지의 배려와 사랑을 느끼면서 감동했다. 이러한 조국 사절단의 방문과 격려는 멀리 이국땅에서 집단생활을 하고 있던 어린 전쟁고아들의 마음에 깊이 각인되었을 것이다.[6]

북한의 전쟁고아들은 루마니아1500명뿐만 아니라 뽈란드1200명, 헝가리500명, 동독600명, 체꼬200명, 불가리아 등 동유럽 사회주의국가에서 총 4천명 이상이 교육받았다. 중국약 2만명이 가장 많은 수를 돌보았고, 몽골200명

뽈란드로 간 전쟁고아
동유럽 사회주의국가의 조선인민학교에서 교육받는 북한 전쟁고아들.

과 소련규모 미공개으로 보낸 고아들까지 포함하면 최소 2만 5천명 이상을 '사회주의 형제'Fraternal Socialism 국가들이 돌봐주었다고 한다. 사회주의 종주국 소련은 이러한 국제 전쟁고아 지원비용으로 10억 루블을 지원했다.*

사회주의 인권개념의 전쟁고아 구호사업은 혁명적 동지애를 바탕으로 한 집단적 구원을 목표로 했다. 서방세계의 자본주의적 인권개념의 구호사업이 개인적 구원을 도모하는 자선사업이었던 것과는 차이가 있었다.

* 찰스 암스트롱(Charles Armstrong)은 북한 전쟁고아 지원 프로젝트는 "사회주의국가들이 손을 모아 다 같이 공동 프로젝트를 실시하고 조화를 이룩한 유일한 사례"라고 했다. 세계적 냉전의 초기상황에서 미국과 서방세계의 인도주의 지원사업에 대한 경쟁적 대응은 사회주의 진영으로서도 중요한 국제적 연대사업이었다. "미제국주의 군대의 무차별 폭격을 견디며 용감하게 싸우고 있는" 북한 인민들의 모습이 사회주의권 국가에 널리 알려지면서, 위험한 상황에 있는 조선의 전쟁고아를 위한 구호활동 요구가 밑에서부터 자발적으로 널리 퍼져나갔기 때문이다. Charles Armstrong, "Fraternal Socialism: The International Reconstruction of North Korea, 1953-62," *Cold War History* Vol. 5, Issue 2(2006), 161~87면.

사랑과 연민의 정을 바탕으로 한다는 점에서는 큰 차이가 없었지만, 실행 방법 면에서 개인보다는 집단을 구호의 단위로 삼았고, 사회관계와 조직 생활을 익히는 '교양교육'을 중시했다.

제국주의와 인종차별에 대한 비판의식에서 공식적으로 전쟁고아들의 문화 정체성과 자주적 해방이념을 지지했고, 사회모순을 바로잡기 위해 투쟁하는 역사적 사명의식이 있는 사람으로 키우는 것을 목표로 했다. 그런 집단환경 속에서도 전쟁고아들은 가족을 잃은 트라우마와 문화충격을 극복하기 어려워했다고 한다.

북한정권은 이러한 사회주의권의 인도주의 이념을 최대한 활용해서 일방적 수혜자이면서도 원조국에 대해 '뻔뻔하리만큼' 당당하게 자주성을 강조했다. 그런 의미에서 전쟁고아 해외 '파견'은 "국제사회주의 교육협력"이란 이념을 바탕으로 진행되었다. 따라서 그 대상도 부모를 모두 잃은 '고아'들만이 아니라 부모 중 한명이 '전쟁영웅'으로 희생된 경우 등 국가가 '특별한' 보호와 교육이 필요하다고 선발한 아이들이었다. 이렇게 교육받은 청소년들은 조국으로 돌아가 사회발전을 위해 일해야 한다는 사명감을 느끼며 살도록 훈련되었다. 이국땅에서 물질적으로는 의존하지만 정신적으로는 자주적으로 살도록 교육받은 아이들에게 김일성은 정치적 아버지로서 자존심의 상징이자 방패가 되었다.

냉전과 '입양의 정치'

루마니아의 조선인민학교 이야기를 들으며 남한에서 해외로 입양 보낸 고아들이 생각났다. 내가 국민학교를 다니던 1960년대 중반까지도 집집마다 깡통을 들고 밥을 얻으러 다니던 전쟁고아들을 흔히 볼 수 있었다. 물론 남한에도 개인이나 종교기관이 자선사업으로 운영하는 고아원은 여럿 있었다. 변변한 국가 지원 없이 주로 외국에서 들어오는 구호물자로 운영하던 이 고아원들은 영세자영업과도 비슷한 '사회사업'인 경우가 많았다. 사회적으로 고립된 환경에서 전적으로 그곳을 운영하는 사람의 양심과 능력에 맡겨진 고아들은 어려운 생활을 하다가 탈출하는 경우가 많았다.

그렇게 거리로 떠돌던 아이들을 국가가 강제로 잡아다 수용하는 '부랑아 시설'도 있었다. 대표적인 부랑아 수용시설이 있었던 안산시 선감도에는 강제노동에 시달리다 죽은 아이들, 도망치다 바닷물에 빠져 죽은 아이들을 집단매장한 곳도 있다.[7] 1960년대에 '저 하늘에도 슬픔이'라는 제목으로 책과 영화로 만들어져 국내뿐만 아니라 일본에까지 널리 알려진 '윤복이의 일기'는 당시 아이들에게 잔혹했던 남한사회의 모습을 증언하고 있다.[8]

남한사회는 전쟁 때뿐만 아니라 지금까지도 고아들을 위한 국가 차원의 공공정책을 제대로 수립하지 못했다. 아이의 양육을 온전히 부모의 책임으로만 여기니까 피붙이 친족조차 고아를 양자로 입양하는 것을 꺼렸다. 해결방안은 선진국 가정으로의 해외입양이었다. 처음에는 개인적 차원의 입양이 간헐적으로 이루어지다가, 전쟁이 끝나고 여러해가 지난 1960년대에 들어와서 '홀트양자회' 등 국제 입양기관을 통해 대규모로 추진됐다. 이렇게 시작된 한국 고아들의 해외입양 사업은 지금까지 20여만 명의 아이들을 해외로 보낸 국제적 '입양산업'이 되었다. 오늘날 경제선진국이 된 대한민국은 아직도 세계에서 손꼽히는 '고아 수출국'이다.

이러한 해외입양의 배경이 된 서구의 고아 구호사업은 후진국의 전쟁터에서 고통받고 있는 아이들을 선진국의 중산층 가정으로 '입양'해서 그동안 결핍되었던 물질적 풍요와 가정적 사랑을 주는 것을 이상으로 여겼다. 지옥에서 천국으로 한순간에 들어 올리는 기독교적 구원의 이미지를 현실에서 실현하는 일이었다.* 냉전적 경쟁 상황에서 해외입양 고아에게 주어진 축복은 미국을 비롯한 서구 자본주의국가들이 '지상의 천국'이라는 증거가 되었다. 지옥 같은 고국의 현실로 돌아갈 일은 없었다. 빨리 과거를 잊고 입양된 곳에 적응하고 동화되어야 했다.

개인적 구원의 이미지에 따른 해외입양은 그 대상이 된 고아들에게 윤택한 환경과 가족의 사랑을 주는 행복한 성공사례로 주로 소개되었다. 그러나 그중 일부는 심각한 정체성 갈등과 심리적 상처를 경험했다. 실제로 해외에서 성인이 된 입양고아들이 원망과 상처를 안고 고국으로 다시 돌아오기도 했다.** 그만큼 갑작스러운 언어와 문화 단절로 인한 트라우마와 인종적 소수자로서 겪는 정체성 문제는 개인의 사랑만으로는 극복하기 어려운 장벽이었다.

동구권 초빙국가에서 교육받은 북한의 전쟁고아들은 1960년대 초중반까지 모두 북한으로 돌아왔다. 그 무렵 조금씩 변화되기 시작한 동구권 사회의 영향을 두려워했기 때문이었다. 귀국 직후 이들은 집중적인 사상 재교육을 받았다. 심각한 문화충격으로 재적응에 실패한 사례도 있었다고 한다. 그러나 대다수의 귀국 전쟁고아들은 '어버이 수령'의 특별한 사랑을 증명하는 존재들로서 외교 및 통역 분야는 물론, 과학기술 분야에서 전문가 집단을 형성하고 지도적 역할을 했다. 평양과 해외에서 그들과 교류

* 특히 미국 중산층 가정의 전형적 상징인 푸른 잔디밭이 있는 하얀 집과 자가용차는 지상에서 누릴 수 있는 최고의 풍요와 평화로운 삶을 상징했다. 바로 그곳에 며칠 전까지 참혹한 전쟁터에 있던 아이가 들어와서 천국과 같은 삶을 누리게 된 것이다.

** 스웨덴으로 입양되었던 토비아스 후비네트(Tobias Hubinnet, 한국명 이삼돌)는 한국의 해외입양은 본인의 의사와 무관한 반강제적 이주였다는 점에서 개인에 대한 범죄행위라고까지 비판했다.

해본 전 루마니아 대사는 전쟁고아들처럼 '어버이 수령'과 특별한 관계가 있는 집단들이 국제적 고립과 위기상황에서도 체제의 전복을 막아주는 '평형수안정 추' 역할을 하고 있다고 했다.

루마니아의 차우셰스꾸는 혁명유자녀와 전쟁고아들에 대한 김일성의 특별한 부자관계 형성에 감명받아서 만경대혁명학원을 모델로 수천명의 고아들을 교육하는 친위대 양성학교를 세웠다. 그러나 그들이 차우셰스꾸 정권의 마지막을 지켜주지는 못했다. 형태는 비슷했을지 몰라도 역사적 정당성을 확보하지 못했고, 특별한 가족관계를 단기간에 만들어낼 수는 없었다고 한다. 북한의 엘리뜨 집단은 70년 이상 지속된 분단과 냉전 상황에서 세대를 거듭한 가족적 공동운명체 관계를 다져왔다. 그들의 관계는 역사적 위기를 함께 겪으며 만들어졌고, 바로 그 위기적 상황이 장기화되는 과정을 통해 '특별하게' 강화되었다.

재일 조선학교

"김일성 대원수님 고맙습니다!" 1990년대까지도 일본의 웬만한 대도시에서 전철을 타고 가다보면 차창 밖으로 한눈에 들어오는 빨간 한글간판이 눈에 띄었다. 이른바 민족학교라고 불리는 재일 조선학교다. 엄중한 분단시대를 살아온 남한 사람으로서는 그런 글자를 유심히 읽는 것만으로도 국가보안법 위반이 아닐까 염려될 정도로 자극적인 간판이었다. 우리 세대는 해외여행을 떠나기 전에 '(반공)소양교육'을 받았다. 궁금증 때문에 그런 학교 문앞에서 어정거리면 바로 끌려 들어간다고 배웠으니 그 안을 구경한다는 것은 생각도 못 할 일이었다.

남한사회가 민주화되고, 남북정상회담까지 하게 되어 비로소 나같이 평범한 학자도 그 안에 들어가볼 수 있게 되었다. 반갑게 우리말로 맞아주어 오히려 이쪽의 긴장감이 어색할 지경이었다. 아이들이 공부하고 활동하는 모습을 자랑스레 보여주어 교실 안까지 들어가보니, 정면에 모신 김일성, 김정일 사진과 각종 구호가 적힌 환경 구성물들 때문에 북한 교실에 무심코 발을 들인 것 같았다. 막 소년단 모임을 마친 아이들은 빨간 넥타이를 휘날리며 달리다가 낯선 손님과 마주치니 반듯이 서서 "안녕하십니까" 또박또박 우리말로 인사를 했다.

재일 조선학교에서는 모두 우리 이름을 쓰고, 우리말과 우리글로 교육하고 있다. 어쩌면 당연해 보이는 이 일이 특별한 것은 이미 그 부모들까지 일본에서 태어난 재일 3세대 교사들이 4세대 학생들에게 자신들도 익숙하지 않은 말과 글로 사용할 기회가 거의 없는 언어와 지식을 교육하기 때문이다. 우리말과 글 교육은 효용의 측면보다는 민족적 긍지와 문화적 정체성 확인으로서의 의미가 있다.*

일본 내에 최초로 대규모 민족교육체계가 만들어진 것은 해방 직후였다. 처음부터 빼앗긴 말과 글, 그리고 이름을 되찾는 것이 가장 중요한 과제였다. 이는 제국주의 일본에 의해 강제된 일본어 사용과 창씨개명 등 문화적 억압으로부터의 해방을 의미했고, 당시 일본으로 끌려온 대다수 동포들에게는 조국으로 돌아가기 위한 준비로서의 민족교육이기도 했다. 그러나 조국의 분단과 정세 불안정으로 바로 귀국하지 못하고 있는 가운데 일본의 의무교육체계로 들어가라는 미국 점령군의 일방적 명령에 저

* 우리말과 우리글에 대한 강조는 재일동포사회 내부에서의 자기 정체성 확인에는 도움이 되지만, 다른 한편으로는 현실생활의 언어가 아니기 때문에 늘 자신을 부족한 존재로 인식하게 하는 부작용이 있다. 언어적으로 불리한 상황에서 균형을 잡아주는 것은, 일본사회에서는 소외된 소수자로 살지만 조국을 위해서는 무언가 줄 수 있는 존재라는 사회적 역할에 대한 강조다. 그런 맥락에서 "힘 있는 자는 힘으로, 돈 있는 자는 돈으로, 지혜 있는 자는 지혜로"라는 김일성의 말은 되풀이하여 인용되고 있다.

항하다가 대부분의 민족교육현장이 폐쇄되는 위기를 겪었다.

미군정의 민족학교 폐쇄령에 저항하는 민족교육투쟁을 통해 더욱 좌경화한 교육자들과 부모들은 남북한이 각각 분단된 상태로 국가를 세우자 압도적 다수의 출신지가 남한대한민국지역임에도 불구하고 북한조선민주주의인민공화국을 정통성 있는 조국으로 여기게 되었다. 해방 직후, 남한의 고향으로 귀국했다가 사상을 의심받고 희생된 사람의 가족들과 제주 4·3사건이나 여순사건 때 학살과 탄압을 경험하고 다시 밀항해 온 사람들에 의해 그 신념은 더욱 강해졌다. 미군정의 폐쇄령 이후 무인가 교육시설로 민족교육을 지켜온 학교들은 인민공화국 국기를 올리고 일본사회에서도 이미 지배이념이 된 반공주의에 저항했다.

이 곤란한 시기에 북한에서 김일성의 이름으로 보내온 '교육원조비와 장학금'은 민족학교를 재건하려던 총련재일본조선인총연합회에 생명수 같은 것이었다. 1957년 4월 신학기에 맞춰서 당시의 금액으로 1억 2천만 엔이란 거액의 지원금이 도착해서 여러지역의 조선학교 건립자금이 되었다.* 당시 전후 복구사업이 한창이어서 여유가 없는 중에도 북한이 막대한 교육원조비를 보냈다는 사실에 재일동포들은 감동했고, '조국'이 자신들에게 큰 힘이 된다는 것을 경험하는 결정적인 계기가 되었다고 한다. 지금도 조선학교에서는 그때의 감동을 표현한 노래를 부르고 있다.

> 나라에서 나라에서 돈을 보낼 줄은
> 꿈결에도 꿈결에도 생각을 못 했지요
> 교육원조비 장학금의 많고 많은 귀한 돈을

* 지금도 모든 재일 조선학교 입구에는 "조국으로부터의 원조금 총 165차례 484억 4373만 390엔(2019년 4월 현재)"이라고 쓴 간판을 매년 액수를 경신해서 걸어놓고 있다.

바다 너머 저 멀리 조국에서 보내왔어요
아~ 수령님의 높고 큰 이 사랑을
산이나 바다에 그 어이 비기랴

이역에서 이역에서 나서 자라는
아들딸도 아들딸도 지덕체 갖추어서
사회주의 조국의 역군이 되어라
어버이 심정으로 수령님이 보내셨어요
아~ 수령님의 높고 큰 이 사랑을
천만년 대를 이어 영원히 전해가네.[9]

조선학교에 대한 조국의 원조금은 곧이어 추진된 북한으로의 귀국운동(남쪽에서는 북송)의 촉매가 되었고, 다시 귀국운동에 대한 동포사회의 열렬한 호응은 민족교육에 대한 폭발적 참여로 이어졌다. 오늘날 볼 수 있는 대부분의 각급 민족학교들은 이 시기에 세워진 것들이다. 민족학교는 지상낙원인 조국으로 돌아갈 준비를 하는 곳이고, 일본사회의 삶 자체는 일시적이고 과도적인 것이라고 여겨지기도 했다.

조국이 물질적으로 풍요한 낙원이 아니라는 사실은 비교적 금방 알려졌지만, 일본사회의 소수민족에 대한 차별과 배제의 문화 속에서 사회적 자아실현의 길이 막힌 많은 동포들은 오히려 조국건설의 사명감을 갖고 돌아가기도 했다. 조국통일에 기여할 수 있는 일꾼으로서의 자기 정체성과 언젠가는 '통일조국'으로 돌아갈 것이라는 삶의 목표는 1980년대 중반까지도 민족교육현장에서 강력한 힘을 발휘했다. 현재 살고 있는 일본사회(즉, 현실세계)에 대한 부정과 미래의 통일조국, 즉 유토피아를 향한 삶의 목표 투영과 정체성 확인은 종교적 믿음체계와 유사하다.

"민주주의적 민족교육"이라는 조선학교의 교육목표 중, '민주주의' 부분이 표방하는 교육이념은 주체교육이다. 민족주체의 상징으로 "어버이 수령님"과 "지도자 장군님"의 존재는 모든 공식상황에서 사진, 연설, 노래, 춤으로 되풀이하여 강조된다. 집단주의적 교육방법론에 따라 소년단 조직생활과 '생활총화'는 물론, 특기교육을 하는 소조활동, 집단체조, 행진연습도 한다.

일본사회에서 주기적으로 터지는 소수집단에 대한 차별 사건은 총련이나 재일 조선학교의 힘을 약화시키는 것이 아니라 오히려 구성원들이 더욱 내부 순환체계에 매달려야 할 현실적 근거를 강화한다. 조선학교 여학생들의 치마저고리를 칼로 찢는 만행은 즉시 연극으로, 무용으로, 영화로 만들어져 모두의 경각심을 높인다. 바로 차별과 탄압의 현실이 지나간 역사가 아니라 현재진행형임을 체감케 하여 민족교육현장의 근대적 상황인식을 재확인시키기 때문이다.

대부분의 조선학교 학생들과 학부모들은 이 학교가 좋다고 한다. 부모들은 아이들이 "착하고 비뚤어지지 않아서" 좋다고 하고, 아이들은 "이지메따돌림가 없고 공부를 안 해서" 좋다고 한다. 교사들은 "다른 어떤 학교에서도 할 수 없는 (특별한 의미가 있는) 교육이 가능해서" 좋다고 한다. 비교적 소규모 학교에서 헌신적인 교사들이 학생 한명 한명의 특성을 다 알고 소외나 차별이 없도록 세심하게 짜인 비경쟁적인 집단주의적 교육 프로그램을 다양한 소조활동을 통해 익히게 한다.

부모들은 우선 일본 학교에서 아이들이 차별받거나 이지메를 당해서 심리적 어려움을 겪을지 모른다는 염려 때문에 이 학교를 보내기도 하지만, 보다 적극적으로는 이 학교에 다니는 것만으로도 확실히 길러지는 혼들리지 않는 민족 정체성을 바탕으로 세대갈등이 최소화되고, 가족단위의 단합이 가능할 것이라는 기대를 갖는다.

학생들은 일단 같은 또래의 일본 학교 아이들처럼 수험준비와 시험에 시달리지 않아서 다행이라고 생각한다. 미래에 대한 불안감이 아주 없는 것은 아니겠으나 일단 조선대학교란 고등교육기관까지 있어서 대학에 가고자 하면 갈 수 있다(약 과반수는 조선대학교, 그외는 일본의 대학). 민족교육을 통해 일본사회에서의 출세보다 재일동포사회 안에서 현실적인 생업을 갖거나 조국과 민족을 위해 일하는 것을 의미있게 생각하는 학생들도 많다. 그런 점에서 재일 조선학교는 일본사회에서 다른 방식으로 살기로 결심한 소수자 집단의 자기 정체성 확인의 장이자 사회적 성취의 길을 찾는 곳이기도 하다.

학생과 부모, 교사 모두가 민족교육의 성과를 스스로 확인할 수 있는 길은 일본 학교와의 학력 비교보다는 주류사회에서 전혀 볼 수 없는 독특한 예술양식의 공연과 스포츠경기를 통해서다. 북한이 국가적 차원에서 개발한 사회주의적 예술양식을 소조활동을 통해 연마해서 수준 높은 공연을 보여주는 것이 중요한 교육과정이 된다. 단순히 남들에게 보여주는 쇼show가 아니라, 주류사회로부터 그 존재를 무시당한 소수자 집단이 스스로의 훈련과 노력의 성과를 가시적으로 드러내어 표현하는 행사인 것이다.*

현재도 재일 조선학교 학생들에게 "수령님(장군님)"은 '조국'을 상징하는 '아버지'와 같은 존재다. 조선고급학교 졸업반은 조국 방문 여행을 간

* 카드섹션과 매스게임 같은 집단주의적 활동도, 억압적인 정치상황에서 획일적으로 강요한 것이 아니라, 소수자 집단이 스스로 선택하여 자신들의 단결된 힘과 훈련을 과시하는 정체성 확인의 도구로 활용할 때는 그 교육적 의미가 본질적으로 달라진다.

다. 이 여행을 가장 의미있게 하는 것은 특별한 은사처럼 예측할 수 없을 때 기대하지 못한 곳에서 '장군님'의 선물을 받는 것이다. '장군님'은 대기근으로 온 나라가 어려운 시기에도 묘향산을 등반하고 있던 조국 방문 동포학생들에게 헬기로 선물을 전달해서 열광적으로 감동시키기도 했다.

남한에서는 반공교육 시간에 이런 선전선동술에 넘어가지 말라고 가르치기도 했다. 그러나 조선이란 '가난한 조국'의 '아버지'가 동포아이들 교육에 이만큼 섬세한 신경을 쓰면서 수십년간 지속적으로 정성을 기울였다는 것은 먼저 인정해야 한다. 그동안 돈 벌기 바빠서 그들을 교육적으로 돌보지 못했던 한국이란 '부자 조국'이 일방적으로 그 사실을 매도할 수만은 없을 것이다. 재일 조선학교와 조선이란 조국의 관계는 부모자식 간의 정서적 관계처럼 역사적으로 단단하게 맺어진 것이라는 사실은 부정하기 어렵다.

3. "세쌍둥이는 나라의 보물": 사회공학실험

"이 방은 난방이 쎄게 들어오누만." 안내원이 큰 목소리로 말했다. 평성육아원 위층의 세쌍둥이 방이었다. 냉기가 돌던 아래층과 달리 방바닥이 조금 따뜻했다. 똑같이 생긴 세쌍둥이들 두쌍이 기어 다니고 있었다. 노란 옷을 입은 아래층 아이들과 달리 어깨에 견장 같은 단추가 달린 빨간 옷을 입고 있었다. 같은 육아원 안에서도 세쌍둥이들은 특별한 공간에서 따로 지내며, '특별한' 대우를 받고 있었다.

그중 한 아이를 안아 들며 물었다. "이 아이들도 고아가 되었나요?" "아닙니다. 부모는 있지만, 특별히 다섯살까지는 육아원에서 키워줍니다."

가끔 부모가 보러 온다지만, 자기 아이들을 고아원에서 지내게 하는 것이 어떻게 좋다는 것인지 금방 이해가 되지 않았다. 마침 이웃의 젊은 부모가 두쌍둥이를 낳고 밤잠을 못 자고 고생하던 모습이 떠올라서 사회적 도움 없이 세쌍둥이를 키우는 일은 정말 어려운 일이겠구나 하고 짐작할 뿐이었다.

얼마 뒤 춘천의 한 가난한 젊은 부부가 세쌍둥이를 낳고 그 아이들 키우느라 일도 못 나가고 파산지경에 이르는 과정을 기록한 TV다큐멘터리를 봤다. 남한같이 풍요로운 사회에서도 세쌍둥이의 육아는 핵가족이 감당하기 어려운 일이다. 그러나 그런 드문 사례에 대한 특별한 사회적 지원은 없다. 심각한 기근상황의 북한에서 세쌍둥이에 대한 국가 차원의 특별 대우가 없었다면 대부분 희생되기 쉬웠을 것이다.

남한에도 세쌍둥이에 대한 환상적 이미지가 있다. 저출산시대에 유명 남자배우의 세쌍둥이 육아를 온 사회가 열광하며 지켜봤다.[10] '헬조선'이란 현실인식에서 결혼과 출산을 주저하고 있는 남한사회의 젊은이들도 '대한', '민국', '만세'라는 애국주의적 이름을 나누어 가진 세쌍둥이의 재롱에 매혹되기는 마찬가지였다. 노동과 가사와 육아를 병행해야 하는 대다수 젊은 부모들의 어려움과 부담을 생략한 역설적인 예능프로그램이라는 비판도 있었다. 그러나 온 국민이 어려운 육아현실을 잊고 매혹될 만큼 귀여운 세쌍둥이는 특별한 존재였다.

"복받은 세쌍둥이"

북한의 세쌍둥이도 특별한 상징적 의미가 있다. "세쌍둥이는 '나라의 보물'이라 장군님의 특별한 사랑과 배려를 받고 있다"고 한다. 과거 같으면 대부분 출산 중에 죽거나 장애가 생겼을 세쌍둥이의 건강한 성장은 사회주의적 과학의료의 성취라는 것이다. "친애하는 지도자 동지께서는 세쌍둥이를 위해서라면 기차와 자동차뿐만 아니라 비행기도 비상 동원해주시고 나라의 천만금도 아끼지 않으신다."[11] 자본주의사회와 대비되는 사회주의 의료복지체계의 대표적 상징으로 여기도록 하는 것이다.

세쌍둥이는 또한 '나라가 흥할 징조'로 미래를 상징하는 존재들이다. 그래서 장군님은 "대를 두고 길이 전할 사랑의 선물로 은장도와 금반지까지 안겨주신다." 최신 의료시설을 갖춘 평양산원에서는 '세쌍둥이과'를 별도로 설치하여 이들의 출산과 치료, 육아 지원을 종합적으로 담당한다. 김정일은 평양산원에서 100번째 세쌍둥이가 태어난 날엔 이미 조판을 마친 신문 1면을 다시 짜도록 특별히 지시했다고 한다.

세쌍둥이에 대한 이렇게 특별한 관심과 기대는 무슨 뜻일까? 초기에는 자연적 출산에 대한 사회적 대응이었다면, 근래에는 세쌍둥이에 대한 사회적 투자 성격이 강한 듯했다. 그런 사회적 투자를 통해 기대하는 결과는 무엇일까? 정권이 폭넓게 배포한 『복받은 세쌍둥이들』이라는 책자는 다음과 같이 설명하고 있다.

> 이렇게 내리사랑을 받은 세쌍둥이들은 한두살 나이를 먹고 셈이 들면서부터 친애하는 지도자 동지의 품을 어머니 품으로 여기고 자기의 운명을 전적으로 의탁하고 있으며 그이께 가장 큰 기쁨과 만족을 드리려고 충성과 효성을 다하고 있다.[12]

충성과 효성의 대상을 '수령님김일성'이 아니라 '친애하는 지도자 동지김정일'로 상정하고 있다는 것은 바로 이 세쌍둥이 사업이 김정일의 프로젝트였다는 것을 의미한다. 세쌍둥이들은 충효의 뜻을 담은 글자를 하나씩 나누어 넣은 이름을 세트로 짓고, 세트로 자라나서, 세트로 군인이 되고, 세트로 음악가가 되고, 세트로 농촌선동원이 되어 "충성의 대오를 이끈다." 김정일은 그렇게 성장한 세쌍둥이들을 직접 만나서 안아주기도 했다.

김정일은 이렇게 세쌍둥이들의 출산과 육아만이 아니라 교육과 진로에까지 개입함으로써 미래세대의 모범사례가 되도록 했다. 세쌍둥이 사업은 올더스 헉슬리Aldous Huxley가 『멋진 신세계』*Brave New World*에서 그린 바와 같은 세트복제의 효율성을 기대하는 사회공학실험으로서의 의미도 있는 듯했다.

"멋진 신세계"

헉슬리의 『멋진 신세계』는 "똑같은 쌍둥이들이 똑같은 기계를 똑같이 작동하면 가장 효율적"이라는 공장제 대량생산 원리를 바탕으로, 일란성 쌍둥이의 복제를 출발점으로 삼은 미래사회를 그리고 있다. 그는 이 소설에서 더 많은 쌍둥이들이 출산되도록 모든 사람의 출산을 인공적으로 조작하는 절대권력자의 논리를 소개했다.[13]

먼저, 복제된 쌍둥이들이 "각자 할 일을 정확하게 알고 즐겁게 실행하도록" 안정적으로 통제되는 인공환경에서 잠재의식부터 조건화한다. 영유아기부터는 "자신이 하는 일을 당연하게 여기고 좋아하도록" 계급별로 다른 정서적 반응훈련을 한다. 그렇게 발달된 생명공학과 교육공학의 힘으로 모든 사회구성원들이 각자 주어진 사회적 위치를 자발적으로 받아들이고 주어진 일을 갈등 없이 수행하는 그런 미래의 디스토피아를 그린 것이다. 김정일이 추진한 세쌍둥이 사업은 기술적으로 너무 이른 시기에 거칠게 시도되었지만 그가 상상하고 추진했던 '멋진 신세계'의 단면을 보여주는 상징이기도 하다.

유발 하라리는 북한체제와 같은 독재국가의 '이념적 가치관'에 생명공학이나 인공지능AI과 같은 혁명적 신기술이 결합되면 전체주의적 디스토피아의 가능성이 증폭되리라고 경고했다. "흔히 21세기 새로운 과학과 기술은 종교와 이념과 같은 (허구적) 믿음체계를 약화시킬 것이라고 추측하지만 오히려 성장시키기" 때문이다. 그만큼 "오래된 신화와 새로운 기술"의 결합은 미래사회의 가능성과 파국을 동시에 증폭시킨다는 것이다.[14]

현재 남북한의 과학기술 수준은 전반적으로 크게 차이가 난다. 그러나 실제로 어느 분야에 집중해서 두드러지게 발전시킬 수 있는지는 사회체제와 정치권력의 의지에 달려 있다. 핵무기와 대륙간탄도탄 로켓기술 같은 분야가 그 좋은 예다. 하라리는 사회집단 간의 이해관계가 충돌하는 남한이나 다른 개방사회와 달리 북한의 중앙집권적 절대권력은 손쉽게 온 사회에 자율주행차량을 도입할 수 있고, 유전자 실험결과를 현실에 적용할 수 있으며, 스마트폰을 이용한 중앙집중 감시체계를 구축하고 가동할 수 있을 것이라 했다.[15] 지금과 같이 폐쇄적인 북한체제는 국제사회와의 이해관계가 희박하고 외부세계의 견제도 잘 통하지 않기 때문에 헉슬리가 그린 전체주의적 디스토피아를 탈근대적으로 구현할 수 있는 잠재력이 가장 크다고 할 수 있다.

분단 70년 동안 남북한은 다른 역사적 경로를 걸어왔다. 양쪽의 다른 정치체제와 경제구조만큼이나 양쪽이 믿는 이념과 가치관의 차이가 현저하게 달라진 두 사회를 만들었다. 앞으로 그 둘이 각각 또는 함께 어느 방향으로 갈지를 결정하는 데 각 사회구성원들이 지어내고 믿는 '이야기(허구적 믿음)'가 중요한 역할을 할 것이다.

4. "교수 아들은 교수로, 농부 아들은 농부로"
: 교육과 계급재생산

"아드님은 어느 학교를 다닙니까?" "제 애비가 다녔던 학교를 다니지요." "김일성종합대학이군요." 내가 북쪽에서 만난 당일꾼들은 김형직사범대학을 나왔다는 한사람 빼고는 모두 김일성종합대학 출신이었다. 남쪽의 서울대학교보다 훨씬 심했다. "전공은 뭡니까?" "그것도 제 애비와 같은 걸로 합니다. 정치경제학부지요." "공부를 잘했나봅니다." 입가에 자랑스러운 미소를 지으며 겸손한 말로 대답했다. "그저 그만하게 한 것 같습니다." "앞으로 뭘 한다고 합니까?" "제 애비처럼 당일꾼으로 일하겠지요. 당연한 일 아닙니까? 교수 아들은 교수로, 농부 아들은 농부로, 당일꾼의 아들은 당일꾼이 되는 것이 가장 좋은 일 아닙니까?" "네?"

처음에는 내 귀를 의심했다. 차마 이렇게 자신 있게 계급이 재생산되는 것이 좋다고 노골적으로 말할 줄은 몰랐다. "그러면 불평등하다고 불만인 사람이 없겠습니까?" "아니 그건 자본주의사회 이야기고 우리 사회는 직업에 귀천이 없습니다. 모두가 평등하니까 제 부모의 직업을 대를 이어 하는 것이 더 효과적이고 좋다는 말이지요." 함경도 산골의 농부나 광부도 같은 생각을 할지 따져 물을까 하다가 참았다. 그는 자신의 가치관을 이야기하고 있을 뿐이었다. 문화인류학자들은 바로 이런 상황이 사회구조를 이해할 수 있는 좋은 기회라고 생각한다. 실제로 작동하고 있는 가치관과 사회조직 원리를 파악할 수 있기 때문이다.

그러고 보니 북쪽의 운동선수, 예술가, 교예단원, 작가 중에 유난히 부모세대의 직업을 세습한 경우가 많다는 사실이 생각났다. 평양의 텔레비전에서도 대를 이어서 일하는 모범적 농부, 연구원, 노동자의 모습을 자주 비추고 있다. 이런 맥락에서 수령세습이 정당화되는 것이구나 하고 느꼈다. 아니 '수령의 세습' 덕분에 덩달아 다양한 직종의 '세습'이 장려되고, 권력 핵심부의 직위마저 세습되고 있는 듯했다. 직업세습은 재산상속만큼이나 한 사회의 평등성 여부를 가늠하는 핵심적인 문제다. 이 문제에 관련된 문화규범, 그리고 실제사례들을 검토해보아야 그 사회의 계층질서가 어떤 성격이고, 어떻게 유지되고 변화하고 있는지 알 수 있다.

남한사회에서도 공식적으로는 "직업에는 귀천이 없다"거나 학연, 혈연, 지연에 의한 차별은 잘못이라고 한다. 그러나 대학입시 결과가 평생직업과 지위를 결정한다고 생각하는 수많은 부모들은 유아기 때부터 아이를 학습지와 학원에 매달리게 한다. 이른바 'SKY'라는 명문대학에 입학해야 능력을 인정받고 높은 지위를 누릴 수 있다고 여기는 것이다.

남한에서 인기 있었던 TV드라마 「SKY캐슬」은 입시교육의 끔직한 현실을 잘 묘사했다고 화제가 되었다. 드라마는 의사 가족들이 자식들을 명문의대에 보내기 위해 갖은 방법을 다 동원하는 모습을 적나라하게 그렸다. 실제로 많은 남한 부모들이 자식의 미래를 위해 경제적, 사회적, 문화적 자원을 총동원해서 각종 스펙을 만들고 있다. 그 결과 부모의 지위, 소득, 학력은 자식의 대학입시 성적에 결정적인 영향을 미친다. 그런 경쟁을 객관적으로 관리하고 평가하겠다고 국가가 나서서 직접 문제를 만들고 한날한시에 전국적으로 공통시험을 보게 한다. 이른바 '수학능력시험'이다. 온 사회가 그런 입시결과를 객관적인 능력평가로 받아들이고 그것을 토대로 교육을 통한 계층구조가 유지된다.*

* 남한사회의 학벌에 따른 신분제적 차별구조와 '공평한 경쟁'이라는 '능력주의' 문화논리의 문제점에 대해서는 정병호 「서열경쟁과 교육게임」, 『교육개혁은 왜 매번 실패하는가』, 창비 2008, 66~124면 참조.

이념적으로 '사회주의'나 '혁명'을 표방한다고 해서 실제로 그 사회가 평등한 사회구조를 갖추고 있거나 더 평등한 사회관계를 지향하고 있는 것은 아니다. 현실사회주의 국가체제가 무너지면서 온 세상 사람들이 다 알게 된 사실이다. 문제는 불평등한 자본주의사회와 어떻게 다른 불평등한 사회주의사회를 만들어놓고 있느냐는 것이다. 따라서 합법적인 경쟁에 의한 차이와 불평등을 당연하게 여기고 살고 있는 자본주의사회의 우리들처럼 사회주의사회의 그들은 어떤 절차에 따른 차이와 불평등을 당연한 것으로 여기며 살고 있는지 알아보아야 한다.

평양의 "교육열성파" 엄마들

평양에서 그곳 어머니들과 허심탄회하게 아이들 교육과 입시준비에 대해서 이야기를 나눌 기회가 있었다. 가정방문은 물론 주민들과의 개별적 접촉조차 허락되지 않는 평양 방문기간 중에도 가끔 그런 틈새가 기적처럼 열리기도 했다.

평양에 간 문화인류학자는 현장연구의 흥분과 호기심 때문에 한밤중에 깨어 잠 못 들고 뒤척일 때가 자주 있었다. 함께 자는 동료를 깨울 수 없어서 방밖으로 나와봐도 호텔 밖으로는 나갈 수 없었다. 호텔 안을 여기저기 돌아다녀보아도 모든 업소가 문을 닫았는데, 우연히 한 업소에서 문을 열고 나오는 종업원과 마주쳤다. 간판을 보니 'KARAOKE'노래방인데 끝난 듯했지만, 내가 기웃거리니 안에 앉아 있던 사람이 괜찮다고 들어오라고 했다. 혼자서 노래 부를 일은 없고 맥주 한병 청해서 마시는데, 내가 어떤 사람인지 영 궁금한 눈치였다. 마침 그날 몇군데 교육기관을 둘러본 터라, 종업원들에게 슬슬 유치원과 탁아소 이야기를 하면서 말을 걸었다. 그중 한명이 깜짝 놀라며 반가워했다. 내가 방문했던 유치원의 학부모였다.

“거기 유치원 피아노 선생님이 훌륭하죠? 직접 음악교재도 쓰셨다지요?” 그날 주워들은 이야기를 옮기니 손뼉을 치고 좋아했다. 마침 자기 아들이 유치원 높은반에서 피아노를 배우고 있다고 했다. 나는 한양대학교 교수인데, 서울에서 탁아소 원장도 했다고 소개를 하니까 이번엔 그쪽이 더 궁금해했다.

“한양대학 하면 거~ 시위 잘하는 학굔데, 교수님은 일없습니까?” “남자가 어찌 탁아소를 합니까?” 이상한 남한 교수에게 남쪽 교육에 대한 질문이 쏟아졌다. 한밤중에 평양호텔 노래방에 앉아서 ‘남북 교육문제에 대한 심야토론’을 하느라 시간 가는 줄 몰랐다. 가끔 내가 미안해서 이제 그만 문 닫아야 하는 것 아니냐고 하면, 오히려 그쪽에서 “일없습니다” 하면서 붙들었다. 덕분에 그동안 책으로만 읽었던 북한 교육에 대한 부모들, 특히 어머니들의 기대와 우려, 장기적인 전략까지 생생하게 들을 수 있었다. 그쪽에서 아이들의 공부와 진로, 남편과 시댁어른들의 압력을 이야기하면, 나는 남쪽에서는 어떻게 주변 사람들의 눈을 의식하고 경쟁하는지 이야기했다. 수다 떨 듯 웃고 이야기하다가 “똑같아, 똑같아!” 하고 손뼉을 치기도 하고, 다른 점이 나오면 “어째 그럽니까?” 하면서 고개를 꼬기도 했다.

남쪽 교수가 평양의 ‘교육열성파 엄마’들을 제대로 만난 것이다. 처음 나와 마주쳤던 30대 중반의 여성은 김윤옥(가명)이라고 자신을 소개했다. 음악을 전공했고, 손풍금 연주를 했다. 아들도 경상유치원에서 피아노를 배우고 있는데, 남편은 나처럼 대학교수라고 했다. 다른 한명은 ‘남조선의 림수경’이 평양에 왔을 때 자기도 김일성종합대학에서 과학을 전공하는 대학생이었다고 소개하며 이름은 박성숙(가명)이라고 했다. 딸은 창광유치원을 나왔는데 마침 내가 찾아가서 교실에서 노래도 불렀던 평양제일중학교 부설 소학교 4학년이라고 했다. 내가 담배를 피우자, 대학시절 만나 결혼한 자기 남편도 '담배를 많이 피우는' 신문기자라고 흉을 봤다. 그 새벽 심야토론을 통해 알게 된 북한 교육에 대한 진진한 사실들을 간단히 정리하면 다음과 같다.

첫째, 내가 만났던 당간부 아버지들이 당연한 듯 이야기했던 직업과 지위의 세습은 가능성일 뿐이지 자동적인 것은 아니다. 어머니들이 아주 어릴 때부터 정말 공들여서 갖은 전략을 구사해 그렇게 되도록 만들어내야 한다. 즉, 북한 나름대로 제도화한 무수한 경쟁과 선발과정을 거쳐야 한다는 것이다. 그래서 자신들도 격일로 근무하고 집에 갈 때마다 아무리 피곤해도 아이들 붙잡아서 하루 세시간씩 공부를 시킨다고 한다.

둘째, 치열한 경쟁과 선발은 아주 어릴 때부터 시작되는데, 가능한 한 일찍부터 국가적 관심과 지원을 받는 특별한 재능교육기관을 다니게 할수록 끝까지 성공할 확률이 높아진다. 내가 가봤던 곳들은 모두 외부 사람들에게 공개하는 특별한 교육기관들이라 탁아소, 유치원, 소학교과거 인민학교, 초급과 고급중학교과거 고등중학교로 올라가는 매 단계마다 고비가 있고, 매 학년 올라갈 때마다 "떨려나지탈락되지 않도록" 해야 하기 때문에 긴장을 늦출 수 없다고 한다. 대신 그런 특별한 교육기관에 끝까지 남아 있으면 대부분 김일성종합대학이나 평성리과대학, 김책공업종합대학, 평양의과대학 등 '중앙급 대학'에 진학하게 된다.

셋째, 아이들이 어릴 때는 자신들도 잘 아는 교시나 말씀을 계속 반복해서 읽고 외우는 '원문통달식암기주입식 교육'이라 '일없는데', 점점 더 아이들 스스로 내용을 알아가야 하는 자립성과 창발성을 강조하는 '깨우쳐주는토론문답식 교육'이 많아져서 집에서 도와주기가 어렵다고 했다. 게다가 그런 학과학습만이 아니라 소년단 조직생활생활총화, '좋은 일하기' 등과 특기

소조 과외활동의 평가비중도 높아서 집안에서 아이들 도덕교양교육을 단단히 해야 탈이 없다고 했다.

이런 모든 과정을 잘 거쳐야 학교로부터 대학 지원을 할 수 있는 '추천서'를 받고 승인을 받을 수 있다. 이때 성분이나 신체조건, 특기도 함께 살펴서 결정하는데 막상 대학입시 자체는 남한에 비해서는 덜 떠들썩하다. 북한에서는 초중등학교 진학과 진급 과정을 통해서 미리미리 선별하고 결정하기 때문에 최종 대입 경쟁자 수는 제한적인 편이다.

건국 초기에 특수 재능교육은 평등교육 원리에 위배된다고 비판했다고 한다. 그러나 1960년대 후반부터 김정일이 주도해서 음악, 미술, 무용 등 예술 분야의 인재를 조기에 발굴하고 양성하기 위한 교육기관을 설립하기 시작했다.[16] 특별한 지원을 받아서 설립된 재능교육기관들은 시설과 교사, 교육내용이 월등하게 좋았다. 또한 조기교육기관일수록 평양 중심부에 위치해서 평양에 거주하는 엘리뜨 집단 아이들이 경쟁면에서 절대적으로 유리했다. 서울의 이른바 '강남 8학군'과 외국어고, 과학고 등 특수학교와 사정이 비슷하지만, 평양의 교육경쟁은 소수의 엘리뜨 집단 내에서 훨씬 어린 나이에 시작된다.

대학교수 부인인 김윤옥 씨는 자기는 남편만큼 공부는 못했지만, 어려서부터 음악 재능교육을 받았다고 했다. 지금 아들도 음악 재능교육으로 유명한 경상유치원에서 피아노를 공부하고 있다. 장차 연주가로 키울 거냐고 물어보니, "국가가 일찍부터 재능교육을 시켜주셔서 응당 그리해야 하는데, 남자아이라 아무래도 평양제일중학교에 보내야겠다"고 한다. 장래에 장군님 나오신 김일성종합대학 정치경제학부에 들어가려면 그 길이 제일 확실하단다. 그래서 지금도 집에 가면 음악공부보다 다른 공부를 더 시킨다고 했다. 딸이라면 어떻겠냐고 하자, 여자아이들은 예능 잘해서 '자기처럼' 결혼 잘하면 된다며 웃는다. 이것도 남북이 비슷하다고 함께 웃었지만, 북한에서 예술인, 작가, 체육인은 남한에 비해 확실히 사회적 지위가 높고 존중받는 편이라고 느꼈다. 신문기자 부인인 박성숙 씨는 아이가 딸 하나밖에 없는 것은 자기가 '이기적'이기 때문이라고 했다. 평양제일중학교 부설 소학교에 다니는 딸은 과학에 관심이 많은데 엄마 아빠가 나온 김일성종합대학에 가기 바란다고 했다.

두 엄마가 다 시부모를 모시고 살았다. 남조선에서는 늙은 부모를 모시지 않으려 한다는 것도 들어서 아는데, 그러면 그 불쌍한 노인들은 누가 돌보는가, 인간이 어찌 '도덕'을 잃고 그럴 수 있는가 걱정을 했다. 1989년 평양 세계청년학생축전 당시, 남조선 여학생 임수경이 판문점을 넘어가는 것을 지켜보며 눈물을 흘렸다는 박성숙 씨는 "그때 남조선 군인들이 언제 총을 쏘나 조마조마했다"고 한다. 또 "림수경이 리혼했다고 하던데, 변절해서 불행해진 거이 아닌가"라고 했다. 개인의 불행까지도 정치이념과 관련지어 인과응보식으로 설명하는 듯했다.

내 아내가 나보다 한살 나이가 많다고 하자 깜짝 놀라면서, "어찌 그럴 수 있는가? 잘못된 것 아닙니까?" 일종의 패륜행위로 보는 듯했다. 아내도 대학교수인데 나하고 비슷한 일을 하니까, 다음번에 평양에 함께 오도록 노력하겠다고 말했다. 눈이 튀어나올 듯 반기며 어떤 여자인지 꼭 만나봐야겠다고 약속하잔다. "틀림없이 대단한 미인"일 거라고 기대해서 부담은 되었지만, 꼭 보여주겠다고 약속했다. 남북관계가 복잡해져서 그 약속은 지키지 못했다.

2년 만에 겨우 기회가 되어서 다시 그곳에 찾아갔다. 두사람은 그대로 일하고 있었다. 마치 이산가족 상봉하듯 나를 반겼다. 남한에서 준비해 간 학용품을 내놓자 어쩌면 아이들 학년을 기억하고 꼭 맞춘 선물을 주신다며 놀라고 좋아했다. 예상했던 대로 김윤옥 씨 아들은 평양제일중학교 부설 소학교에 다니고 있었고, 박성숙 씨 딸은 초급중학교 2학년이 되어서 과학 소조활동을 열심히 한다고 했다. 따로 준비한 간단한 전자계산기를 그 집 딸에게 선물했다.

남북교류가 다시 활성화되어서 손님이 늘었는지 새로 한명이 더 일하게 되었다고 인사를 했다. 성악을 공부했고, 예술단에서 합창을 했다고 한다. 초급중학교 2학년 딸을 두었는데, 역시 예술교육으로 유명한 금성제2중학교에 다니고 특별히 재능이 뛰어나서 만경대학생소년궁전에서 합창공연을 한다고 했다. 내가 다음 날 그곳에 갈 거라고 하니까 합창 둘째 줄 왼쪽 다섯번째가 자기 딸이라고 꼭 찾아봐달라고 했다. 그런 자식 자랑은 남북이 똑같다고 놀리자 웃으며 좋아했다.

마침 남한 남자손님 다섯명이 들어와서 술과 안주를 주문하고 떠들썩하게 이야기를 시작했다. 큰 목소리로 들으라는 듯 과거 운동권 투쟁경력을 자랑했다. 술 몇잔 마시자, 아가씨들 예쁘다느니 이리와 앉아보라느니 성희롱에 가까운 말을 거침없이 하기 시작했다. 조금 전까지 아이들 교육이야기를 나눴던 평양 어머니들을 쳐다보기 민망하고 화도 났지만, 한구석에 앉아서 가만히 관찰하기로 했다. 아슬아슬한 수준의 희롱을 받아넘기며 어머니들도 가끔씩 나를 건너다보고 불편해하기는 마찬가지였다. 나름 '남북교류의 실상'을 연구할 기회인데 현장교란을 할 수 없어서 꾹꾹 눌러 참았다. 다행히 그들은 무슨 급한 일이 생겼는지 서둘러 몰려 나갔다.

위로 겸 궁금한 마음에 한마디 했다. "남한 손님들 여럿 겪어보셨죠? 어떤 사람들이 제일 잘난 척해요?" 마음이 놓인 듯 웃으며 이구동성 이야기했다. "남조선 남자들 다 한가지지요." "대기업이나 소기업이나, 공무원이나 운동권이나 다 똑같아요." "그래도 대기업 사람들이 조금 조심하는 것 같지 않아?" 몇마디 들었지만, 예리한 분석력이 느껴졌다.

호텔 노래방 접대원으로 이런 사람들을 배치한 북한 당국의 의도를 이해할 수 있었다. 경제위기 상황에서 외부 사람들과 접촉할 수 있을 만큼 확실하게 믿을 수 있는 내부 핵심일꾼들을 전면 배치했다고 볼 수 있다. 그렇게 체제의 신임을 받는 그들로서는 혁명사업의 최전선에서 일하는 마음으로 복무하고 있을 것이다. 몸은 고단해도 화려한 직장에서 일하며 외화도 벌 수 있는 그런 직업 자체가 또 하나의 특권이라고도 할 수 있다.

평양 'SKY캐슬'과 대안교육

김정은 시대 평양에는 '려명거리'와 '미래과학자거리'라는 70층짜리 고층아파트 단지가 세워졌다. 2017년 4월 완공을 기념하면서 김정은은 미래 과학기술 발전이란 기치를 내걸고 제일 먼저 김일성종합대학과 김책공업대학 교수들과 과학자들을 입주시켰다. 려명거리의 4700여세대 아파트 중 1200세대의 살림집을 김일성종합대학 교수들에게 배정했고, 대동강변 미래과학자거리에는 김책공업대학 교수들과 과학자들을 우선 입주하도록 했다. 김정은은 아버지 김정일이 작가, 예술가, 체육인, 군인을 '특별히' 우대했던 방식을 새 시대의 목표에 맞게 변화시킨 것이다. 그런 평양의 신도시에는 남한 아파트단지와 비슷하게 식당, 미용소, 목욕탕 등 거의 모든 편의시설들이 들어섰다고 한다.

예전에 평양호텔 노래방에서 만난 교수와 기자 부인들이 생각났다. 그리고 최근 남한에서 방영된 드라마 「SKY캐슬」의 어머니들의 이미지와 바로 겹쳐졌다. 려명거리와 미래과학자거리는 그 자체로 거대한 'SKY캐슬'이 되었을 것이다. 요즘 남한 드라마를 좋아한다는 그곳 사람들이 벌써 김일성대, 김책대, 평양의대를 합쳐서 '평양 SKY캐슬'이라고 부르고 있을지 모른다는 엉뚱한 상상도 해봤다. 과거 교육받은 어머니들의 소박한 가정학습이 이미 유명교사들의 과외학습으로 '발전'했다는 소문도 들었다. 그 외에 조기재능교실, 학습지, 상급학교 추천을 둘러싼 뇌물과 부정 등 남한 사회에서는 이미 익숙한 모든 '교육게임' 테크닉이 동원되고 있다고 한다.

그런데 문화변화는 다른 방향으로도 진행되고 있다. 대기근을 겪고 난 후, 2002년 11월 렴형미 시인은 다음과 같은 시를 발표했다.

유치원에서 돌아오기 바쁘게
고삐 없는 새끼염소마냥
산으로 강으로 내닫는 그 애를 두고
시어머니도 남편도 나를 탓합니다
다른 집 애들처럼 붙들어 놓고
무슨 재간이든 배워 줘야 하지 않는가고

그런 때면 나는 그저 못 들은 척
까맣게 탄 그 애 몸에 비누거품 일구어 댑니다
뭐랍니까 그 애 하는 대로 내버려 두는데
정다운 이 땅에 축구공마냥 그 애 맘껏 딩구는데

눈 올 때면 눈사람도 되어 보고
비 올 때면 꽃잎마냥 비도 흠뻑 맞거라
고추잠자리 메뚜기도 따라 잡고
따끔따끔 쏠쐐기에 찔려도 보려무나

푸르른 이 땅 아름다운 모든 것을
백지같이 깨끗한 네 마음속에
또렷이 소중히 새겨 넣어라
이 엄마 너의 심장은 낳아 주었지만
그 속에서 한 생 뜨거이 뛰여야 할 피는
다름 아닌 너 자신이 만들어야 한단다
(…)[17]

국가와 체제로부터 보호받지 못하는 가운데 자력으로 위기를 극복해야 했던 사람들은 개개인이 체득한 경험과 생명력의 중요함을 깨닫게 되었다. 그래서 체제가 제시하는 길 이외에 다른 가능성을 찾거나, 체제의 틀 안에서도 최대한 자율성을 확보하고자 대안적인 삶의 방식을 실천하는 사람들도 나타났다.

물론 위기를 겪으며, 더욱 강박적으로 경쟁에 매달리는 사람들이 많이 나타나게 된 것도 사실이다. 남한에서도 전쟁 때의 '피난민 문화'가 오늘날까지 이어져 몇세대에 걸친 생존경쟁 방식으로 자리 잡기도 했다.

평양의 신도시 려명거리의 'SKY캐슬'에는 북한의 엘리뜨 교육체계의 틀에 맞춘 경쟁에서 성공하는 아이를 키우고자 애쓰는 부모들이 많이 있을 것이다. 그러나 그런 교육체계 속에서도 살아있는 생명으로서 아이들이 스스로 새로운 가능성을 찾고 누리게 하려고 노력하는 부모들도 있다. 새로운 북한의 '자율적'이고 '창발적'인 미래세대는 과연 어느 쪽에서 성장하고 있을까?

예술공연과 납치

금강산관광이 한창 진행 중일 때 북한이 직영하던 금강산호텔 식당에서 여성접대원들이 공연을 했다. 왠지 접대하는 품새가 어색하다 싶었는데, 무대에 서서 악기를 들고 공연을 시작하니 전혀 다른 사람이 된 듯 카리스마와 기량을 뽐냈다. 공연을 끝내고 접시를 치우러 온 접대원에게 말을 걸었다. 평양말씨였다. “악기 다루는 솜씨가 대단한데 혹시 어릴 때 경상유치원 다녔어요?” 그릇 치우던 손을 멈추고 두눈을 크게 뜨면서 물었다. “아니 어떻게 아셨어요?” 내가 몇년 전 경상유치원에 가서 아이들 공연을 보고 크게 감동했다고 말하니까, “저기 저 동무도 같은 유치원 출신”이라고 했다. 접대원 중에는 원산 출신들도 있지만, 공연은 주로 평양에서 온 동무들이 한다는 것이다. 옆에 앉았던 연구원들이 신기한 듯 물었다. “우연일까요?” 북한 교육체계를 이해하면 그 정도 점쟁이노릇은 그리 어려운 일이 아니다.

박근혜 정부 말기인 2016년, 국회의원 총선을 앞두고 중국 한 도시의 북한 식당 종업원들이 집단으로 탈북해서 남한으로 입국한 사건이 발생했다. 내가 알고 있던 북한체제의 특성상 좀체 발생하기 어려운 일이라, ‘정말 많이 변했구나’ 하고 생각했다.

그러나 정권이 바뀌고 밝혀진 사실은 남한 국정원에 포섭된 식당 매니저가 중국 다른 도시로 이전한다고 20대 여자종업원들을 속여서 남한으로 데리고 왔다는 것이다. 지금도 평양에서는 부모와 가족들이 납치당한 딸들을 돌려달라고 주장하며 남한정부와 국제사회를 향해서 탄원하고 있다. 북한 교육제도를 이해하면 그 식당 종업원 한명 한명이 바로 어떤 집안, 어떤 어머니들이, 어떻게 키운 딸들인지 바로 짐작할 수 있을 것이다.

일본정부는 조선인 ‘위안부’는 국가가 ‘납치’한 것이 아니라 자발적으로 돈 벌러 간 여성들이라고 하면서, 진상 규명과 책임자 처벌은 물론 사과와 보상도 하지 않고 있다. 북한 당국은 일본 여학생을 '납치'했다는 사실을 최고지도자 김정일이 직접 인정하고 사과했지만, 진상 규명과 책임자 처벌은 얼버무리고 있다. 남한은 어떻게 해야 할까?

4장

태양민족의 탄생

1. “해님과 해바라기”: 수령과 인민

한겨울의 찬 기운이 아직 사라지지 않은 평양에 봄이 오고 있었다. 내가 평양을 처음 방문한 2000년 3월은 ‘민족의 태양 김일성 수령’으로부터 ‘태양’의 상징성이 그의 장남 ‘김정일 지도자 선생님’에게로 옮겨 가는 기나긴 권력세습 과정의 끝 무렵이었다. 김정일 ‘장군님’이 ‘21세기의 태양’으로 떠올랐다고 전국 방방곡곡 산기슭에 커다란 붉은 글씨 간판이 세워졌다.

권력세습은 하루아침에 자동적으로 되는 것이 아니었다. 무수히 새로운 노래가 만들어지고, 새로운 신화가 그림으로, 연극으로, 구호로 표현되었다. 최고권력의 승계는 그렇게 장기적이고도 점진적인 상징화 과정을 통해 이루어졌다. 탁아소와 유치원 아이들은 김일성 수령님께 바치던 「꽃봉오리」 노래를 김정일 지도자 선생님께 바쳤다.

> 우리들은 꽃봉오리, 곱게 피는 꽃봉오리,
> 지~도자 선생님의 품속에서 피어나요.

해님만을 따라가는, 해바라기 꽃처럼
지~도자 선생님을, 모두 따라 피어요.
해님 따라 빵끗! 곱게 피어 빵끗!
해바라기 꽃처럼, 나~는 좋아요.

황제, 왕, 또는 최고권력자를 '태양'에 비유하는 일은 인류학적으로 보면 드문 것이 아니다. 이집트가 그렇고, 잉까Inca와 아스떼까Azteca 또한 그랬다. 가까이는 일본의 천황도 아마테라스天照라는 태양신 신화와 태양숭배 신앙과 관련이 있다. 태양은 생명의 원천이고 우주적 에너지의 표현이다. 그 밝음은 야만에 대한 문명의 상징이 되기도 한다.

북한에서 붉은 태양은 '수령'이었다. 바로 그의 존재가 따사로운 햇살처럼 모든 인민에게까지 직접 와 닿아 생명력을 준다는 것이다. 이러한 정서는 음악, 가극, 영화로도 표현되어 아이들에게는 "해님과 꽃봉오리"로, 어른들에게는 "태양과 해바라기"로 인민과 수령의 관계를 상징적으로 형상화했다.*

김일성을 "민족의 태양"으로 받드는 것은 그가 단순히 한 국가권력의 제일 높은 위치에 있기 때문이라기보다는, 그의 존재로 인해 온 민족이 어둠에서 광명을 찾고 죽음에서 생명을 얻었다는 상징적 의미를 강조하기 위함이다. 그렇게 그의 빛을 받은 민족은 "태양민족"이 된다. 그는 죽어도

* 절대권력자 '태양'에 대해 인민들이 '꽃'이 되는 비유는 상징적으로 특별한 의미가 있다. 다른 문명에서 '태양'은 밀, 보리, 옥수수, 포도 같은 곡물과 과일을 자라게 하는 데 반해 여기서는 '꽃'이기 때문이다. 해바라기도 씨를 먹을 수 있지만 여기서는 그 실용적 효용보다는 늘 태양을 향한다는 충성의 의미가 더 강하다고 할 수 있다. 북한의 '수령'과 '인민' 사이의 관계는 기능적이라기보다 '꽃'이 상징하는 정서적, 종교적 의미가 더욱 강조된 것이라고 해석할 수 있다.

“영원히 우리와 함께 계시며” 김일성 ‘장군’의 뒤를 이어 그의 아들 김정일 ‘장군’이 “21세기의 태양”으로 떠올라서 “누리를 비춘다”고 한다. 즉, 이 새로운 태양을 “대를 이어 (높이) 모신다”는 것이다.*

아버지 대원수님은 영원한 우리의 해님
대원수님은 해님, 인민은 해바라기, 아이들은 꽃봉오리(평양거리의 타일 모자이크 그림).

오늘날 ‘영원한 태양’으로 추앙받는 김일성이 처음부터 ‘태양’ 같은 상징은 아니었다. 초기에는 “금성장군”으로서 민족의 운명을 예시하는 ‘샛별’이자 ‘희망’이라는 상징적 의미가 더 컸다. 많은 별들 중의 하나였던 그가 홀로 ‘태양’이 된 것은 정치적으로는 전쟁과 냉전, 그리고 오랜 권력투쟁 과정에서 무수한 그의 경쟁자들이 사라졌기 때문이다.[1] 그러나 문화적으로 그를 태양으로 상징화하고 태양민족의 시조가 되도록 한 것은 뒤를 이어 태양이 된 그의 아들 김정일의 예술정치다.

“고향의 봄”

오랜만에 귀에 익숙한 노래가 들렸다. 소학교 2학년 교실에서 빨간 소년단 넥타이를 맨 여자아이가 윗몸을 앞으로 굽혀가며 구성지게 노래를

* 군과 관련된 경력이 별로 없는 김정일이 스스로를 ‘장군’으로 칭하게 한 것은 아버지 김일성 ‘장군’과 구조적으로 짝을 맞출 필요가 있었기 때문이다. 27세의 젊은 나이에 권력을 세습한 김정은도 공식경력의 출발선에서부터 ‘청년장군’으로 부르도록 했다. 북한에서 ‘장군’이란 직함은 정규군체제의 계급을 뜻하기보다는 ‘비정규군(빨치산)’ 국가체제의 최고지도자를 칭하는 존칭으로서의 의미가 더 강하다고 할 수 있다.

부르고 있었다. 콧소리가 섞인 높고 맑은 목소리였다.

나의 살던 고향은 꽃피는 산~골
복숭아꽃 살구꽃 아기 진달래
울긋불긋 꽃대궐 차리인 동~네
그 속에서 놀던 때가 그립습니다.

아이는 아련한 눈빛으로 고개를 갸우뚱거리며 정말 저 멀리 고향집을 바로 눈앞에 그리듯이 애절한 감정을 온몸으로 표현하고 있었다.

내가 방문한 탁아소, 유치원, 학교와 소년궁전 등 가는 곳마다 거의 비슷한 목소리와 몸짓으로 「고향의 봄」 노래를 부르고 있는 아이들을 볼 수 있었다. 하도 그 표정이 절실해서 왜 저토록 실감나게 고향을 노래하고 있는지, 그리고 이 아이들이 그리고 있는 고향은 과연 어떤 모양일지 궁금해졌다. 대답은 바로 모든 유치원과 학교에 있는 세개의 성스러운 방에서 찾을 수 있었다.

어느 교육기관이나 그 건물의 중심에는 특별하게 꾸며진 세개의 방이 있다. 각각 김일성 수령님, 김정숙 어머님, 김정일 장군님의 어린 시절을 따라서 학습하는 '교양실'이다. 초급중학교부터는 '사상연구실'이라고 한다. 그 방들은 다른 교실과 달리 커튼이 드리워 있고 박달나무로 만든 조각무늬 마루로 단장했다. 학급단위로 일주일에 한번씩 이 방에 들어가 경의를 표하고, 그들의 어린 시절 이야기를 배우고 암송한다. 그 방에는 맨발은 물론이고, 더러운 양말을 신고 들어가서도 안 된다고 한다. 그 수업이 있는 날은 따로 준비해 간 깨끗한 양말로 갈아 신어야 한다. 세 성인을 모신 일종의 사당이라고 할 수 있다.

아이들은 세살 때부터 이곳에서 고향집의 이미지와 어린 시절의 경험을 시각과 청각으로 익히고 또 이야기와 노래, 춤으로 표현하면서 자라나게 된다. 탁아소와 유치원에는 각 성인의 고향집 모형이 설치되어 있다. 소학교, 초고급중학교, 대학교로 올라가면 고향집 모형은 그림과 사진도판이 되고, 각 장소에 대한 이야기는 정치사상적인 의미를 담게 된다. 무채색의 딱딱한 다른 교실 환경과는 달리 꽃나무로 장식된 고향집 모형과 사진은 화려하고 포근한 고향의 천연색 이미지로 생생하게 각인된다.

"경애하는 수령 김일성 원수님의 어린 시절을 따라 배우는 시간입니다."
"낮은반 동무들~." "옛!" "낮은반 동무들~." "옛!"
교사는 양손을 펴서 공손하게 모형을 가리키며 말한다.
"이~곳이 위~대한 수령, 김일성 원수님이 태어나신 만경대 고향집입니다. 만경대 고향집에 봄이 왔습니다. 진달래꽃도 피고, 개나리꽃도 피고, 복숭아꽃, 살구꽃도 피었습니다. 다 같이 말해보자요. 만. 경. 대. 고향집!"
아이들이 모두 따라서 외친다. "만. 경. 대. 고향집!"
"무슨 집이라고 했습니까?"
한 아이가 손을 들고 반듯하게 일어나서 단정하고 똑똑한 목소리로 "만. 경. 대. 고향집!"이라고 대답한다.
"만경대 고향집은 고운 꽃들 활짝 핀 꽃동산입니다. 대원수님 탄생하신 고향이지요. 만경대 고향집으로 온 세상 사람들이 찾아옵니다."[2]

김일성의 생일은 4월 15일, 꽃피는 봄이다. 이날을 '태양절'이라고 해서 온 나라가 화려한 봄축제를 즐긴다. 각 도시의 광장에서 청춘남녀가 정장을 하고 춤을 추는 대규모 무도회가 열리고 밤에는 불꽃놀이도 한다. 다른 문화권의 봄축제와 마찬가지로 생명과 부활과 새로운 시작을 마음껏 구가하는 날이다.

봄과 함께 만경대 고향집에서 태어난 김일성은 일제 식민통치로 얼어붙은 이 땅에 따사로운 빛을 준 존재로 그려진다. 식민지 백성들에게 새로운 정치적 생명을 불어넣어준 존재라는 것이다. 그래서 그를 '태양'이라 하고, 그가 태어난 서기 1912년을 주체연호主體年號의 원년으로 삼는다. 주체적인 삶이 비로소 시작된 해라는 뜻이다. 김일성이 태어난 해를 기점으로 잡은 것은 명백히 예수의 탄생을 기점으로 한 서력기원에 대응하는 종교적 성격이 강한 연호개념이라고 할 수 있다.* 국가의 역사보다 영웅(또는 성인)의 생애를 시간의 기점으로 삼은 것이다.

"만경대 고향집"

김일성이 태어난 '만경대 고향집'은 정치적 국부國父의 생가라는 의미 이상으로 종교적 성지로서 기능하고 있다. 꽃나무가 가득 들어찬 동산 밑에 단정하게 복원된 작은 초가집 두채를 중심으로 대동강이 내려다보이는 '만경봉'이라는 정자와 '군함바위'와 샘물 하나, 나무 한그루, 풀 한포기까지 김일성의 어린 시절의 놀이와 경험을 전설적인 이야기로 담아서 북한 사람들의 '마음의 고향'이 되도록 했다.

사실 거의 모든 근대국가가 국가영웅의 생가를 복원(또는 재창조)해서 역사적 순례장소로 삼고 있다. 미국 초대 대통령 조지 워싱턴George

* 북한은 김일성 사후 삼년상이 끝난 1997년 7월 8일부터 그의 영생을 기린다는 뜻에서 주체연호를 공식적으로 채택했다. 중국과 동아시아 봉건왕조의 연호는 개국한 해나 또는 천자가 즉위한 해를 기점으로 한다. 이 방식을 따르면 주체연호의 시작은 1945년이나 1948년이 되어야 한다.

Washington의 마운트버넌 생가와 같은 것이 그런 작업의 대표적 사례다. 남북통일을 한 에이브러햄 링컨Abraham Lincoln 대통령의 통나무집은 태어난 곳이 아니라, 그의 정치적 고향인 일리노이주 스프링필드에 민속촌처럼 조성되어 있다. 모두 국가주의적 필요에 따라 '만들어진 전통'invented tradition이다.[3] 차이가 있다면 북한에서는 국가지도자의 생가를 '국민적 고향'이란 공통정서를 만드는 가장 중요한 교재로 삼은 것이다.

김일성이 북한 사람들뿐만 아니라 바깥세상 사람들로부터도 인정받고 존경받는 존재가 되어야 한다는 것은 주체사상이 추구하는 중요한 가치다. 국제적으로 고립된 상황에서 '온 세상 사람들이 만경대 고향집을 찾아온다'는 이야기는 그래서 더욱 빠질 수 없다. 김일성은 조선민족뿐만 아니라 억압받는 인류에게 빛을 비추어주는 '태양'이기 때문이라고 설명한다. 이제 이 초가집은 가장 신성한 성지로서 아직도 청산되지 않은 제국주의적 지배의 어두운 생존조건 속에서 살고 있는 사람들의 순례의 발길이 끊이지 않는다는 것이다.

평양을 방문하는 모든 외부 사람들 일정의 출발점은 만경대 고향집에서 시작한다. 여섯번 평양에 가서 여섯번 만경대 고향집을 방문해야만 했던 내가 이곳에 올 때마다 항상 본 것은 단정하게 차려입은 각계각층의 북한 주민들이 단체별로 도열하여 순서를 기다리는 모습이었다. 이들은 흐트러진 대열의 외부 손님들에게 늘 차례를 양보했다. 두 그룹은 섞이는 일 없이 서로를 곁눈질하며 스쳐 지나간다. 외부인들은 그들의 엄숙하고 질서 정연한 자세에 긴장하게 되고, 마주치는 각계각층의 북한 주민들의 차림새와 표정을 보면서 그 사회의 분위기를 감지하곤 했다.

북한 주민들도 밖에서 온 우리를 보고 고향집의 중요성과 이곳을 찾아오는 '온 세상 사람들'을 재확인했을 것이다. 즉, 이질적인 사람들을 가까이에서 보는 흔치 않은 경험에 짜릿해하며 이 장소의 '세계성'을 확인한다. 그런 점에서 만경대 고향집을 찾는 외국 사람들과 남한 사람들, 해외 동포들은 모두 그 자체가 북한 주민들에게는 구경거리이자, 자긍심을 재확인하는 계기가 된다.

내 고향을 떠나올 때
나의 어~머니
문 앞에서 눈물 흘리며
잘 다녀오라 하시던 말씀
아~아 귀에 쟁쟁해.

만경대 고향집 경내에는 늘 은은한 음악이 흐르고 있었다. 애절한 이 노래는 북만주 독립군들이 널리 부르던 노래로 「사향가思鄕歌, 고향을 그리는 노래」라고 한다. 북한에서는 김일성이 백두산 밀림에서 빨치산투쟁을 할 때 불렀다는 사실을 강조하며 '그의 노래' 또는 '그가 만든 노래'로서 이 노래의 의미를 전유하고 있다. 「사향가」는 「고향의 봄」과 함께 일제강점기의 민족 이산의 기억과 그리움의 정서를 국민적으로 전승하는 노래가 되었다.

2. "고향집에서 궁전까지": 신화와 순례

만경대 고향집으로 붉은 깃발을 앞세운 한 무리의 소년소녀들이 씩씩한 기상과 절도 있는 걸음으로 대오를 지어 행진해 들어왔다. 모두 군복 차림에 귀를 덮는 방한모자를 쓰고 붉은 털목도리를 두르고 발에는 흰 각

반을 찼다. 애절한 「사향가」 연주가 흐르는 성지의 잔디밭 사이로 성큼 다가온 대열은 갑자기 끼어든 우리 외부 손님들 때문에 미처 빠져나가지 못한 앞 소대와 엉키면서 잠시 혼란을 겪었다.

바로 옆에서 보니 어린아이들이었다. 반가운 마음에 말을 걸었다. 외국 사람이 조선말 하는 것을 신기하게 쳐다보며 무서워 피하는 아이도 있었다. 아이들 틈새에서 몇몇이 대답을 했다. 고등중학교 4, 5학년학제개편 이전 상황. 지금의 초급중 3, 고급중 1학년이라고 했다. 남쪽의 중학교 2, 3학년 나이 또래였다. 작은 키 때문인지 초등학교 4, 5학년 정도로 보였다. 모자를 벗어 들고 성스러운 초가집에서 나오는 여러 아이들 이마에 때 이른 주름이 잡혀 있었다.

아직 가시지 않은 대기근의 상처가 아이들의 얼굴에 남아 있는 모습을 바로 눈앞에서 확인하면서 측은한 마음을 감추기 어려웠다. 내 표정을 읽었는지 당황한 인솔교사가 설명을 했다. 2월말의 삭풍을 뚫고 천리길을 걸어온 학생들이라고 했다. 말하자면 지칠 대로 지친 아이들이란 뜻이다. 압록강변 팔도구에서 평양까지 400킬로미터 거리를 붉은 깃발 앞세우고 14일 동안 행군해서 마침내 이곳, "수령님 태어나신 만경대 고향집"에 도착했다고 한다. 선생님이 설명을 하는 동안 지친 아이들의 얼굴이 자랑스러운 미소로 되살아났다.

한 학교에서 한개 소대를 선발해서 참가하는 이 영예로운 답사행군을 "배움의 천리길"이라고 한다. 만주에 살던 열두살 소년 김일성이 "조선을 알아야 한다"라는 아버지 말에 따라 평양의 만경대까지 온 길을 그대로 따라 걷는 '선발된' 소년들의 순례여정인 셈이다. 다시 2년 뒤 그가 일제 경찰에 아버지가 잡혔다는 소식을 듣고 평양에서 중국 팔도구까지 간 길을 따라가는 "광복의 천리길"도 바로 이 만경대 고향집 순례로부터 시작된다. 열네살 나이에 나라를 찾기 전에는 조국땅에 돌아오지 않으리라 결심을 하고 떠났다고 해서 붙여진 이름이다. 물론 당시 기차가 다니던 길을 어린 김일성이 다 걸어서 가지는 않았다. 그러나 순례행렬은 직접 도보로 그 성스러운 길을 따라가도록 했다. 붉은 깃발을 앞세우고 행군대형으로 역전 마라톤처럼 각 구간의 지명을 외우면서 걸어가도록 한 것이다. 어린 나이에 힘겨운 행군여행은 전형적인 '통과의례성인식' 형식을 따랐다. 어려움을 극복하는 과정을 통해 평범한 소년에서 지도적 청소년으로, 역사적 사명을 물려받은 미래의 일꾼으로 자부심을 갖고 성장하도록 하는 것이다.*

대동강이 굽어보이는 만경봉 정자에서 상대적으로 뽀얀 얼굴에 기운찬 모습으로 '광복의 천리길'을 떠나는 아이들과 마주쳤다. 평양시 온천군에서 제일 좋은 학교 학생들이라고 안내원이 소개를 했다. 과연 외부 손님을 대하는 표정이 한결 여유가 있었다. 교사가 시키지 않아도 공손하게 모자를 벗고 인사를 하는 아이도 있었다. 바로 이런 모범적인 아이들을 뽑아 천리길 답사를 통해 몸도 단련하고 의지력도 키워준다고 한다. 떠나는 아이들의 대열에서도 여기저기서 기침소리가 들렸다.

"민족의 태양"

김일성이 태어난 만경대 고향집에서 그가 죽어 누워 있는 금수산기념궁전까지 전생애과정은 드라마, 공연뿐만 아니라 모든 예술장르의 중심주제다. 그의 삶 이야기는 전형적인 영웅신화 구조로 전개된다.

그 이야기는 대부분의 신화에서 보편적으로 볼 수 있는 '문화영웅'의

* 소년 김일성은 개천–평양 간은 기차를 탔다고 한다. 선발된 소년단원들의 천리길 행군은 1974년 3월 김일성의 지시로 시작되어 미래세대를 단련하는 국가적 청소년 통과의례가 되었다.

통과의례 서사구조를 갖추고 있다. 즉, 평범한 출생배경을 가진 어린 영웅은 소년기에 집을 떠나 머나먼 이국땅에서 갖은 고생을 하며 훌륭하게 성장한다. 돌아가신 아버지의 '성물聖物, 두자루 권총'을 물려받고, 성스러운 산백두산 속으로 들어가 생사의 고비를 넘나드는 시련을 겪으며 민족을 노예로 삼은 외적을 물리치고, 마침내 고향만경대에 돌아와 새로운 나라를 세우고 스스로 만든 '해방조국지상낙원'의 태양이 되어 영생한다는 서사구조다.*

신화적으로 '문화영웅'은 '자연-문화' 간의 상징적 대립을 연계하고 통합하는 '중계자' 역할을 한다. 여기서 생로병사의 생애과정상 중요한 고비마다 상징적인 의례를 통해 '문화적'으로 의미있는 존재가 되어간다. 영웅의 '통과의례'처럼 소년 김일성은 두번의 천리길 여행을 통해 청년이 된다. 그리고 '밖'에서 '안'으로 돌아오는 개선장군으로서의 '귀국', '밑'에서 '위'로 올라가는 수령으로서의 '건국'이 장년이 되는 과정이다. 그의 노년은 '민족의 태양'으로 추앙받으며 사랑과 이적을 보여주는 삶이었고, 그는 죽어서도 '삶과 죽음'을 연결하는 '조상신'으로서 '영생'한다.

실제로 김일성이 죽자 온 나라가 3년간 초상을 치르면서 온 국민이 그의 영생과 부활을 기원하는 꽃을 바쳤다. "민족의 태양"을 상징하는 수천의 금빛 동상과 "김일성 수령님은 영원히 우리와 함께 계신다"라는 글귀를 새겨 넣은 수천의 "영생탑"이 세워졌다. 살아서 그가 집무하던 대리석 궁전은 전부 그를 기념하는 거대한 무덤인 '금수산기념궁전'이 되었고,

* 김일성의 '해방조국'이나 '통일조국'은 기존의 불평등한 문명질서를 타파하고 지상에 천국(utopia)를 앞당겨 세우고자 하는 종교적 혁명운동인 천년왕국운동(Millenarian Movement)의 상징적 이미지를 많이 차용하고 있다. 서구 제국주의의 침탈을 받은 전통사회에서 19세기 말~20세기초에 다양한 천년왕국운동이 전개된 바 있다. 아메리카 원주민의 유령춤이나 중국의 태평천국운동, 조선의 동학혁명도 그 대표적인 사례다.

그의 시신은 영원히 썩지 않도록 진공 유리관에 담겨 만인의 참배를 받고 있다.

김일성 개인의 일생을 그린 신화적 영웅사는 민족 근대사와 서로 의미가 공유되도록 했다. 즉, '식민과 해방' '고난과 영광' '가난과 번영' '전쟁과 평화' '종속과 자존' '굴종과 주체' 등 대조적인 양극단을 오간 극적인 민족사적 경험을 김일성 개인의 영웅서사와 결합시켰다. 김일성은 바로 노예상태의 민족을 해방시킨 '구세주'이고, 전쟁폐허 속에서 나라를 일으켜 세운 '지도자'이고, 절망적이었던 과거에 미래를 꿈꿀 수 있게 한 '예언자'이며, 어둠을 걷어낸 밝은 '태양' 같은 존재로 투사되었다.

영웅신화의 서사를 통하여 김일성은 '민족' 그 자체를 의미하는 은유적 존재가 되었다. 그에 대한 숭배는 개인적 숭배의 차원을 넘어서 '단군교'와 같이 민족의 '자존'과 '영원성'에 대한 숭배가 된 것이다. '김일성 숭배'는 민족 그 자체를 숭상하는 '민족종교'가 되어, 이제 북한에서는 '우리 민족', '조선(한)민족'을 "태양민족", "김일성민족"이라고 부른다.

"태양기념건축"

"민족의 태양"으로 김일성을 숭배하는 상징적 장치들은 건축, 조각, 미술, 음악, 연극, 대축전, 대행진까지 가히 총체적 예술활동이라 할 수 있다. 그중 가장 두드러지게 보이는 상징물은 건축 조형물들이다.

김일성의 일생을 기념하는 주요 상징 건축물들은 평양시의 남서쪽 끝에서 동북쪽 끝까지 줄을 이어 배치되어 있다. 즉 남서쪽의 만경대 고향집에서 어린 시절을 시작해서, 30대 청년장군의 개선을 기념하는 개선문과 김일성경기장, 60세 장년의 모습으로 서 있는 만수대 황금빛 동상, 70세를 기념하는 주체사상탑과 인민대학습당의 대리석좌상, 80대 노년과 죽음을

태양기념건축
왼쪽 위부터 시계방향으로 개선문(1982, 30대 김일성의 항일투쟁 개선기념 건축물로, 70세 생일기념으로 건축), 만수대 김일성동상(1972, 60세 생일기념 건축), 주체사상탑(1982, 70세까지 살아온 햇수와 날수에 맞춰 건축), 인민대학습당 김일성대리석좌상(1982, 70세 장년의 모습).

기린 영생탑과 금수산기념궁전이 있다. 그곳에서 더 동북쪽으로 바라다 보이는 피안彼岸의 능선에는 그의 아내 김정숙과 부하들이 묻힌 '대성산 혁명렬사릉'이 있다. 그런 점에서 북한의 수도인 평양은 김일성의 생애사를 상징하는 도시라고 할 수 있다.

인류역사상 가장 대표적인 태양숭배 거석문화는 이집트의 피라미드와 오벨리스크다. 이 형식은 평양 주체사상탑과 방방곡곡 마을마다 세운 영생탑, 그리고 단군왕릉과 아직 미완성인 '류경호텔'에까지 투영되어 나타나고 있다. 그중 오벨리스크 형식의 탑으로 대표적인 것은 주체사상탑이다. '금성장군', 즉 '샛별'이었던 김일성이 '태양'이 되기 시작하는 1980년대의 초기작품인 주체사상탑은 이름은 '주체'지만 그 내용은 '김일성탑'

이다. 그의 70세 생일을 기념해서 건축한 이 탑은 그 의미를 상징적으로 담기 위해 당시 김일성이 산 햇年수대로 70층의 단을 쌓고 그가 살아온 날日수만큼 2만 5550장의 돌을 쌓아 세웠다고 한다. 그 높이는 170미터로 미국 건국의 아버지를 기념하는 워싱턴탑 169.3미터보다 높게 했다.[4]

대동강을 사이로 주체사상탑을 정면으로 마주한 곳에 김일성광장과 인민대학습당이 있다. 주체사상탑과 같은 시기에 건립한 인민대학습당의 거대한 현관문을 열고 들어가면 하얀 대리석으로 조각한 김일성의 좌상이 있다. 워싱턴탑 맞은편 링컨기념관의 하얀 대리석 링컨좌상과 비슷한 형식의 조각상이다. 중요한 국가적 행사 때에는 인민대학습당을 배경으로 김일성광장 쪽으로 마련된 사열대 중앙에 그가 자리하게 되어 있다. 대오 지어 행진하는 군대와 인민들 위에 우뚝 자리한 그는 강 건너 마주 보이는 주체사상탑과 대칭을 이루며 상징적 '태양'의 존재를 몸으로 구현해 보이는 것이다.

주체 조선의 수도 평양의 상징 조형물이 미국 워싱턴의 기념물을 베꼈다고 비웃을 것은 없다. 신생 민주주의국가였던 미국도 국민통합을 위해 남북전쟁 직후 이집트의 오벨리스크 형식의 워싱턴탑과 그리스 파르테논 신전을 본뜬 링컨기념관을 세웠다. 제1차 세계대전 후 세계 최강의 부국이 된 미국은 신생제국으로서의 국가적 위상을 세우기 위해 로마제국의 건축물들을 베껴서 수도 워싱턴의 국회의사당과 박물관 등 주요 상징 건축물들을 거대하게 조성했다. 또 그 로마는 앞선 문명인 그리스와 이집트를 모방했다. 다른 대부분의 현대 국민국가의 권력도 여전히 거대한 상징 조형물로 권위를 과시하고 있다.

주체사상탑에서 평양 시가를 가로지른 서쪽 편에 류경호텔 건물이 오래도록 콘크리트 골조상태로 서 있었다. 뉴욕의 엠파이어스테이트 빌딩보다 더 높은 110층짜리 건물을 짓던 도중 경제적 어려움으로 멈춰서 그대로 풍화되다가 최근 20여년 만에 외벽만 마감을 했다. 세개의 삼각형 산 모양의 류경호텔은 고대 피라미드 유적 같은 실루엣으로 평양식 태양거석문화의 좌절한 단면을 보여주고 있었다.

대동강이 내려다보이는 만수대언덕에 60세의 근엄한 표정으로 김일성동상이 서 있었다. 조선혁명박물관의 눈 덮인 백두산 천지의 거대한 모자이크 그림을 배경으로, 양옆에 역시 거대한 붉은 대리석 깃발과 군인, 농민, 노동자, 지식인을 망라한 전인민을 상징하는 군상조각을 거느리고 홀로 황금빛으로 우뚝 서 있었다. 그가 금빛인 이유는 '태양'이기 때문이다. 한손을 펴들고 동편을 바라보는 그는 아침햇살을 받아 붉게 빛나고 백두산 천지를 배경으로 솟아오르는 태양이 되었다.

김정일이 죽자 만수대 김일성동상은 대대적인 공사를 했다. 2012년 4월, 아들 김정일동상과 나란히 더 밝은 금빛으로 활짝 웃는 80세 모습의 새로 만든 김일성동상이 세워졌다. 거대한 한쌍의 황금빛 태양동상들 앞에서 상대적으로 더 위축되고 작아진 수많은 인민들이 경배를 한다. 결혼할 때나 먼 길을 떠날 때, 또 어려운 일이나 기쁜 일이 있을 때 꽃을 들고 찾아와 보고를 드리는 성스러운 곳이라고 한다.

대동강 건너 수령의 눈길이 머무는 곳에는 당창건기념탑이 있다. 노동자, 농민, 지식인을 상징하는 망치, 낫, 붓이 우뚝우뚝 서 있는 거대 석조조형물이다. 각 석상의 높이 50미터, 전체넓이 25만 제곱미터인 이 거대 조형물은 기근이 한참 진행 중이던 1995년에 당 창건 50돌을 기념하여 세워졌다.* 강 건너편의 금빛 김일성동상과 흐르는 강물을 가로질러 한짝을

* 신석기시대 태양숭배 거석문화의 전형인 영국의 스톤헨지(Stonehenge)를 연상케 하는 선돌형 상징물이다.

두개의 태양상
김일성과 김정일이 함께 웃는 모습으로 만수대 김일성동상 개축(2012, 김일성 100세 생일기념 건축).

이루면서 현실을 넘어서는 역사적 시간의 흐름을 공간적으로 표현했다. 각자 놓여 있는 위치에서 서로 상징적으로 조응하면서 태양숭배의 문화적 메시지를 공간적으로 연출하고 있는 것이다.

시조왕릉: 단군릉, 동명왕릉, 왕건왕릉

1992년 4월 15일 80세 생일을 지낸 김일성은 1994년 7월 죽기 직전까지 '시조왕릉 개건사업'에 몰두했다. 이른바 단군릉1994, 동명왕릉1993, 왕건왕릉1994이 모두 이 시기에 조성됐다. 고조선, 고구려, 고려의 시조왕 무덤을 새롭게 만들어 민족국가의 역사적 기원과 정통성을 상징적으로 보여주려 한 것이다. 이 상징화 작업은 김일성 자신이 세운 '조선민주주의인민공화국'의 민족사적 위치와 국가 시조로서 자신의 역사적 위상을 가시적으로 드러내는 일이었다.

1992년 5월 개성의 고려태조왕릉을 돌아본 김일성은 "왕건은 우리나라의 첫 통일국가를 세운 사람"이라며 왕건왕릉의 개건방향을 구체적으로 교시했다.[5] 작업을 직접 추진한 김정일도 "신라가 아니라 고려가 첫 통일국가"라며 『삼국사기』에 의거한 기존의 역사관을 뒤집었다. "고려는 고구려의 통일정책을 이어받아 나라의 분열을 끝장내고 통일을 위하여 적극적으로 투쟁한 반면, 신라 봉건통치배들은 어느 시기에도 진심으로 삼국을 통일하려는 지향과 힘이 없었다"라고 했다.[6]

박정희 시대 남한에서는 신라를 통일국가의 기원으로 삼는 상징화 작업이 진행되었다. 1970년대에는 민족정기를 회복한다고 천마총 발굴을 비롯해서 불국사 개건 등 신라유적 복원사업을 대대적으로 추진하면서 신라의 '화랑'이 통일을 이룩한 역사적 귀감이라고 가르쳤다. 김일성과 김정일은 바로 박정희의 통일신라 상징화 작업에 대응해서 고려의 '자주적 통일'이야말로 진정한 통일이라고 주장했다. 김일성이 조국통일 방안을 내놓으면서 "련방국가의 국호에 '고려(코리아, 까레아)'라는 이름을 쓰라고 교시했다"는 것도 이러한 '고려통일설'에 의거한 것이었다.*

왕릉 개건과 함께 왕건의 출신과 계보도 새롭게 조명되었다. 왕건이 개성 사람이라기보다 조상이 백두산으로부터 온 고구려 유민이라고 하여, 김일성과 김정일의 백두산 관련 설화와 상징적으로 조응하게 했다. 고려와 고구려의 적통을 이은 국가로서 북한을 상정한 것이다.**

* 김은택 『고려태조 왕건』, 평양: 과학백과사전종합출판사 1996, 124면. 개건된 왕건왕릉에 새로 세운 문신상 중 하나는 신라왕 김부를, 무신상 중 하나는 발해의 왕세자 대광현을 형상화한 것도 북한의 입장에서 통일의 역학관계를 예시하는 정치적 메시지라 할 수 있다. 같은 책 135~36면.

** 이러한 상징성 연결을 통해서 북한은 고조선, 고구려, 고려의 뒤를 이은 자주적 민족국가이고, 이에 비해서 남한은 신라, 조선과 비슷한 사대적 종속국가라는 역사해석을 도식화했다.

비슷한 시기에 평양 근처 룡산지역 고구려 고분군 중 하나를 동명왕의 무덤으로 추정하고 거대한 왕릉으로 조성하는 작업을 추진했다. 역사학자들로서는 고구려의 발생지인 졸본이나 광개토대왕릉이 있는 지안集安이 아니라 평양 땅에 고구려 시조인 주몽의 묘가 있다는 사실을 설명할 길이 없어서 난감한 상황이었다. 김일성은 직접 학자들을 불러서 새롭고 창의적인 해석을 가르쳐주었다. 바로 그가 일본에서 동포들이 귀국하는 것을 보았는데 조상의 유골함을 안고 배에서 내리더라고 했다. 고구려 사람들이 5세기초 수도를 평양으로 옮길 때 시조왕의 무덤을 함께 이장했을 것이라는 "수령님의 탁월한 해석"을 바탕으로 동명왕릉 개건사업은 전격적으로 추진되었다. 일단 동명왕 고분을 확정하자 주변의 다른 고분들은 그를 호위하는 장군들의 '배총딸린무덤'으로 추정하고 함께 개축했다. 남녀가 함께 묻힌 것으로 추정되는 '4호 고분'은 온달장군과 평강공주의 무덤이 되었다.

새롭게 조성된 동명왕릉을 방문하는 사람들은 역사극 그림 모양의 벽화가 가득한 기념관의 방들을 돌면서 '동명왕' 주몽이 세운 '강성대국' 건국설화와 고구려 충신열전을 듣게 된다. 그중 가장 생생하게 전달하는 이야기는 동명왕이 부여에 두고 온 맏아들 '유리類利, 혹은 유류(儒留)'가 부러진 칼을 들고 찾아와서 적장자로 인정받고 태자로 책봉되는 에피소드다.* 동

* 이미 널리 알려진 고구려 설화지만 개건된 동명왕릉에서 들으면 다른 차원의 정치적 의미를 되새기게 된다. 즉, 고조선의 유민인 주몽이 뛰어난 활솜씨와 지략으로 외적을 물리치고 고구려라는 나라를 세운 것처럼 고구려 땅인 평양에서 자란 김일성은 왜적을 물리치고 '조선'을 건국했고, 맏아들이자 적자인 유리가 후처의 자식들을 물리치고 왕위를 물려받았듯이 김정일도 적장자로서 후계자가 되었다는 것이다. 시조왕릉 조성작업에서 거듭 강조된 적장자 세습논리는 김정일로의 권력세습을 정당화하는 사례가 되었겠지만, 후처 소생의 삼남 김정은에게는 불리한 것이다. 김정일의 적장자로 알려진 김정남의 권력배제와 죽음을 상징적 측면에서 발생한 모순과 연관지어 해석하기도 한다.

명왕은 유리태자에게 "인간사회에서 임금과 신하, 사람들 사이에 도덕과 의리를 중히 여기고 지키는 것처럼 아름답고 중요한 것은 별로 없다고 유언했다"라는 이야기도 함께 만들어졌다.[7] 동명왕릉은 그렇게 시조왕의 건국 영웅담과 아울러 맏아들로의 권력세습, 부하들의 충성과 의리를 표상하는 상징 조형물로서 기능을 하고 있다.

평양은 남한의 강화도와 전북 고창과 함께 청동기시대 군장무덤인 고인돌이 많이 분포되어 있는 지역이다.* 일제 치하인 1930년대에 민간에서 강동군에 있는 고인돌 하나를 단군릉으로 추정하고 비석을 세웠다.** 김일성은 1993년 1월 8일 단군릉 발굴과업을 지시하고, 그 한해에만 무려 20여 차례나 '강령적 교시'를 주었다. 고인돌 발굴을 진행하면서 그중 한곳에서 남녀의 유골이 출토되었다. 김일성은 "유물 가운데서 기본은 사람의 뼈"라고 하며 연대측정을 서두르도록 했으나 만족할 만한 결과가 나오지 않자 "최신측정기구"로 재감정하도록 했다. 그 결과 5011년(오차 범위 +/- 267년) 전이라는 "절대년도" 측정결과를 얻자, 이 뼈를 단군과 그 아내의 유골로 확정했다.[8]

김일성은 "단군 유골이 드러났으니 단군의 출생지와 고조선의 수도, 민족의 발원지를 단군의 뼈가 있는 곳을 기준으로 새롭게 고찰하라"고 교시하고, "학자들이 '모대기는해결하지 못하는' 문제들에 대하여 하나하나 명철한 연구방향을 주었다."[9] 단군은 실재한 인물이며, 평양에서 태어났고, 평

* 북한지역에서만 대략 1만여기의 고인돌이 확인되었다고 하는데, 평양과 황해도지역에 특히 집중적으로 분포되어 있다.

** 단군의 행적과 제사와 관계된 유적지는 평안남도 강동읍의 단군릉(檀君陵) 이외에도 강화도 마니산의 참성단(塹星壇)과 삼랑성(三郎城), 묘향산의 단군굴과 석주석(石柱石), 황해도 신천의 어천대(御天臺)와 구월산의 삼성사, 태백산정의 제천단(祭天壇) 등이 있고, 그와 관련된 민간신앙도 다양하며 종교단체가 만든 유적도 전국 각지에 분포되어 있다.

양지방에 단군이 세운 고조선 국가의 수도가 있었으니 평양은 조선민족의 발원지라는 사실을 "조선민족의 리익에 맞게 력사적으로 풀어나가도록 하라"는 것이었다.

한걸음 더 나가서 김일성은 "단일민족 형성 문제에 대해서 새로운 독창적 해명을 주시었다"고 한다. 그의 조선민족 단일성과 민족문화발생 평양중심설은 바로 "평양이 우리 민족의 발상지인 것만큼 겨레의 단일성도 평양을 중심으로 이루어졌다. (…) 다른 민족의 경우와 달리 우리 민족은 피의 동질성을 이룩해나갈 수 있었다"라는 인종학적 주장으로 이어졌다.[10] 북한의 인종학적 주장에 대해서는 6장 3절의 '다문화는 민족말살론: 인종차별' 부분에서 자세히 소개하겠다.

김일성은 시조왕릉 개건사업 중에서 가장 깊은 관심을 보였던 단군릉이 완성되는 것을 보지 못하고 죽었다. 죽기 이틀 전 그는 개건된 단군릉에 남조선과 해외동포들이 와 보도록 할 데 대하여 간곡히 가르쳤다고 한다.* 지금까지 신화로만 취급되던 단군은 건국시조로, 단군조선은 첫 고대국가로 우리의 민족사에서 당당한 자리를 차지하게 되었기 때문이라고 했다.**

* 사회과학원 「단군릉발굴보고」, 『단군과 고조선에 관한 연구론문집』, 평양: 사회과학출판사 1994, 8면. 김일성의 유훈에 따라 개건된 단군릉을 최초로 방문한 남한 사람은 이승만 정부에서 초대 교육부장관을 지낸 안호상 대종교 총전교였다. 그는 1995년 4월 14일, 단군릉에서 단군의 승천을 기념하는 어천절 행사를 하고 남북이 함께 개천절을 기념하자고 제안했다. 안호상은 독일유학 당시 나치 히틀러의 인종주의 이념을 찬양한 경력이 있는 반공의식이 투철한 민족주의자로 알려진 인물이었다.

** 전영률, 같은 책 20면. "단군이 조선민족의 원시조이고 오늘의 조선민족의 후예라는 인식은 박혁거세와 동명성왕을 시조로 보는 지역적 한계성을 극복하고 전체 조선인민을 계급과출신, 사상과 신앙의 차이에 관계없이 하나의 조상을 가진 단일민족이라는 혈연적 동질성으로 더욱 친밀히 결합시키고 묶어세울 수 있다"라는 것이 '민족의 리익에 맞는 력사'라는 주장이다.

김일성의 유훈 덕분에 나도 첫번째 평양 방문 때부터 단군릉에 직접 가서 유골을 모신 '무덤칸'까지 들어가볼 수 있었다. 문화인류학자의 눈으로 볼 때 단군릉은 역사적 유적이라기보다는 정치적 조형물로서 의미가 있었다. 다양한 차원의 상징적 의미를 결합해놓은 곳이었다. 우선 산봉우리에 우뚝 솟은 거대한 흰색 석조무덤은 태양숭배 거석문화의 전형인 피라미드 형상이었다.* 릉의 위치도 유골이 출토된 곳이 아니었다. 그 지역에서 가장 우뚝한 대박산 명당자리를 김일성이 지정해줘서 그 산의 사면을 꼭대기까지 다듬고 돌계단을 쌓아 "높이 모신 것"이라고 했다. 역사적 사실은 정치적 상징을 만들기 위한 요구 앞에 무력해진다.

무덤에는 단군릉을 수호하는 커다란 돌범호랑이 조각상을 세웠다. "세계에서 제일 큰 돌범 조각"이라고 자랑하듯 설명하는 강사에게 단군신화에서 단군의 어머니가 되었다고 한 곰 조각은 어디 있느냐고 물어보았다. "아니, 이런 역사의 현장에서 그런 시시한 신화 이야기를 하십니까?" 매우 불경한 질문을 들은 듯 얼굴을 찌푸렸다.**

단군릉에는 단군의 네 아들 석상도 서 있었다. 한명 한명의 이름과 함께 역할을 설명했다. 동쪽 위편의 맏아들 '부루夫婁'에 대한 설명이 특별했다. 그는 중앙의 대신급 관리들을 통솔하는 정치가로서의 품격이 있어 아버지 단군을 이어서 두번째 왕이 되었다고 했다. 휘몰아치는 찬바람 속에서 진지하게 이어지는 고조선의 첫번째 권력세습에 대한 설명을 들어야 했

* 중국 지안에 있는 장군총과 유사하게 계단식 돌무덤을 쌓고 꼭대기 부분을 작은 돌로 평평하게 마감한 피라미드 형태다. 바닥면의 한변이 50미터씩이고 높이가 22미터이며, 개건한 해를 기념하여 1994개의 큰 돌을 깎아서 27단의 9층 돌계단을 쌓았다.

** 예상했던 대로 단군신화의 음양구조의 한짝으로 여성성과 음(陰)의 상징인 곰과 관련된 상징물은 없었다. 호랑이와 칼 같은 양(陽)의 상징만이 철저하게 강조된 조형물로 만든 것이다. 체제권력의 태양상징에 대한 집착은 다른 상징화 작업에서도 일관되게 나타난다. 서울올림픽 마스코트가 곰이 아니라 호랑이가 된 것도 비슷한 맥락에서 해석이 가능하다.

다. 김일성 사후 100일이 지나 개건된 단군릉을 처음 돌아본 김정일은 만족을 표시했다고 한다.

거대 동상과 동상공원

2003년 7월, 나는 헝가리 부다페스트 중심가에서 '동상공원'Statue Park으로 가는 관광버스를 탔다. 한시간 남짓 달려간 허허벌판에 우뚝우뚝 서 있는 거대 동상들이 눈에 띄었다. 공산당 통치 시절 부다페스트를 비롯한 주요 도시들마다 세워놓았던 무수한 동상과 기념비를 철거해서 모아둔 곳이다. 이름은 공원이었지만, 사회주의 시대 동상들의 공동묘지 같았다. 동상공원 입구에 장승처럼 나란히 서 있는 거대한 맑스와 레닌의 동상이 인상적이었다. 그 밑에 맥도날드 햄버거 광고판이 있었다. 대부분의 관광객들은 커다란 동상 밑에서 웃는 얼굴로 기념사진을 몇장 찍고 바로 돌아간다. 나는 그 공원의 동상과 기념비를 돌아보면서 꼬박 한나절을 보냈다. 그만큼 규모도 크고 내용도 풍부했다.

동상들은 대부분 전형적인 사회주의적 사실주의 작품들로 근육질의 남녀 영웅들의 투쟁모습을 형상화해놓은 것들이었다. 그중 내 눈길을 끈 것들은 여기저기 틈새에 놓인 작은 조형물들과 기념비들이었다. 공산화되기 전 헝가리 농민들을 교육하던 야학운동을 기념하는 자그마한 비석도 있었고, 초기 노동운동을 이끌던 지도자들의 소박한 흉상도 있었다. 일제강점기 농촌계몽운동의 상징인 안산시 상록수역 근처의 자그마한 야학기념 동상들이 생각났다.* 소비에뜨 공산주의의 실패로 지난 세기 헝가리사회에서 있었던 무수한 개혁운동의 역사적 기억까지 한꺼번에 쓸어 담아

* 경기도 안산시는 심훈의 실화소설 『상록수』를 기념해서 지하철역과 행정구역 이름을 '상록수'라고 하고, 그 주인공 최용신의 무덤과 야학자리에 작은 기념동상과 기념관을 세웠다.

서 동상무덤에 파묻은 모습을 보는 것 같아서 허무했다.

동유럽 사회주의체제 붕괴와 더불어 동독을 비롯한 여러 나라에서 구 시대의 동상과 상징 조형물들을 파괴해버렸다. 그러나 헝가리는 그 시대의 역사적 상징물들을 보존하고 전시하는 방안을 마련했다. 처음에는 부다페스트 외곽 벌판 한곳에 모아 버리듯 부려놓으면서 이름만 그럴듯하게 '동상공원'이라고 불렀던 것인데, 의외로 그 장소가 역사문화 자원으로 주목받으면서 새 시대의 국제적 관광상품이 되었다.

오늘날 평양을 비롯한 모든 도시와 마을의 경관을 지배하는 수많은 동상과 탑과 기념비는 북한사회가 새로운 미래를 개척하고자 할 때 부담이 될 수밖에 없을 것이다.* 그 모든 거대 조형물들을 어떻게 할 것인가? 한 시대의 권력이 만든 상징 조형물들은 그렇게 다음세대의 문제가 되기도 한다.

남한사회도 비슷한 역사적 경험을 했다. 거대 동상의 역사는 남한의 이승만동상1956이 북한의 김일성동상1972보다 훨씬 빨랐다. 이승만동상은 그의 80세 생일을 기념해서 일제가 천황숭배를 위해 세워놓았던 서울 남산의 '조선신궁'을 부수고 그 자리에 세운 것이었다. 당시 세계에서 가장 높은 25미터 높이의 동상이었다.** 바로 그 옆 남산기슭에 굶주린 전쟁 피난민들이 토굴을 파고 살면서 밀가루 수제비조차 제대로 못 먹던 상황이었다. 거대한 동상 앞에서 제복 입은 학생들이 애국가와 「나라의 아버지국

* 2019년 현재, 김일성과 김정일의 동상은 총 1202개, 영생탑은 3200개가 있다(통일부 북한정보포탈).

** 이승만의 80세 생일인 1955년 3월 26일을 기념하는 사업으로 국회에서 정식 의결하여 국회의장 이기붕이 건립위원장이 되어서 2억 656만환(당시 국민소득 65불, 7만 5천환 수준)의 국고를 동상 건립에 투입했다. 1956년 8월 15일, 제막식을 거행했다. 「이성 잃은 자유당 정권 "이승만을 우상화하라"」, 『노컷뉴스』 2015년 6월 29일자(https://www.nocutnews.co.kr/news/4435570).

부 이승만 대통령」 찬양노래를 함께 제창했다. 그리고 그 동상은 1960년 4·19혁명 당시 학생과 시민 손에 끌어 내려져서 동강 난 머리 부분만 한동안 남산공원 바닥에 놓여 있었다.

그런 치욕을 겪은 이승만동상을 다시 세우자는 사람들이 모여서 반세기 만인 2010년 남산 자유회관 앞에 황금빛 동상을 만들어놓았다. 비슷한 시기에 경북 구미 박정희 생가 옆에 황금빛 박정희동상이 세워졌다. 그의 딸 박근혜가 대통령이 될 때였다. 남한의 국력만큼 더 커다란 박정희동상을 광화문에 세워야 한다고 주장하는 사람들의 목소리도 높아졌다. 몇 해 후 광화문거리에는 무수한 촛불이 모여들었고 대통령 박근혜는 탄핵되었다.

3. "수령님은 영원히 우리와 함께 계신다": 영생과 부활

북한의 참혹한 기근이 아직 끝나지 않은 시기였다. 대성산혁명렬사릉을 보고 금수산기념궁전 방향으로 가는 길옆 너른 들에 논밭을 여기저기 파헤치고 나무를 심고 있는 사람들이 눈에 띄었다. 무슨 나무를 심고 있는지 물었다. '꽃나무'라고 했다. 이상했다. 한평의 땅이라도 식량을 생산해야 할 상황이었다. 무언가 특별한 열매를 맺는 나무인지 물어보았다. "수령님께서 생전의 모습으로 계신 금수산기념궁전을 꽃밭 락원으로 만들기 위해 사방 10리의 논밭을 갈아엎고 온 나라의 꽃나무를 옮겨 심고 있다"고 빠르게 설명했다. "해외에 나가 일하는 일꾼들도 각 나라의 진귀한 꽃나무를 가지고 와서 이곳에 심는다"고 덧붙였다. "논밭을 갈아엎고"라는 표현에 이상한 힘이 들어가 있었다. 당신들은 결코 이해할 수 없을 것이라는 뜻인지, 아니면 그렇게 말하는 자신도 이해할 수 없다는 뜻인지 이를 악물고 또박또박 힘주어 말했다.

사실 이해할 수 없는 일은 평양으로 오는 비행기를 타기 전, 베이징공항 짐 부치는 곳에서부터 있었다. 식량부족으로 시달리고 있을 북쪽 어린이들 생각에 샘플이라도 여유 있게 가지고 가자고 분유와 영양과자 같은 먹을 것을 터질 만큼 잔뜩 싼 박스 꾸러미들을 부치고 있는 우리들 옆에서 북한 외교관이나 외화벌이 일꾼인 듯 말쑥한 양복 차림의 귀국길의 사내들이 계절에 맞지 않는 꽃다발을 조심스레 손에 들고 비행기를 타고 있었다. 평양에 도착하면 그길로 만수대 김일성동상 앞에 바치기 위한 꽃이라고 했다. 아마 그들 중 일부는 외국의 '진귀한' 꽃나무 모종을 가지고 와서 이 너른 들 어딘가에 심었을 것이다. 10리 밖 저쪽 아득한 곳에 거대한 금수산기념궁전 건물의 실루엣이 보였다.

"락원의 꽃밭"

내가 꽃밭 만들기 작업 광경을 직접 목격하기 바로 전해인 1999년, 물자부족으로 허덕이던 평양에서 출간된 많지 않은 책 중에 『금수산기념궁전전설집』이라는 네권짜리 전집이 발간되었다. 눈에 띄는 제목의 이 책에는 금수산기념궁전 주변을 '락원의 꽃밭'으로 만들기 위해 손자를 데리고 나무를 심으러 간 노인의 이야기가 나온다.

> 지하철도 락원역에서 내려 금수산기념궁전 쪽으로 가느라니 푸른 숲이 끝이 보이지 않게 펼쳐져 있었다. (아니, 여기에 언제 이런 숲이 생겼노?) (…) 나무는 심기 시작하여 숲으로 자라려면 적어도 반세기가 넘어야 하는데, 이 숲은 불과 3~4년 사이에 자라났으니 이 어찌 신비한 일이 아닐

수 있는가. (…) 나무들마다에는 열매들이 주렁지고 향기가 진동하니 옛 말에 나오는 무릉도원도 이에는 미치지 못할 것이요, 옥황상제가 신선과 선녀들을 거느리고 노닌다는 천계도 이에서 더할 수는 없을 것이다.[11]

신비감에 취한 노인은 손자를 잃어버리고, 아무리 먹여도 잘 자라지 않던 손자는 그 숲속에서 신비한 과일을 먹고 보름 사이에 "한뽐한뼘"이나 키가 커졌다. 평양지하철과 연결하여 금수산기념궁전 근처에 새로 만든 전철역은 "락원역"이라 했다. 그리고 "락원의 꽃밭"은 온 나라뿐만 아니라 온 세계의 진귀한 꽃나무들이 모두 함께 자라나 신비한 기적의 열매를 맺는 "천하제일성지"가 되었다고 한다.

마침 해외출장에서 돌아온 노인의 아들 며느리는, 조국으로 오면서 신기한 나무를 몇그루 가지고 왔다. 옮겨 심으면 잘 살지 못하고 속도도 느린 그 나무가 이곳 "천하제일성지 금수산지구"에서는 "인차금방 뿌리를 내리고 쑥쑥 자라서" 다시 한번 놀란 온 가족은 금수산기념궁전을 향해 큰절을 세번 올리었다.[12]

꽃밭은 낙원, 꽃은 부활, 열매는 기적, 큰절은 기원을 의미한다. 토속신앙의 원형을 보여주는 가장 대표적인 무가巫歌「원앙부인 본풀이」의 바리데기 설화에 나타나는 상징이다.[13] 바리공주는 일곱번째 딸이라고 자기를 버린 대왕마마를 살리기 위해 먼 길을 떠난다. 갖은 고생 끝에 저승세계를 지나 신선세계의 꽃밭에서 꽃과 약수를 가지고 와서 이미 죽은 왕의 시체에 뼈살이꽃, 살살이꽃, 피살이꽃, 숨살이꽃을 대어서 뼈, 살, 피, 숨을 되살리고, 약수를 먹여서 죽은 아버지를 부활시켰다.

바리데기 이야기는 조선 사람들의 삶과 죽음과 부활에 대한 상상의 세계를 그린 전형적인 효녀설화이면서 동시에 무당샤먼이 되는 통과의례 과정을 상징적으로 그린 이야기이기도 하다. 무당은 먼저 신병神病을 앓으면서 죽음에 이르는 고통을 겪고 난 후, 강력한 영적인 힘을 가진 존재로 다시 태어나는 과정을 겪어야 한다. 이렇게 죽음과 부활의 과정을 매개하는 상징으로 그 고비고비마다 늘 부활의 상징인 꽃이 등장한다.

김일성 사후, 북한 주민들은 기근에 시달리면서도 전국에 있는 수령 동상에 바칠 꽃을 마련하기 위해 동분서주했다. 해외에서 귀국하는 사람들도 경쟁적으로 진귀한 꽃을 구해 바쳤다. 금수산기념궁전에도 사방 10리의 논밭을 갈아엎고 꽃밭을 조성했다. 상식적으로는 도저히 이해하기 어려운 '꽃'에 대한 강박적 집착은 고난과 죽음의 절망적 현실에서 '기적'의 힘으로 공동체의 부활을 꿈꾸는 '본풀이 굿'이자 국가적 차원의 기원의례였다고 하겠다.

"금수산기념궁전 전설"

김일성의 일생을 소재로 한 다양한 예술작품들은 신화적인 중심 줄거리에 온갖 종교적 기적의 에피소드들로 살을 붙여서 "정서적으로 쉽게 감응하고 깊게 감동할 수 있는" 역동적인 드라마를 엮어나간다. 신비한 태몽을 꾸고, 천둥번개가 치고, 별이 뜨고, 무지개가 걸리는 천지 기상현상은 물론이고, 앞날을 내다보는 예지력과 땅속을 꿰뚫어 보는 투시력, 천리를 하루에 달리는 축지법 같은 신통력을 보여주기도 한다.

해방 전 북한사회에 이미 보편화되었던 기독교적 상징과 믿음체계도 폭넓게 활용했다. 기독교세계의 '성모의 눈물'이나 '예수의 핏자국'처럼 이적의 표징들을 직접 눈으로 확인하기 바라는 대중들의 종교적 정서에 부응하는 작업이 다방면으로 진행되었다. 신화를 현실세계에서 가시적으로 보고 느끼게 하는 작업이다. 김일성과 관련된 다양한 건축, 조각, 조경

사업 등 물질적 형상화 작업과 함께 새로운 전설들이 만들어졌다. 마침내는 그가 살던 금수산궁전에 이상한 빛이 비추어 밤에도 꽃술이 보이도록 밝아지기도 하고, 그가 죽자 하늘에서 천마리 백학이 내려와 앉아 돌로 굳어 금수산기념궁전의 울타리가 되었다는 전설까지 만들어졌다.[14]

> 이런 주옥같은 전설들은 어버이 수령님과 위대한 장군님의 천출위인으로서의 신적인 위상이 력력하여 국보적 가치가 매우 큰 민족적 재보로 된다. (…) 장군님께서 (이런) 전설들을 정리하여 후세에 길이 전할 데 대하여 주신 가르치심을 받들고 (…) 폭넓게 발굴 정리하였다. 위대한 장군님께서는 천금 같은 시간을 내시여 친히 전설자료들을 하나하나 보시고, 그 내용들이 좋다고 높이 평가하시면서 일부 전설들은 『로동신문』에 내도록 해주시었다.[15]

토착적인 풍수사상과 무속신앙의 상징적 우화로 가득 찬 『금수산기념궁전전설집』은 바로 김정일 자신이 편찬을 지시했고, 직접 감수도 했으며, 홍보방식까지 지도했다고 한다. 만경대 고향집에서 금수산기념궁전, 그 너머 혁명렬사릉까지 일련의 상징 조형물들이 우연히 그 자리에 그렇게 들어선 것이 아니라는 사실을 증명한다. 하나의 일관된 이야기 구조 속에서, 그 이야기를 만들고 소비하는 사람들의 샤머니즘적 토속신앙과 풍수적 세계관을 반영하여 의도적으로 조성한 것이다.

일단 풍수사상을 기반으로 만경대 고향집 자리가 "성인이 탄생할 길지"임을 밝히고 대성산혁명렬사릉 자리와 금수산기념궁전 터를 "민족이 융성하고 세계의 중심이 될 성지"로, 또한 이곳에서 만수대 김일성동상과 김정일이 있는 의사당까지를 "지맥이 연결되는" 권력의 중심축으로 개념화했다. 그중 김일성의 죽음과 관련된 동북쪽의 금수산기념궁전과 그 아내의 무덤이 있는 혁명렬사릉은 샤머니즘의 신앙체계와 풍수사상이 가장 뚜렷하게 표현된 곳이다.

『금수산기념궁전전설집』에는 금수산기념궁전과 대성산혁명렬사릉의 관계를 드러내 보이는 이야기가 실려 있다. 금수산궁전의 김일성이 생전에 집무실로 쓰던 방 창가에는 김정일이 직접 선물한 "포대경망원경"이 하나 놓여 있었다고 한다. 김일성이 죽고 나서 책임서기가 망원경을 들여다보니 마주 보이는 대성산혁명렬사릉의 정점에 있는 김정숙의 동상이 바로 보이도록 고정되어 있었다는 것이다. 김일성은 그 집무실 창가에서 김정숙을 마주 보며 매일 낮밤으로 "담화"를 나누었고, 생애 마지막 날까지 동지적으로 사업을 의논했다고 한다.[16]

"오늘도 주체의 최고성지 금수산기념궁전과 대성산혁명렬사릉의 위병들이 별 많은 밤이면 두분 사이에 오가는 담화를 듣게 되는 행운을 지니는데 어버이 수령님의 우렁우렁하신 음성과 김정숙 동지의 부드러운 목소리를 분명히 가려듣는다"라고 전설집은 전하고 있다.

4. "세 장군 전설": 백두혈통의 탄생

금수산기념궁전과 대성산혁명렬사릉은 각각 김일성과 김정숙을 상징한다. 이들은 늘 마주 보는 관계이자, 이야기를 주고받는 다정한 관계다. 죽음도 갈라놓지 못하는 영원한 결합을 상징하고 마을 어귀에 서 있는 한 쌍의 '천하대장군' '지하여장군' 장승처럼 하나의 구조적 짝을 이루고 있다. 김정일의 탄생으로 북한의 신화는 세명의 대성인, 성스러운 삼위三位

의 신격을 갖게 되었다. 그러나 토속신앙만으로는 '아들 장군'의 이미지가 '옥동자'나 '아기장승'과 같이 왜소하고 수동적인 위치에 머물게 된다. 이러한 한계를 넘어서기 위해서는 또다른 차원의 상징세계가 필요했다. '아기'가 '구세주'가 되는 기독교적 상징세계다. 기독교적 상징과 믿음체계는 해방 전 북한 주민들 사이에 상당히 넓게 퍼져 있었기에 문화적 번안이 쉬웠을 것이다.

"정일봉 탄생설화"

김정일의 탄생설화는 예수 탄생을 둘러싼 다양한 전설과 성서적 표현을 번안한 형태로 전개된다. 그의 탄생은 성스러운 백두산의 겨울밤, 눈덮인 소나무 가지 사이로 이상한 별이 빛날 때, '정일봉' 아래 통나무집에서 "룡마를 타고 하늘에서 내려온" 아기가 태어났다는 전설적 이야기로 시작된다. 하늘에는 날개 달린 천사들이 노래하고, 구세주의 탄생을 알리는 별을 따라 동방박사들이 찾아온 것처럼, 김정일의 탄생은 먼저 민족의 향도성인 "광명성"이란 새 별이 솟아나는 것으로 예시되었다고 한다.* 땅에서는 마구간에 태어난 아기 예수에게 동방박사들이 선물을 바친 것처럼, 백두산 밀영 통나무집에서 태어난 "어리신 장군님"에게 충성스러운 빨치산 '경위대원호위대원'들이 소박한 장난감을 바쳤다고 한다.

김정일이 태어난 눈 덮인 통나무집의 이미지는 예수의 탄생을 그린 유럽의 전형적인 크리스마스 성화들과 비슷한 색조의 사진, 벽화, 모자이크 등으로 그려서 전국 어디서나 볼 수 있다. 지금은 아기 예수의 탄생지 베들레헴과 같이 성지가 된 백두산 정일봉 밑의 통나무집 안에는 그가 태어

* 북한은 1998년 8월 최초로 발사한 중거리(대포동)미사일을 지구궤도를 도는 인공위성 "광명성"이라고 했다. 김정일의 선군시대 개막을 전세계에 알리는 상징적 신호탄이었다.

정일봉 탄생설화
백두산 '정일봉'과 김정일이 태어난 '광명성절(2월 16일)'의 통나무집.

나서 처음 받았다는 목각 장난감 선물이 그대로 전시되어 있다. 김정일 탄생을 예수 성탄의 모습으로 그리면서, 아버지 김일성은 '천하대장군'에서 '하느님'으로, 어머니 김정숙은 '지하여장군'에서 '성모'로서의 상징적 의미도 갖게 되었다.[17]

"위~대한 공산주의 혁명투사 김정숙 어머님께서는 언제 어디에서 탄생하셨는가, 들어보자요." 아이들은 일제히 합창하듯 곡조를 붙여서 함께 대답했다. "주, 체, 육, 년, 십이월, 이십사~일, 오산덕 고향집에서 태어나시었~습니다." 선생님은 얼굴 가득 긴장감을 실어서 연극적 말투로 설명을 붙인다. "12월 24일은, 함박눈이 펄~펄 내리는 추운 겨울날이랍니다." 다시 한번 정확한 말법을 익히게 하려는 듯 또박또박 억양을 살려 말한다. "오산덕~ 고향집!" 아이들 모두 따라서 외친다. "오산덕~ 고향집이 있는 회령에는 백살구나무가 많습니다." "오산덕~ 고향집의 백살구는, 맛있습니다."

탁아소에서 시작하는 이런 식의 문답은 하나의 신앙의례처럼 고급중학교까지 그대로 되풀이된다. 화사한 봄꽃이 피어 있는 김일성의 만경대 고향집처럼, 펄펄 함박눈이 내리는 김정숙의 오산덕 고향집에 대한 시각적 이미지는 회령 백살구 맛을 연상하는 미각적 느낌으로 연결되도록 한다. 하나의 교리문답처럼 그 내용을 임의로 바꾸거나, 의문을 제기하는 것은 그 자체가 일종의 신성모독으로 간주된다.

회령 백살구 맛이 어떠냐는 교사의 질문에, "회령 백살구는 구경도 못 해봐서 잘 모르겠습니다"라고 대답했다가 심하게 문책을 받고 퇴학당할 뻔한 학생이 있었다. 1970년대초, 북한체제의 차세대 권력집단을 키우는 만경대혁명학원에서 있었던 일이다. 그런 의문을 품었던 학생은 나중에 북한의 엘리뜨 외교관으로 성장했지만 결국은 탈북해서 서울에 살고 있다.[18]

"혁명의 성산, 백두산"

백두산 천지에서 바라다보이는 높은 봉우리의 절벽 면에는 **"혁명의 성산 백두산"**이라는 김정일의 거대한 글씨가 깊게 새겨져 있다. 백두산 천지에서 버스로 약 한시간, 삼지연 너른 호숫가에는 거대한 김일성의 동상과 빨치산들의 투쟁을 형상화한 대형 조각작품들이 있다. 백두산의 신화적 상징성과 김일성의 빨치산투쟁 전적지이자 김정일의 탄생지라는 사실

(혹은 전설)을 결합시키는 '신화를 역사로 만드는 작업'의 일환이라고 할 수 있다.*

삼지연의 대기념비에서 멀지 않은 곳에 백두산 '밀영密營'이 있다. 백두산의 울창한 밀림 속에 감추어진 김일성 빨치산부대의 비밀숙영지를 뜻한다. 지금은 김정일의 출생지로서 혁명성지로 조성되어 수많은 순례행렬이 조직되어 이곳을 찾아오고 있다. 나는 그 성지를 방문하기 몇해 전부터 유치원 아이들의 "세 성인의 어린 시절" 수업문답을 통해 김정일의 고향집 이야기를 미리 들을 수 있었다.

"위대한 령도자 김정일 원수님은 언제 어디서 탄생하시었습니까?"

"주체 31년, 2월 16일, 백두산 밀영 고향집에서 탄생하시었습니다."

"추운 겨울은 지나가고 파릇파릇 새싹이 돋아나려고 하는 때입니다. 김정일 장군님이 태어나신 백두산 밀영 고향집은 귀틀 모양의 통나무집입니다."

"백두산 밀영 고향집 옆에는 무슨 봉이 높이 솟아 있다고 했습니까?"

"정일봉이 높이 솟아 있습니다."

"고향집 아래에는 무엇이 있습니까?"

"샘물터가 있습니다. 맛있는 맑은 물이 흐릅니다."

백두산 밀영 김정일의 고향집 어귀에서 웅성거리는 소리가 들렸다. "이게 바로 그 샘물이구만, 어서 한번 먹어보자요." 어릴 때부터 수없이 말로만 듣던 그 샘물을 드디어 맛보게 된 사람들이 서로 반가운 마음을 이렇

* 와다 하루끼(和田春樹)와 서대숙 등 북한역사 전문가들은 여러 증언과 자료를 종합해서 김정일의 출생년도와 출생지를 1942년 2월, 소련령 내 유격대 기지에서 출생한 것으로 추정하고 있다. 와다 하루키 『북조선: 유격대국가에서 정규군국가로』, 서동만·남기정 옮김, 돌베개 2002, 59면 참조. 삼지연 대기념비를 비롯한 백두산 밀영과 정일봉 주변의 혁명유적지는 1979년부터 새롭게 창조 건립되어, 매년 20만명 이상의 방문객이 찾는 혁명성지가 되었다.

게 표현하고 있었다. 세 성인의 고향집들은 이렇게 감각적 이미지와 결합되어 북한 사람들이 공유하는 정서적 기억이 되었다. 즉, 모두의 '마음의 고향'이 된 것이다.

나도 그 통나무집 테이블 위에 놓여 있는 김정일의 '장난감'을 보았다. 빨치산 경위대원들이 만들어 바쳤다는 바로 그 장난감이라고 했다. 몇해 전 일본에서 조선학교를 졸업한 재일동포 여학생으로부터 들은 이야기가 생각나서 혼자 하늘을 보고 웃었다. 졸업 수학여행으로 조국 방문을 와서 환영도 많이 받았지만, 끊임없는 상징조작에 점점 질렸다고 했다. 마침내 백두산 밀영까지 와서 전시된 장난감들을 보고는 더이상 참지 못하고, "그만 적당히 하세요もう好い加減にしなさい"라는 일본말이 얼결에 튀어나왔다는 것이다.

항일 빨치산 군복 차림의 여성 강사의 설명을 듣다가 함께 갔던 남쪽의 한 여성이 질문을 했다. "이렇게 추운 산속에서 항일 빨치산 여성들이 주름치마를 입고 싸웠을까요?" 성스러운 장소에서 너무 진지한 질문을 던지면 안 된다는 사실을 잠시 잊은 듯했다. 주름치마에 가죽장화를 신고 허리에는 예쁜 권총까지 찬 '옛날 여성 빨치산 모습'으로 이야기하던 강사는 평생 들어본 적 없는 질문에 대답할 말을 잃고 금방 질린 표정이 되었다. 분위기가 너무 싸늘하게 냉각되어 내가 한마디 거들었다. "예술적으로 표현하면 그렇다는 것이지요." 주변에 있던 북쪽 사람들의 얼굴이 확 펴지며 여기저기서 맞장구를 쳤다. "맞습니다. 력사적 사실을 예술적으로 표현한 겁니다." 예술은 언제나 사실을 누를 수 있다. 북쪽 사람들은 이미 모두 알고 있는 상식이다.

5. 「아리랑공연」: 극장국가의 축제

2005년 10월 어느 쌀쌀한 가을 저녁, 어둠이 짙어갈 무렵 「아리랑공연」이 열리는 릉라도 5월 1일 경기장에 들어섰다. 15만명을 수용한다는 경기장에 들어서자 일단 그 어마어마한 규모에 어리둥절했다. 남쪽에서 온 우리 일행과 여러 외국인 단체들이 지정된 곳으로 들어서자 미리 들어와서 경기장의 객석을 꽉 메운 무수한 사람들이 환영의 손짓과 박수로 맞아주었다. 서로 표정을 볼 수 있는 바로 옆섹션에 앉은 북한 사람들의 호기심에 찬 눈길이 뜨거웠다. 그들에게는 이 행사를 보러 온 외부인의 존재 자체가 아주 중요한 볼거리인 것 같았다.

경기장은 빛과 소리와 열기로 가득했다. 공연이 시작되기 전부터 각종 조명이 환하게 밝혀져 있었고, 최종점검을 하는지 형형색색으로 움직이기도 했다. 네온사인과 가로등 불빛이 없는 평양시내의 밤과 너무 대조적이라 눈부셨다. 북한 사람들은 더욱 그렇게 느꼈을 것이다. '주석단귀빈석' 바로 맞은편에서는 2만명의 평양시내 학생들로 구성된 '배경대'가 마지막 점검을 위해 강한 원색의 각 구역 이름을 문자로 만들어 보이며 경쟁적으로 기세를 올리는 소리를 지르고 있었다. 객석 아래에서는 출연을 앞둔 수천명의 어린 학생들이 얇은 무용체조복을 입고 쌀쌀한 밤공기에 달달 떨고 있었다. 긴장을 풀기 위해 옆친구들과 속삭이는 소리가 모여서 마치 수많은 작은 새들의 "재재재재…" 하는 지저귐 같은 묘한 공명을 만들었다.

「아리랑공연」은 일제 치하에서 억압받는 사람들의 고통스러운 삶을 처량한 색조로 그리는 장면으로 시작되었다. 신파조의 노래와 춤 속에서 절망적인 상황을 그리듯 장내가 캄캄한 어둠에 덮였을 때, 갑자기 배경대가

하얗게 눈 덮인 백두산 천지를 환하게 그려 보였다. 그리고 그 큰 그림이 조금씩 움직이며 붉은 태양이 떠오르기 시작했다. "장군님, 장군님…" 관중들이 중얼거리며 술렁이기 시작했다. 이제 붉은 태양은 불쑥 솟아오르고 그 햇살이 운동장을 가득 메운 수천명 무용수의 황금빛 옷과 부채로 빛을 발하면서 끝에서 끝까지 빠른 속도로 퍼져나갔다. "와~" 관중들이 열광했다. "수령님, 수령님…" 마치 그 아침햇살이 자신들의 몸에 꽂힌 것 같이 벌떡 일어나 열렬히 박수를 쳤다. 붉은 태양은 '김일성'이었다. 바로 그의 존재를 따사로운 아침햇살처럼 직접 맞이하는 듯한 모습이었다.

'수령'과 '인민'의 관계를 '태양'과 '꽃'으로 연상하는 이러한 정서는 이미 탁아소, 유치원에서부터 학교, 군대, 직장에서 오랜 세월 주기적 의례를 통해 내면화되어 있다. 또한 모든 예술장르를 통해서도 형상화되어 이미 익숙한 것이다. 「아리랑공연」은 그렇게 모두가 알고 있는 드라마를 더욱 화려하고 거대하게 재현하여 현장에 참여한 모든 사람들이 직접 느끼고 반응할 수 있게 한다. 즉, 공연을 하는 사람이나 배경그림을 만드는 사람이나 객석의 관객까지 모두 자신들의 드라마를 함께 연기하는 것이다. 운동장을 가득 메운 공연자들의 열정적 연기처럼, 객석의 관객들이 표현하는 열렬한 감동도 모두가 함께 공감을 만들어내는 참여와 몰입의 연기인 셈이다.

「아리랑공연」이 처음 개최된 2002년은 내부적으로 아직 기근의 상처가 아물지 않은 궁핍한 때였고, 외부적으로는 미국 대통령 부시가 북한을 이라크, 이란과 함께 "악의 축"으로 규정해서 전쟁 위기감이 높을 때였다. 그런 시기에 그렇게 많은 사람과 물자가 동원된 대규모 공연이 열리자 외부 전문가들도 그 의도를 이해하기 어려웠다. 많은 이들이 "월드컵 대응용" 또는 "외화벌이용" 행사로 기획한 것이라고 해석했다. 곧이어 해외관광객 유치에 실패했다거나, 심지어는 "'뇌사국가' 북한의 마지막 경련"이라고 평하기까지 했다.[19] 극장국가의 작동원리를 이해하지 못한 외부인들의 자기중심적 분석의 전형적인 사례라고 할 수 있다.

「아리랑공연」은 북한이 지금까지 개최한 국가적 집단체조 공연 중 최대 규모다. 첫해인 2002년에만 10만명의 공연자, 2만명의 배경대, 400만명의 관객이 참여한 이래 2005년부터 2013년까지 거의 매년 수백만명이 관람하는 명실상부한 국민공연이라고 할 수 있다.* 2010년인 10월 9일 당창건 65주년 기념일 전야제 공연에는 김정은이 김정일과 함께 주석단에 서서 대중들 앞에 처음 모습을 드러냈다. 대규모 국가의례를 통해 권력중심의 지속성을 내외에 확인시키는 자리를 만든 것이다.

「아리랑공연」은 심각한 경제적, 정치적 위기상황에서 오히려 막대한 인력과 자원을 들여 대규모의 공연으로 대응하는 전형적인 극장국가의 특성을 보여준다. 식량을 더 사거나 무기를 더 사들일 수도 있는데 궁핍한 국가재정을 투입해서 이렇게 장중한 국가적 의례를 하는 목적은 무엇인가?

극장국가의 권력은 영토나 물리적 강제력을 확대하는 것보다 주로 사람의 마음을 잡는 일에 주력했다. 또한 극장국가의 정치와 행정체계는 국가의례의 준비와 집행을 다른 어떤 복지적, 경제적 심지어 군사적 이해보다도 앞세웠다. 그렇다면 「아리랑공연」이 의미하는 바는 무엇인가? 국가적 장중함과 긍지를 확인하는 것이다.

* 2002년은 김일성의 90세 생일과 김정일의 60세 생일, 조선인민군 창건 70주년이 겹친 해로 이를 기념한다는 의미로 김일성의 생일인 4월 15일 '태양절'에 개막하여 2개월 동안 54회 공연했다. 2013년까지 매년 비슷한 규모로 열렸고, 2006년에만 수해로 공연이 취소되었다. 전영선 「북한의 대집단체조예술공연 '아리랑'의 정치사회적·문학예술적 의미」, 『중소연구』 94호(2002), 131~56면 참조.

국가가 초라하게 위축된 상황일 때 더욱 스스로의 존재감을 안팎 모두에게 과시적으로 나타낼 필요가 있다. 그것을 문화적으로 익숙한 예술창작 방식을 총동원하여 종합적으로 표현한 것이 「아리랑공연」이다. 즉, 김일성으로 상징화되는 반제국주의 투쟁의 정치적 정통성을 재확인하고, 주체적 삶을 지키기 위한 김정일의 선군정치의 힘을 보여주고, 미래의 유토피아 통일조국에서 "태양민족", "김일성민족"이 세계적으로 영원히 중심에 선다는 이미지를 투영하고 있다.[20]

메시지의 핵심은 김일성은 죽었어도 그가 만든 국가체제를 지키는 "모범적 중심"의 역할은 김정일과 김정은이 차례로 세습해서 흔들림 없이 오히려 더욱 완벽하게 재생산한다는 점이다. 이러한 국가적 상징과 의례를 통해 대기근이란 위기를 겪으면서도 현대 국가체제에서는 거의 불가능한 카리스마 권력의 세습을 손자인 김정은까지 가능하게 했다.[21]

"움직이지 않는 중심" 움직이다

국가적 공연의 주연이라 할 수 있는 수령이나 장군은 좀체 모습을 드러내지 않는다. 특별한 경우에 나타난다 하더라도 '주석단귀빈석 또는 사열대'에 앉아 무표정한 얼굴로 기계적인 박수를 보낼 뿐이다. 문화인류학자 클리퍼드 기어츠Clifford Geertz는 이런 역할을 "움직이지 않는 중심"이라고 표현한 바 있다.[22]

극장국가인 느가라Negara의 국가적 의식에서 거의 신적인 존재가 된 왕은 움직이지 않거나, 몽환상태이거나, 죽은 모습으로 공연의 중심이 된다. 즉 "'돌아가는 세계의 고정된 중심축'과 같은 존재로 그의 역할은 명백하게 움직이지 않음으로써 엄청난 움직임의 중심에서 고요를 발신하는 것이다."

고정성과 차분함은 그 자체로 역설적이다. 앉은 부처의 평정이나 춤추는 시바의 균형 잡힌 모습처럼 움직이지 않으면서 자신(혹은 왕권)을 움직이는 세상의 중심축으로 여기게 만드는 것이다. 그러한 능력은 자기의 감정과 행동을 엄격하게 통제할 수 있게끔 훈련된 주연배우의 연기력에 달려 있다.

북한의 거대한 국가적 행사에서 보이는 김정일의 잦은 부재와 참석할 때의 무심한 표정은 극장국가의 왕의 역할과 일치한다. 그의 뒤를 이어 김정은이 데뷔할 때 보여준 연출된 무표정과 의례적 움직임은 '움직이지 않는 중심'의 상징적 기능을 정확하게 연기하는 것이다.

「아리랑공연」의 마지막 장면은 거대한 지구본을 중심으로 돌아가는 군무를 통해 조선이 지구의 중심이자 우주적 질서의 중심이라는 이미지를 연출하고 있다. 그 움직임이 질서 정연하게 지속될 수 있게 고정하는 중심축이 지도자다. 그의 능력이나 활동보다 그의 존재 자체가 상징적으로 중요한 것이다.*

그러나 지도자는 기호로서만 존재하는 것이 아니라 권력의 주체이자 정치의 주역이다. 그만한 규모의 의례와 행사를 정기적으로 조직하고 화려하게 만들기 위해서는 엄청난 규모의 인간과 물질을 조직할 수 있는 국가운영 기술이 있어야 한다. 문제는 신성한 이미지의 권력이 되어갈수록 실질적으로 그것을 통제할 수 있는 세속적 권력행사로부터 거리를 두게 된다는 점이다. 그 결과 지도자는 정책 실패의 책임을 지지 않는 존재가 되지만, 점차 의례에 사로잡히고 측근에 의존하면서 실제로 움직일 수 없

* 극장국가의 지도자는 다른 상징물과 더불어 하나의 '기호(아이콘)'로서 국가의례의 목적이자 대상이 된다. 롤랑 바르뜨도 일본문화에 대한 글에서 "텅 빈 중심"이란 개념으로 비슷한 기능을 언급한 바 있다. Roland Barthes, *Empire of Signs*, New York: Hill and Wang 1982.

는 상태가 될 위험성도 커지게 된다.[23]

극장국가의 새로운 제작자이자 주연배우가 된 김정은은 권력기반을 다지면서 스스로 말하기 시작했다. 2018년 9월, 평양에서 열린 남북정상회담에서 「아리랑공연」의 하이라이트를 모은 '빛나는 조국'을 공연하면서 김정은 자신이 직접 남한 대통령 문재인을 소개하고 평양시민 앞에서 연설을 하게 했다. 이제 북한도 더이상 폐쇄적 극장국가의 '움직이지 않는 중심' 역할만으로는 움직일 수 없는 사회로 변하고 있다는 자기고백이자, 또 앞으로 그렇게 되고자 한다는 극적인 선언이라고 하겠다.

"금수산기념궁전"과 "호찌민묘"

2019년 2월, 하노이에서 열린 북미정상회담이 결렬된 후 귀국길에 오른 김정은은 베트남에서의 마지막 공식일정으로 호찌민묘를 참배하고 헌화했다. 만감이 교차했을 것이다. 반세기 전 할아버지 김일성의 족적을 따라오는 65시간의 상징적인 열차여정을 통해 미국과의 오랜 적대관계를 종식하고 북한의 "새 시대"를 열려던 꿈이 좌절되었기 때문이다.

지난 반세기 동안 북한과 베트남의 상황과 입장은 완전히 역전되었다. 김일성의 북한은 미국과의 전쟁을 '휴전(북측으로서는 승전)'으로 마무리하고 냉전시대 국제사회주의권의 대표적 성공사례가 된 '조선의 기적'을 이룬 나라였다. 비동맹 외교무대에서도 김일성은 인도네시아의 수카르노Sukarno, 유고슬라비아의 띠또Tito, 중국의 저우언라이朱恩來와 어깨를 나란히 하는 세계적 인물이었다. 1964년 두번째로 베트남을 방문한 김일성은 미국과의 전쟁으로 초토화된 나라를 이끌고 있던 또다른 탈식민주의의 영웅 호찌민을 격려하고 후원을 약속했다.

오늘날 베트남은 중국과 함께 '시장사회주의'의 성공사례로 떠올랐다.

김정은은 베트남의 "국가건설과 경제발전 경험을 공유하기 바란다"며 협력과 지원을 부탁해야 하는 처지가 되었다. 그동안 북한은 미국을 위협하는 핵무기와 대륙간탄도탄을 개발해서 세계의 주목을 받는 데는 성공했지만, 바로 그 때문에 국제적으로 고립되어 경제력은 대단히 취약해졌고 국가와 정권의 운명도 불투명한 상황이 되었다. 북미정상회담이 소득 없이 결렬되면서 무력 과시로 얻어낸 극적인 현실 타개에 대한 기대도 여지없이 무시당하고 말았다. 추가협상의 가능성을 남겨두고 떠난 트럼프 앞에서 판을 엎어버릴 수도, 과거로 되돌아갈 수도 없는 처지가 되었다. 이런 상황에서 할아버지의 옛 동지 호찌민의 묘 앞에 선 김정은은 무엇을 느꼈을까?

아마 금수산기념궁전에 비해 너무도 작고 소박한 호찌민묘를 보고 초라하다고 느꼈을 수도 있다. 아니면 호찌민묘에 비해 터무니없이 크고 화려한 할아버지 김일성의 묘를 생각하며 당황했을 수도 있다. 실제로 오늘날 빈약하게 얼어붙은 북한 산업현장들을 직접 현지지도해온 그로서는 베트남사회의 경제적 역동성을 바로 체감할 수 있었을 것이다. 이렇게 대조적인 양국의 사회현실은 바로 그 자신을 권력의 정점에 올려놓은 아버지 김정일의 예술정치의 결과이기도 하다. 그는 북한의 거대 상징 조형물과 초라한 사회현실과의 의미심장한 관계를 직감적으로 알 수 있었을까?

평양 금수산기념궁전과 하노이 호찌민묘를 직접 방문한 경험이 있는 나는 두 공간이 상징적으로 보여주는 두 나라의 대조적인 국가 성격과 리더십의 차이에 대해서 생각해보았다. 2005년 10월, 금수산기념궁전에서 보고 듣고 느낀 점을 먼저 소개하겠다.

금수산기념궁전은 크고 화려했다. 그 기념궁전의 광활한 광장에 서서 무의식적으로 탄성이 나왔다. "타지마할!" 거대한 건물을 송두리째 무덤으로 만든 기념궁전의 모습은 미학적인 아름다움에 대한 감탄보다는 우선 규모에 압도되는 느낌을 줬다. 순안비행장에서 평양으로 들어가는 자동차에서 스치듯 봤던 것과는 전혀 다른 느낌이었다.

아침 7시 정각, 기념궁전 동쪽 출입구에 차를 세우고 모든 승객을 내리게 했다. 공항 보안검색대에서처럼 몸에 있는 모든 소지품을 꺼내놓고, 엑스레이 투시기를 통과했다. 쇠붙이는 볼펜 하나도 가지고 들어갈 수 없었다. 보안문제 이상의 특별한 의미가 있는 듯했다.

기념궁전 건물 측면 입구까지 다시 차로 이동했다. 착검한 총을 든 위병들이 입구 양쪽을 지키고 있었다. 새벽잠에 겨운 듯 가는 눈을 뜨고 있던 어린 얼굴의 위병 한명이 총을 든 채 졸았다. 건물 밖에서 횡대로 줄을 세우고 옷차림을 가다듬게 했다. 육중한 문을 열고 들어가니 바닥과 벽면이 모두 대리석이었다. 2층으로 휘감아 올라가는 대리석 계단 위아래에 각각 두명씩 착검한 위병이 서 있었다.

진한 문양의 대리석으로 장식된 2층 넓은 홀에는 높게 치솟은 대리석 기둥과 불 꺼진 거대한 샹들리에가 있었다. 이곳 대리석은 모두 조선의 광산에서 나온 것이라고 한다. 김일성이 생전에 외국 손님들을 접견하던 방이고 김정일도 이곳에서 조문객을 맞았다고 한다. 비탄에 젖은 인민들을 형상화한 부조들이 사방에 있었다. 다음 방 양쪽 벽면에는 통곡하는 인민을 위로하는 김정일의 모습을 그린 대형 그림들이 걸려 있었다.

그다음 방이 시신을 안치한 중앙공간인 듯했다. 그 방에 들어가기 위해서 이중으로 된 입구 사이의 좁은 방을 거쳐야 했다. 붉은 커튼을 헤치고 들어가자 스프레이 액체가 위에서 뿜어져 나왔다. 컴컴한 곳에서 갑자기 알 수 없는 액체를 맞고 움찔했다. 향수냄새가 나는 듯했다. 가톨릭성당

입구에서 성수를 찍는 것과 같은 일종의 종교적 정화의례를 거치는 것 같았다. 왠지 내가 오염된 존재였던 듯 위축되는 느낌이었다.

붉은 커튼을 열고 들어가니 붉은 색조로 조금 어둡게 조명을 한 넓은 방이 나왔다. 은은하게 「김일성 장군의 노래」가 울려 퍼지고 있었다. 방 한가운데 있는 단 위 유리관 속에 누워 있는 김일성의 시신이 보였다. 그의 발치 쪽에 옆으로 늘어선 사람들이 정중하게 절을 했다. 자세히 보니 북한 사람들은 90도 각도로 외부 사람들은 30도 정도로 상체를 숙였다. 발치 쪽에서부터 시계방향으로 돌면서 사면에서 한번씩 절을 하고 퇴장하게 되어 있다. 정사각형 방의 머리 쪽 벽면은 붉은 대리석 깃발을 부조해서 세워놓았고, 붉은 기운이 도는 어두운 조명 아래 방바닥도 붉은 대리석처럼 보였다. 가슴까지 붉은 기를 덮은 양복 입은 시신은 진한 화장을 한 탓인지 푸석해 보였다. 국가적 상징으로 숭배의 대상이 된 한 인간이 죽어서도 이런 모양으로 보이고 있구나 하는 생각에 경외감보다는 허무함을 느꼈다. 그 공간에서 모두 엄숙한 표정으로 머리를 조아리고 정중하게 움직이는 정경이 고도로 정형화된 역사극의 한장면 같았다.

무장한 경비병들이 곳곳에 서 있는 삼엄한 의례공간에서 나오니 바깥 공기가 산뜻했다. 비로소 금수산기념궁전의 거대한 규모가 눈에 들어왔다. 건물 정면 광장은 빈틈없이 돌로 포장되어 있었고, 연못이라기에는 너무 큰 직사각형의 호수 위에 백조인 듯 새들이 떠 있었다. 드넓은 광장이 끝나는 곳에는 "천마리의 학"을 새긴 돌담장이 둘러쳐 있고, 그 너머 아득한 곳에 혁명렬사릉이 보였다. 그 사이에 새로 조성한 100정보町步의 "락원의 숲"이 펼쳐져 있었다.

김정일은 인민들이 "처음이자 영원한 주석"인 김일성의 "영생을 절감하도록" 그가 생전에 집무했던 주석궁을 화려하게 개축해서 금수산기념궁전으로 부르도록 했다. “세계의 진보적 인류의 태양”인 김일성이 “영원히 계시는 곳을 대대손손 길이 빛나게 하는 일에는 한계가 없다”라고 하면서 대기근상황에서 리모델링 사업에 3억불을 투자했다고 한다. 기근 구호활동을 위해 북한을 방문했던 나로서는 금수산기념궁전 건축을 김정일의 효성심의 증거처럼 이야기하는 것에 불편한 마음을 누르기 어려웠다. 그런 상징화 작업을 통해서 김정일 자신도 “정녕 수령님과 꼭 같으신 위대한 사랑의 태양”이 되고자 한 것 같았다. 지금 그는 김일성의 시신 옆에 나란히 누워 있다.

금수산기념궁전을 방문한 지 몇해 뒤인 2010년 6월, 하노이시의 호찌민묘를 찾아갔다. 아침 8시에 벌써 기나긴 참배행렬이 늘어서 있었다. 가만히 서 있어도 등에서 소금 땀이 흘렀다. 마침 일요일이어서인지 아이들 손을 잡고 찾아온 가족들이 대부분이었다. 빨간 스카프를 맨 소년단원들과 인솔교사도 눈에 띄었다. 남녀노소, 외국인들까지 뒤섞인 참배행렬이 천막천으로 그늘을 만든 수백 미터의 참배길을 가득 메우고 있었다. 기나긴 행렬 주변에는 꽃 파는 사람들도 오가고, 가족 나들이를 온 듯 떠들며 들락날락하는 아이들도 많았다. 모두가 무더위를 견디며 오래도록 줄지어 기다리고 있었다.

호찌민묘는 7시에 개장해서 11시 반까지 참배가 가능한데 매일 6만명 정도의 참배객이 찾아온다. 아침 9시쯤 오면 긴 줄 끝에서 기다리다가 묘실까지 들어가보지 못하고 중도에서 끝날 가능성이 크다고 한다. 카메라를 맡기고 번호표를 받았다. 별도의 짐 검사는 없었다. 섭씨 40도 더위에 금빛 줄이 늘어진 흰색 긴팔 정장을 입고 착검한 총을 들고 서 있는 경비병은 보기만 해도 답답했다. 그래도 의장대 유니폼에 대한 긍지 때문인지 잔뜩 힘을 준 표정이었다.

호찌민묘는 현재 베트남 주석궁이 된 옛 프랑스 총독의 화려하게 장식한 관저 건물에 비해서 소박하리만큼 단순한 사각형 모양이었다. 시신이 있는 붉은 대리석 건물은 가까이 가서 봐도 그리 크지 않았다. 건물 안에 들어서자 강력한 에어컨 바람이 시원했다. 2층 계단으로 올라가면서 무질서한 행렬이 점차 두줄로 만들어졌다. 줄을 따라 열려 있는 문 안으로 들어가니 묘실은 전체적으로 어둡고 중앙 부분에 낮게 놓인 유리관만 밝게 조명을 했다. 밝은 베이지색 노동복 차림의 백발의 호찌민이 화장을 하고 누워 있었다. 중앙 유리관보다 더 낮춰놓은 바닥 네 모퉁이에 네명의 의장대원이 착검한 총을 들고 서 있었다.

참배객들은 관 주위를 둘러놓은 길을 따라 두줄로 돌아서 나가도록 했다. 어른들의 참배길 안쪽으로는 30~40센티미터 높여놓은 아이들의 길이 있었다. '호아저씨'Bac Ho, 호찌민의 국민적 애칭를 찾아온 아이들이 어른들에 가리지 않고 더 가까운 곳에서 볼 수 있도록 한 것이다. 특이하게도 모두가 어떤 형식의 종교적 의례의 몸짓을 하지 않고 거의 평상시 걸음걸이로 줄지어 걸어가고 있었다. 생각해보니 유물론자인 사회주의 혁명가에 대한 추모는 그렇게 하는 것이 합리적인 듯했다.

김정은은 호찌민묘를 참배하며 무엇을 느꼈을까? 소박한 지도자의 묘를 참배하며 금수산기념궁전을 과도한 거품처럼 느끼지 않았을까? 아버지가 만들어놓은 상징적 권력세습 장치들을 다시 돌아보는 계기가 되었을까? 베트남처럼 '정상국가'로 가는 길은 결국 그 수많은 상징들을 스스로 해체하는 과정이 되리라는 점을 깨달았을까? 하노이에서 돌아온 김정은은 자신을 신격화하지 말라는 이례적 메시지를 초급당대회 일꾼들에게

서신형식으로 보냈다. "만일 위대성을 부각시킨다고 하면서 수령의 혁명 활동과 풍모를 신비화하면 진실을 가리우게 된다"며, "수령은 인민과 동떨어져 있는 존재가 아니"라고 했다.[24]

5장

빨치산과 "고난의 행군"

1. "미국놈들 콧대를 꺾어놓았죠": 저항의 역사

평양에서 미술교육으로 유명한 유치원을 방문했다. 환영공연이 시작되자 남자아이들이 두줄로 씩씩하게 걸어 들어왔다. 군인들이 행진하는 것처럼 양팔을 좌우로 힘차게 저으며 발맞춰 나와서 '척, 척' 좌향좌, 우리를 향해 섰다. 열두명이었다. 실내에서 손이 곱을 정도로 추운 날에 파란 반바지 하얀 셔츠를 입었다. 모두 얼굴을 하얗게 분칠하고 입술은 빨갛게 그렸다. 입을 쫙 옆으로 벌려 '활짝' 웃는 얼굴을 보여준다. 여윈 얼굴에 흰 화장은 창백하고, 마른 몸에 반바지가 헐렁했다. 앞니 빠진 얼굴 몇이 어쩐지 분장한 희극배우를 보는 듯했다.

아이들이 터질 듯이 힘차게 노래를 불렀다. 가냘픈 아이들 입에서 나오는 소리라고는 믿기지 않을 만큼 크고 강한 합창이었다. 아이들은 양손을 앞으로 내밀어 무언가를 힘차게 꺾어버리는 동작을 하고, 일제히 오른팔을 쭉 뻗어 엄지손가락을 치켜올렸다.

미국놈들 콧대를 꺾어놓았죠~

원쑤놈들을 미워하는 마음
유치원 운동회의 '달리기경주'.

미국놈들 콧대를 꺾어놓았죠~
광명성 날아오른 장군님 나라
힘이 세지요 힘이 세지요
세상에서 제일~ 힘이 세지요!
세상에서 제일~ 힘이 세지요!

노래를 마친 아이들은 그 자리에서 펄쩍펄쩍 뛰며 만세를 불렀다. 마치 승리한 군인처럼 활짝 웃으며 열렬히 소리쳤다. 다시 줄 맞춰서 퇴장하는 깡마른 아이들의 씩씩한 걸음걸이에서 '유격대국가'의 정체성이 살아 움직이는 모습을 느낄 수 있었다.

지금도 북한은 민족해방의 서사적 시간 속에서 국가의 존재 의미를 끊임없이 되새기고 있다. 즉, 일본제국주의 침략에 맞서서 싸웠던 항일 빨치산처럼 전세계를 지배하는 미국이라는 최강의 제국주의 세력과 맞대결하고 있는 '유일한' 나라라는 것이다. 이러한 자긍심은 체제를 버티게 하는 근본적 힘이 되고 있다. 국제적 고립과 주기적 전쟁위기는 이러한 서사적 이야기를 더욱 실감나는 현실로 만들어주고 있다.*

"태평양전쟁 때 우리 일본 아이들도 똑같은 노래를 불렀어요." 내가 찍어 온 평양 유치원의 동영상기록을 함께 보다가 한 일본인 원로교수가 한숨을 쉬며 말했다. 자기가 국민학교에 다닐 때 '귀축미영鬼畜米英, 악귀와 짐승 같은 미국과 영국'를 그렇게 때려잡는 시늉을 하면서 일본이 세계에서 제일 강하다고 노래했다는 것이다. 몸도 크고 힘도 센 서양 도깨비들을 작고 어린 일본 소년이 두눈을 부릅뜨고 강한 정신력으로 무찔러버린다는 노래였다.

자기도 그런 노래를 부르며 천황과 조국을 지키기 위해 마지막 한사람까지 죽창을 들고 싸우겠다는 '필승'의 결의를 다졌다고 한다. 서양제국의 노예상태로 있는 동양 사람들을 해방시킨 대일본제국의 '군국소년'으로서 자부심과 긍지를 느꼈단다. 천황과 군국주의를 찬양했던 그 시대의 일본인들을 생각해보면 오늘날의 북한을 이해할 수 있을 것이라고 했다.

"악한 것을 물리친 역사"

조선혁명박물관의 첫번째 전시실에서 마주친 의외의 역사적 유물은 흔

* 와다 하루끼는 북한의 정치체제를 "유격대국가"라고 정의하면서 다음과 같이 설명했다. 김일성이 이끄는 만주지역의 작은 항일 유격대(빨치산)는 해방 후 북한을 점령한 소련군의 강력한 지원을 받으며 건국 초기부터 다른 공산주의 집단에 비해 특권적인 위치에서 권력을 장악했다. 중국의용군(중공군)이 참전해서 휴전으로 끝난 '조국해방전쟁' 이후에도 이들은 중국과 소련이란 사회주의 종주국과 연계된 집단과의 권력투쟁에서도 승리하고 오늘날까지 도전받지 않는 유일한 정치세력이 되었다. "북한은 김일성과 만주빨치산들이 세웠다"는 이야기는 그렇게 공식적인 역사가 되었다. 와다 하루키, 앞의 책.

히 '척화비'라고 불리는 '위정척사비衛正斥邪碑, 바른 것을 지키고 악한 것을 물리치는 비석'였다. 조선왕조 말기에 대원군이 세워둔 이 비석은 중앙 진열장에서 환한 조명을 받고 있었다. "서양 오랑캐가 침범하는데, 싸우지 않으면 화해하자는 것이니, 화해를 주장하면 나라를 파는 것洋夷侵犯 非戰則和 主和賣國"이라는 문구가 선명했다. 제국주의 침략에 대한 민족저항의 첫번째 상징물로 전시하고 있는 것이다.*

척화비의 옆면에는 '우리 만대 자손에게 경고하노라. 병인년에 짓고 신미년에 세움戒我萬年子孫 丙寅作 辛未立'이라는 글자가 새겨져 있다. 병인년은 프랑스군의 침략을, 신미년은 미군의 침략을 강화도에서 물리친 해다. 마치 오늘날 외부세계에 대한 북한의 태도를 그대로 옮긴 듯한 내용이다.

남한에서는 '척화비'에 대해 전혀 다른 의미로 가르친다. 서구 근대문명을 빨리 받아들여야 할 때에 '나라 문을 닫아 잠근' 시대착오적 정책의 상징이라고 말이다. 그때 서구 열강에 문호를 개방했더라면 우리도 빨리 근대화해서 일본의 침략을 받지 않았을 것이라고 역사교사들은 설명한다. 남한은 '세계화'를 발전을 위한 절대과제로 여기면서 글로벌경쟁에 몰두해왔다. 반면, 북한은 '외세'를 몰아내고 '우리식'으로 사는 것을 '바른 것을 지키는 일'이라고 강조하고 있다.

외세에 저항한 근대역사의 출발점으로 1866년 8월, 대동강을 거슬러 온 미국 상선 제너럴셔먼호를 화공으로 격침시킨 "평양 인민들의 용감한 전투" 그림이 조선혁명박물관에 전시되어 있었다. 그 전투를 앞장서서 지휘하는 김일성의 증조할아버지 그림도 높이 걸려 있었다. 일제 침략에 저항하는 3·1운동을 소개하는 전시실에는 만세행렬을 이끄는 김일성의 할아버

* 조선혁명박물관의 95개 전시실과 20만점에 달하는 유물은 '우리 민족'과 '외세'와의 악연의 근대사를 전시하며 일제와 미제 침략의 역사와 현재의 국제정치 상황을 대비시키고 있었다.

지 모습도 그려놓았다. 김일성의 가계는 그렇게 각 시대의 중요한 역사적 사건마다 외세에 대한 저항을 이끄는 주인공의 모습으로 등장하고 있었다.

조선혁명박물관 전시는 지금도 계속되는 미국 침략을 민족수난의 역사적 고비마다 깊숙하게 개입한 미제국주의와 연결해서 설명하고 있다. 일본과 미국의 전쟁은 제국주의 세력의 영토전쟁이고, 미국이 이겨서 남한에 진주한 것은 해방이 아니라 새로운 정복자로의 교체에 불과한 것이라고 한다. '조국해방전쟁' 기간 내내 미군은 무차별 폭격을 감행해서 평양을 비롯한 전국토를 잿더미로 만들고 수많은 인민들을 죽고 다치게 했다.[1] 근대사의 전기간 동안 조선민족을 괴롭혀온 '악마'고 철천지'원수'인 미국은 그런 증거사진들과 함께 전시되고 있었다.

한편, 대동강변에는 제너럴셔먼호 격침비가 서 있고, 그 배에 설치되었다는 대포의 복제품도 놓여 있었다. 제너럴셔먼호를 불태웠다는 그 한사정 여울목 자리에는 100여년 뒤 북한 영해를 침범했다가 나포된 미해군 정보함 푸에블로호가 함께 전시되고 있었다.* 이곳을 방문한 어린이들은 최첨단장비를 갖춘 미해군 군함에 뛰어오른 단 한명의 키 작은 북한 해군 병사가 수십명의 키 큰 미군들을 한자루 총대로 위협해서 항복시키는 모습을 담은 그림을 보게 된다. 그런 다윗과 골리앗 전설 같은 무용담을 보고 들은 아이들은 물질에 대한 정신의 승리를 그림과 노래로 직접 표현하기도 한다.

이런 역사교육현장마다 중요하게 강조되는 것은 객관적 사실이 아니라 이념적 의미다. 즉 '주체적' 입장에서 믿고 따라야 할 사실을 그럴듯한 이야기 구조에 담아 전달하는 것이다. 예를 들면, 일제 식민지배로부터 우리

* 동해에서 나포된 푸에블로호를 대동강변 제너럴셔먼호가 격침된 자리까지 끌고 와서 외세 침략과 저항의 역사를 가르치는 교육현장으로 활용하고 있었다.

민족을 해방시킨 것은 미국이나 소련 같은 강대국 군대가 아니라, 소수의 빨치산 병력으로 일제의 대군을 물리친 전설적 항일투사 김일성 장군이라는 것이다. 오랜 고난을 극복하고 "불가능을 가능으로 만든" 그런 투쟁의 의미를 사실로 믿도록 하는 것이 민족적 자긍심을 높이는 '주체적'으로 옳은 역사라는 것이다.

이때 북한에 진주한 소련에 대해서는 맥락 없이 흔적만 조금 남긴 채 의도적으로 희미하게 지워버렸다. 소련군의 참전을 기념하여 세운 '해방탑'은 모란봉기슭에 있지만, 그들의 역할은 김일성 장군이 이끈 해방전쟁의 보조자 정도로 애매하게 축소시켰다. 이 역사 서술은 국제정치 상황을 거의 생략하고 '주체적'으로 의미있는 부분만 자세하게 부풀려서 다루고 있다. 즉 김일성 유격대의 투쟁 사실만을 부각시켜서 국가 차원의 해방서사로 만든 것이다. 그렇게 공식적으로 편집된 '이야기'를 축으로 북한의 근대사는 구성되었다.*

김정일의 예술이론이 가장 강조하는 것은 역사를 "리념적으로 올바르고 도덕적으로 활기차게" 재현해내는 역량이다. 이러한 역사예술에서 정치적 정신은 실증적 역사지식보다 더 우위에 있다. 창조적 작업은 대중들의 도덕적, 정치적 의식을 높이고 국가지도자에게 크나큰 영광을 바치기 위한 것이다. 이런 맥락에서 역사의 세부사실을 고치는 것은 수정이나 날조라기보다는 실용적이고 도구적인 접근방식으로 여겼다. 사실 대부분의 다른 국민국가들의 역사도 이러한 구성주의적 접근방식을 통해 만들어졌

* 북한은 탈식민주의 수사의 이용과 남용의 극단적 사례라는 비판이 있다. 혁명적 반식민운동이 혁명적 국가정치로 발전할 때, 그리고 이 국가가 바로 자기 정통성을 보강하기 위해 전투적인 탈식민 수사(rhetoric)를 동원할 때, 그 수사는 패권으로 변질될 수 있고, 다양한 목소리와 해석을 짓밟아버리게 된다. 탈식민주의가 권력의 도구로 변질되는 것이다. 권헌익·정병호 『극장국가 북한: 카리스마 권력은 어떻게 세습되는가』, 창비 2013, 29면.

다. 북한의 경우는 그러한 일들이 어디까지 가능한지 보여주는 극단적인 한 사례다.

'유격대국가'로서의 역사는 단순히 위에서 아래로 강요한 자기중심적 권력서사만은 아니다. 주체적 해방서사에 목마른 탈식민국가의 여러 집단들이 이런 이야기를 서로 만들고 유통하면서 스스로 하나의 문화적 논리로 받아들이고 있다는 점에 주목할 필요가 있다. 모두가 그랬으면 하는 바람을 담아서 만든 이야기에서 구체적 사실 자체는 그리 중요하지 않다. 교훈적 이야기의 설득력 있는 의미구성이 중요하다. 그 이야기를 통해 그 사회의 어른들과 아이들이 어떻게 생각하고 행동할지 가치관 교육으로서의 효과가 더욱 중요한 것이다.

수령과 국가권력에 관련된 문제뿐만 아니라, 사회교육 효과가 있는 다양한 영웅적 미담들도 꼭 사실 그대로일 필요는 없다. 황당할 정도로 많은 신화나 영웅담 형식의 과장된 이야기를 탁아소, 학교 등 공식적 제도교육 현장과 직장, 군대 등 사회조직 단위를 통해 항상 보급하고 있다. 통제된 정보매체 속에서 '이야기'에 굶주린 어른들과 아이들은 같은 주제지만 늘 새롭게 창작되고 있는 변주곡들을 반복해서 소비하고 있다.

이들에게 그런 이야기에 담긴 몇몇 사례가 사실이 아님을 밝히고 믿지 말라고 설득해본들 별 효과가 없다는 것을 몇차례 대화경험을 통해 알게 되었다. 그들도 그런 과장된 이야기가 모두 사실이라고 생각하고 믿는 것은 아니라고 했다. 다만 각각의 이야기들이 하나의 우화나 미담 같은 것으로 전체적인 교훈적 의미, 그리고 그것을 받아들이는 정서적 태도가 중요하다는 것이다. 그 안에서 한두가지 사실이 틀리다는 것을 증명해봐야 전체적으로 진실된 이야기에 흠집을 내려는 비틀린 주장으로밖에 여기지 않는다. 예를 들어, 탈북한 사람들에게 6·25전쟁이 남침으로 시작되었다는 사실을 알려주고 구체적인 증거들을 나열하면, 처음에는 반신반의하며 듣다가 과연 그랬겠다고 수긍을 하고는, "그런데 조국해방전쟁을 먼저 시작한 것이 그렇게 큰 잘못이냐"라고 반문하는 식이다.

"원쑤놈들을 미워하는 마음"

강하고 악한 외부세력에 대한 적개심은 정당한 도덕적 분노라고 북한에서는 아주 어린 나이 때부터 이야기를 통해 배우고 있다. 만 다섯살, 유치원 높은반에서는 다음과 같은 이야기를 문답하며 학습하고 있었다.

> "경애하는 수령, 김일성 원수님께서는 어린 시절에 만경대 고향집 뒤편 만경봉에 아버님과 함께 오르시어 재미난 이야기도 들으시고 나무와 꽃을 심으시면서 나라를 사랑하고 일제 원쑤놈들을 미워하는 마음을 키우셨답니다. 대원수님께서는 이곳에서 공부하시며 '어서 커서 나라를 찾겠다!' 결심하셨습니다." (…) "수령님께서는 이곳에서 동무들과 함께 전쟁놀이를 하시며 일제놈들을 때려 부실 마음을 키우셨습니다." "높은반 동무들~." "옛!" "우리 모두 만경대 고향집을 끝없이 사랑합시다. 그리고 경애하는 대원수님의 어린 시절을 따라 배워서 공부도 잘하고 몸도 튼튼하게 해서 인민군대도 나가고, 총도 쥐고, 또 어떻게 해야 할까요? 미국놈들을 때려 부실 마음을 키워야 되겠죠?" "옛!" "모든 동무들이 경애하는 대원수님을 아끼고, 위~대한 령도자 김정일 원수님께 기쁨을 드리는 충성동이, 효자동이로 자라납시다. 그렇게 할 수 있습니까?" "옛!"[2]

다섯살 어린아이들에게 전하는 단순한 메시지를 통해서 탈식민적인 투쟁주체의 의미를 읽을 수 있다. 김일성은 어린 시절부터 '일제 원쑤놈들을 미워하는 마음을 키웠고', '나라를 찾겠다고 결심하고', 놀이를 해도 전쟁놀이를 하며 '일제놈들을 때려 부술 마음을 키우는' 그런 존재다. 어린이들은 그를 따라 배워서 '미국놈들을 때려 부술 마음을 키워야' 한다. 제국주의적 지배로부터 민족적 자주성을 지키는 탈식민주의적 투쟁의 주체가 되어야 한다는 것이다.

『선군시대 위인의 정치와 노래』는 김정일의 말을 인용하여 다음과 같이 주장한다. "우리는 적들에게 칭찬을 받아서는 안 된다. 미움을 받아야 한다. 적들한테 미움을 받는다는 것은 우리가 하는 일이 아주 정당하며 우리 일이 잘된다는 것을 의미한다."[3] 적을 미워하는 마음과 적극적인 '싸움의지'와 '자긍심'은 어려서부터 함양해야 할 필수적 덕목이었다.

북한 청소년들의 미국과 일본에 대한 강한 적개심을 눈앞에서 확인한 적이 있다. 일본에서 청렴한 정치인으로 알려진 고故 미끼 타께오三木武夫 수상의 부인 미끼 무쯔꼬三木睦子 여사가 2003년 가을 서울을 방문했을 때, 탈북청소년들과 조용한 만남의 자리를 가졌다. 1995년 북한에 '큰물피해대홍수'가 나서 많은 사람들이 굶주린다는 소식을 듣고, 미끼 여사는 '북한 어린이들에게 바나나와 계란을 보내는 모임'을 만들어 활동하고 있었다.

미끼 여사는 탈북청소년들에게 대기근 피해상황에 대해서 묻고, 혹시 일본에서 보내준 계란과 바나나를 먹어본 적이 있는지 물었다. 청진 출신의 소년이 되물었다. "얼마나 보내셨어요?" 계란 10만개와 바나나 1만송이쯤 된다고 답하자, 소년은 바로 "에~이, 고만큼 보낸 게 저희 입에 들어오겠어요?"라고 했다. 어렵게 모금해서 보낸 쪽에서는 많은 양이라고 여기는 듯했지만, 대규모 고난을 경험한 소년은 50만 청진시민의 한끼 간식도 안 되는 양이라는 것을 바로 간파했다.

미끼 여사가 화제를 바꿔서 한국까지 왔으니 또 어떤 나라에 가보고 싶은지 물었다. 회령 출신의 여윈 소녀가 웃으며 말했다. "미국과 일본에 가보고 싶어요." 왜 가고 싶은가 물었더니 지체 없이 대답했다. "지네들이 얼마나 잘났기에 우리 민족을 그렇게 괴롭히는지 직접 알아보려고 해요." 평화주의자 미끼 여사도 탈북청소년들의 단호한 대답에 말문이 막혔다.

2. "조선이 없으면 세계도 없다": 선군정치

한파가 몰아치는 두만강가에 섰다. 영하 24도였다. 21세기를 며칠 앞둔 1999년 12월말, 중국에 은신 중인 탈북난민들을 만나기 위해서 연변지역에 온 길에 두만강을 건너오는 도강 현황을 파악해보려고 도문시를 찾았다. 쨍하게 맑은 하늘이 차디찬 유리 같았다. 꽁꽁 언 두만강 위에는 하얗게 눈이 덮여 있었다. 제법 어지러이 많은 발자국이 강 위를 오간 흔적이 있었다. 자전거 바퀴자국도 가끔 눈에 띄었다. 그래도 밝은 한낮엔 언제 그랬냐는 듯 오가는 인적이 없고 적막했다. 잠시 서 있기에도 너무 추워 강변 매점에 들어갔다. 무료하게 있던 조선족 주인부부가 반겼다.

잠시 몸을 녹이면서 이야기를 나누고 있는데 창밖에 얇게 입고 떨면서 주변을 맴도는 사내가 눈에 띄었다. 북한 사람일 거라고 했다. 내가 컵라면이라도 하나 사줘야겠다고 안으로 부르자고 했다. 괜한 일 하신다고 하면서도 싫지 않은 듯 불러들였다. 허술한 얇은 옷차림에 운동화 같은 신발을 신고 추위에 파랗게 질린 젊은 사내가 들어왔다. 뜨거운 컵라면 두개를 거푸 먹고 확 풀어진 사내가 고맙다고 했다.

식량을 구하려고 왔다가 허탕을 치고 오늘 밤엔 그냥 돌아가려고 한다고 했다. 조선족 가게주인이 먹을 것도 없는 북한엔 왜 돌아가려고 하느냐고 물으니, 가족 때문에 간다고 한마디 하고 더 말하고 싶어 하지 않는 듯했다. 대답하는 태도가 마음에 안 들었는지 조선족 주인이 얼마 못 가 망할 나라에서 가족을 빨리 데리고 나올 생각을 하라고 몇마디 더 하자, 사내는 갑자기 얼굴을 굳히고 우리식 사회주의를 지키고 살겠다고 했다.

"그런 건 우리도 옛날에 많이 해봤는데, 다 쓸데없소." 조선족 부부가 얼굴을 마주 보고 비웃듯 말했다. "미국놈들이 봉쇄를 해서 그렇지, 우리식 사회주의가 옳은 것 아니요?" 사내가 지지 않고 반문했다. "이 사람 보통 사람이 아니네." 그 말을 듣고 보니 교육받은 사람의 긴장된 눈매가 보였다. "그러길래 핵개발을 하지 말았어야지" 하고 주인이 말했다. "우리가 핵폭탄이 있다고도 없다고도 난 말할 수 없지만, 미국이 북한을 공격하면 세상은 끝이요. 우리 북한 사람들은 이래저래 살기 어려운데 전쟁 한번 화끈하게 하고 죽자고들 하고 있소." "그럼 북한 사람들만 죽는다고…" 조선족 주인이 혀를 차며 타이르듯 말했다. 사내가 눈을 부릅뜨고 어금니를 꽉 문 채 씹듯이 말했다. "조선이 없으면 세계도 없다!"

"조선이 없으면 세계도 없다!" 선군정치 시대 북한 어디서나 볼 수 있었던 간판구호다. 강한 수사적 표현이라고만 생각했던 그 말을 더욱 실감나게 하려는 듯 '결사옹위' '총폭탄' '자폭정신' 같은 구체적인 행동강령을 표현한 간판을 나란히 함께 붙여놓기도 했다. 과연 조선이 없어지면 세계도 없어질까? 조선 사람들이 모두 폭탄이 되어 자폭을 한다고 해도 이 세계가 없어질 것 같지는 않다. 조선이라는 정신적 상징의 종말은 곧 세계문명의 종말이라는 주장인 것 같았다.

놀라울 정도로 자기중심적인 이런 주장은 1990년대 미국과 소련을 중심으로 대립했던 세계적 냉전체제가 종식된 상황에서 나타난 것이다. "이전 소련과 동유럽 나라들에서 사회주의 깃발이 내리워지고 사회주의를 동경하던 사람들이 갈팡질팡하고 있을 때 우리 조국은 그 어떤 정책변화도 없이 사회주의 붉은 기를 더욱 높이 추켜들고 나감으로써 사회주의 보루로서의 존엄 높은 기상을 떨칠 수 있게 되었다"[4]라는 주장이다. 소련이 망하고 중국이 자본주의 세계체제와 타협할 때, 북한은 "미국의 제국주의적 패권이 주도하는 새로운 세계질서에 강제로 편입당하기를 거부하는 집단적 투쟁에 앞장서서 제3세계 사람들의 정신에 자주의 불을 달아주는 원동력이 되었다"[5]라는 것이다.

외부세계는 북한의 완강한 변화거부를 스스로 고립을 자초하는 자폐적 결정이고 위험을 키우는 일로 해석했다. 그러나 온 세상이 변화하는 상황에서 유일하게 변하지 않은 혁명국가라는 것을 북한은 새로운 사명과 긍지로 여기는 듯했다. 사회주의 이념의 국제적 중심이 사라진 상황에서 동아시아 변방의 사회주의국가가 새로운 중심역할을 하겠다는 의지를 표방한 것이다. 적대적 세력에 완전히 포위된 객관적 상황에 절망하지 않고 주관적인 의지로 현실을 이겨냈다는 항일 빨치산의 전설적인 해방서사는 이러한 주장을 실감나게 한다.

일견 무모해 보이는 이러한 주장도 조선시대의 정치사상사에 비슷한 전례가 있다. 이른바 '소중화사상小中華思想'이다. 동아시아의 유교적 문명세계의 중심이자 예禮의 전범인 명나라를 대국으로 섬기던 조선이 그 세계를 무너뜨린 오랑캐의 나라 청淸의 무력에 현실적으로는 굴복했지만, 작은 나라 조선이 오히려 사라진 문명의 중심中華을 정신적으로 대신해서 새로운 중심小中華 역할을 해야 한다는 사상이다. 조선이야말로 '동방예의지국'으로서 문명적 가치인 '예'를 모범적으로 받아들여 현실정치에 구현하고 있는 나라이기 때문이다. 이런 소중화사상은 현실세계의 패배를 인정하지 않는 조선 선비들의 정신주의적 낙관론이라고 할 수 있다.

조선 선비들은 병자호란의 참화를 겪으며 청나라에 충성을 바치기로 서약했지만, 그런 현실을 승복하지 않았다. 청제국의 융성을 보고도 오랑캐들의 물질문화라고 폄하하고 정신적인 면에서는 조선이 정통이라는 주장을 멈추지 않았다. 일제의 압박으로 청의 조공국에서 독립하는 대한제국을 세울 때조차 고종과 대신들은 "한결같이 명나라를 표준으로 삼아 빛나는 문화와 두터운 예의가 직접 일통一統에 잇대고 있는 것은 오직 우리나라뿐"이라며 오래전 사라진 명나라의 정통을 우리가 이었다는 '주체적 중화의식'을 강조했다.*

냉전이 끝났어도 사회주의 이념을 계속 주장하고 있는 북한 당국의 완강한 명분론을 보면서 명나라에 대한 유교적 의리를 주장하다 병자호란을 초래한 척화파의 태도가 연상되었다. 이런 주장은 내부적으로는 긍지와 사명감을 북돋울 수 있었겠지만, 외부적으로는 스스로 고립을 자초하고 위기를 초래했다. 냉전 이후 미국이 가장 위험시하는 적이 되었고, 미국이 주도하는 외부세계의 집중적인 견제와 봉쇄의 대상이 되었다.**

다른 한편으로, 미국에 대한 의리를 주장하는 남한 정치가들의 명분론도 척화파가 명나라에 대해 지키고자 했던 사대주의 논리와 비슷하다. 냉

* 김영민 『아침에는 죽음을 생각하는 것이 좋다』, 어크로스 2018, 209~10면; 『고종실록』은 황제즉위식 행사를 기록하며 "한·당·송·명(漢唐宋明)으로 이어지는 계통을 우리나라가 직접 계승하여 의관문물(衣冠文物)과 전장제도(典章制度)를 모두 황명(皇明)의 유제(遺制)를 따랐다"라고 주장했다. 『고종실록』 권35, 광무원년 10월 10일.

** 그들도 이러한 사실을 확인하면서 그래서 더더욱 "제국주의자들의 '힘의 론리'를 초강경으로, 단호히 짓부시고 나라와 민족의 자주권과 존엄을 빛내여나갈 수 있게" 군대를 앞세우고 나가야 한다고 했다. 사회과학원 철학연구소 『우리 당의 총대철학』, 평양: 사회과학출판사 2003, 109~10면.

전은 끝났지만 계속 미군을 남한에 주둔시키고 전시작전권도 그대로 위임하자는 주장이다. 임진왜란 이후 조선에 계속 주둔했던 명나라 군대의 철수를 두려워하면서 계속 조선을 지켜달라고 황제에게 간청했던 조선왕의 상주문上奏文이 같은 논리였다.* 분단체제의 권력집단은 남과 북에서 각각 시대변화에 따른 태도변화보다 명분과 의리의 정치논리를 지키려 한다는 점에서 매우 비슷하다.

미국을 비롯한 외부세계도 1989년 베를린장벽이 무너지고 소비에뜨 체제가 붕괴된 이후 바로 최근까지 30년간이나 북한의 '급변사태'와 체제붕괴만 기다리고 있었다. 중국이나 베트남같이 기존 공산당 권력이 주도하는 개혁개방이나 시장사회주의로의 전환 가능성은 예상하지 않았다. 그러나 외부세계가 체제붕괴를 기대하며 압박을 가해온 30년 동안, 북한 체제는 여섯차례 핵실험을 하며 수소폭탄과 대륙간탄도탄을 개발했고 두 차례나 권력세습을 했다. 오히려 더욱 위협적인 무기로 무장한 빨치산국가가 된 것이다. 군대를 앞세운다는 그들의 선군정치는 인민들의 삶속에 어떤 모습으로 나타났는지 살펴보자.

"총 든 사람 말 들어야지"

우리를 안내하던 당간부가 대동강에 매어놓은 미국의 간첩선 푸에블로호를 보러 가자고 해서 따라나섰다. 봄바람은 아직 차가웠지만 화창한 일요일 오후였다. 대동강변 강둑 여기저기에서 연기가 났다. 인민학교에서

* 심재기 「李廷龜의 請留兵奏」, 『한글+漢字문화』 2009, 36~39면. 조선왕을 대신해서 당대의 문장가 이정구가 임진왜란이 끝나고 2년 뒤인 1600년에 쓴 이 외교문서는 명나라 군대를 다만 3천명만 남겨주면 중국의 위엄으로 왜적을 막고 흩어지는 (조선)군정을 진정시킬 수 있다고 애원했다. "완전 철수한다면 의지할 바가 없고, 많이 머물면 식량을 댈 수가 없다"고 하면서 "작은 나라의 오늘의 형편이 진실로 이처럼 슬프다"는 글로 마무리했다.

단체로 온 듯한 수많은 아이들이 저마다 작은 빗자루와 삽을 들고 잔디를 태우고 있었다. 봄맞이 행사로 겨우내 말라붙은 잔디를 태워 소독을 한다고 했다. 교사와 몇몇 아이들만 불이 번지지 않도록 신경을 쓰고 있었고, 나머지는 그 주위에서 소리를 지르며 쫓고 쫓기는 놀이를 하고 있었다.

우리 일행이 대동강변의 강둑 계단을 내려가고 있을 때 부둣가에서 푸에블로호의 브리지 앞을 지키고 있던 무장 초병이 갑자기 큰 목소리로 "멈춰!" 경고를 했다. 모두가 깜짝 놀라 멈춰 섰다. 조금 떨어진 강둑에서 뛰놀던 아이들도 무슨 일인가 쳐다봤다. 휴일이라 관람이 안 된다는 뜻인 듯했다.

잠시 주변을 둘러보고 상황을 파악한 안내자가 간부들이 입는 색깔의 인민복 차림을 한번 고쳐 입고 한발짝 앞으로 나가서 큰 소리로 말했다. "외부 손님 모시고 왔다. 안에 군관 있나?" 초병이 바로 '앞에총' 자세로 바꾸며 다시 소리 질렀다. "잔소리 말고, 가라!" 나이 지긋한 당간부들이 서로 어이없는 표정으로 나이 어린 초병을 쳐다보다가 뒤에 선 우리 일행을 돌아보고 아주 겸연쩍은 얼굴이 됐다. 한 간부가 먼저 돌아서며 우리에게 말했다. "총 든 사람 말 들어야지."

2000년 봄, 김정일이 선군정치를 선언한 지 5년 만에 당과 군의 서열은 일상생활의 차원에서 이렇게 바뀌고 있었다. 강둑에서 놀고 있던 아이들이 이 광경을 호기심 어린 눈으로 지켜봤다.

무슨 주의를 표방하건 총 든 사람 앞에서 움츠리고 살 수밖에 없는 민간인들의 모습은 딱한 것이다. 고갯길 검문소에서 일본 헌병에게 서울 사는 아들 갖다주려고 가지고 가던 쌀을 빼앗기고 따귀를 맞았다는 외할머니의 이야기가 떠올랐다. 일제강점기에 교사를 하다가 "왜놈들이 하도 심하게 굴어서 긴 칼 차러 군관학교에 갔다"라는 일본육사 출신 대통령 박정희도 생각났다.

총 든 사람 앞에서 작아지는 당간부의 모습은 평양시 경계에 설치된 검문소를 지날 때마다 볼 수 있었다. 총을 들고 눈을 부라리는 어린 초병 앞에서 애써 위엄을 지키려는 말투로 대답하는 표정이 딱하기도 했다.

사실은 남한에서도 오랜 군사독재 시대에 흔히 있던 일이라 쉽게 이해가 됐다. "잠시 검문이 있겠습니다." 도시의 경계마다 설치된 검문소에서 철모를 깊이 눌러쓴 헌병이 착검한 총을 들고 버스에 올라와서 날카로운 눈빛으로 둘러보다가 수상한 사람을 끌고 내려가기도 했다. 모두 얼굴을 쳐든 채 눈은 마주치지 않으려고 애쓰던 것이 기억났다. 평양의 검문소에서도 나는 익숙하게 어리숙한 표정을 지으며 초병의 찌르는 눈빛을 받았다.

외부세계는 북한이 핵과 미사일에 매달려서 경제적 파탄을 겪고 있다고 한다. 그러나 그들은 군대를 앞세운 선군정치의 힘으로 체제를 유지하고 '자주성'을 지켰다고 주장한다. 소련과 동유럽 사회주의국가들은 군대가 "총 한번 쏴보지 못하는 무력한 집단"이 되어버렸기 때문에, "결국은 사회주의제도가 붕괴되고 인민들은 전쟁과 약탈, 민족분쟁으로 인하여 자기의 정든 보금자리마저 빼앗기고 다른 나라로 류랑의 길을 떠나고 있지만", 조선은 그런 파국을 막았다는 것이다.[6]

주체사상의 논리에 따르면, "자주성은 사회적 인간의 생명이고 인민대중의 생명이며 나라와 민족의 생명"이다. 반혁명세력의 압박 속에서 그 생명과 같은 '자주성'을 지키기 위해서는 군대를 앞세우고 "총대를 튼튼히 틀어쥐어야 한다"는 것이다.

김정일이 택한 '군사우선 사회주의', 즉 '선군정치'는 사회주의 종주국 소련의 실패를 극복할 수 있는 방안이고, 이웃한 사회주의 패권국 중국의 변질된 '경제우선 사회주의'와 대비되는 정통성 있는 방안이라고 주장한다.[7] 그러나 선군정치는 사회주의체제의 근본적 국가운영 원리인 '당'과 '군'의 서열관계를 역전시킨 것이다. 합당한 물적 토대를 혁명의 원동력으로 강조하는 정통 맑스주의의 전제도 뒤집은 것이다.*

선군정치가 사회주의 원리에 어긋난 "군권주의 정치"라는 비판을 의식해서 김정일은 다음과 같이 말했다. "제국주의의 포위 속에서 끊임없는 군사적 위협을 받으며 사회주의를 건설하고 있는 우리나라의 조건에서 강력한 군대가 없이는 인민도 없고 사회주의국가도 당도 있을 수 없습니다. 이런 의미에서 군대는 곧 인민이고 국가이며 당이라고 할 수 있습니다."[8] 그러나 '군대가 곧 인민'이라는 주장은 바로 인민도 군대와 공동운명체로서 군인정신으로 무장하고 군대를 앞세운 정치현실을 살아야 한다는 것을 의미한다.

『선군시대 위인의 정치와 노래』라는 책자는 북한 대기근이 최악의 상태에 있었던 1999년 가을 김정일이 "우리 인민들이 제대로 먹지도 못하고 어렵게 살고 있는 것을 다 알면서도 미국놈들이 우리를 무서워하고 있다"라고 한 말을 인용하면서, "미국놈들이 왜 우리를 그처럼 무서워하는가. 령토가 커서인가, 인구가 많아서인가. 아니다. 그것은 군대와 인민이 혼연일체가 되어 자기 령도자를 그리고 따르며 한목숨 서슴없이 바칠 각오가 되어 있기 때문이다. 수령 중심의 단결을 마슬맞설 자 이 세상에 없다"고 주장했다.[9] 평양거리의 높은 빌딩마다 걸려 있던 '일심단결' '총폭탄' '자

* 암스트롱은 선군정치가 강조하는 주체사상은 물질보다 사람을 앞세우고 "올바른 사상과 이념적 성향"을 강조하는 관념론적 주장이라고 했다. 그런 점에서 북한이 표방하는 '사회주의 혁명'은 조선의 주자학적 유교전통과 결합된 것으로 의례적인 명분과 윤리원칙을 중시하고 있다는 것이다. 권헌익·정병호, 앞의 책 120면.

폭정신' 간판들은 그런 주장을 뒷받침하기 위한 구호였다.

"총폭탄 결사옹위"

> 우리가 틀어잡은 총검마다엔
> 장군님 보위해갈 맹세가 비꼈다.
> 붉은기 날리는 혁명의 수뇌부
> 천만이 총폭탄되어 결사옹위하리라.[10]

평양의 호텔방 텔레비전에서 가슴 철렁한 노래가 흘러나왔다. '천만이 총폭탄'이라는 말이 찌르듯 강하게 느껴졌다. 군대만이 아니었다. 온 국민이 함께 '결사옹위'한다는 노래였다. 거리마다 나붙은 살벌한 구호들은 모든 국민들에게 해당되는 말이었다. 단순한 과장일까? 감정적인 정치선동에 불과할까? 어떻게 그런 논리 비약이 가능할까? 실제로 그렇게 믿고 행동에 옮길 수 있을까? 궁금하고 또 두려웠다.

하나의 가족국가로서 수령과 인민은 부모자식 관계고, 애정과 의리로 뭉친 "한 가족, 한 식솔"이라고 한다. 그래도 여전히 부모인 수령을 지키기 위해서 자식인 인민들이 자폭마저 각오하는 '총폭탄'이 되겠다는 논리는 납득하기 어렵다. 근대 국민국가의 정치지도자와 군대가 국민을 지키기 위해서 목숨 걸고 싸우겠다는 주장은 흔한 편이다. 자식을 위해서 희생한다는 일반적 논리와 부합되기 때문이다. 그러나 부모인 국가지도자를 위해서 자식인 국민들이 목숨을 바치겠다고 노래하는 경우는 드물다.

국민들이 아버지인 국가지도자를 '결사옹위'하기 위해서 '자폭'한 역사적 사례를 우리는 알고 있다. 군국주의 일본의 천황과 신민臣民의 관계가 그러했다. 대일본제국의 신민은 모두 천황의 '갓난아기赤子'로서 '국가의 몸國體'인 천황을 지키기 위해서 목숨 바칠 것을 맹세했다. 이때 천황은 단순한 국가지도자라기보다 국가 그 자체의 상징이자, 개인을 넘어선 집단의 정체성과 영속성을 상징하는 존재였다. 따라서 천황을 지키는 것은 유한한 존재인 국민 개개인이 자신의 생명을 바쳐서 국가(또는 민족)라는 집단의 생명을 '영원'하게 한다는 의미였다.*

초기에는 김일성이란 카리스마 지도자를 아버지로 여기도록 하는 개인숭배 작업이 시작되었다. 그러나 장남 김정일에게 권력이 세습되는 과정에서 조선의 유교적 가족개념이 융합되면서 적장자嫡長子 상속 논리를 강조했다. 다시 김정일의 삼남인 김정은에게 권력을 승계하는 단계에서는 "백두혈통"이라는 "혁명의 종가宗家"를 강조하면서 가문에 대한 충성을 주장했다. 조선왕조 시대 양반가의 문중門中 개념을 국가체제 안에서 제도화한 것이라고 할 수 있다.

제국주의 일본에서 부모에 대한 효성과 천황(또는 국가체제)에 대한 충성을 동등하게 만들려는 국가전략 중 하나가 국민교육을 통해 '교육칙어教育勅語'를 가르치는 것이었다. 남한에서도 박정희 정권은 모든 교육현장에서 '국민교육헌장'을 암송시키면서 개인의 운명과 조국과 민족의 '무궁한 영광'을 동일시하도록 했다. '유신체제'를 구축한 1970년대에는 '충

* 마루야마 마사오(丸山眞男)는 일본 국가구조의 근본적 특질은 가족의 연장체라고 했다. 구체적으로 가장(家長)으로서의 천황과 총본가(總本家)로서의 황실, 그리고 국민이란 분가(分家) 가족들로 구성된 하나의 확대가족으로 인식한다는 것이다(마루야마 마사오 『현대정치의 사상과 행동』, 김석근 옮김, 한길사 1997, 78~79면). 이런 사례는 국군주의 일본에만 국한되는 것은 아니다. 나치시대 독일을 경험한 한나 아렌트(Hannah Arendt)는 국가와 같은 공적 집단관계와 가족과 같은 사적 집단관계 간의 경계를 흐리고 해체하는 일은 현대정치의 중요한 특징이며 전체주의의 기원이라고 분석한 바 있다(한나 아렌트 『인간의 조건』, 이진우 옮김, 한길사 2002).

효사상'을 강조하기도 했다.

같은 시기에 북한은 '유일사상체계'란 사회주의 독재체제를 확립하고 가족적 윤리인 '효'와 수령(국가)에 대한 '충', 두가지를 동일시하는 '충효일심忠孝一心'의 구호를 강조했다. 어버이 수령 김일성 동지가 준 '정치적 생명'을 귀중히 간직하고 '충성'으로 보답해야 하며, 혁명위업을 대를 이어서 끝까지 완성해나가야 한다는 것이다.[11]

수령은 혁명의 최고 '뇌수(또는 수뇌부)'라고도 한다. 국가와 인민에게 '정치적 생명'을 주는 존재이기 때문이다. 그래서 수령이 없는 혁명은 있을 수 없고, 더 나아가 국가도 인민도 없다. 신체부위로는 머리, 더욱 구체적으로는 모든 사고와 의식을 관장하는 뇌Brain를 뜻한다.* 다른 신체부위가 다 죽거나 마비되어도 뇌가 살아있는 한 사망은 아니라는 의학적 상상도 가능하다. 물질에 대한 정신의 우위를 주장하는 극단적인 정신주의의 상징적 비유라고도 할 수 있다. 과연 그런 추상적 비유를 국민들이 믿고 죽음까지 각오하게 할 수 있을까?

물질을 이기는 정신을 믿도록 하는 종교적 믿음체계의 사례는 동서고금의 인류사회에 많이 있다. 가까운 사례로 일제강점기에 우리 민족에게도 강요되었던 군국주의 일본의 '카미까제神風, 신의 바람'나 '옥쇄玉碎, 옥같이 부서짐' 정신이 있다. 태평양전쟁 막바지에 일본은 객관적 전력의 열세와 거듭되는 패전으로 연합국과 항복협상을 시작했으나 천황제를 지키기 위해 무조건항복은 거부했다. 천황을 지키기 위해서 모든 국민이 마지막 한 사람까지 싸우다 죽자고 했다. 실제로 인간폭탄인 카미까제 특공대를 수

* 하나의 국가를 '사회생명체(사회유기체, social organism)'로 비유하는 것은 오래된 역사적 전통이다. 플라톤은 철학자(哲人) 왕을 머리로 비유한 바 있고, 고대 힌두사상도 사제집단인 브라만(Brahman)을 머리로 비유한 바 있다.

만명씩 훈련시키고 착륙장치가 없는 폭탄비행기와 인간어뢰를 만들면서 싸웠다.

수많은 젊은이들이 스스로(혹은 제도적 강요에 의해) 목숨을 던지는 특공대에 자원한 것은 단순한 애국심 이상의 종교적 믿음을 집단적 의례로 만들었기 때문이다. 그들의 희생을 종교적, 예술적으로 미화시키는 작업도 폭넓게 이루어졌다. 그들은 죽은 후에 야스꾸니신사에 모셔진 호국영령이 되어 떨어지는 벚꽃잎처럼 만나자는 노래를 부르며 출격했다. 카미까제 특공대는 패전 때까지 공식적으로 3500명이 자폭했다. 그리고 그 몇배의 연합국 군인들이 사망했다.

카미까제 특공대원 중에는 조선인 마쯔이 히데오松井秀男 오장伍長도 있었다. 시인 서정주는 "조선 경기도 개성사람 / 印氏인씨의 둘째아들 / 스물 한살 먹은 사내"의 장한 죽음을 찬양했고,[12] 시인 노천명은 「님의 부르심을 받들고서」라는 시에서 "나도 사나이였드면 / 나도 사나이였드면 / 귀한 부르심 입는 것을"이라고 노래하며 아쉬워했다.[13] 그들의 노래는 일제가 총칼로 강요해서 부른 것이 아니었다. 일본인이 아닌 다른 민족까지 집단자결로 몰고 갈 수 있었을 만큼 집단의례와 예술의 힘은 강한 것이다.

태평양전쟁 당시, 항복을 앞두고 천황제를 지키기 위해서 군인들과 함께 결사항전을 하다가 민간인, 학생, 어린아이까지 집단자결을 해야 했던 사람들은 본토의 일본인이 아니라 오끼나와 주민들이었다. 2019년 2월, 오끼나와전투에서 죽은 수많은 민간인과 학생과 아이들의 유골이 아직 수습되지 못한 현장을 답사했다. 전쟁 막바지에 군인, 군속, 위안부로 오끼나와로 끌려가서 함께 희생된 조선인들의 유골이 묻혀 있는 현장도 찾아봤다. 참혹한 오끼나와전투의 기억을 되살리는 증언을 들으며, 선군시대 북한 어린이들의 노래가 생각나서 떨리는 가슴을 진정시키기 어려웠다.

행복이 꽃핀 내 조국땅을
간악한 원쑤 노리고 있다.
대오를 짓자 조선소년단
경애하는 장군님 위해
삼백만 총폭탄 우리 되리라.[14]

사회주의를 표방하는 체제에서 어떻게 인민의 마음에 종교적 성전聖戰에 나서는 광신도들과 같은 믿음을 자리 잡게 할 수 있을까? 과연 그들의 말처럼 극단적인 집단자살을 감행할 수 있을까? 탈냉전시대에 더욱 강경한 빨치산국가로 진화한 북한은 집단적 정치의례와 극장적 권력연출을 통해 대규모 비극을 현실로 만들 수 있을 것만 같아 두려웠다.

흔히 북한을 '벼랑끝 외교'를 펼치는 나라라고 한다. 늘 외부세계의 예상과는 다른 극단적인 선택을 하기 때문이다. 허세를 부리는 것이라고 여기기에는 정말 벼랑끝에서 몸을 던질 각오가 아니면 하기 어려운 정책결정을 되풀이하고 있다. 실제로 그럴 수 있을 것인가? 이렇게 당혹스러운 국가와 상대해야 하는 모든 외부인들이 궁금해하는 점이다.

극장국가 이론에 따르면 실제로 그랬던 사례가 있다. 발리의 극장국가 느가라는 네덜란드군의 포위공격에 항복하지 않고, 왕과 귀족과 사제와 군인들이 화려하게 장식한 마지막 의례행렬을 짜서 네덜란드군의 포화 속으로 질서 정연하게 걸어 들어가 자살적 최후를 맞이했다.[15] 이런 광경을 처음 보고 어리둥절한 네덜란드군은 다가오는 행렬을 향해 마구 쏘아대면서 일방적 학살을 했다고 한다.

상대방이 자신들과 다른 가치관을 바탕으로 다른 의사결정을 할 수도 있다는 사실을 간과하면 비극적인 상황을 초래할 가능성이 있다. 현대적 군사력을 가진 극장국가 북한의 경우 자신들만의 자살로 끝맺지 않을 것은 자명한 일이다. 그러나 자기중심적 믿음체계를 제도적으로 재생산하고 있는 극장국가에 외부세계의 영향력은 제한적일 수밖에 없다.

지금과 같은 어설픈 외부압력은 오히려 위기의식에 바탕을 둔 믿음체계에 적절한 현실감을 더해줄 뿐이다. 서투른 물리적 공격은 부분적으로 사회체계를 파괴하고 교란을 일으킬 수는 있어도, 바로 외부침략에 대한 저항을 기반으로 한 상징적 믿음체계의 정당성을 강화시킬 것이다. 설사 단기간의 전쟁을 통해 물리적으로 점령한다고 해도, 이라크 점령 이후 수년 동안 그치지 않고 계속되고 있는 자살폭탄 테러와 유사한 저항도 예상할 수 있다.

가장 이상적인 방법은 극장국가 내부에서 그들 자신이 스스로 연기를 멈추도록 하는 것이다. 어디까지나 그것은 문화적 '연기'이기 때문에 공식적으로 받아들일 만한 계기만 있으면 한순간에 대본이 바뀐 듯이 입장을 바꿀 수 있는 가능성은 늘 있다. 실제로 일본 천황의 항복선언은 하루아침에 모든 전선의 일본 군인들이 무기를 놓게 하였다. 마지막 한사람까지 죽창을 들고 싸우고자 했던 일본 국민들도 그의 한마디에 주술에서 풀린 듯 개인적 복수심까지 접고 점령군으로 진주한 미군을 환영했다. 천황이란 상징체계의 중심이 움직임으로써 극적인 변화가 일어난 것이다.

"꽃 파는 처녀"

북한 당국자들이 유명한 혁명가극 「꽃 파는 처녀」를 직접 보게 해주겠다고 동평양대극장으로 우리를 안내했다. 평양시내에서 특별히 눈에 띄는 투구모양의 현대식 극장건물 안에 들어가니 조명이 꺼진 대리석 장식의 홀에서 차가운 냉기가 엄습했다. 어려운 전기 사정 때문인 듯 객석도 어둡고 싸늘해서 마치 거대한 냉장창고에 들어서는 것 같았다. 거의 모든 사람들이 어두운 군복색 외투와 목도리, 장갑으로 단단하게 차려입었다.

문이 닫히고 교향악단의 전주가 시작되었다. 싸늘한 공기를 뚫고 세련되고 우아한 선율이 울려 퍼졌다. 막이 오르면서 밝은 조명 아래 엄청나게 넓고 깊은 무대에 입체적으로 겹겹이 만들어놓은 화려한 무대배경이 드러났다. 극장 밖의 잿빛 현실과 극도로 대비되는 총천연색 가극뮤지컬의 세계가 펼쳐졌다.

가극「꽃 파는 처녀」의 내용은 화려한 무대장치에 어울리지 않을 정도로 서글픈 한 소작농 가족의 이야기였다. 일제강점기 식민지 만주에서 아버지를 잃고 가난하게 사는 '꽃분이'라는 소녀의 가족이 일제의 착취와 그 앞잡이 지주의 학대를 겪으면서 살고 있었다. 가족을 위해 밤거리에서 꽃을 파는 꽃분이의 노력에도 불구하고 온 가족이 뿔뿔이 흩어져서 고난을 겪다가 어머니는 죽고, 여동생은 눈멀고, 오빠는 실종된다.

춥고 가난한 가극 내용만큼 극장도 추웠다. 슬픈 가극을 동영상으로 담고 있던 내 손이 자꾸 곱아졌다. 얼음장처럼 차가운 무대 위를 얇은 공연복을 입은 배우들이 맨발로 뛰고 있었다. 엄청난 기량의 성악가들이 하얀 김을 내뿜으며 열창을 했다. 군복색의 외투를 입은 관객들과 함께 앉아 있으니 마치 전쟁 중에 야전극장에 와 있는 느낌이었다. 무대와 객석 모두 비장했다.

악질 지주와 그 마누라가 꽃분이 동생을 눈멀게 하자, 바로 뒷자리 객석에서 "저, 저 지주놈을 때려죽이지 못해?" 하는 소리가 들렸다. 여기저기서 "저 쳐 죽일 년" 소리도 들렸다. "저때 인민들이 깨쳤으면, 일본 순사놈을 때려죽이고 무기를 빼앗아 싸웠을 텐데" 하고 옆사람 들으라는 듯 중얼거리는 사람도 있었다. 마치 판소리에 익숙한 관객들이 잘 아는 대목에 추임새를 넣는 것 같았다.

어둡고 비참한 장면이 바뀌면서 일본 경찰에 죽은 줄 알았던 오빠가 감옥을 탈출해서 항일 빨치산이 되어 마을로 돌아와 착취자들을 응징한다. 꽃분이는 이제 더 큰 혁명가족을 위해 꽃을 팔러 거리로 나가면서 「혁명의 꽃씨앗을 뿌려간다네」라는 노래를 부른다.[16] 가극의 마지막 장면에서 꽃분이와 온 마을 사람들은 영광스러운 빨치산 지도자를 환영한다. 지도자가 천천히 무대 위에 등장할 때, 그 배경으로 태양이 떠오르고, 꽃분이는 정중하게 들꽃을 바친다.

북한은 자신들의 혁명역사가 식민지시대 만주의 조선인 유랑민 집단에서 기원했다고 다양한 예술양식을 통해 묘사하고 있다. 「꽃 파는 처녀」나 「피바다」와 같은 대표적 혁명가극과 「아리랑공연」과 같은 대집단체조는 일제와 친일지주의 착취 아래 고통받고 있는 조선인 소작농민들이 지도자를 따라서 식민지 추방의 고통에 맞서 투쟁에 나서는 모습을 그리고 있다. 기독교 구약성서에 등장하는 엑소더스Exodus, 출애굽기와 비슷하게 노예적 삶에서 해방되는 구원의 미학을 보여주는 것이다.

빨치산 지도자는 자애로운 아버지의 사랑으로 일제 식민권력의 잔인한 폭력에 가족을 잃은 고아들과 유랑민들에게 혁명가족이란 새로운 소속감을 준다. 지도자의 사랑에 대한 감사로 이들은 민족해방이란 대의에 헌신하는 사람이 된다. 빨치산 활동은 강력한 외부세력에 맞서는 전투지만, 그들 간의 내적 유대는 부성애와 효성으로 이루어진 가족적인 사랑으로 묘사된다. 이러한 연극적 구성을 통해서 북한이란 빨치산국가가 상징적 입양으로 맺어진 정치적 가족관계라는 것을 가시적으로 표현하고 있다.[17]

추운 극장에 모인 관객들이 혁명가극에 몰입하고 있는 현장을 직접 보면서 이론으로만 읽었던 유격대국가와 가족국가, 그리고 극장국가의 접점을 체감할 수 있었다. 당시 북한은 적대적 세력에 포위된 채 항일 빨치산처럼 '고난의 행군'을 하고 있다고 주장했다. 그렇게 모든 것이 결핍된 상황에서 화려한 혁명가극을 공연하고 있었던 것이다. 아직도 배고픈 사람이 많은 현실 속에서 이들은 식민지시대의 '고난의 역사'를 현재진행형으로 반추하고 있었다.

김일성은 회고록 『세기와 더불어』에서 "우리 빨치산 대원들과 같은 신념의 강자, 의지의 강자들만이 적의 포위 속에서 미래에 대한 꿈도 꾸고 노래도 부르고 씨름놀이도 해가며 락천적으로 살아갈 수 있다"라고 했다.[18] 혁명과정에서 낙관성과 정서는 그만큼 중요하다는 것이다.*

공연이 끝나고 관객들은 조용한 썰물처럼 극장을 빠져나갔다. 단단히 옷깃을 여미고 모자와 목도리로 머리를 감싼 사람들이 전시 등화관제 상황처럼 모든 전등이 꺼진 캄캄한 거리로 끝없이 긴 줄을 만들며 걸어서 돌아갔다. 텅 빈 거리를 달리는 우리 일행을 태운 차의 헤드라이트 불빛에 '결사옹위' '총폭탄' '자폭정신'이라고 쓴 거대한 붉은 글씨 간판이 빛났다.

"여기서 서울이 멀지 않습니다"

"여기서 서울이 멀지 않습니다. 전쟁이 나면 불바다가 될 수 있습니다." 오래전 판문점회담에서 북쪽 대표가 한마디 해서 남한사회가 발칵 뒤집

* 혁명가극 「꽃 파는 처녀」의 원본은 1930년 김일성의 만주 빨치산부대가 오가자(五家子)라는 해방구에서 러시아 볼셰비끼혁명을 기념해서 공연한 연극에서 기원했다. 지리산 빨치산들도 위기상황에서도 오락회를 전투만큼 중요하게 여겼다고 한다.

혔던 일이 있었다. 도발적 위협이지만 사실은 맞는 말이다. 장사정포 수천 문의 사정거리 안에 수도권 천만명 이상의 주민들이 살고 있다. 2016년, 남한정부가 개성공단에서 철수하며 전쟁위기감을 고조시키던 때 서울을 방문했던 외국 기업인은 "그런데 왜 DMZ 바로 밑에 거대한 신도시를 개발하고 있나요?" 하며 의아해했다고 한다. 남북 정치권력의 적대적 공존관계를 이해하기는 쉽지 않았을 것이다.

북한의 장거리 미사일은 국제적 공격무기이자 외교적 도구다. 바다 건너 일본을 넘어간 대포동미사일 발사로 시작된 국제사회의 위기감은 대륙간탄도탄 발사 실험으로 최고조에 달했다. 국제사회가 당장 전쟁이 터질 듯이 놀라고 허둥댈 때도 남한사회는 상대적으로 덜 긴장했다. 이미 수십년 동안 그런 위기상황 속에서 살고 있었기 때문이다.

남한은 대포가 가장 무섭다. 새삼 대륙간탄도탄에 놀랄 일은 아니다. 북한이 정말 파멸을 각오하면 장사정포와 단거리 미사일만으로도 남한의 정보통신망을 파괴하고, 여러지역의 원자력발전소들도 일본의 후꾸시마 원전처럼 망가뜨릴 수 있다. 남한사회는 섬세하게 유기적으로 얽혀 있어서 부분적인 파괴만으로도 심각한 타격을 입을 수 있는 반면, 북한같이 비교적 독립적인 단위로 작동하는 사회는 외부의 공격만으로는 무너뜨리기 어렵다.

이런 상황에서 "국민이 3일만 참아주면 북한의 핵심목표를 폭격해 전쟁을 승리로 이끌 수 있다"라는 남한 언론인의 언동은 무지해서 위험하다.[19] 남한 내부 정치용 발언으로 통쾌할지는 몰라도 사실이 아니다. 북한이란 빨치산국가의 본질을 모르고 하는 말이다. 평양에 폭탄 하나만 떨어지면 그동안 그들이 받았던 모든 교육과 선전내용이 진실이었다고 확신하고 마지막까지 저항할 수 있다. 그런 전쟁에서 승리란 무엇인가.

3. 넓고, 깊고, 조용한 굶주림: 대기근의 상처

북한의 기근은 1995년과 1996년에 거듭 겪은 홍수와 가뭄 피해를 계기로 외부세계에 알려졌다. 하지만 기근의 더욱 근본적인 원인은 1990년부터 시작된 '사회주의 형제국' 간의 '물물교환' 방식의 국제경제체제 붕괴 때문이다. 즉, 다른 사회주의국가들에 공산품을 수출하고 식량과 에너지를 수입해온 북한이 더이상 우호적 거래에 의지할 수 없게 된 것이 결정적이었다. 미국과의 대립으로 인해 세계무역체제로부터 소외된 가운데 국제적 신용결제능력도 없고 외환보유도 없는 상태에서 부족한 식량과 에너지를 사 올 수도 없었다. 이에 더해서, 정치군사적으로 외부의 압박을 받으며 고립된 상황이 기근의 규모를 키우고 장기화시켰다.

북한 기근은 넓고, 깊고, 조용한 기근이라는 특징이 있다.[20] '넓은 기근'은 이른바 '사회주의 기근'으로, 사회통제가 철저한 국가에서 대부분의 구성원이 질서 있게 한계영양상태로 접근해 들어가는 상황을 말한다. 부분적이거나 일시적인 구호로는 돌이킬 수 없는 집단적 희생을 발생시킨다. 이러한 '넓은 기근'은 전인구를 대상으로 상당기간 대규모 식량을 지원해서 전체적 영양상태를 호전시키는 길 이외에 효과적인 구호방법이 없다. '깊은 기근'은 기하급수적으로 상처가 깊어지고 피해가 장기화되는 상태다. 대개는 식량수급의 구조적 문제 때문에 이미 영양적으로 한계상황에 있던 사람들이 자연재해 등으로 최악의 식량위기를 겪으면서 발생한다. 특히 어린이들의 경우 피해 확산속도가 대단히 빠르고 그 상처도 깊기 때문에 구호활동의 시기를 놓치기 쉽다. '조용한 기근'은 외부세계와 차단되어 상황이 제대로 알려지지 않은 채 진행되는 것을 뜻한다. 기근 피해국가가 정치적 이유로 기근실상이나 피해규모, 구호과정을 제대로 외부에 알리지 않아서 피해가 더욱 심화된다. 그래서 지구상에서 경제적으로 가장 풍요로운 지역의 하나인 동아시아 한복판에서 장기간에 걸친 심각한 기근으로 100만명 이상의 대량 아사자를 낸 참극이 발생해도 주변국들이 제대로 알거나 돕지 못했다.

사회주의 기근: 분단체제의 대응

북한에서 기근이 본격적으로 확산된 1995년 당시는 독일처럼 남과 북도 갑작스럽게 통일이 될 거라는 추측이 자주 언급되던 때였다. 남한사회는 최초의 풍요를 만끽하고 있었다. IMF사태를 겪기 전, 전국 방방곡곡은 고기 굽는 연기로 자욱했다. 먹다가 버리는 음식이 매년 8조원이 넘는다는 통계가 처음으로 나올 정도였다. 그때 큰물피해로 외부에 알려지기 시작한 북한의 식량난은 기근으로 굶주리고 병든 아이들 모습을 통해 나의 문제로 다가왔다. 고통받고 있는 북쪽의 어린이들에 대한 안타까움에 다만 얼마라도 구호물품을 모아서 보내야겠다는 소박한 생각을 하게 됐다.

분단은 보편적이고 상식적인 인도주의적 실천조차 어렵게 했다. 당시 김영삼 정부는 대북 협상력을 높이기 위해 민간 차원의 공개적인 모금활동을 금지해서 소박한 염려를 그대로 실천하기는 어려웠다. 정부의 입장은 민간단체가 "질서 있고 조용하게" 모금해서 기탁하면 대한적십자사가 북측과 적절하게 협상해서 대신 전달해준다는 것이었다. 그러나 실제로는 여러 이유를 들면서 민간이 모금한 물자를 제대로 전달하지 않고 있었다.

대한적십자사가 내세우는 긴급구호 실적은 1995년 큰물피해를 입은 신의주지역에 라면 10만봉지와 담요 수천장을 전달했다는 것이었다. 처음엔 민간의 모금과는 비교할 수 없이 큰 단위로 정부 차원에서 지원했다고 느꼈다. 그러나 다시 생각해보니 신의주지역에서만 20만명 이상 발생했다는 수재민의 반도 안 되는 사람들이 한끼 먹으면 그만인 규모에 불과했다. 그럼에도 불구하고 미디어에서는 군사용으로 전용될 것이라는 경계의 소리가 높았다. 오랜 분단과 적대적 대치상황 속에서 뿌리 깊게 내면화된 피해의식에 대해 알게 된 계기였다.

기근 피해상황에 대해 알아보려고 북한 현지에서 이미 구호활동을 시작한 UN 5개 기구가 작성한 「대북 긴급식량 지원 요청서」를 구해서 검토하기 시작했다. 국제기구의 자료들은 북한 기근의 규모가 엄청나게 크고 전체 인구에 확산될 정도로 "넓으며", 시시각각 그 상처가 "깊어지고 있고", 외부세계와 차단된 상황에서 "조용하게" 진행되고 있는 상황을 보고하고 있었다.

기근 피해상황에 대한 실증적 연구로는 중국 접경지역에서 탈북난민들을 장기간 조사해온 '좋은벗들'의 보고서와 미국 존스홉킨스대학교 공중보건연구소의 사망률 실태조사 등이 있다. 조사대상인 탈북난민들의 80퍼센트가 함경북도 출신이라 그 결과를 그대로 확대 추정하기에는 한계가 있지만, 적어도 100만명 이상이 기근으로 희생된 민족사적 대재앙을 겪고 있다는 사실은 분명해 보였다.*

북한 당국의 공식적인 사망자 언급은 1995년부터 1998년까지 22만명

* '좋은벗들'은 1998년에 1694명의 탈북자들을 대상으로 한 조사를 시작으로 계속 추가조사를 해서 기근피해 사망자 수를 200만~300만명 규모로 추정했다. 존스홉킨스대학교의 연구는 1995년에서 1997년 사이의 연간 사망률은 대기근 이전 수준의 8배에 달하는 것으로 밝히고, 식량난민의 가족사망률과 그 친척들의 사망률을 합하면 12.9퍼센트에 이른다고 했다. 당시 현지에서 구호활동을 하던 국제기구 전문가들조차 총체적 실상을 이해할 수 없어서 혼란을 겪었다. 실제로 20세기 전체주의국가에서 발생했던 모든 기근은 예외 없이 외부인이 파악하기 어려웠다. 앤드루 나초스 『북한의 기아: 기아와 정치, 그리고 외교정책』, 황재옥 옮김, 다할미디어 2003, 제1장.

이 사망했다는 발표뿐이었다.[21] 정보교류가 원활하지 않은 북한체제의 속성상 그 체제의 권력자라고 해도 대기근의 총체적 진실을 알고 있다고 믿을 수 없는 상황이었다.* 폐쇄사회의 정보유통은 외부에 대해서만 통제되는 것이 아니라 내부적으로도 왜곡되기 쉽다. 그러나 22만명이 "굶어 죽었다"라고 발표했을 정도면 그것만으로도 얼마나 끔찍한 대재난인가? 외부세계는 그런 희생조차 제대로 체감하지 못했다.

비교적 초기인 1996년 5월, UN 5개 기구는 북한의 5세 이하 영유아 다섯명 중 한명이 성장장애의 위험이 있다고 경고했다. UN은 매달 10억원 규모의 어린이용 복합영양식품과 비타민, 전해질용액 등이 긴급하게 필요하다고 요청했으나 남한을 비롯한 국제사회는 이러한 구호요청에 제대로 대응하지 못했다. 1년 뒤인 1997년 5월에는 이미 영유아 두명 중 한명이 발육부전 상태가 되어서 영양식품 이외에 본격적인 치료약 지원까지 필요하게 되었다.[22]

그러나 기근피해가 긴박하게 확산되고 있던 그 기간 중에 김영삼 정부는 1996년 가을 동해잠수함 사건을 계기로 적십자사를 포함한 모든 민간단체의 대북 지원사업을 동결하고 이미 모금된 구호물자의 전달까지 막았다.** 남한의 민간단체들은 북쪽 어린이들에게 보낼 분유와 식량을 모아놓고도 국내 정치상황 때문에 전달하지 못하고 있었다. 하루하루 안타까

* 최고위급 탈북인사 황장엽은 1997년까지 약 250만명 정도의 희생자가 발생했을 것이라고 주장했다. 황장엽 『북한의 진실과 허위』, 통일정책연구소 1998. 정확한 기근 피해규모에 대해서는 지금도 입장에 따라 의견이 엇갈리고 있다.

** 1996년 8월 『신동아』는 '여권 사조직의 청와대 비밀보고서'라는 제목으로 기근상황으로 약해진 북한체제의 붕괴를 촉진해서 통일대통령이 되고자 하는 김영삼 정부의 정권연장 시나리오를 알리고 있다. 당시 대북 식량원조를 규제하고, 위기상황을 증폭시킨 대북 강경정책의 배경이 된 정략적 계산을 비판한 칼럼도 있다. 이도성 「밀실몽상가에 미래는 없다」, 『동아일보』 1996년 9월 17일자.

운 나날을 보내면서 분단정치의 냉혹한 현실을 뼈저리게 느꼈다.*

북한 기근피해가 가장 혹심했던 1995~98년간에 남한사회가 당시의 경제력에 비해 터무니없이 소극적으로 대응한 배경에는 기근으로 인해 북한체제가 조기에 붕괴될 것이라는 기대가 있었기 때문이다.** 아무리 참혹한 기근이 진행되고 있다 해도 그 기근을 발생시킨 체제가 있는 한 구호활동은 그 비극을 연장시킬 뿐이니, 그 체제가 붕괴하기를 기다려(혹은 적극적으로 붕괴시켜) 일거에 구원하자는 논리였다. 돌이켜보면 이는 '기근'현상에 대한 무지 때문이기도 했다. 아무리 혹독한 기근이라도 기근 자체는 체제를 붕괴시키지 않는다. 배고픈 사람들은 권력에 저항할 힘도 여유도 없기 때문이다. 세계 여러 사회에서 발생한 '기근'에 대한 연구들이 공통적으로 밝히고 있는 사실이다.[23]

사회주의국가에서는 특히 엄청난 규모의 기근피해도 체제 자체에 큰 영향을 미치지 못했다.*** 인구이동과 정보교류가 엄격하게 통제되기 때문이다. 최근에 비로소 피해규모가 드러난 중국의 대약진운동 시기 대기근

* 동해잠수함 사건으로 위기의식이 고조되면서 북으로 도망가는 10여명의 잠수함 승무원들을 대대적으로 토벌하는 데 1개월 동안 3천억원 이상의 직접 군사비용을 썼다. 이는 UN 5개 기구가 1996년 한해 동안 필요하다고 밝힌 북한 전체 인구에 대한 식량구호와 긴급 복구비용 총액과 비슷한 금액이었다. 남북 간의 긴장이 정략적으로 증폭될 때 얼마나 비합리적이고 비인도적인 일이 벌어질 수 있는지 단적으로 보여주는 사건이었다.

** 중국 기근문제 연구자 재스퍼 베커는 북한 기근 당시 김영삼 정부의 권오기 통일부장관 발언을 상세히 인용하며 남한정부의 의도적인 북한 기근 피해규모 축소와 국제 구호활동 방해사실을 비판하고 있다. Jasper Becker, *Hungry Ghosts: Mao's Secret Famine*, New York: Henry Holt and Company 1998, 317~19면.

*** 소련에서 스딸린의 안보강박 정책이 초래한 1930년대 우끄라이나 대기근은 반세기 뒤인 소비에뜨 붕괴 후에야 분리독립의 동기가 되었다. 캄보디아, 베트남, 꾸바에서도 식량부족이나 기근이 권력체제에 대한 직접적 위협이 되지 않았다. 중국의 대약진운동으로 인한 대기근 피해에 대해서 마오쩌둥을 포함한 권력 핵심부 인사들도 제대로 파악하지 못하고 있었다고 한다. J. Becker, 앞의 책.

의 경우 사망자만 약 3천만명에 달했다고 한다. 그러나 당시 정치체제는 물론이고 권력구조에조차 영향을 미치지 못했다.[24] 그러한 비극을 초래한 최고책임자인 마오쩌둥의 초상은 지금도 톈안먼 광장에 걸려 있고, 모든 화폐에 찍혀서 중화인민공화국의 상징이 되고 있다. 다만 대기근의 경험이 장기적으로 중국공산당의 정책을 변화시켰고, 덩샤오핑에 의한 개혁개방을 가능하게 했다는 분석이 나왔을 뿐이다.[25] 사회주의 기근에 대해 이해하고 보면, 북한의 기근이나 탈북을 곧바로 체제붕괴의 조짐으로 연결하는 것은 냉전의식에서 나온 일방적 기대였다는 사실을 알 수 있다.[26]

그렇게 큰 희생에도 불구하고 끄떡없이 유지되는 체제가 발신하는 모순된 이미지 때문에 우리는 더욱 혼란스러웠다. 영양실조로 뼈만 남은 아이들 사진과 대조되는 예쁜 옷을 입은 유치원 아이들, 장마당에서 길바닥 음식을 주워 먹는 꽃제비의 모습과 충돌하는 수만명 어린이들의 활기찬 매스게임 광경이 북한 기근을 바라보는 우리 시각을 교란했다. 어느 쪽이 사실인가? 기근은 있는가 없는가? 있다가 지나갔나, 아니면 있기도 하고 없기도 한가? 아주 현실적으로 구호활동이 계속 필요한가 아니면 개발협력 같은 다른 방식의 대응이 필요한 것인가? 기근의 실상에 대한 판단이 어려웠다.

그런 상황에서 북한 기근과 관련된 가장 의미있는 통계조사 결과가 나왔다. 북한 당국과 공동으로 기근 구호활동을 하던 유니세프와 세계식량계획WFP, 유럽연합EU이 1998년 8~9월 사이에 생후 6개월에서 7세 사이 어린이들의 영양상태와 성장발육에 대한 무작위 표본조사를 했다. 그 결과 전체 어린이의 60퍼센트가 만성 영양부족으로 인한 발육부전 상태이고, 12~24개월 사이의 30퍼센트가 이유식 부족으로 영양실조, 12개월 이하의 젖먹이 중 18퍼센트가 산모의 영양부족으로 인한 영양실조로 나타났다. 이 정도 상황이면 높은 질병률과 사망률은 필연적이었다.

한편 이 통계는 의도하지 않은 사실을 우리에게 알려줬다. 북쪽 어린이들의 전국적 평균신장을 남쪽과 비교해보니 7세 아이를 기준으로 이미 12센티미터의 차이가 났다. 같은 연령의 남한 아이들의 성장발육 상태와 비교해볼 때 이후 획기적인 영양공급이 없으면 사춘기에 이르러서는 20센티미터까지 벌어질 것으로 추정할 수 있었다. 이것이 인구학적인 평균차이라면 개인적으로 일상생활에서 체감하게 되는 차이는 훨씬 더 클 수 있다. 소수집단에 대한 차별문제에 대해 연구하고 있던 인류학자로서는 충격적인 사실이었다.[27]

인류학적으로 작은 키는 풍요롭지 않은 환경에 잘 적응한 것으로 그 자체로는 문제가 없다. 그러나 남과 북이 서로 만나고 교류하게 되면 이만큼 큰 가시적 체형차이는 장기적으로 복잡한 차별문제를 일으킬 수 있다. 특히 신장과 외모에 대한 집착이 강해진 요즘 남한문화에서는 차별당할 가능성이 크다. '사회적 낙인'처럼 심리적 억압요인이 될 수도 있다. 그렇지 않아도 사회경제적으로 차이가 큰 남북 간의 다음세대가 이렇게 큰 신체적 차이로 인해 어떤 어려움을 겪을 것인가.

대기근의 상처는 신체만이 아니라 행동, 정서, 사회성 등에도 복합적인 발달문제를 발생시킬 수 있다. 성장기에 겪은 영양실조와 그로 인한 질병으로 평생장애나 지병을 갖게 될 확률이 높다. 기근으로 인해서 장애를 갖게 된 개인의 어려움뿐 아니라 앞으로 가족과 사회가 짊어지게 될 부담도 막대할 것이다. 정치적으로는 통일을 주장하면서 통일 후에 함께 살아갈 사람들의 상처를 키우고 있는 현실이 답답하기만 했다.

북한 기근문제에 대한 통계적 보고내용을 현장에서 구체적으로 확인할 필요가 있었다. 북한 내부현장 접근이 어려운 상황에서 중국으로 넘어온 탈북난민들을 직접 만나보기로 했다. 그동안 기근 구호활동을 위해 함께 연구해온 문화인류학자, 체질인류학자, 심리학자, 영양학자, 의사, 교사, 구호활동가 등 다양한 분야의 전문가들이 1999년 여름부터 진행된 현장 연구에 참여했다. 조·중 접경지역에서 만난 탈북난민들이 온몸으로 전하는 생생한 증언을 통해서 그동안 문헌자료만으로는 이해하기 어려웠던 복합적인 기근 피해상황을 확인할 수 있었다.

탈북난민: 탈냉전시대의 유랑민

기근을 겪고 살아 나온 사람들을 직접 만나 오랜 기근이 그들의 몸과 마음에 남긴 상처를 확인하고 그 참상을 듣는 것은 정말 괴로운 일이었다. 기근은 진행 중이었다. 그것도 바로 우리 옆에서 천천히 조용하게 깊어지고 있었다. 엄청나게 많은 사람들의 목숨을 앗아 가고 그보다 더 많은 사람들에게 회복하기 어려운 상처를 남기며 확산되고 있었다.[28]

연길延吉에서 만난 16세 소년은 키가 132센티미터였다. 결핵으로 기침을 하면서 개천가 다리 밑에서 잠을 잤다. 여름이라 그나마 살 만하다고 하면서 온몸이 모기에 물려 매우 가려워했다. 어린아이의 얼굴로 나이보다 어른스러운 표정을 지으며 점잖게 이야기했다. '두만강 건너편에서 굶고 있는 가족들에게 돌아가야 한다'며, 며칠 뒤 이틀을 굶은 빈속에 그동안 모은 돈을 삼키고 두만강을 건너갔다는 이야기를 들었다.

18세에 변성기가 오지 않아 걱정하는 청년과 성장이 멈춰서 12세 정도의 어린 소녀의 얼굴과 몸을 가진 17세 처녀도 만났다. 장기간의 영양 부족으로 자연연령과 생체연령 간에 괴리가 있었다. 단편적인 자료와 통계를 통해 추측해보던 성장발육상의 문제가 눈앞에 구체적인 현실로 나타난 것이다. 청소년기까지는 그때부터라도 안정된 상황에서 집중적인 영양공급을 하면 멈췄던 성장이 빠른 속도로 회복될 수 있다는 연구결과도 있지만, 이들이 처한 현실이 획기적으로 바뀔 가능성은 없었다. 한명한명이 절박한 상황이었지만 근본적으로 도울 수 있는 힘은 우리에게 없었다.

이러한 성장발육상의 문제에 대해서는 아이들 자신도 민감하게 느끼고 있었다. 한 아이가 내게 선물로 "키 크는 약"을 사달라고 하자 그 옆의 아이는 만난 지 얼마 안 된 사람에게 그렇게 비싼 물건을 사달라고 하는 게 아니라고 타이르기도 했다. 피난시절에 남한사회에도 많이 있었던 거리의 아이들처럼 이들은 어린 나이에도 이미 독립적인 생활인으로서의 강인함과 성숙함이 있었다.

중국 연길에서 만난 탈북청소년들은 북에 남기고 온 가족들을 위해 돈을 모으고, 아무리 먼 길도 거침없이 걸어 다녔다. 몰래 숨어서 기차를 타고 선양瀋陽, 다롄大連, 베이징까지 갔다 돌아온 아이들도 있었다. 어린 나이에 체구도 작았지만 중국 공안에 잡혀도, 북쪽 군인에게 잡혀도, 며칠을 굶으며 다시 도망쳐 나올 수 있는 끈질긴 생명력이 있었다. 그 어려움 속에서도 아이들은 꿈이 있었다. "죽지 않고 사는 것이 꿈"이라고 어른스러운 이야기를 하는 아이가 있는가 하면, "춤 잘 추는 가수가 되고 싶다"는 아이도 있었다. "시집을 읽고 싶어요." 파리한 얼굴의 16세 소녀가 말했다. 조선족 집에 숨어 있는 아이에게 무엇을 사다 주면 좋을지 물었을 때 들은 대답이었다.[29]

이 아이들을 통해 알게 된 기근의 실상은 참혹했다. 대부분은 가족 중에 기근과 질병으로 희생된 사람이 있었다. 할아버지 할머니가 먼저 희생이 되었다. 손자들을 먹이기 위해 스스로 식량을 줄이다가 죽어갔다는 이야기를 되풀이하여 들었다. 식량배급은 1995년의 큰물피해 이전에 이미 대부분의 지역에서 유명무실해졌다. 에너지 부족으로 공장이 가동되지 않아서 함흥 같은 공업지역의 노동자와 탄광 광부들의 피해가 컸다.

공적 경제체제가 거의 붕괴상태에 이르자 대부분의 아버지들이 무력하게 되었다고 한다. 많은 아이들의 전형적인 표현으로는 "타락한자포자기한" 아버지들은 술과 담배에 더 매달리다 병들고, 어머니는 장마당에서 장사를 하거나 식량을 구하러 멀리까지 다녔다. 부모 중 하나 혹은 모두가 죽거나 집을 떠났다는 아이들이 많았다. 기근으로 인한 가족파괴는 상상했던 것보다 더욱 폭넓게 나타나고 있었다. 이런 한계상황에서 조금 큰 아이들은 식구들의 입을 덜기 위해 집을 나와 떠돌게 되었다고 했다. 이른바 '꽃제비'가 된 것이다.

물론 모든 아이들이 꽃제비가 된 것은 아니다. 아이들의 증언에 의하면 어느 국경도시의 경우, 가장 기근이 혹심했던 1998년에도 학교는 대부분 열었지만 많은 학생들이 출석을 못 했다. 교사들조차 식량을 구하는 일에 각자 바빠서 학교는 명목상으로만 유지되는 상황이었다. 통제된 사회에서 아이들이 탈북을 했다가 다시 돌아갈 수도 있었던 것은 이렇게 만성화된 대량 결석 현상 때문이었다.

한 학급의 4분의 1 정도 되는 '여유 있는 집당간부나 외국에 친척이 있는 집' 아이들은 그래도 도시락을 싸 오고 수험준비를 했다. 다른 4분의 1 정도는 점심을 굶어도 하루 종일 학교에 있었고, 또다른 4분의 1은 위대한 수령 김일성 장군의 어린 시절 등 중요한 아침수업만 하고 도망치고, 남은 4분의 1은 아예 학교에 안 나오는데 그 아이들 중에는 기근으로 이미 희생된 아이들도 있었다.

사회주의체제 안에서 기근으로 인한 피해는 흔히 상상하듯 평등한 것은 아니었다. 배급체계가 제대로 기능할 수 없는 대기근이나 전쟁과 같은 비상시기에는, 국가가 통제하는 모든 식량국내 농산물, 외국 구호식량, 수입식량 등이 오히려 철저하게 사회적 지위에 의해서 결정된다. 즉, 주요 군사요원과 관료, 전략적으로 중요한 도시의 주민들에게 먼저 공급된다. 국가에 상대적으로 더 중요한 사람들과 그 가족을 우선 보호하고자 하는 정책인 것이다.[30] 준전시체제인 북한의 경우 식량 사정이 악화될수록 외부의 눈길이 닿는 평양과 같은 중심부에 자원을 집중해서, 주변부와의 생존조건의 차이는 더 커질 수밖에 없었다. 같은 논리로 한 지역 안에서도 개인의 상대적 중요성에 따라 제한된 식량은 더 불평등하게 분배되었다.*

따라서 초기에 중국으로 탈북한 사람들은 대부분 배급체계의 주변부에 있는 변방의 광부, 노동자, 농민이었다. 그후 중국과 한국의 풍요한 삶에 대해 알고 나오는 사람들이 많아졌다. 그들 중에는 상하 위계적 배급체계에서 징계 등의 사유로 밀려났거나 밀려날 위기에 처한 당원, 전문가, 지식인도 있었다. 탈북현상은 그만큼 북한 식량분배체계의 운영과 밀접한 관계가 있었다.

김일성이 사망한 1994년에 중국 접경인 함경남북도부터 식량배급이 중단되기 시작했다. 공급할 식량이 부족해지자 안보강박증에 사로잡힌 북한 지도층이 국가안보의 관점에서 군사분계선에서 먼 북쪽 지방을 먼저 희생시켜버렸다. 그러나 이 배급 중단의 충격으로 다른 지역도 자기 식량 확보에만 전념하면서 평양을 제외한 전국에서 식량배급제도 자체가 마비되었다. 기근 초기현상인 사회적 패닉상태가 시작된 것이다.[31]

* 국제 구호기관들이 분배의 투명성 문제 때문에 북한 기근 구호활동에 어려움을 겪었지만 위기상황일수록 식량배급의 우선순위에 대해서 북한정권이 외부의 개입을 허용할 가능성은 더욱 없었다. 이러한 체제상의 차이 때문에 남한을 포함한 외부세계가 북한 기근의 심각성과 그 피해규모를 파악하는 데 혼란을 겪었던 것이다.

사회주의 경제체제의 근간인 식량배급제도가 흔들리자 의료, 복지, 교육 등 사회체제의 전면적 마비가 확산되었다. 외부세계의 시선을 의식해서 평양만 최소한도로 작동되는 모습을 유지했을 뿐이다. 생존을 위해 움직이기 시작한 사람들로 인해 사회통제 기능도 약화되었다. 인구이동을 막을 수 없게 되자 기근으로 고통받던 사람들이 식량을 구하기 위해 조·중 국경을 넘기 시작했다. '탈북난민' 문제가 시작된 것이다.

비슷한 시기에 접경지역에 거주하던 중국 조선족 수십만명이 노동력이 부족한 남한으로 와서 일하기 시작했다. 인구학적으로 보면 그 공백을 탈북난민들이 메웠다고 볼 수 있다. 특히, 조선족 마을의 젊은 여성들이 중국 대도시로 취업하러 가거나, 아예 남한으로 결혼 또는 일자리를 찾아서 갔다. 조선족 농촌지역에 모자라는 노동력으로 또는 배우자로 북한 여성들에 대한 강력한 유인압력이 작동했다.* 그러나 불법체류자로서 강제송환 대상인 이들은 강제결혼과 인신매매, 노동력 착취 등 인권유린 상황에 그냥 노출되었다.

"비겁한 자여 갈 테면 가라"

압록강가에서 한 무리의 사람들이 강을 바라보고 횡렬로 서서 행진하듯 좌우로 양팔을 흔들며 군가를 부르고 있었다. "비겁한 자여 갈 테면 가라. 우리는 조국을 지킨다." 목청껏 부르는 듯 강 건너 중국 쪽까지 쩌렁쩌렁하

* 연쇄적인 유인작용 때문에 북한 기근이 최악의 상태를 벗어난 상황에서도 조선족지역으로의 탈북난민 유입은 계속되었다. 탈북하는 사람의 수는 1999년까지 기하급수적으로 증가하다가 2001년부터 감소하기 시작했다. 마침 그 무렵 남한으로 가려는 탈북난민들이 베이징 외국공관 등으로 진입하는 이른바 '기획망명' 사건이 계속 발생하면서 중국 공안 당국이 국경지역에서 단속을 강화하기 시작했다. 조·중 국경이 점차 군사화되면서 중국 체류 탈북난민 수는 급감했다.

게 울려 퍼졌다. 1999년 8월, 여름 저녁의 어스름이 짙어지는 중국 장백長白 근처 강변에서 건너편의 북한 혜산 주변마을을 관찰하다가 이 광경을 목격하고 가슴이 철렁했다. 중국 조선족 마을에 숨죽이고 숨어 있는 탈북난민들을 만났을 때, 그중 몇명이 "한국에 가면 아파트를 준다지만, 조국을 배신하고 싶지는 않다"라고 힘주어 이야기하던 모습이 떠올랐다. 그런 절박한 상황에서 그들에게 '조국'은 무엇이고, 또 '배신'은 어떤 의미일까.

당시 북한 주민들이 국경을 넘는다는 것은 단순히 좀더 잘살아보겠다는 행위가 아니었다. 자살만큼이나 극단적인 저항행위라고 생각할 수 있다.* 이미 반세기 이상 북한은 국민들을 극도로 군사적인 빨치산국가의 구성원으로 사회화시켰다. 그 국가공동체를 이탈하는 것은 비겁한 배반이고 반역적인 범죄로까지 여기도록 했다. 발각되면 그 처벌은 개인 차원에 머물지 않고 가족과 친척에게까지 미치기도 한다. 따라서 탈북난민들은 항상 붙잡혀서 송환되는 것에 대해 극단적인 공포심을 느끼고 있었다. 이는 송환된 후 자기 자신의 운명만이 아니라 가족과 친척들에 대한 염려 때문이기도 했다.

이러한 종류의 공포심은 극단적인 죄책감과 결합되어 있는 경우가 대부분이었다. 위험한 고비를 넘겨서 일단 안전한 곳에서 쉬고 잘 먹으면 곧 심한 죄책감을 느끼는 사람이 많았다. 북한에 남기고 온 가족 때문이었다. 국경을 넘은 자신의 행동이 비겁한 배반이라는 생각을 오래도록 지우지 못했다. 몰래 돌아가서 북한에서의 삶을 정상화시키고 싶은 충동을 행동으로 옮기는 사람들도 있었다. 언제 중국 공안 당국에 의해 불법입국자로 잡혀 북한으로 송환될지 모르는 상황에서 그들 모두가 일상적 공포에 시

* 북한에서 자살은 체제에 대한 저항으로 해석되기도 했다. 극단적인 기근상황에서 여러 가족들이 집단자살을 했다고 한다.

달렸다.

공포심은 이들을 극도로 위축시켜 상상을 초월하는 인권유린을 당해도 무기력하게 만든다. 청진에서 온 한 젊은 엄마는 잠시 아이를 언니에게 맡기고 식량을 구하러 중국으로 왔다. 국경을 넘자마자 첫 마을에서 잡혀 멀리 떨어진 농촌마을의 장가 못 간 중국 사람에게 팔렸다. 이른바 '강제결혼'을 당한 것이다. 거금을 주고 사온 새색시가 도망가지 못하게 온 마을이 지키는 상황에서 몇달 있는 사이에 임신을 했다. 임신한 몸으로는 두만강을 건너 돌아갈 수 없어 머뭇거리는 사이에 출산을 하게 되었다. 청진에 있는 아이가 그동안 굶어 죽었을 것만 같아 미칠 것 같았다. 그래도 지금 태어난 아이를 안고 다시 돌아갈 수도 없고 결국 둘 중에 한 아이는 죽게 생겼다고 하염없이 울었다. 이 상황에서도 마을에 못 보던 자동차만 들어오면 중국 공안이 자기를 잡으러 온 것 같아 아이를 안고 옥수수밭에 뛰어들어 밤을 샌다고 했다.

연변 길거리에서 떠돌아다니는 탈북청소년들 사이에서 여자아이를 발견하기는 어려웠다. 아이들에게 물으니 퉁명스럽게 "여자애들은 국경만 넘으면 데깍데깍 없어집디다" 했다. 아무리 어린아이라도 조금 데리고 있다보면 비싸게 팔 수 있는 상품이 된다는 것이었다. 실제로 열세살에 국경을 넘어왔다가 바로 마흔이 다 된 남자에게 팔려 열네살에 출산을 해서 두살짜리 아이의 엄마가 되어버린 열여섯살 소녀를 만난 일도 있다. 그와 비슷한 경로로 아이 엄마가 된 소녀들을 여럿 알게 되었다. 한번 팔려가서 도망치다 다시 다른 사람에게 잡혀 팔리고, 또 되팔린 경험을 한 여성들도 많았다.*

* 탈북여성을 대상으로 한 일상적인 인신매매는 특별히 중층적인 상처를 남기는 심각한 인권유린이다. 문제는 중국 변방지역의 많은 사람들이 이러한 반인도적 범죄를 절박한 여성들이

한 중년남자는 부인과 딸과 함께 탈북을 해서 산속에 숨어 있었는데, 자신이 벌목일을 하고 와보니까 둘 다 어디론가 팔려가 찾을 길이 없었다. 감옥살이를 할망정 북한으로 돌아가야겠다고 했다. 차라리 다른 식구들도 잡혀서 북한으로 송환되면 가족이 다시 만날 수 있지 않겠느냐고 탄식했다.

이런 참혹한 현실과 끝도 없이 대면하게 되는 현장연구 끝에 연길공항에서 여권 한번 보이면 비행기로 두시간 만에 서울로 돌아온다. 매번 돌아와서 몇주일 동안은 오히려 이곳의 삶이 현실감이 없어서 망연하게 지냈다. 그 잘난 여권을 흔들며 나만 빠져나온 것 같은 죄책감 때문에 괴로웠다.

우리 민족의 수난의 역사는 끝나지 않았구나, 마음이 아렸다. 역사소설에나 나올 법한 만주와 시베리아의 유랑사 속에 뛰어들어갔다가 나온 것 같았다. 지난 반세기 동안 떨어져 있던 우리 민족의 다른 한쪽이 아직도 항일 빨치산의 정체성을 강조하며 조·중 접경지대에서 끔직한 현실을 겪고 있었다. 이미 국경은 우리에게 그리 의미가 없다는 포스트모던 담론과 접하면 막연한 분노를 느꼈다. 남한사회에서는 도마뱀 꼬리 떨 듯 그들을 떼어버리고 우리만 가볍게 포스트모던의 세계로 걸어 들어가자는 입장이 대세인 듯했다. 그러나 그 현실을 두눈으로 직접 보고 느낀 나는 그럴 수 없었다.

살 수 있는 길이라고 여기며 강제했다는 점이다. 때로는 궁지에 빠진 여성들 자신이 이것을 유일한 생존의 방편으로 받아들이기도 했다.

4. "고난의 행군": 재앙의 미화

여름 한낮의 더위가 꺾이고 저녁 무렵이 되도록 두만강가 마을에서는 밥 짓는 연기가 피어오르지 않았다. 제법 큰 마을이었지만 인적조차 끊긴 듯 아무런 움직임도 없었다. "기근이 장기화되면서 탈진상태에 빠진 것 같네요." 중국 쪽에서 강 건너 상황을 함께 살펴보던 남한 구호단체의 활동가가 낮은 목소리로 말했다. 1999년 여름이었다. 벌써 3년째 두만강을 건너오는 탈북난민들을 긴급구호하면서 기근상황을 모니터링하고 있던 현장 전문가의 말이었다.

북한 기근에 대하여는 초기부터 지금까지 많은 사람들이 무수한 증언을 했다. 도둑질하고 인육을 먹고 공개처형을 하는 지옥도부터 극한 상황에서 가족을 위해 희생하고 공동체를 위해 봉사하는 영웅적인 미담까지 다양한 체험담과 목격담이 이어졌다.* 같은 재난을 겪으며 벌어진 일에 대한 보고가 어떻게 이렇게 다를 수 있을까. 지구상의 다양한 기근을 비교해서 경계, 저항, 탈진의 3단계로 정리한 인류학적 기근연구를 참고로 북한 기근의 진행과정을 정리해봤다.[32]

기근의 초기 '경계단계'에서는 굶주림으로부터 오는 불안이 사람들을 뭉치게 한다. 지역과 상황에 따라 다르지만 기근이 서서히 심화되는 초기에는 공동체적 이타성이 높았다가 결핍상황이 더욱 심각해지면 사라진다고 한다. 북한의 경우 배급이 중단된 절망적 상황에서도 피해자들 간에 서로 돕고 나누는 이타적인 행동이 기근 초기에 많이 나타났다.[33] 식량을 구하기 위해 절박하게 움직이는 사람들이 늘면서 다른 지역으로의 이동을

* 기근을 직접 겪은 탈북자들의 증언도 자신의 지역사회 범위를 벗어난 기근상황에 대해서는 단편적 관찰이나 풍문에 기댄 추정이 대부분이었다.

식량난민열차
식량을 구하기 위해 창문 없는 열차에 지붕까지 올라타고 이동 중.

규제하는 사회적 통제가 무너졌다. 떠돌아다니는 사람들이 열차에 매달려 가고, 역이나 공공장소에서 자기도 했는데, 위험한 여행, 불결한 숙소, 낮은 면역력으로 많은 사람들이 이동 중에 희생되었다. 한 탈북청소년은 기차역 앞에서 꽃제비 생활을 할 때 공안원이 옥수수떡을 주면서 매일 노숙하다 죽은 사람의 시체를 치우게 했다고 증언했다.*

행동패턴 면에서 보면 평양을 제외한 대부분 지역이 1996~97년경에는

* 다른 탈북난민들도 열차 이동 중에 목격한 사망사고 등 무수한 이동 중의 죽음에 대해 증언했다(1999년 8월 인터뷰).

두번째 단계인 '저항단계'에 들어갔다. 점점 심해진 에너지 결핍으로 활동이 감소하고 사회관계도 침식돼서 가족단위의 생존을 위한 유대만 유지되었다. 이전에 먹지 않던 것까지 폭넓게 구하고 그마저도 경쟁이 치열해졌다. 식량이 있는 곳은 경쟁과 싸움의 현장이 됐다. 도둑질이 늘고, 논밭과 창고는 늘 지켜야 했다. 기근이 장기화되면서 점차 경쟁적으로 공장의 기계와 부품을 뜯어내거나 전선마저 끊어서 파는 공공재 파괴현상도 나타났다.

1997~98년부터 세번째 단계인 '탈진' 증상들이 각 지역에서 폭넓게 나타나기 시작했다. 가족마저 붕괴되어 각자가 스스로 자기를 지켜야 하는 상황이 된 것이다. 굶주린 아이들은 집을 떠나 구걸하고 훔치기도 하는 꽃제비 패거리를 형성했다. 때론 굶주린 아이들이 어른들보다 훨씬 무자비하게 행동하기도 했다.*

기근이 심화되면 각자가 자기의 생존에 매달려 있기 때문에 조직적인 폭동이나 혁명 가능성은 오히려 낮아진다. 극단적인 박탈경험과 사회적 갈등은 오히려 안정된 사회질서를 바라게 한다. 기존 권력이 식량자원을 통제하면서 강한 권위를 유지하고 있으면 더욱 복종하는 현상이 뚜렷해진다고 한다. 일단 탈진단계에 접어들면, 아무리 많은 사람들이 함께 있어도 조용한 것이 특징이다. 내가 두만강변에서 확인한 기괴한 고요함은 그 지역의 기근이 탈진단계로 들어갔다는 징후였다.

* 장마당이나 역전 등에서 '꽃제비' 아이들의 집단이 몰려다니며 폭력적인 강탈을 하는 사례가 다큐멘터리 영상으로도 알려진 바 있다. 「지금 북한 무슨 일이 일어나고 있는가」 KBS-1TV, 1997년 6월 22일 방송.

"가는 길 험난해도 웃으며 가자!": 기근과 웃음

"가는 길 험난해도 웃으며 가자!" 강 건너 마을 뒤편 민둥산 중턱에 이런 구호간판이 서 있었다. 거대한 붉은 글씨가 정적이 흐르는 마을에 기괴함을 더했다. 아사자가 속출하는 대기근상황에서 어디를 간단 말인가? 조금 큰 개천만 한 두만강 건너편 중국 땅에 펼쳐진 옥수수와 콩밭의 무성한 결실을 지켜보면서도 꼼짝없이 굶고 있는 사람들 위에 걸려 있는 "웃으며 가자!"라는 구호는 허무하다 못해 비장한 농담 같았다. 극한의 고통을 겪고 있는 사람들이 저런 구호를 보면 어떤 느낌일까? 대체 누가 저렇게 잔인한 구호를 만들어 세워놓도록 했을까? 평양에서 출간된 한 책자에서 그 내역을 확인할 수 있었다.

대기근시기에 김정일이 자강도 희천시의 공장기업소를 현지지도할 때 한 기업소 건물 벽에 쓰인 "가는 길 험난해도 웃으며 가자!"라는 구호를 보고, "아주 좋은 구호입니다. 정말 좋소. 우리 로동계급의 혁명적 랑만과 락관주의가 반영된 훌륭한 구호입니다"라며 유쾌하게 웃었다. 그의 낙관적 웃음소리가 온 나라에 크게 메아리쳐갔다고 한다. 책에서 묘사한 대로 전국 방방곡곡에 바로 그 구호간판이 세워졌다.[34]

적어도 100만명 이상이 굶고 병들어 죽어간 그 대기근을 흔히 "고난의 행군"이라고 한다. 본래 '고난의 행군'은 김일성이 이끄는 만주 빨치산부대가 일본군의 토벌작전에 쫓기며 1938년말부터 이듬해 봄까지 기나긴 행군을 했던 것을 의미한다. 적의 포위망에 갇혀 추위와 굶주림과 싸우면서 약 100일간 계속된 탈출과정은 김일성부대가 겪은 가장 혹독한 시련이었다. 북한역사는 그 탈출과정을 '고난의 행군'이라고 부르며 중국혁명의 '대장정'처럼 영광스러운 시기로 기록했다.*

장편소설 『고난의 행군』은 빨치산 부대원들이 추위와 굶주림 속에서

가는 길 험난해도 웃으며 가자
항일 유격대가 '고난의 행군'을 웃음으로 이겨냈다고 표현한 혁명화와 유사하게 대기근시기의 고난을 미화한 그림, 「자강도 사람들」.

한홉도 안 되는 미숫가루를 모두가 나누어 먹는 동지애와 한 이삭의 옥수수를 대원들에게 양보하는 지도자의 사랑을 자세히 소개했다. 마침내 포위망을 벗어난 빨치산들은 백두산에서 태양이 떠오르는 것을 바라보고 환호하면서 다음과 같이 각오했다. "참으로 영원히 잊지 못할 순간이었다. 이러한 기쁨을 위해서라면 우리의 혁명 대오는 다시 지난겨울과 같은 기나긴 시련의 겨울을 열번, 백번을 더 겪는 한이 있더라도 싸움의 길, 혁명의 길, 자유와 해방을 위한 한 길을 웃으며 걸어갈 것이다."[35]

대기근시기에 나온 "가는 길 험난해도 웃으며 가자!"라는 구호는 바로

* '고난의 행군'을 극심한 고난 속에서 동지적 연대와 강철 같은 헌신이 꽃피었던 시기로 묘사하기도 했다. 불가능한 상황 속에서 지도자를 믿고 따르며 최후의 승리를 거둬서 자랑스러운 혁명국가의 초석을 놓았다는 것이다. 권헌익·정병호, 앞의 책 253~54면 참조.

이런 혁명역사에서 나온 것이다. 국제사회주의 경제체제 붕괴 이후, 적대적 세력에 포위되어 봉쇄를 겪고 있는 북한의 어려운 상황이 1930년대말 일본군 토벌대에 포위된 만주 빨치산의 운명과 유사하다는 점을 강조하면서, 지도자에 대한 신뢰와 동지애로 그 난관을 극복할 수 있다는 낙관적 신념을 주입하려고 한 것이다.

그러나 '고난의 행군'으로 미화된 역사적 사건은 소수의 빨치산 대원들이 적의 포위망을 뚫고 탈주한 비교적 단기간의 일이다. 단련된 전투원들의 그 100일간의 탈출작전을 수많은 국민들이 꼼짝도 못 하고 굶주리며 죽어간 5년간의 재난과 동일시하는 것은 심각한 모순이다. 단순한 수사적 문제만이 아니라 그런 인식상의 오류로 인한 피해는 컸다. 전설적인 빨치산 영웅들의 생존원칙을 노인과 아이를 포함한 민간인들에게 액면 그대로 적용하는 터무니없는 일들이 벌어졌다. 즉, 빨치산 전투논리를 따르는 듯 굶주림과의 투쟁에서 민간보다 군을 우선한다는 선군정치의 가혹한 결정을 내렸다. 그러나 실제 빨치산들에게는 민간인들이 생존의 열쇠였다. 적의 공격을 받으면 그들은 민간인들의 피해를 줄이기 위해 바로 마을을 떠나 산으로 갔다. 그런 엄연한 모순은 간과되었다.[36]

선군시대 북한은 '유격대국가'로서는 체제를 유지하고 살아남을 수 있었으나, 건국 초기부터 구축해온 '가족국가'로서의 이념과 가치는 근본부터 흔들리고 손상되었다. 무엇보다도 어버이 수령의 정치적인 자식들, 즉 인민을 희생시켰고, 기본적 사회공동체인 가족의 생존을 보장하지 못했기 때문이다. 오늘날 '고난의 행군'이라고 미화된 그 시기는 역사에 '북조선 대기근'이란 민족사적 대재앙으로 기록될 것이다.

대기근을 겪으면서 북한이란 국가와 사회구성원들의 성격은 근본적으로 달라졌다. 국가체제의 외형은 유지되었지만 내용면에서 달라졌고, 과

거의 정체성과 기근 이후의 새로운 정체성이 뒤섞였다. 큰 위기를 겪으면서 이질적인 요소가 거북하게 공존하는 상태를 재레드 다이아몬드Jared Diamond는 '모자이크'에 비유했다.[37] 대기근 이후의 일상생활을 다룬 7장 '저변의 흐름'에서 이렇게 이질적인 요소가 공존하는 상황에 대해 자세히 다루겠다.

"키 크기 운동"과 "키 크는 약": 정신주의의 한계

평양의 한 유치원 복도를 지날 때 높은반 선생님이 큰 목소리로 수업하는 소리가 들렸다. 칠판에는 큰 글씨로 "키 크기 운동"이라고 써놓았다. 커다란 종이 걸개그림으로 철봉 매달리기, 사다리 오르기, 농구 같은 운동 모습이 그려져 있었다. 선생님이 연극배우 같은 표정을 지으며 극적인 어조로 한마디씩 했다. "옥이야~, 내 키가 더 크지?" "아니야, 네 키가 더 작구나." "뭐~얼, 내 키가 더 작다구?" "응, 키 크기 운동을 매일 하는 영수 키가 더 크단다." 아이들은 한마디씩 큰 목소리로 일제히 따라서 말했다.

"우리 어린 동무들은 키 크기 운동을 많이 해서, 더 클 결심을 해야 합니다. 모두 키 큰 다리로 서서 위대한 령도자 김정일 원수님께 기쁨을 드려야겠습니다. 그렇게 할 수 있습니까?"라고 선생님이 물었다. 아이들은 일제히 짧고 우렁차게 "네!" 하고 대답했다. 못 먹어서 못 크고 있는 아이들에게 더 열심히 운동해서 키 클 결심을 해야 한다고 가르치는 교육현장을 지켜보며 마음이 착잡했다.

정신력과 노력으로 물질적 한계를 뛰어넘도록 요구하는 이른바 '정신주의'는 북한사회만의 특징은 아니다. 유교문화 전통을 바탕으로 한 동아시아 근대사회의 보편적 교육이념이기도 하다. 특히 메이지시대 일본

키 크기 운동
영양부족으로 인한 성장발육 문제를 '키 크기 운동(농구, 줄넘기, 철봉 매달리기 등)'으로 극복하라고 가르침.

은 근대적 국민교육을 통해서 무엇보다도 성실한 노력과 정신력을 강조했다.

문화심리학자 김영훈은 이런 현상을 동아시아적인 '노력 신드롬'이라고 했다. "사람은 노력을 통해 변할 수 있다는 믿음! 대부분의 일은 노력하면 잘할 수 있다는 믿음! 잘 못하는 것은 노력을 하지 않았기 때문이라는 믿음!" 이런 믿음들은 우리의 삶을 더욱 어렵게 한다고 했다. 이것이 문제가 되는 이유는 노력만으로 해결이 안 되기 때문이다. 그럼에도 계속 노력을 강조하는 것은 하나의 사회운영 방식으로서 성과에 대한 책임, 즉 모든 실패와 나쁜 일에 대한 책임을 최대한 개인에게 돌릴 수 있기 때문이라는 것이다.[38]

아무리 "키 크기 운동"을 강조해도 '운동'만으로 키가 클 수 없다는 사실은 누구나 아는 일이다. 중국 연길의 개천가에서 노숙을 하던 탈북청소년이 내게 "키 크는 약"을 구해달라고 부탁했을 때, 남한 관광객의 아이들에 비해 너무 작은 자기 몸을 동화에 나오는 '요술약'으로 단숨에 키우고 싶은 절실한 표현이라고 이해했다. 그러나 다음 해 평양에서 만난 의사들과 과학자들도 "키 크는 약" 개발 과업에 대한 이야기를 했다.

'키 크기 운동'과 '키 크는 약'을 찾는 현상을 보면서 북한권력 차원의 과학에 대한 '주술적' 기대를 느낄 수 있었다. 여기서 '주술적'이라고 표현한 것은 못 먹는 아이들의 키를 크게 하는 운동이나 약을 만들라는 것은 무에서 유를 창조하려는 중세시대 연금술사의 꿈과 비슷했기 때문이다. 물론 그런 과업을 준 권력의 열망에 과학자들이 그리 강하게 동의하는 것 같지는 않았다. 권력 스스로 그런 주술적 열망에 사로잡혀서 전문가들과 아이들에게 정신주의와 노력을 강조하며 책임을 전가하고 있다고 생각했다.

"닭알 폭포가 쏟아져 내리는 것처럼": 과시적 강박

북한 권력엘리뜨 집단은 경제나 생활보다 정치적 선전선동을 중시했다. 식량부족 상황을 개선해나가기 위해서 기본적이고 상식적인 조치를 취하기보다는, 획기적인 방식으로 '단숨에!' 해결하는 모습을 보이려고 모자라는 자원을 과시적 정책에 집중하는 경향이 있었다.

대기근의 막바지에 대규모 토지정리 사업이 시작되었다. "기계농사의 새 역사를 창조하기 위해서" 대대로 일구어온 논밭을 갈아엎고 반듯한 직선의 새로운 농지를 조성한다는 것이다. 인력밖에 없는 나라에서 미래의 기계영농을 위해 엄청난 토목사업을 대중동원 방식으로 진행했다. 해외의 식량문제 전문가들은 기근상황에서 추진하는 전격적인 농지정리 사업에 경악했다. 새 땅을 조금 더 얻을 수 있다고는 하지만 대대로 일구어온 논밭을 갈아엎고 새 밭을 만들면 상당기간 생산량이 감소할 수밖에 없다.

2000년 1월, 김정일은 "규모 있고 시원스럽게 잘 정리된" 평안북도 태천군 한드레 벌판을 바라보며 "이제는 옛날 지주들이 토지문서를 가지고 자기 땅을 찾자고 하여도 찾지 못하게 되었습니다. (한드레벌이) 사회주의국가의 토지답게 되었습니다"라며 만족스러워했다.[39] "정치에 비하면 경제는 아무것도 아니다"라는 평양에서 자주 들었던 말은 이런 방식으로도 실현되곤 했다.

'과학'과 '기술'은 김정일뿐만 아니라 그의 후계자 김정은도 좋아하는 상징적 분야다. 군수산업 분야는 핵무기나 미사일 개발처럼 선택과 집중을 통해서 뚜렷하게 과시적인 성과를 보여줬다. 농수산 분야에서도 획기적인 과학기술 방식으로 식량을 생산하고자 했다. 그들의 현지지도는 평범한 식량생산 현장보다 첨단 농수산시설에 집중되었다.

남북정상회담으로 최악의 기근상황을 넘긴 김정일은 2000년 9월 평양의 닭공장을 현지지도하면서 컨베이어벨트를 타고 지나가는 계란을 보면서 "마치 닭알 폭포가 쏟아져 내리는 것 같다"라고 했다. 그러나 기계화된 양계장 하나를 만들고 가동시키기 위해서 얼마나 많은 자본과 기술과 에너지가 필요한지, 또 얼마나 많은 사람들의 식량이 될 수도 있는 사료가 필요한지는 언급되지 않았다. 곧이어 남북 경제협력이 본격화되자 북한 당국은 거대한 온실, 공장형 축산시설, 물고기 양식장 등 자본기술 집약적인 농수산 기계설비와 생산시설 지원을 적극적으로 요구했다. 이러한 요구는 발달된 기계화 영농방식을 과시하고 싶은 남한 측의 욕구와도 조응하는 일이었다.

그렇게 몇년이 흐른 2006년 가을, 평양을 벗어나서 너른 평야를 달리는 차 안에서 가늘고 엉성한 곡식이 자라고 있는 논밭을 보며 착잡했다. 지력이 약화된 땅에 비료가 부족하니 당연한 일이었다. 특히 메마른 밭에서 자라는 작고 부실한 배추와 무를 보니 김장만으로 나야 하는 기나긴 겨울이 걱정되었다.

비슷한 시기에 꾸바의 피델 까스뜨로Fidel Castro는 국제사회주의 경제체제 붕괴로 시작된 식량위기 상황을 극복하기 위해 수도 아바나를 비롯한 여러곳에서 친환경 유기농업을 대대적으로 장려했다. 꾸바의 대안적 농업혁명이라고 알려진 일이다. 2004년 7월, 꾸바를 방문해서 도시 유기농 현장을 찾아가봤다. 곳곳마다 현장은 소박했지만 활기가 있었다. 유기농업을 사회적으로 뒷받침하는 시스템을 구축해서 식량위기 극복에 뚜렷한 성과를 거두고 있었다. 비료도 농약도 없는 북한의 농업을 위해서 남한의 유기농단체들이 지속가능한 친환경농법을 지원하고자 했다. 그러나 남과 북의 정치가와 관료들은 관심이 없었다. 양쪽 다 획기적인 식량생산 모습을 보여주는 고비용 고에너지 '과학기술' 농법을 원했다.

5. 구충제와 영양증진제: 기근 구호와 관료주의의 벽

기근상황이 장기화되자 북한 주민들은 필사적으로 들로 산으로 다니며 먹을 만한 것을 구했다. 전통적 구황식품에 대한 지식을 되살려서 초근목피로부터 영양분을 구하고, 그동안 먹지 않았던 것들도 다양하고 창의적인 방법으로 먹을거리로 만들어냈다. 이러한 민간 차원의 실험적 생존전략은 상당한 위험과 부작용을 동반하는 것이었다. 구토·설사와 기생충 감염은 그중 흔한 문제였다. 영양실조로 면역력이 떨어진 상태에서는 이런 사소한 증상조차 치명적인 질병이 되어 사망에 이르기도 했다.

"잠자리, 메뚜기, 달팽이, 개구리, 두꺼비, 뱀, 쥐…" 두만강을 건너온 탈북청소년들이 북한에서 잡아먹었다는 것들의 이름을 쭉 나열했다. 먹을 수 있는 열매와 꽃, 나물 종류에 대한 지식도 대단했다. 낯익은 듯 새로운 것들도 많았다. 나도 어린 시절 들로 강으로 다니면서 메뚜기, 개구리, 가재, 조개 정도는 잡아먹었던 터라 쉽게 이해가 됐다. 그러나 이런 것들을 먹다보면 다양한 종류의 기생충 감염은 필연적이라고 기생충 전문가들이 지적했다. 1960년대 학교에서 의무적으로 먹이던 '산토닌'이란 회충약이 생각났다. 어지럽고 메슥거리면서 하늘에 노란 점이 보이던 기억, 대변에 섞여 나온 회충이 누가 더 많았나 허풍을 쳐가며 친구들과 경쟁하던 기억까지 되살아났다.

북한에서 구충사업은 어떻게 하고 있나 궁금했다. 탈북청소년 중에 구충제를 먹어봤다는 아이는 없었다. 탈북한 의사들에게 문의하니 기근 이전에는 구충제를 공급했는데, 효능이 약해서 자극을 받은 회충이 장을 뚫고 나오는 등 심한 부작용 때문에 투약하기 어려웠다고 한다. 그러고 보니 남쪽에서도 예전에 비슷한 회충약 신드롬이 널리 퍼졌던 때가 있었다. 기생충 전문가들에게 이런 상황을 알리고 자문을 구했다. 마침 요즘 남한에서 쓰는 구충제는 많이 발전해서 1년에 한알만 먹어도 거의 모든 기생충을 물리칠 수 있을 만큼 약효도 강력하고 부작용도 적다고 했다. 제조원가도 아주 저렴했다. 이런 구충제를 북한 주민들에게 공급할 수만 있다면, 그나마 모자라는 영양분의 12~15퍼센트를 기생충에게 빼앗기는 것을 막을 수 있고 기생충 감염으로 인한 치명적인 질병도 예방할 수 있는 아주 효과적인 구호방안이 될 것이었다.

자신감을 가지고 북쪽 대표들에게 구충제 공급 계획을 설명했다. 바로 단호하게 안 받겠다고 했다. "우리 공화국에는 그런 지저분한 문제는 없습니다. 위생이 철저하고, 예방의학이 발달해서 그런 문제는 없으니 말도 꺼내지 마시라"는 것이다. 도저히 납득할 수가 없어서 비공식적인 자리에서 거듭 설명하고 진의를 파악해보니, 국가 체면을 손상시킬 수 있는 물품을 받으면 문책당할 수 있다고 한다. 기가 막혔다. 관료적 보신주의는 어느 나라에나 있는 일이지만, 접촉통로가 제한되어 있고 상호불신이 있는 상황에서 해결의 실마리를 찾기 어려웠다.

도저히 포기할 수 없는 일이라, 그들이 받아들일 수 있는 새로운 제안방법을 궁리해보았다. "영양증진제!" 1년에 한알 복용하면 12~15퍼센트의 영양증진 효과가 있는 새로운 약이라고 소개하기로 하고 샘플포장을 다시 했다. 물론 원료 약품성분은 제대로 표기하고 구충효과가 있다는 점도 나란히 밝혔다.

"이런 약은 받을 수 있지요!" 다음 해에 만난 북쪽 대표들은 활짝 웃으며 반색을 했다. 성분표시를 본 북측 의사들은 약품내용을 바로 이해했다. "아~, 메벤다졸! 이건 독한 약인데. 우리도 만들 수 있지만 물량은 모자라니까 공급해주면 받을 수 있겠습니다." 체면을 지키기 위해 말은 그렇게 하면서도 진심으로 감사한 얼굴로 우리 쪽을 보고 고개를 끄덕이며 나직하게 혼잣말하듯 거듭 이야기했다. "1년에 한알로 그 정도 구충이 되면, 대단하지요."

조용히 지원해주자는 우리의 취지를 이해해준 뜻있는 제약회사의 후원으로 2000년부터 2003년까지 3년간 모두 3700만정의 '영양증진제(구충제)'와 2천만정의 항생제를 북한에 공급했다. 2004년 2월 북측 보건성은 9개도와 3개시에 모두 잘 분배되었다고 확인해주었다.[40]

'구충제', 아니 '영양증진제' 공급 사업은 당시 대외홍보를 자제해서 널리 알려지지 않았다. 북측으로서도 국가 체면과 관계있다고 여겼는지 별로 인정하고 싶어 하지 않았다. 그러나 기근 피해현장 가까이에서 그 문제의 심각성을 체감하고 있던 나로서는 가장 보람 있는 구호활동이었다고 생각한다. 한 탈북청소년이 함경북도 산간 장마당에서 '영양증진제'를 팔고 있더라고 목격담을 전해줬다. 어떤 경로로 어떻게 보급되었든지 구충제가 북한 주민들 사이에 조용히 널리 전달되고 있었다.

"함경도 아이들에게 남해의 미역을"

"산간지역 아이와 산모들의 요오드 부족 문제가 제기되고 있습니다." 평양에서 의사들과 회의 중에 젊은 연구자가 한마디 했다. 아이들의 영양발육 문제를 파악하고 지원하려 하는 남한 전문가들의 진심을 느꼈는지 불쑥 전해준 말이었다. 바로 문제의 심각성을 알아차렸다.

유아기의 요오드 결핍은 갑상샘호르몬 문제를 일으켜 두뇌발달과 신체발육을 부진하게 한다. 임산부에게 요오드가 부족해도 유산이나 조산 위험이 높아지고 태아와 모유을 먹는 영아의 뇌손상을 유발해서 청각장애와 발육지체의 원인이 된다. 일단 문제가 생기면 나이가 들어서 영양을 공급하고 치료를 해도 두뇌성장과 신체발육 손상은 회복되지 않는다. 아기를 출산한 산모에게 미역을 먹도록 한 것은 이런 문제를 예방하는 전통문화의 지혜였다.

남측 전문가들은 현지에서 긴급하게 따로 회의를 하고 산간지역 아이들의 요오드 결핍 문제를 우선 해결하고자 했다. 그러나 다음 회의 때 이 문제를 제기했던 연구원은 나오지 않았다. "교육 갔다"고 했다. 사실 그 연구원이 새로운 사실을 누설한 것은 아니었다. 이미 2002년 유럽연합, 유니세프, 북한 당국의 공동조사 당시 산간지역 아동 중 19퍼센트가 심각한 요오드 결핍 상태라는 사실을 확인하고 발표까지 했다. 그러나 기근과 관련된 다양한 문제들에 묻혀서 주목받지 못하고 있었다. 서울로 돌아와서 관련 정부부서와 각계에 요오드 결핍 문제를 알리고 지원방안을 모색했지만 실제 지원항목에서는 늘 누락되었다. 정권이 바뀌고, 남북관계가 냉각되면서 그 문제는 잊혀갔다.

그리고 10년이 지난 2012년초, 탈북청소년들을 교육하고 있던 교사가 한숨을 쉬며 하소연을 했다. "요즘 도착하는 아이들 중에는 아주 심한 학습장애로 어려움을 겪는 경우가 많아요. 오래전 말씀하셨던 유아기 요오드 결핍 후유증 아닐까요?" 그동안 가르쳤던 아이들은 성장발육 문제가 있어도 인지능력은 괜찮아서 잘 알아듣고 배웠다고 한다. 그런데 2~3년 전부터는 아무리 설명해도 이해하지 못하는 인지장애를 가진 아이들이 나타나기 시작했다. 1994년생 열여덟살 청년이 1킬로미터가 1000미터면 2킬로미터는 몇 미터인지 전혀 유추하지 못하고 그저 멍하게 쳐다보기만 했다. 단순히 학습경험이 부족했던 이전의 영리한 꽃제비 출신들과 너무 달라서 답답하다고 했다. 그런 아이들은 대개 키도 작고 쉽게 피곤해하며 몸도 아주 빈약하다는 것이다.

"아! 드디어 그 아이들이 오기 시작했구나." 가슴이 철렁 내려앉았다. 이 아이들이 앞으로 살아갈 힘겨운 인생길이 떠올라 막막했다. 요오드 결핍뿐만 아니라 철, 아연 등 필수 미량영양소 부족은 미역, 김, 다시마와 같은 해초나 천연소금을 조금만 먹어도 충당할 수 있는 문제다. 그런 문제를 해결하지 못하고 10년이 지난 후, 그 어려움을 겪은 아이들이 15~20세의 청년이 되어 우리 앞에 나타나고 있었다. 절박한 마음에 남해의 미역을 함경도 아이들에게 보내자는 신문칼럼을 써서 긴급지원을 촉구해보기도 했다.

“요오드는 필수 미량영양소이기에 아주 적은 양만 부족해도 치명적인 장애를 일으킨다. 동시에 아주 적은 양만 공급해도 더는 필요 없도록 완전히 충족된다. 해법은 간단하다. 남서해안에는 해초가 풍부하다. 말린 해초는 값싸게 모아서 운반하기도 좋고 오래 보관하기도 쉽다. 군사적 의미도 없다. 남해안의 미역, 서해안의 김과 소금을 함경도, 평안도의 산골까지 보내자. 결국 이 땅에서 우리들은 그렇게 서로 돕고 살아야 한다. 남북의 자연과 사람의 정성을 온몸에 받고 자라는 건강한 아이들을 함께 키우자.”[41] 나의 소박한 바람은 실현되지 않았다.

요즘 같은 세상에 핵실험까지 하면서 아이들에게 아주 미량만 있으면 되는 필수영양소도 못 챙겨주는 북쪽 권력은 통렬한 비난을 받아 마땅하다. 그럼 남쪽 어른들은 그동안 이 아이들을 위해 뭘 했나? 이 문제에 대해 남과 북의 정부 당국은 이미 알고 있었다. 2003년 봄부터 전문가들은 비교적 간단한 해결방안을 제시하고 바로 추진할 것을 촉구했다. 그러나 큰 정치를 하는 어른들에게 작은 아이들의 미량영양소 문제는 긴급하지도 중요하지도 않았던 듯하다. 큰 문제가 풀리면 자연히 풀릴 일이라고 큰소리만 했다. 그러는 동안에 20년이 지났고, 아이들은 장애를 가진 채 자라났다. 정치 탓만 할 수는 없다. 남과 북의 관료주의는 주는 것도 받는 것도 늘 체면을 앞세웠다. 남한 민간단체들도 권력의 과시성 요구에 맞춰 큰 프로젝트, 큰 건물, 큰 행사를 우선했다.

남한 정치와 관료주의는 또다른 방식으로 어려움을 줬다. 이명박 정부는 언론을 통해서 ‘인도주의적 지원’은 막지 않겠다고 늘 주장했다. 그러나 모든 물자를 준비해놓고 허가를 받으러 가면 이런저런 이유로 새로운 서류를 보완하라고 요구했다. 최악의 경우는 마흔번 넘게 다시 신청하도록 했다. 결국 최종적으로 불가능한 자료를 요구하거나 남북관계를 핑계로 무조건 보류시켰다. 인천항 보세창고에 묶여 있던 북한 영유아들을 위한 조제유 원료와 설사약, 수액재료들이 유통기한이 지나서 폐기 처리되는 일까지 있었다. 수많은 남한 사람들의 염려와 정성이 그렇게 중도에 막히거나 버려졌다. 그사이에 많은 북한 아이들이 스러지고 시들어갔다. 이 작은 아이들이 겪고 있는 심각한 문제는 더 절실하게 더 열심히 노력하지 못한 남과 북의 모든 어른들 탓이다. 내 탓이다.

요오드화 소금과 국제기구

남북관계가 막힌 상황에서 열려 있는 유일한 통로는 UN기구였다. 세계식량계획과 유니세프 등은 평양에 상주사무국을 설치하고 있었고, 북한 전역에 식량지원 배급체계를 구축해놓았다고 했다. 당시 반기문 UN사무총장은 남북관계가 활발했던 노무현 정부 외교통상부장관 출신으로 대북 지원사업에 대한 이해가 있다고 했다. 한화그룹에서 요오드 성분이 많이 함유된 오스트레일리아산 천일염 5천 톤을 제공해주기로 했다. UN기구가 공급통로가 되어준다면 100만 가정에 5킬로그램씩 천일염을 공급할 수 있는 양이었다. 언론에 알리지 않고 구충제 공급을 지원해주었던 기업이 또다시 조용하게 긴급구호의 취지를 이해하고 나서줘서 참 든든했다.

문제는 UN기구 담당자들이었다. 놀랍게도 "못 받겠다"고 했다. 사무총장실의 협조까지 받으며 여러차례 협의를 진행했으나 결국 확보한 소금을 전달하지 못했다. 실무협의 중에 담당자가 한달씩 휴가를 가기도 했고, 자기 임기 중에 일을 안 맡으려는 듯 차일피일 미뤄서 다음 담당자와 다시 처음부터 협의해야 했다. 소금보다 돈으로 지원하라는 이야기만 되풀이했다. 현물보다 현금을 좋아하는 것은 북한 관료들도 비슷했다. 최종적 답변은 "지원물량이 너무 많아서 못 받겠다"라는 것이었다. 너무 많아서라니! 소문으로만 듣던 UN식 관료주의와 제대로 마주친 느낌이었다. 국제기구 직원들은 세련된 외교관 같았다. 현장보다 회의를 중시했다. 회의를 거듭해도 사업은 진행되지 않았다. 그리고 아무도 책임지지 않았다.

세계식량계획에서 막힌 일을 조금이라도 풀어보고자 유니세프와 접촉했다. 평양 주재 유니세프 담당자는 이 문제를 알고 있었다. 2002년 조사 때 19퍼센트였던 5세 이하 요오드 결핍 피해아동이 2009년 조사 때는 26퍼센트까지 늘었다는 사실도 알려줬다. 천일염과 해조류 부족 문제가 해결되지 않아서 세곳에 요오드화 소금공장을 설치했으나 원료와 전기공급이 원활하지 않아서 제대로 가동하지 못하고 있다고 했다. 부랴부랴 문제가 생긴 공장을 제대로 가동시키기 위한 설비와 원료를 공급할 수 있는 방안을 마련해서 관계부처와 협의하니 이번엔 남한 관료들이 허가하지 않았다. 막막했다. 문제의 심각성을 알고 해결방안을 마련해도 번번이 관료주의의 벽에 막혀 실현되지 못하는 일들이 되풀이되었다. 정치체제의 문제만이 아니라 오늘날 국민국가와 국제기구가 구축해놓은 관료체제의 비인간적 특성과 한계를 절감하게 되었다.

2년 뒤인 2014년, 서울에서 유니세프 평양 사무실에서 왔다는 젊은 직원을 만났다. 평양에서 새로 실권을 잡은 젊은 지도층에게 산간지역 아동들의 요오드 결핍 문제를 제기하고 요오드화 소금사업의 필요성을 알려줬다고 자랑했다. 그동안 이 문제로 어떤 일들이 있었는지 전혀 모르는 듯했다. 그래도 그때 작성해서 여기저기 보내두었던 문서들이 뜻하지 않은 때 뜻하지 않은 방식으로 사용되고 있다는 사실은 확인할 수 있었다. 그나마 다행이라고나 할까.

그런 사실을 알게 된 평양의 젊은 엘리뜨 관료들이 핵미사일을 개발하고 고층빌딩을 지으면서 산간지역 아이들의 성장과 발육을 위한 그 작은 일들을 함께 해주었을까? 남한에서도 개발독재 시대 지도자들의 정책 우선순위는 마찬가지였다. 1970~80년대까지 사회복지, 특히 취약계층의 생활복지는 늘 뒷전으로 밀렸다. 서울의 달동네와 하천변 무허가 주택지의 생활조건은 최악이었다. 1990년대초까지도 서울과 지방 학생들의 신장차이가 현격했다.

2016년에 두만강을 건너온 탈북청년이 대학 캠퍼스로 나를 찾아왔다. 지나가는 여학생들을 턱으로 가리키며 내게 물었다. "재들은 대체 뭘 먹었길래 저리 큽니까?" '고난의 행군' 시대인 1997년 함경북도 산골에서 태어난 아이였다.

"민족이란 게 뭐인가?"

탈북해서 서울에 온 지 10여년이 된 하나둘학교 출신 제자가 페이스북에 "내복만 한 효자가 없다"라는 글을 올렸다. 북극 한파가 내려와서 며칠째 강추위가 계속되고 있을 때였다. 아파트에서 자라난 남한 청소년들은 좀체 생각하기 어려운 말이었다. 북에 두고 온 가족을 생각하는구나, 하고 싶어도 못 하는 효도를 되새기고 있구나, 그 마음이 전해져서 코끝이 찡했다.[42]

이런 추위는 두만강가에서 겪어본 적이 있었다. 21세기를 며칠 앞둔 겨울날 중국 도문시를 방문했을 때였다. 허름한 차림에 기침을 하는 아이가 문가를 기웃거리기에 안으로 들였다. 함흥에서 온 아이였다. 중학생처럼 보여도 나이는 열여덟살, 곧 군대에 갈 거라고 했다. 아픈 아버지를 놔두고 그냥 입대할 수가 없어서 미국에 사는 고모에게 도움을 청하려고 일주일 전에 강을 건너왔단다. 1·4후퇴 때 남쪽으로 간 고모는 뉴저지에서 세탁소를 하고 있다고 한다. 조선족 브로커의 도움으로 몇차례 전화를 걸어 급히 돈을 부쳐달라고 해봤으나 거절당했다. 돈 받을 전망이 없자 그 집에서도 쫓겨나 길바닥에서 사흘을 헤매다가 감기에 걸렸다는 것이다.

"가족이란 게 이런 건가?" 열에 뜬 얼굴로 한마디 한마디 어렵게 말하면서 어른스러운 한숨을 몰아쉬었다. 북쪽의 선전과 달리 미국이나 남한이 잘산다는 것을 알아도 그렇게 속인 국가보다 당장 도와주지 않는 잘사는 가족이 더 원망스러운 듯했다. 도저히 그런 '가족'을 이해할 수 없다며 자세한 이야기를 했다. 사실 작년 여름에 미국 사는 고모 셋이 연길까지 와서 오빠와 상봉을 했는데 앞으로 백두산 관광도 할 겸 또 찾아오겠다고 약속했다. 몸도 아픈 아버지는 그렇게 만나러 오느니 차라리 여비할 돈을 생활에 보태게 보내달라고 하자 그때부터 전화도 잘 받지 않았다. 두만강을 건너와서 잘사는 중국, 더 잘사는 남한에 대해서도 알게 되었지만 자신은 병든 부모와 어렵게 사는 '가족' 때문에 바로 돌아가겠다고 했다.

뜨거운 국밥을 사주며 보니 양말 바닥에 앞뒤로 큰 구멍이 나 있었다. 마침 두겹 신고 있던 양말을 한겹 벗어주었다. 한밤중에 삭풍이 몰아치는 두만강가에 나서니 여윈 몸매에 얇은 잠바가 헐렁해 보였다. 입고 있던 스웨터를 벗어 주었다. 아버지가 돌아가시기 전에 선물로 주신 것이라 잠시 망설이긴 했다.

칠흑 같은 그 밤에 병든 몸으로 얼어붙은 두만강을 건넌 그 아이는 어떻게 되었을까? 살아남았다면 부모님 곁에 돌아가 인민군에도 입대했을 것이다. 그 아이의 기침소리를 생각하면 그 밤에 내 두꺼운 파카를 벗어 주었어야 했는데… 하는 후회가 남는다.

추운 날이면 더 심한 추위를 겪고 있을 북쪽의 주민들이 생각난다. 땔감

대한민국 쌀
배급받은 구호식량을 자전거로 운반하는 주민.

이 없어 나무뿌리를 캐서 나르던 고단한 행렬이 떠오른다. 영양이 부족하면 사소한 감기도 치명적인 병이 될 수 있다. 그들에게 추위는 단순한 고통의 문제가 아니라 생사의 문제다. 정치전략과 인도적 지원은 다른 차원의 일이다. 전투 중에도 적군의 부상병을 돌보아주는 일에서 적십자운동은 시작되었다. 그것이 인도주의다. 주고받는 것을 계산하는 장사나 정치가 아니다. 무조건적인 것이다.

우리 이웃의 범위가 연탄을 때는 달동네 주민으로부터 내복 한벌이면 생명을 구할 수도 있는 북녘 동포들에게까지 넓어지기를 바란다. 그들을 만나고 온 후부터, 가뭄이 계속되면 지하수도 없는 북한의 논밭이 염려되고, 폭우가 쏟아지면 민둥산 다락밭이 쓸려 내려갈까 걱정된다. 바로 이어진 땅에서 살고 있는 사람들의 생활을 염려하는 마음이 서로 한 '민족'이라는 것을 느끼고 다시 만드는 일일 것이다. "민족이란 게 뭐인가?" 두만강가에서 심각한 표정으로 묻던 깡마른 아이의 얼굴이 떠오른다.

6장

차별과 처벌

사회주의를 표방한다고 평등사회는 아니다. 불평등의 구조와 내용이 다를 뿐이다. '정의사회'를 표방한 정권이 정의롭지 못했고, '자유민주주의'를 주장하던 정부가 '자유'롭지도 '민주적'이지도 않았던 사실은 남한사회도 이미 경험했다. 북한사회도 마찬가지다. 국가이념은 차별 없는 평등사회를 주장하고 있지만, 인민들은 다양한 방식의 불평등을 경험하고 있다. 그중에도 두드러지는 차별은, 첫째 중심과 주변 간의 차별, 둘째 성분과 계급에 따른 차별, 셋째 순수와 오염 관념에 의한 차별, 넷째 남성과 여성 간의 차별이다. 이런 모든 차별이 공간적으로 드러나는 곳인 평양과 지방 간의 경계선, 이른바 '평양라인'에서 논의를 출발해보자.

1. "지방진출 파견장이 떨어졌다": 중심과 주변

평양을 벗어나 지방도시를 방문하려면 항상 치열한 '일정투쟁'을 해야 했다. 그만큼 까다로운 일정조정 과정을 거쳐야 가능한 일이었다. 전용고속도로로 연결된 묘향산 국제친선기념관 같은 곳은 예외지만, 일반도로

평양결사수호
"혁명의 수뇌부가 사는 평양을 결사수호하는 성새가 되고 방패가 되자."

로 다른 지방도시를 가려면 여러 부처와 세심한 사전 조정이 필요했다. 그만큼 평양과 지방은 큰 차이가 있었고, 그 사실을 외부 사람들에게 보여주는 것을 꺼렸다. 비교적 오랜 기간 구호활동에 참여한 덕분에 나는 그 어려운 평양 밖 여행을 동서남북으로 몇차례 해볼 수 있었다.

평양시 외곽 길목에는 반드시 검문소가 있었다. 통과하는 사람들을 단순히 확인하는 그런 곳이 아니라 제법 복잡한 통과절차를 밟아야 지날 수 있는 곳이었다. 무거운 배낭을 멘 중년여성부터 남녀 군인들, 정장 차림의 청년까지 많은 사람들이 서성거리고, 초조한 표정으로 앉거나 서서 기다리고 있었다. 거의 국경검문소에 준하는 엄중한 분위기가 감돌았다.

일단 그 경계를 넘어가보니 왜 그렇게 외부인들에게 평양 바깥지역 공개를 꺼렸는지 바로 이해가 되었다. 평양과 지방은 확실히 달랐다. 그냥 다른 것이 아니라 현격한 질적 차이가 느껴졌다. 도로와 건물 상태만이 아니라, 사람들의 복장, 표정, 걸음걸이와 자세까지 차이가 있었다. 물질적 생활수준만이 아니라, 사회문화적 복지수준도 격차가 큰 듯했다.

당연히 많은 사람들이 평양으로 들어와 살고 싶어 한다. 당장 서울도 지방인구 유입으로 집값이 계속 오르고, 도시팽창 시기에는 무허가 주택지역에서 많은 사람들이 고통스럽게 살았다. 지금도 개발도상국가의 수도들은 비슷한 문제를 겪고 있다. 도시 슬럼은 세계적으로 보편적인 대도시 경관이 되었다. 평양엔 그런 문제가 없다. 경계관리의 차원이 다르기 때문이다. 심지어 평양시민들은 지방민들이 소지한 '공민증남한의 주민등록증'과 다른 '평양시민증'을 소지한다. 평양시민증은 1997년 기근이 한참 심해질 때 새로 만들었다. 식량배급이 먼저 끊긴 지방에서 마지막까지 식량이 배급되고 있던 평양으로 들어오려는 사람들을 막기 위한 것이었다. 그때부터 평양 이주는 물론 방문까지 철저하게 관리했다. 평양 방문허가증은 국경을 넘는 비자와 같은 기능을 했다. 국가 안에 또 하나의 국경이 만들어진 셈이었다. 기근시기의 끝자락에 내가 본 평양 경계선에는 메마르고 스산한 기운이 감돌았다.

평양과 지방

평양으로 들어오는 것만 억제한 게 아니라, 평양에서 사람을 내보내기 시작했다. 태평양전쟁 말기에 일제가 도시민을 지방으로 내보낼 때 많이 사용하던 '소개疏開'라는 용어를 사용했다. 기근이란 위기상황을 전쟁시기로 개념화한 것이다. 처음에는 '지방진출' 또는 '농촌지원진출' 등의 명칭으로 환송사업까지 해주었다고 한다.

그럼 누구를 내보낼 것인가? 성분이 나쁘거나 권력체제에 위험한 사람은 1970~80년대에 이미 여러차례 평양에서 내보냈기 때문에 남은 시민 중에서 다시 구별해서 추방하기는 어려웠다. 그래도 심각한 위기상황이 닥치자 집단 내부에 잠재되어 있던 경계가 드러났고, 그 선을 따라 배제의 원리가 적용됐다. 처음에는 상대적으로 성분이 좋지 않은 사람들이 추방 대상이었다. 그다음은 인민반이나 직장 등 단위조직에서 문제를 일으킨 사람, 사소한 문제로 생활검열에 걸린 사람, 간부의 비위에 거슬리는 행동을 한 사람들이 차례로 추방대상이 되었다.

순수와 위험에 대해 연구한 인류학자 메리 더글라스Mary Douglas는 사회 주류집단은 사실상 '일탈'을 만들어낼 수 있다고 했다.[1] 어떤 사람을 경계 밖에 있는 것으로 규정하려면 경계 자체를 옮기면 되기 때문이다. 즉, 사람들이 법을 어기는 것을 기다릴 필요 없이, 그들을 일탈자나 전복자, 또는 불순한 사람으로 재분류하도록 법이 움직인다는 것이다. 대기근이라는 위기상황에서 중심과 주변을 나누는 차별의 경계선이 이동하고 있었다.

"지방진출 파견장이 떨어졌다." 1998년초, 평양에서 작가로 활동하던 여성이 남편의 사소한 잘못 때문에 지방으로 추방당할 때 들은 말이다. "5일 내로 평양을 나가라"며 살기 어린 얼굴로 다그치던 사람 앞에서 와들와들 떨렸다고 한다. 지방으로 내려가서 그냥 죽으라는 명령으로 들렸다는 것이다. 당시 그처럼 배우자의 과오로 평양에서 추방되는 사람 중에는 이혼을 신청하는 사람이 많았다. 본인은 할 수 없어도 가족은 살아야겠다는 결정이었다. "지방진출자들은 리혼을 허락하지 말라"는 긴급지시가 떨어졌다. 가족 모두를 함께 내보내기 위한 조치였다. 추방길에 오른 작가는 평양을 떠나자마자 "상스러운 사람들" 사이에서 공포심을 느꼈다고 했다. "도덕들이 없는데다 말투에 살기까지 섞여 있었기" 때문이었다. 지방은 그만큼 평양과는 다른 사람들이 사는 곳이라고 여겼다.

작가가 추방된 도시는 함경북도 청진이었다. 막상 가보니 지옥은 아니었다. 물론 오래전 배급이 끊긴 지방도시의 참상은 이루 말할 수 없었다. 그러나 의외로 평양과는 다른 활기가 있는 것을 발견했다. 배급체계가 무너지고 지역별로 알아서 '자력갱생'하라는 방침이 떨어지자, 나름의 특성을 발휘해서 살길을 찾아나간 대표적인 도시 중 하나가 청진이었다. 청진은 중국 조선족 자치구의 중심인 연길, 도문, 혼춘과 가깝고 나진–선봉 경제특구와도 인접한 곳이다. 시장이 공식화되기도 전인 1998년, 이미 엄청난 규모의 '장마당'이 활성화되어 각종 가공식품을 파는 '매대'가 늘어서고, 지역 해산물과 함께 중국을 통해서 들어온 물자들이 유통되고 있었다. 평양과 지리적으로 멀리 떨어진 청진은 중앙권력의 직접적인 통제와 감시가 느슨해진 상황을 이용해서 새로운 비공식경제의 거점으로 자라나고 있었다. 지방 사정을 제대로 몰랐던 작가는 지방도시의 활력에 감동했다. 오히려 무너져가는 배급체계에 매달려서 "서서히 시들어가는 평양"과 대조를 느꼈다. 그 당시 활성화된 청진 순남시장은 지금까지도 북한에서 의류패션을 선도하고 있다.

평양 명문대학 출신인 작가는 먼저 지방으로 내려온 동창들을 찾아다니며 학연에 의지해서 생존을 모색했다. 그들 대부분이 자신이나 가족의 정치적 문제로 이른바 '혁명화' 대상이 되어 쫓겨 내려온 사람들이었다. 그들은 그래도 언젠가 충성심을 인정받아서 다시 평양으로 뽑혀 올라가기를 바라고 있었다. 평양에 있는 친척, 동창들과 여전히 선을 대고 있으면서 교육을 통해서 자식들 대에라도 다시 평양으로 진입할 날을 꿈꾸며 살았다. 주변부 엘리뜨 집단의 중앙중심적 가치관은 뿌리 깊은 것이었다.

"평양 것들"

개성공단이 가동되고 개성관광이 진행되던 2008년경 남한 관광객들이 들르는 관광지 주변에는 기념품상점과 식당이 문을 열고 토산품을 파는 매대가 펼쳐졌다. 가장 유명한 방문지인 선죽교 옆 2층 건물에는 평양고려호텔 식당이 분점을 내고 냉면과 불고기를 팔았다. 사실 평양 사람들은 옥류관 냉면보다 더 맛있다고 한다는 안내원의 자랑 섞인 선전을 들으며 그곳에서 식사를 했다. 고기 굽는 연기가 유적지까지 퍼지는 듯해서 조금 불편했다.

식사를 마치고 기념품매장을 돌아보니 개성특산물 송악소주와 인삼주를 비롯해서 자수와 그림 등 화사한 기념품과 송홧가루, 말린 나물 등을 팔았다. 서울에서 몰고 간 자동차를 세워놓은 주차장 주변에도 매대를 설치하고 한복 입은 젊은 여성들이 물건을 팔고 있었다. 둘러보며 판매원들과 이야기를 나누어보니 평양말씨를 썼다. 처음에는 개성 사람들도 '문화어평양식 표준어'로 말한다고 생각했다. 그게 아니었다. 남한 사람들을 상대하는 일은 평양에서 내려온 사람이 주로 했다.

개성말씨는 서울말과 별 차이가 없었다. 역사유적지에서 안내를 하는 해설원들은 개성 사람이었다. 해설할 때는 문화어 말투가 섞여 있었지만, 걸어가면서 말을 걸어보면 완벽한 서울말로 이야기했다. 개성이 얼마나 서울과 지척에 있는 곳인지 바로 느낄 수 있었다.

기념품을 사려고 주차장 주변에 늘어선 매대로 가려고 하자, 함께 걷던 개성 해설원이 나직하게 말을 했다. "선생님, 이왕이면 이쪽 매대에서 사 주시면 어떨까요?" 조금 떨어진 후미진 곳에 작은 매대가 보였다. 평양에서 내려온 안내원들은 저만큼 앞에서 가고 있었다. 슬쩍 되물어봤다. "이쪽에는 뭐 특별한 것이 있습니까?" "저기는 평양 것들이 차려논 거고, 이쪽은 개성 사람들이 준비한 겁니다." 바로 돌아서서 개성 사람들 매대로 갔다. 비슷한 듯 다른 물건들이 있었다.

그곳에서 나는 진짜 개성인삼주를 샀다. 술병과 병마개를 만들 수 없었던 개성 사람들이 유리관에 술과 인삼을 넣고 입구 부분의 유리를 녹여서 밀봉했다. 병목을 부러뜨려서 개봉하는 주사약병처럼 만든 것이었다. 역사적으로 유명한 개성 상인정신은 그렇게 창의적으로 '자력갱생' 중이었다. 그때 산 개성인삼주 병을 나는 아직 따지 못하고 있다.

개성시내 유적지 목 좋은 곳마다 화려하게 기념품을 펼쳐놓고 남한 관광객들의 달러를 챙기고 있는 '평양 것들'을 보며, 제주도에서 번 돈을 다음 날이면 서울로 송금하는 '육지 것들'에 대한 제주도 사람들의 불만을 다시 체감할 수 있었다.

중심지향

2001년초, 내가 남한의 '북한이탈주민' 정착 교육기관인 하나원에서 첫 수업을 하던 날, 본관 정문 앞에서 격렬하게 시위를 하며 저항하는 탈북민들과 마주쳤다. 경찰이 출동해야 할 정도로 격앙된 분위기였다. 교육과정을 수료하고 지방도시로 거주지역을 배치받은 사람들이 일으킨 사건이었다. 모두 죽어도 서울로 가겠다고 했다. 자유로운 나라라고 해서 왔는데 왜 또 지방에서 평생 차별받으며 살아야 하냐고 통곡하는 사람도 있었다.

거주지 배치 담당자가 서울엔 임대아파트가 적어서 지방도시로 많이 갈 수밖에 없다고 아무리 설명해도 막무가내였다. 왜 하필 내가 지방으로 가야 하냐고 했다. 일단 지방으로 '밀리면', 여간해선 서울로 '올라갈' 수 없다고 굳게 믿었다. 통일부 공무원들이 '자유 대한'의 서울은 북한의 평양과 다르다고 주장했지만, 오히려 지방차별 현실은 탈북민들이 더 직관적으로 아는 것 같았다. 지방으로 배치받은 사람들 중에는 아파트를 비워둔 채, 서울에서 살아보려고 떠도는 경우가 많았다.

중앙관직을 통한 '출세'를 가장 가치 있는 삶의 성취로 여기는 가치관은 유교적 관료제가 시작된 왕조시대부터 수백년간 지속된 문화전통이다. 그런 점에서 조선왕조의 수도, 한양을 물려받은 남한사회의 중앙중심성은 오히려 더 강하다고 할 수 있다. 오늘날 남한 인구의 약 반수가 수도권에 집중되어 있고, 대부분의 권력과 금력이 서울, 특히 강남에 집중된 현실을 보면 쉽게 알 수 있는 일이다.*

탈북청소년들도 중심지향 적응전략을 택했다. 냉전시대에 귀순용사를 위해 만들어진 특례입학제도는 학력과 거의 무관하게 대학을 골라서 갈 수 있게 해서, 많은 탈북청소년들이 서울의 명문대학에 입학했다. 그러나 그들 대다수가 한국에서 가장 경쟁적인 학생들이 모인 대학에 적응하지 못하고 오랫동안 겉돌며 휴학을 거듭하다가 결국 제적당했다. 후유증은 복합적이었다. 남한사회에서 서울의 명문대 학벌은 사람을 평가하는 중요한 기준이다. 상당한 상징적 가치가 있고, 유용한 사회관계도 만들 수 있다. 그러나 그 수준의 경쟁을 감당하기 어려운 사람들에게는 심리적 불안과 좌절의 원인이 되기 쉽다.

남한 교육제도에 절망한 탈북청소년들은 국제사회에서 북한 인권에 대한 관심이 고조되자 다시 '난민' 신분으로 미국, 캐나다, 영국, 독일 쪽으로 '탈남'하기도 했다. "당신들도 오고 싶어 하는 곳이잖아요?" 남한 엘리뜨 집단이 문명의 중심으로 선망하는 그곳에 간 한 청년이 한 말이다.[2]

* 강준만은 저서 『서울대의 나라』와 『바벨탑 공화국』을 통해 서울 중심적 권력과 교육을 통한 권력재생산 과정을 분석했다. 오늘날 빠르게 시장화되고 있는 북한사회의 평양 중심적 가치관과 차별현상을 '평양공화국'과 '김일성대의 나라' 개념으로 비교분석해볼 수 있을 것이다. 강준만 『서울대의 나라』, 개마고원 1996; 『바벨탑 공화국: 욕망이 들끓는 한국 사회의 민낯』, 인물과사상사 2019 참조.

2. "지주였나?": 계급과 성분

평양에서 안내원들과 가족 이야기를 하다가, 우리 외가가 원래 수원인데 어머니는 일제 때 서울에서 여학교를 다녔다는 말을 했다. 바로 책임지도원이 나를 똑바로 쳐다보고 물었다. "지주였나?" 그 싸늘한 눈빛과 달라진 어조가 섬뜩했다. 게다가 외가는 몇대째 기독교 집안이었다. "아! 여기서 저 눈빛을 견디며 살기는 어렵겠구나." 어머니의 여학교 동창 아주머니들 얼굴이 떠올랐다. 해방 후 이북에서 못 살고 월남해서 고생하던 이야기를 어린 나에게 들려주곤 했었다.

해방 직후부터 사회주의국가 건설에 착수한 북한은 맑스주의적 계급관에 따라 노동자와 빈농 등 피착취계급을 우대하고, 지주, 부농, 상인, 기업가 등 착취계급을 억압했다. 또한 일제 침략에 저항해 싸운 독립투사를 우대하고, 식민지배에 협력한 친일관료와 군인, 경찰을 색출해서 처벌했다. 즉, 제국주의 식민사회의 기존지위를 역전시켜서 탈식민주의 국가로서 정의를 실현하려 한 것이다.

기존의 봉건적 계급질서를 역전시키고 친일세력이 누렸던 특권적 지위를 박탈하기 위해서 상당 수준의 물리적 강제력이 동원되었다. 또한 그들이 다시 지배적 위치로 돌아가지 못하도록 억압하는 조치도 취했다. 재산을 몰수해도 이미 체득하고 있는 지식, 기술, 인간관계 등 사회문화적 자본을 활용하는 것을 경계했기 때문이다.

북한은 민족해방과 혁명수행을 국가 정통성의 근간으로 삼았다. 따라서 주민들의 정치적 지위는 민족해방과 혁명수행을 위한 자격과 역할에 따라 규정했다. 개인마다 다르게 규정된 정치적 지위를 일반적으로 '성분' 또는 '출신성분'이라고 표현하고, 이것은 배급 등 주민행정의 기초가 된다.*

출신성분은 기본적으로 해방 당시의 성분, 지금은 조부모 또는 증조부모들의 사회적 계급성분에 따라 나누었다. 출신성분은 노동자-고농소작농-빈농-사무원-중농-수공업자-상인-기업가-부농-지주 순으로 서열화되었다. 해방 후에는 사회주의 국가체제에 기여한 공과(또는 수령에 대한 충성도)에 따라 자손들의 계급성분이 영향을 받는다.[3]

차별의 역전: 연좌제와 세습

공개적인 성분 분류와 함께 개인의 정치적 지위를 '계급' 또는 '부류'로 구분하는 개념도 사용한다. 이것은 혁명수행을 이끄는 당이 관리하는 비공개 분류법이다. 혁명수행은 투쟁과정이고, 이를 위해서 혁명동력인 '핵심계층'과 혁명대상인 '적대계층', 그 중간에 있는 '동요계층'을 명확하게 구분하는 작업이 필요하다고 했다.** 이 3대 계층의 세부적 분류는 당조직지도부가 하는데 일반적으로 51부류가 있다고 한다. 이것은 당노선이나 정책변화에 따라 유동성이 있는데 새로운 부류가 추가되기도 하고 삭제되기도 한다. 그 내용이 공식적으로 제시되지 않아서 정확하게 파악할 수 없는 일이지만, 중요한 사실은 이러한 세부 분류체계에 의해 모든 자원 배분과 사회적 차별이 시행된다는 점이다. 구체적인 내용을 알 수 없는 일반인들은 흔히 "성분이 좋다"거나 "출신성분이 나쁘다"라는 포괄적 용어로 그러한 분류가 사회생활에 영향을 미친다는 사실을 인지하고 있다.[4]

* 실제로 주민등록상의 '가계표(家系票)'에는 아버지의 직업을 쓰는 '출신성분'과 본인의 직업인 '사회성분'으로 나눠서 기재한다.

** 핵심계층은 대략 전인구의 약 30퍼센트, 동요계층은 50퍼센트, 적대계층은 20퍼센트 정도로 추산하고 있다.

성분에 따른 차별이 당사자에 그치지 않고 가족 구성원 모두에게 확대 적용되는 '연좌제'의 문제는 확실하게 알아둘 필요가 있다. 연좌제는 해방 후 북한에서만 시행된 것은 아니다. 북한에서는 지주, 친일파, 월남자, 기독교도 가족까지 광범위하게 적용한 반면, 남한에서는 주로 좌익 정치범, 월북자(납북자) 가족들에게 적용해서 그 자손들까지 '신원조회'에 걸려 공무원 임용은 물론 신원보증이 필요한 대부분의 직장에 취직할 수 없었다. 민주화되기 전까지는 해외여행도 불가능했다. 남과 북 모두에서 국가체제에 위협이 되는 집단을 견제하고 억압하는 도구로 가족 연좌제를 쓴 것이다. 남과 북의 차이는 어디까지나 정도의 문제였고, 그 논리와 적용원리는 비슷했다. 이렇게 전근대적이고 반민주적인 제도가 민주주의를 표방하는 근대국가 수립 후 수십년 동안 여러세대에 걸쳐서 시행될 수 있었던 것은 오랜 문화전통 때문이었다.

'연좌제'는 원래 고려시대에 관직에 오를 사람을 추천하면 그에 따른 책임을 지도록 하는 것에서 비롯되었다. 그것이 조선왕조에 들어서서 무수한 사화와 당쟁을 거치면서 역적으로 규정된 본인뿐 아니라 가족 모두를 노비로 만드는 배제와 차별의 사회원리로 확대된 것이다. 정치투쟁에서 패한 사람과 그 가족을 사회적으로 '낙인찍는' 것은 효과적인 사회통제 수단이었기 때문이다. 특히 사회적 낙인이 당대만 아니라 후대까지 전달되도록 해서 그 집단이 재기할 수 있는 가능마저 제거했다.

연좌제는 배제의 원리로도 적용되었지만, 특권과 지위의 세습 원리로도 기능했다. 최고지도자의 권력세습은 조선의 유교적 신분제도와 유사한 사회계층구조를 정착시키고 정당화했다. 건국 초기 북한은 출신성분에 따른 차별을 '혁명적' 조치로 정당화했다. 이렇게 역전된 차별을 굳건한 배제와 특권의 원리로 제도화해서, 지난 70여년간 3~4세대에 걸쳐서 세습했다.* 연좌제 원리는 지역적으로도 반영되었다. 수령을 중심으로 한 권력집중 과정에서 몇차례의 내부 정치투쟁과 성분 재분류를 통해 많은 사람을 지방 오지로 추방하고, 충성심과 능력을 인정받은 사람은 평양으로 불러들였다. 그런 과정을 되풀이하면서 평양과 지방, 도시와 농촌 인구가 재편성되었다.

최고권력자 가문만 '백두혈통'이란 이름으로 세습된 것이 아니라, 건국공신 집단인 항일 빨치산 가문은 '백두산줄기'로, 전쟁영웅의 가족과 후손 등은 '혁명의 골간'으로 특권과 지위를 세습하며 확대된 친인척 연계망을 만들었다. 그들은 '만경대혁명학원'이나 '김일성종합대학'과 같은 특별한 학연까지 연결고리로 해서 주로 평양을 중심으로 한 혈연, 지연, 학연 공동운명체를 구성했다.

세습이라면, 남한이 오히려 더 광범위하게 이루어지는 사회다. 부자 할아버지의 어린 손자가 그대로 갑부가 되는 사회, 재벌 회장의 젊은 아들이 바로 회장이 되는 것이 순리라고 여기는 사회에서, 혈연만이 아니라 지연과 학연으로 사회적 지위가 세습되고 있기 때문이다. 더욱이 제국군대 장교가 신생국의 장군이 되고 대통령까지 된 나라, 식민지 경찰이 경찰간부가 돼서 독립투사를 다시 고문한 나라에서, 해방 직후 북한의 탈식민주의 사회체제 확립 작업의 문제점에 대해서 일방적으로 비판하기는 어렵다.

신분상승 전략: 교육과 결혼

성분과 계급으로 짜인 서열체계에 가끔 예외적인 계층이동 사례가 발

* 정치적 연좌제의 사회적 영향은 남한에서도 심각한 것이었다. 특히 건국 후 사회발전 과정에서 탈락되거나 배제된 사람들은 제주도와 여수·순천지역, 그리고 전쟁 때 인민군이 점령했던 지역에서 많이 나와서 그 지역 출신에 대한 사회적 차별의 계기가 되기도 했다.

생하기도 한다. 시험에서 특별한 능력을 보이거나 충성에서 특별히 모범이 된 사람은 타고난 성분의 제약을 넘어서 계층상승을 하는 경우가 있다. 그러나 일정한 기준에 따른 자동적 혜택이라기보다는 워낙 '예외적'으로 이루어지는 일이기 때문에, 당사자들은 자신이 '수령님의 특별한 은사'를 받았다고 여기게 된다. 서울에서 만난 한 탈북 의사는 "부모가 월남한 지주계급 출신이라는 '나쁜 성분'에도 불구하고, 전심전력 공부하고 앞장서서 '수령님'을 믿고 의지하니, 특별히 의학대학으로 진학하게 해주셔서 의사가 될 수 있는 '영예'를 주셨다"라고 지금까지도 그 일만큼은 고마워했다.*

북한사회에서 개인은 체제와 수령으로부터 자유롭지 못하다. 개인주의와 자유주의는 후손에게까지 영향을 미칠 수 있는 무책임한 도덕적 죄악이다. 과오를 저지른 배우자를 비난하면서 이혼을 하고 재혼해서 자식들을 보호하는 일도 상식적으로 이해되는 사회적 생존전략이다. 기근시기에는 생활고로 일가족이 동반자살을 하면서 수령이나 체제 때문이 아니라 자신의 무능력 때문에 죽는 것이라는 유서를 남기는 일이 빈번했다. 남아 있는 다른 가족의 성분에 피해를 주지 않으려는 것이다.

탈북한 사람들 대다수가 남한에 와서도 자신의 이름과 얼굴을 밝히지 않으려 하는 것도, 그들 중 상당수기혼여성 중 약 35퍼센트가 북에서 이혼하고 왔다고 주장하는 것도 같은 이유에서다. 수령과 체제를 배신한다는 것은 개인적 범죄의 차원을 넘어서서, 배우자와 자식과 가족, 친척 모두의 성분

* 먼저 월남한 가족의 도움으로 기근시기에 탈북한 그녀는 북한에서 '어버이 수령님'을 믿고 그 말씀대로 열심히 살아서 성공했던 것처럼, 남한에서는 '하느님 아버지'를 믿고 따라야 복받고 잘될 것 같다고 했다. 북한에서 절대계율로 삼고 살았던 '당의 유일사상체계 확립의 10대 원칙'과 기독교의 '십계명'이 비슷한 것 아니겠냐고 반문했다(2000년 6월 인터뷰).

을 떨어뜨리는 행위다. 그래서 탈북자들은 누구나 남겨놓은 가족과 친척에 대한 죄책감과 불안감을 떨치기 어렵다고 한다.

대기근으로 인한 사회질서의 혼란 속에서 '출신성분'에 따른 사회적 차별제도를 심각하게 교란시키는 현상이 나타나기 시작했다. 우선 장마당 등 비공식 경제영역에서 거침없이 활동할 수 있었던 사람들은 당관료 엘리뜨 집단처럼 출신성분이 좋은 사람들이 아니었다. 이들은 비공식적으로 축적한 자원을 가지고 '뇌물' 등 역시 비공식적인 방법으로 출신성분의 한계를 넘어서기 위한 작업에 매진했다.

이들이 비공식적으로 동원한 신분상승 전략은 다양했다. 자녀 교육과 결혼을 통해서 장기적으로 신분상승을 꾀하는 합법적 전략부터 출신성분 기록 자체를 폐기하거나 수정하도록 하는 불법적인 일까지 감행했다. 마치 조선왕조 때 노비들이 전란을 틈타 노비문서를 불태워버리고 신분세탁을 했던 사례와 유사한 일이 벌어진 것이다. 성분기록 교란행위가 많이 발생하자, 2010년 평양시민증부터 디지털화하기 시작했다. 결혼을 통한 신분상승 방법은 성분이 좋은 당관료 집안과 혼인을 성사시켜서 나쁜 성분을 희석하는 것이다. 실제로 이런 전략을 통해서 낮은 성분 사람들이 평양 진입에 성공한 사례가 많이 나타났다. 교육영역에서는 성분 낮은 학생들이 교사와 당간부에게 뇌물을 '고이고' 평양에 있는 대학에 응시할 자격을 얻어서 입학하기도 했다. 이들이 현재와 미래 평양시민의 구성을 바꾸고 있다.

중국의 '문화대혁명1966~76'은 당관료와 지식인 집단을 인민들이 직접 견제해서 다시 평등한 계급질서를 만든다는 영구혁명론을 주장했다. 중화인민공화국 건국 후 점차 새로운 특권계급이 되어가던 관료들과 지식인들은 타도의 대상이 되어 고삐 풀린 대중의 질투심과 복수심에 그대로 노출된 채 끔찍한 폭력을 겪었다. 그들은 '하방下方'당한 오지의 농촌에서 장기간 육체노동을 하며 숨죽이고 지낼 수밖에 없었다. 무너진 경제를 회복하기 위해 덩샤오핑이 추진한 개혁개방 정책이 본격화되면서 그들은 대부분 복권되었고, 오늘날 다시 중국사회의 지배계급이 되었다.

20세기에 나타난 사회주의국가들은 사회적 차별을 없애고 평등을 구현하겠다는 이념으로 혁명을 했지만, 새로운 권력집단이 다시 특권계급이 되는 것을 막지 못했다. 북한은 건국 초기에 출신성분을 토대로 역전시킨 계급질서를 오늘날까지 거의 그대로 유지하고 있다. 오히려 계급 간 경계를 더욱 선명하게 하고 계급을 재생산하는 체제로 발전했다. '조선식' 사회주의는 해방 당시의 탈식민주의 논리와 제국주의에 맞선 혁명을 지금도 수행하는 중이란 명분을 내세우며 사회적 불평등과 차별을 정당화하고 있다.

3. "성분이 깨끗해서": 순수와 오염

"빈농 출신이라 성분이 깨끗해서 인민반장을 했지요." 한 탈북여성이 이야기하자, 옆에 있던 노년의 탈북남성이 "나는 지주 출신이라 사상이 썩었다고 비판을 많이 받았어요"라고 받았다. "할아버지가 월남을 해서 그 오점 때문에 대학을 못 갔어요." "큰아버지 가족이 종파분자로 쫓겨났는데, 우리도 나쁜 사상이 전염되었을 거라고 당원 심사에서 떨어졌습니다." "혁명가 가족은 출신성분이 가장 순수해서 대학 진학이나 당원이 될 때 유리했습니다." 한사람이 말을 꺼내자 봇물 터지듯 너도나도 출신성분이 자기 인생을 어떻게 결정했는지 이야기했다.

탈북한 사람들은 대부분 출신성분이 나빴거나 가족과 친척 중에 정치적 과오가 있다는 이유로 차별받았다고 했다. 상당수는 바로 그 반대의 이유로 우대받고 당당하게 살았다. 그때 나오는 표현이 "깨끗하다" "더럽다" "썩었다" "순수하다" "오점" "전염" 같은 말이다. 사회적 직업과 행위를 정치적 관점에서 '순수'와 '오염'으로 나누고, 그렇게 분류된 특징은 가계를 따라 전승되고 가족관계를 통해 '전염'된다고 여겼다는 사실을 읽을 수 있다.

이런 문화체제에서는 '오염되었다'고 지목당한 사람뿐만 아니라, 그 주변 사람도 혈연적 친밀도에 따라 '오염되었을 가능성이 높다'고 위험시한다. 그렇게 오염되었거나 전염 가능성이 높다고 규정된 사람들은 정치적으로 핍박받을 뿐 아니라 남들의 도움을 받기도 어렵다. 오염된 것으로 추정된 사람들은 결혼은 물론, 진학, 직업, 승진 등 생애과정의 다양한 영역에서 제약을 당했다. 그들은 남들보다 낮은 위치에서 남들이 싫어하는 일을 하며 살아야 했다.*

이렇게 출신성분에 따라서 개인을 포함하거나 배제하는 제도는 북한만이 아니라 대부분의 사회주의국가에서 시행됐다. 인간의 성장환경이 자

* '순수'와 '오염' 개념에 의한 사회계급제도는 인도 카스트제도가 대표적이다. 최고계급인 브라만은 순수하고 순결한 삶을 사는 사제집단이다. 그들은 자신들이 해서는 안 되는 불결하고 오염된 일을 하는 불가촉천민 집단이 필요하다. '불가촉(untouchable)'이란 접촉만으로도 전염될 수 있는 오염된 존재라는 뜻인데, 한 마을에서 그 역할을 하던 천민집단이 도망을 가면 그다음으로 낮은 계급을 천민으로 밀어내기도 했다. 그만큼 대칭적 짝이 된 '사제(priest)'와 '반사제(anti-priest)' 집단은 사회기능적으로 서로를 필요로 한다. Louis Dumont, *Homo Hierarchicus*, Oxford University Press 1980 참조.
인도 카스트제도와 유사한 순수와 오염의 계층제도는 힌두문화의 전파경로를 따라 티베트, 미얀마, 발리 등으로 퍼졌고, 동북아시아로는 불교문화와 함께 전파되어 토착 성속(聖俗)개념과 결합되면서 조선의 '백정(고려의 화척)'이나 일본의 '에따(근대의 부라꾸민)'와 같은 천민집단 차별로도 나타났다.

아 형성에 중요한 영향을 미치고 그에 따라 개개인의 사상적 경향이 결정된다는 소비에뜨 심리학 이론을 적용한 것이다. 북한의 경우, 사회주의 이념에 따른 분류와 배제의 원리에 전통적인 '순수'와 '오염' 개념이 결합되면서 더욱 강도 높은 차별의 원리가 되었다.

순수와 오염 개념과 결합된 계급체계는 다른 계급집단 간의 결혼을 어렵게 만들었다. 특히 오염된 계급에 속한 사람과의 결혼은 더이상 개인의 문제가 아니다. 자신과 가족, 다음세대까지 오염시킬 수 있는 위험한 행위가 된다. 오염된 사람과의 사랑은 사람들의 생애에 치유되지 않는 상처를 남겼다. 탈북민들은 정치적으로 오염된 사람과의 부적절한 결합으로 인해 자신과 가족이 받은 사회적 차별 경험을 많이 이야기했다.

출신성분이나 과오로 사회적 낙인이 찍힌 사람들을 다시 '깨끗하게' 해줄 수 있는 존재는 오직 수령뿐이다. 김일성과 김정일의 덕성실화는 각 곳에서 능력을 인정받지 못하고 위험시되던 오염된 성분의 인재들을 바로 현장에서 사면하고 구원하는 모습을 그리고 있다. 그러나 차별제도 자체를 없애는 조치는 결코 취하지 않았다. 그래서 개별적인 그의 '은사'는 예외적이고 특별한 것이 된다.

"다문화는 민족말살론": 인종차별

"인류학 교수십니까?" 금강산에 오르면서 젊은 안내원이 눈을 반짝이며 반가워했다. "우리 민족의 '가장 앞선' 기원에 대한 연구도 하셨습니까?" 요즘 민족 기원에 대한 학습을 하면서 인류학에 관심을 갖게 되었다고 했다. 이야기를 듣다보니 인류학을 근대 초기의 '인종학'과 유사한 분야로 생각하는 듯했다. 몇해 뒤 평양의 한 호텔 서점에서 같은 주제를 다룬 도서를 발견했다. 『아득히 먼 옛날의 우리 선조들을 찾아서』란 책이었다.

사회과학출판사에서 발행한 그 책은 "우리 선조들은 인류역사의 동틀 무렵부터 같은 시기 이웃지역의 사람들보다 진화발전 정도가 높았을 뿐만 아니라, 정신적으로 월등한 높이에 있었다"라고 주장했다. 특히 "세계 그 어느 지역보다도 비할 바 없이 많은 신인단계의 인류화석이 주로 평양을 중심으로 한 대동강변에서 많이 발견되었다"라고 하면서, "진화과정에 있던 우리 선조들은 남달리 뛰어나게 지혜롭고 정서적이었으며, 완성된 현대 사람의 모습도 동방에서 가장 일찍 갖춘 사람들이었다"라고 했다.[5]

이제 북한의 역사는 태양민족의 건국신화와 단군조선의 기원신화를 역사적인 사실로 만드는 작업을 넘어서, '과학적'으로 인류의 기원과 연결하는 작업을 하고 있었다. 책의 저자는 "인류발상지 문제는 학술적 문제라기보다 정치적 문제"라고 솔직한 의견도 피력하면서, 세계적인 인류화석 발굴 성과에 대한 최근 정보도 일부 소개했다. 다만, 모든 인류의 진화과정을 "아득히 먼 옛날부터 조선땅에서 살던 우리 선조들이 앞장서서 이끌었다"라는 주장을 덧붙였다.

단군과 고조선에 관한 연구에서 저자는 "조선 사람은 그가 태여난 지역에 관계없이 모두 다 평양일대에서 발굴된 인류화석에 그 시원을 두고 있는 같은 겨레의 후예이며 평양에서 첫 고대국가를 세워 겨레의 공통성을 이룩한 단군조선 사람의 직계후손"이라고 했다.[6] 그 근거로 조선 사람의 형태학적 기초가 이웃 민족과 특색 있게 구별되는 두개골이라고 주장했다.*

* "조선 사람이라면 그 누구나 어느 시대에 또 어디에서 살던 사람이든지 간에 관계없이 머리뼈 높이는 상당히 높은데 얼굴뼈 높이는 중간 정도로서 그렇게까지 높지 않으며 이마가 제껴진 것이 아니라 곧추 섰으며 눈확은 상대적으로 높고 이틀은 넓으며 코뿌리 부위가 상대적으로 좁고 높다는 데 있다." 장우진 『아득히 먼 옛날의 우리 선조들을 찾아서』, 평양: 사회과학출판사 2009, 145면. 이런 식의 과도한 형태론적 주장은 20세기 초반 파시즘과 함께 유행했던 인종학에 뿌리를 둔 것이다.

일본제국주의 시대의 '천손족天孫族' 주장도 비슷한 논리였다. 당시 일본 역사학계는 야마또 민족의 건국신화와 '만세일계万世一系, 영구히 한 혈통으로 이어진'의 천황제를 역사적 사실로 만드는 작업을 했다. 다른 한편으로 인종학에 매달린 체질인류학자들은 일본 민족의 우월성을 주장하기 위해서 아이누, 대만, 조선, 류우뀨우琉球, 중국 등 주변 민족들과의 차이를 우생학적으로 밝히는 데 주력했다. 당시 유럽에서 인종학과 우생학을 선도했던 나치 독일에서는 한걸음 더 나가서 아리안 민족의 체질적 특성을 전형화하면서 그들의 민족적 순수성을 지키기 위해 유대인이나 집시와 같은 오염된 민족과의 결혼을 법적으로 금지했다.*

적국인 독일과 일본의 인종주의를 비난하던 미국과 영국에서도 소수인종에 대한 편견과 차별은 뿌리 깊었다. 전쟁 중에 발간된 베네딕트의 『인종』*Race*이란 책은 적국의 인종주의만이 아니라 미국의 인종차별 문제를 함께 분석하고 비판했다. 당시 미군은 이 책을 금서로 지정했다. 최근까지도 미국사회에서 인종은 '오염' 원리에 의해서 규정되었다. 가까운 조상 중에 흑인이 하나라도 섞여 있으면 자손들은 모두 흑인이 되는 식이다.[7]

탈북민들이 증언하는 '순수'와 '오염' 개념에 의한 가장 극단적인 차별 사례는 대기근시기에 중국에서 임신한 채 북한으로 강제송환된 여성들이 겪은 강제낙태 사건들이었다. "더러운 외국인 피"를 가졌다고 갖은 모욕을 하면서 아이를 지웠다고 한다. 상대방이 중국 조선족이라 같은 민족이라고 변명해도 통하지 않았다. 같은 '민족'이라도 다른 나라 '국민'은 위험

* 나치의 순수와 오염에 대한 우생학적 집착은 정신장애인과 유전질환자에게까지 적용되어 '단종법'을 제정하고 전쟁 말기에는 학살까지 했다. 제국주의 일본과 식민지 조선에서는 한센병 환자들을 강제로 격리시키고 거세, 불임시술을 했다. 그렇게 근대 초기에 만들어진 우생학적 편견과 민족차별 의식 때문에 오늘날까지 다른 민족은 '피가 더럽다'는 말을 하면서 결혼은 물론 사회적 접촉을 꺼리는 사람들이 있다.

하고 오염된 존재로 간주한 것이다.

조·중 접경지역에서 그런 터무니없는 인권유린 사례를 거듭 들으면서 전율했다. 그러나 동시에 내가 어린 시절 서울 이태원거리에서 봤던 수많은 '혼혈아동'과 불법낙태를 전문으로 했다는 산부인과 간판들이 떠올랐다. '혼혈'이란 말에는 이미 '정상'이 아닌 '비정상', '순수한 피'가 아닌 어떤 '이질적인 피'가 섞였다는 뜻이 담겨 있었다. 당시 남한사회에서 '오염된' 존재로 차별받던 '혼혈아동'은 우선 해외입양 대상이 되었고, 이들을 사회적 차별로부터 보호하기 위한 사회복지시설이 따로 만들어지기도 했다.*

오늘날 남한사회가 다문화사회가 되었다고 하지만 이질적 존재와의 결합과 '혼혈'에 대한 차별의식은 여전히 강한 편이다. 다른 인종이나 민족과의 결합은 물론 다른 국적의 같은 민족과의 결혼조차 비정상으로 여기기도 한다. 실제로 탈북민을 포함한 많은 한민족 이주여성과 그 아이들이 주변 사람들의 차별의식 때문에 어려움을 겪고 있다.

2006년 4월 27일 『로동신문』에는 "최근 남조선에서 우리 민족의 본질적 특성을 거세하고 '다민족, 다인종사회'화를 추구하는 괴이한 놀음이 벌어지고 있다"라고 경고하는 글이 실렸다. "단일성은 세상 어느 민족에도 없는 우리 민족의 자랑이며 민족의 영원무궁한 발전과 번영을 위한 투쟁에서 필수적인 단합의 정신적 원천이 된다"면서, 남조선에서 제기되는 혼혈인 문제는 전적으로 미국의 군사적 강제점령의 산물이라고 했다. 따라서 당시 남한에서 활발하던 '다문화'와 '다민족'사회에 대한 논의는 "민

* 노벨문학상 수상자이자 인권운동가인 펄 벅(Pearl Buck)은 한국사회에서 거지들로부터도 차별받고 있는 혼혈아동들을 목격하고 이들을 위해 '소사희망원'을 세우고 2천여명을 돌보고 교육했다. 피터 콘 『펄벅 평전』, 이한음 옮김, 은행나무 2004, 556~72면 참조.

족의 단일성을 부정하고 남조선을 이민족화, 잡탕화, 미국화하려는 용납 못 할 민족말살론"이라고 규정했다.

인류학자 더글라스는 "오염은 (사회)구조의 경계가 명확하게 규정되는 곳에서만 일어날 수 있는 유형의 위험"이라고 했다.* 즉, 북한같이 안팎의 경계를 명확하게 규정하고 지키려고 하는 사회에서는 밖에 있어야 한다고 규정한 것이 안에 들어와 있으면 오염시키는 것이고, 위험한 것이 된다. 따라서 오염 개념은 위협당한 사회질서의 동요를 막기 위한 것이다.

2000년 6월, 남북정상회담 이후 남북교류가 증가하면서 남한 사람들의 북한 방문이 늘어났다. 같은 민족이지만 사회경제적으로 압도적인 힘을 가진 남한 사람들과 대면할 수밖에 없는 상황에서 북한체제로서는 경계를 다시 명확하게 규정해야 했을 것이다. 이때 상대방을 이질적이고 오염된 존재로 개념화하는 작업이 강화되었다.** 북한을 '순수한' 민족성을 지키는 국가로 표상하고, 남한은 '오염된' 다민족, 다인종 국가가 되어간다고 거듭 강조했다.

20세기초, 사회주의 인터내셔널의 이상은 민족을 초월한 계급연대와 평등구현이었다. 이제 민족과 평등에 관해서 사회주의 북한과 자본주의 남한이 서로 역전된 주장을 하는 상황이 되었다.

* 사회적 '오염' 개념은 문화적인 '안과 밖' 구별방식을 확대 적용한 것이다. 똑같은 물질도 바깥 밭에 있으면 거름이라 여기고 방 안에 있으면 오물이라고 생각한다. 메리 더글라스 『순수와 위험: 오염과 금기 개념의 분석』, 유제분·이훈상 옮김, 현대미학사 1997 참조.

** 남한에서도 탈북민이 늘어나면서 분단경계를 다시 명확하게 규정하고 지키고자 하는 사람들에 의해서 이질적이고 이상한 '북한 사람' 이미지를 만들고 유포하는 방송 프로그램이 많이 만들어지기 시작했다.

“평양은 나라의 얼굴”: 장애차별

한 사회에서 바람직하지 않게 여기는 특성을 가진 사람들을 배제하고 차별하는 기제인 ‘사회적 낙인’stigma, 오점에 대해 연구한 어빙 고프먼Eriving Goffman은 이를 세가지 유형으로 분류했다. 첫째 신체적 흠이나 장애로 인한 낙인, 둘째 반역적인 믿음, 부자연스러운 감정, 정신질환, 의지박약 같은 성격적 결함에 따른 낙인, 셋째 인종, 민족, 종교와 같이 가계에 따라 전달되면서 가족 모두를 오염시킬 수 있는 부족적(집단적) 낙인이다.[8]

사실 ‘낙인찍힌 사람’과 ‘정상인’은 두 무리로 나눌 수 있는 사람들이라기보다는 관점일 뿐이다. 누구나 살아가는 동안 상황에 따라 어느 한편으로 규정될 수 있고 또 입장이 바뀔 수도 있다. 그럼에도 불구하고 ‘낙인찍힌 사람’은 오명이나 수치의 대상이 되기 쉽고, 삶의 기회를 위축시키는 차별을 받는다. 북한에서는 그 모든 유형의 ‘낙인찍힌 사람’들을 공식적으로 차별하고 격리하는 제도를 만들어서 지난 수십년간 시행해왔다.

“평양은 우리나라의 얼굴이라고 할 수 있습니다. 얼굴을 보고 사람이 어떻게 생겼는가 하는 것을 평가하는 것과 마찬가지로 우리나라에 오는 다른 나라 사람들은 평양시를 보고 조선의 발전면모를 평가하게 됩니다. 그러므로 평양시를 잘 꾸려야 합니다. 평양시를 잘 꾸리는 것은 우리나라의 얼굴을 깨끗이 하는 것과 같습니다.”[9]

40여년 전 김일성이 한 말이다. 그의 말대로, “평양시에는 정신적으로나 육체적으로 건강한 사람만 살도록 하지 않으면 안 된다”라는 원칙이 철저하게 시행되었다.[10] 우선 평양시내에 살던 농아, 신체장애인, 정신질환자는 가족과 함께 지방으로 강제 이주시켰다. 평양뿐만 아니라 외부 사람이 방문할 가능성이 있는 남포, 개성, 청진에 살던 장애인들도 산간오지나 낙도 등 특수지역으로 추방했다. 전쟁과 사고로 인한 장애인이나 사회적 지위가 높은 계층의 장애인도 예외가 아니었다. 국가적 체면의 문제라고 해서 평양거리에서 '눈에 띄지 않도록 하는 것'이 지상과제였다.

핵심계층의 경우 가족 모두를 추방하지 않고 장애인 본인만 평양 인근의 장애인 집단거주지역으로 보냈다. 가족들이 그 지역을 방문할 수는 있지만, 본인은 시내에 들어올 수 없다. 북한의 일상생활에 대해 연구한 이또오 아비또伊藤亞人 교수는 소아마비 장애가 있지만 예외적으로 평양시내 거주가 허락된 일본 여성의 사례를 소개했다.[11]

재일동포 귀국자와 결혼해서 평양에 살던 그녀는 유명한 화가였지만 지방으로 추방되었다. 총련과 친척들이 송금을 하고 압력을 가해서 평양 중심지에서 벗어난 시내 외곽지역에서 가족과 함께 살 수 있게 되었다. 그러나 집 밖으로는 한발자국도 나가지 못했고, 시내에서 열린 자신의 작품 전시회에도 참석할 수 없었다고 한다.

2000년대 중반, 남북교류가 활발할 때 평양을 방문한 남한단체 방북단에 어렸을 때 소아마비를 앓았던 여성이 참가했다. 수십년 전부터 장애인을 지방으로 추방했던 평양거리에 보기 드문 장애인이 나타난 것이다. 활발하게 웃고 대화하는 그에게 평양시민들은 이질적 존재에 대한 경계심은커녕, 호기심과 호의를 적극적으로 표현했다. 권력의 질서가 사람의 정서를 누르지는 못하는 듯했다.

방문단이 찾아간 한 기관에서 자신이 남한에서 대학교수라고 소개하자, 그 자리에 있던 여성들이 술렁이며 서로 속삭였다. "대단해요~ 교수래!" "결혼도 했대." "우린 영예군인상이군인과 결혼한 녀성들 이야기만 들었는데…" 공식행사가 끝나자 한 여성이 다가와서 촉촉한 눈빛으로 더듬더듬 인사를 했다. "아! 어쩌면. 고마워요." 무엇이 고맙다는 걸까. 그 기관에서 가장 연장자인 원로 연구원도 다가와 그의 손을 잡고 감동 어린 얼굴로 반가워하던 모습이 눈에 선하다.

4. "혁명의 두 수레바퀴": 남성과 여성

평양 방문기간 중에 마침 '세계 여성의 날'이 끼어 있었다.* 안내원이 농담처럼 한마디 했다. "오늘 국제부녀절이라, 내가 아침밥을 해줘야 하는데…" 우리 때문에 그렇게 못 해서 아쉽다는 듯이 생색을 내며 말했지만, 덕분에 잘되었다는 표정이 역력했다. 페미니스트와 함께 사는 내가 웃으며 물었다. "오늘만?" 잠시 무슨 뜻인가 머뭇거리다가, 그가 다시 물었다. "그럼 정선생은 다른 날도 밥을 한단 말입니까?" 그래서 남자들의 가사에 대해서 서로 묻고 이야기했다. 조금 듣더니 그가 결론처럼 말했다. "거~ 남조선 남자들 체면이 영~ 말이 아니군."

"녀성은 꽃이라네"

북한에서는 건국 초기부터 여성을 "혁명의 한쪽 수레바퀴"라고 하면서 전통가족을 "붉은 가정"으로 바꿨다고 공식적으로 밝혀왔다. 그러나 실제 가족관계를 비롯한 일상생활은 가부장적 가족주의에서 별로 벗어나지 못했다. 안내원의 아내도 직업을 가진 여성이었지만 늘 가족 중에 제일 먼

* 3월 8일 '세계 여성의 날'은 1908년 열악한 작업장에서 화재로 죽은 여성노동자를 기리며 미국 노동자들이 궐기한 날로, 여성의 정치, 경제, 사회적 업적을 범세계적으로 기념하기 위해 UN이 공식 지정한 날이다. 남한에서는 별로 주목받지 못하는 기념일이지만, 북한에서는 '국제부녀절'이란 이름으로 중요하게 기념하고 있다.

저 일어나서 직장에 가기 전에 아침식사를 챙기고, 직장일을 마치고 돌아와서도 집안일을 도맡아 한다고 했다. 미풍양속처럼 자랑하면서 미안한 기색이 없었다. 가족생활에서 남성우위의 원칙은 여전히 굳건하다. 아내에게 쩔쩔매고 사는 딱한 남조선 남편에게 과시하듯 당시 평양에서 유행하던 노래를 가르쳐줬다.

녀성은 꽃이라네 생활의 꽃이라네
한 가정 알뜰살뜰 돌보는 꽃이라네
정다운 안해여 누나여 그대들 없다면
생활의 한 자리가 비여 있으리
녀성은 꽃이라네 생활의 꽃이라네.

노랫가락은 흥겨웠지만, 가사는 사회주의 이념이 그리는 혁명적 여성상과는 거리가 멀다. 북한 건국 초기의 여성해방의 이상과도 달랐다. 언제 그렇게 변했고, 어떻게 그런 차이를 설명하고 있는지 알아보았다.

해방 직후부터 1960년대까지 북한은 사회주의 여성해방 이념에 따라 '여성의 혁명화'를 추진했다. 우선 여성교육에 주력해서 문맹퇴치운동을 대대적으로 펼쳤고, 제도교육과 사회활동에서 여성에 대한 차별을 없애려 했다. 특히 공적영역의 여성 진출이 눈부시게 확대되었다. 여성들은 정치적으로 모든 조직단위에서 지도적 역할을 맡았고, 건국 초기부터 상징적으로 중요한 공직에 임명되었다. 사회 부문에서도 의사나 법관 같은 전문직 여성이 많았다. 많은 여성들이 전후 복구사업과 '사회주의 공업화' 과정에 참여하면서 다양한 산업 분야의 기술훈련을 받고 전문 기술자가 되었다. 공적영역의 혁명적 변화만큼 가부장적 가족생활 방식을 진보적으로 바꾸자는 이념이 지배적이었다. 실제로 남존여비사상을 비판하고 가족관계를 '혁명적'으로 평등하게 변화시키려는 시도도 많이 있었다.[12]

요즘 북한사회에서 두드러지게 나타나는 가부장적 가족생활 문화는 1972년 수령 중심 '유일사상체계' 확립과 관계가 있다. '조선식 사회주의'는 서구식 사회주의와 다르다는 주장과 함께 전통적인 가정생활 방식이 되살아났다. 같은 해 남한에서도 비슷한 시도가 있었다. 사실상 대통령 종신제를 보장한 '유신체제'는 서구식 자유민주주의와 다른 '한국식 민주주의'를 주장하면서 '충효사상'을 강조했다. 남과 북의 분단체제는 각각 표방하는 정치이념은 달랐지만 의외로 비슷한 궤적을 그리며 권위주의적인 사회관계와 생활문화를 조장했다.

1980년대 이후 북한경제가 침체기에 들어서고 김정일 후계체제가 공식화되면서 이른바 '사회주의 대가정'이란 개념이 나타났다. 생물학적 혈연관계인 부모자식 관계처럼 정치적 생명을 준 수령을 아버지로 당을 어머니로 '섬기는' 인민이 되라는 것이다. 이런 이념을 가정에서도 매일 생활의례를 통해서 되새기도록 했다. 수령과 당에 대한 충성과 효성을 강조하면서 전통적인 가부장적 가족질서가 다시 강화됐다. 이 시기에 나온 『조선녀성』은 다음과 같이 주장했다. "녀성들이 혁명화, 로동계급화 되면 남편도 더 존경하게 되고 생활도 더 알뜰히 꾸미게 되며 결국 가정이 화목하게 될 것입니다."[13]

여성정책의 변화는 가족관계뿐만 아니라 관혼상제 의례에도 영향을 미쳤다. 그중 결혼의례는 성역할 고정관념과 위계서열이 가장 잘 드러나는 통과의례다. 기본적으로 여성들은 '시집을 간다.' 따라서 신혼집은 남자가, 혼수는 여자가 준비한다. 대개는 남자가 사는 집시집에 들어가 산다는 것을 의미한다. 내가 만났던 북한 엘리뜨 여성은 거의 모두 시부모를 모시고 살았다. 그중에는 고부갈등 때문에 이혼한 사례도 있었다. 피임도 전적으로 여성의 책임이었다. 남성용 피임기구 사용률은 0.4퍼센트에 그치고 여성들이 자궁내 장치, 즉 루프시술 방식으로 주로 피임을 했다.[14] 남한에서는 가족계획 초기에 여성들에게 보급하다가 심한 부작용으로 사용을 중단한 피임방법이다. 그 대안으로 남한에서 대대적으로 시행했던 남성 정관수술과 대조적이다. 중국에서 만난 탈북여성들은 루프피임 부작용으로 인한 고통을 호소했다.

"남남북녀"

생활문화면에서 혁명적 변화는 오히려 1980년대 남한에서 일어났다. 남한사회의 '민주화'는 결정적으로 중요한 문화변화의 물꼬를 텄다. 산업화와 도시화 등 여러 사회적 요인들도 있었지만, 정치적 민주화는 정치권력만 바꾼 것이 아니라, 가부장적 노사관계를 포함한 각 방면의 사회관계, 인간관계, 성별관계까지 극적으로 변화시키는 계기가 됐다.

남북 간의 성역할 특성과 가치관 차이를 분석한 사회심리학 연구는 북한 사람들이 남녀 평등의식 면에서 남한 사람들에 비해 더 보수적이고 남성 중심적인 가치관을 보였다고 밝혔다.[15] 탈북민 남녀와 남한 남녀를 비교해서 조사한 이 연구는 북한 사람들이 성역할 측면에서 더 고정관념이 강하다는 사실을 밝혔다. 특히 남한 여성들이 급격한 문화변화 속에서 적극적으로 남녀평등 이념을 받아들여서 차이가 크게 벌어진 사실에 주목했다. 이 연구결과는 앞으로 남한 여성과 북한 남성과의 조화로운 만남이 쉽지 않을 것이라는 점을 시사한다.

실제로 기혼자들이 남한사회에 정착하는 과정에서, 상당수의 탈북남성이 가정생활에서 남성적 기득권을 포기하고 여성을 존중하는 방향으로 변화하는 것을 힘들어했다. 이에 비해서 그 배우자인 탈북여성은 상대적으로 변화와 적응이 빨라서 서로 불화하는 경우가 많았다. 성역할 의식의 변화 속도 차이는 많은 탈북민 가정에서 가정폭력 등의 사유로 이혼사례가 발생하는 심리적 원인이 되기도 했다.

하나원에서도 강한 성차별 의식으로 인한 폭력문제가 자주 발생하자 2006년부터 남성들만 별도로 수용하는 분원을 만들었다. 이러한 남녀 분리수용 체계는 함께 이주해 온 가족을 떨어뜨려놓는 문제가 있었다. 또 하나 주목할 문제는 남한정부의 성역할 감수성 역시 사회변화를 따라가지 못했다는 점이다. 정착 교육프로그램 내용이 성역할 고정관념에 따른 것이 많았고, 직업훈련 과정도 여성은 재봉과 요리, 남성은 운전과 정비 식으로 나눠서 진행했다. 탈북여성 중에는 북한에서 중장비인 '뜨락또르트랙터' 운전기사도 있었고, 중화학공장 기술자 출신도 있었다. 하나원의 성차별적 교육내용은 오랜 지적에도 불구하고 지금도 잘 고쳐지지 않는다. 남한의 남성 관료집단도 다른 사회집단에 비해 훨씬 보수적이고 경직된 성역할 가치관을 가진 때문이다.

박근혜 정부가 개성공단을 폐쇄하기 전인 2011년 가을, 개성공단을 거쳐 개성시를 방문했을 때의 일이다. 서울 광화문에서 자동차로 출발해서 '출입경(국경이 아니라는 뜻)' 수속을 모두 마치고도 두시간 이내에 도착할 수 있었다. 당시 개성공단에서 일하던 5만명에 달하는 북한 노동자들은 남한에서 사용하던 시내버스와 마을버스로 개성시 전역에서 출퇴근을 했다. 그 가족들까지 생각하면 20만명이 넘는 개성시민들이 개성공단 경제권에 의지해서 생활하고 있었다.*

개성시내에서 회의를 마치고 우연히 남한 남성의 보수성과 무례함 때문에 민망한 상황을 경험했다. 서울로 돌아오는 길에 개성공단 입구에서 일을 마치고 집으로 돌아가는 수만명 노동자들의 거대한 퇴근인파와 마주쳤다. 개성시내 각 방면으로 떠나는 수십대의 버스와 그 버스를 타려는 긴 줄이 장관이었다. 대부분 젊은 여성노동자들이었다. 나는 북측 안내원, 남측 기업인, 관련 공무원과 함께 차를 타고 있었다. 뒤편에 앉았던 남측 기업인이 한마디 했다. "예쁜 여자들이 많네. 역시 남남북녀南男北女야!" 북측 안내원이 힐끗 쳐다보고 무슨 말을 하려다 입을 꾹 다물었다. 1980년대에 마산수출자유지역에서 퇴근길에 쏟아져 나오는 젊은 여공들을 쳐다보며 맥주를 마시던 일본 기업인들의 시선이 불편했던 기억이 되살아났다. 그런데 경기도 개성시의 여성들이 "북녀"인가? 어금니를 꽉 물고 앞만 보고 있던 "북남"에게 미안했다.

5. "녹음하는 소리 안 들려요?": 감시와 처벌

"녹음하는 소리 안 들려요? 녹음하는 소리?" 옆자리에 앉아서 이야기하던 안내원이 갑자기 두리번거리며 물었다. 공포에 질린 얼굴이었다. 평양에서 묘향산으로 달리던 버스 안이었다. 공포심은 빨리 전염된다. 나도

* 2011년 당시, 개성시와 그 외곽지역은 몇해 전에 봤던 것과 달리 많이 윤택해진 모습이었다. 공단에서 일하는 노동자들의 얼굴도 무척 밝고 영양상태도 좋아 보였다. 공단입주 남한 기업들이 영양가 있는 점심식사와 간식을 제공하고, 샤워시설을 갖춰서 공원들의 복지와 위생에도 신경 쓰고 있다고 했다. 노동자를 치료하는 병원과 그 아이들을 돌보는 보육시설도 활발하게 운영되고 있었다. 여전히 많은 제약이 있었지만, 남과 북이 함께 미래를 준비하는 곳이라는 자긍심이 충만한 산업현장이었다.

떨렸다. 우리가 무슨 이야기를 했던가… 되짚어봤다. 조금 이상해서 되물었다. "여기선 녹음하는 소리도 들려요?" 잠시 어리둥절한 얼굴로 머뭇거리던 그가 얼굴을 붉히고 전혀 맥락에 맞지 않는 딴소리를 했다. 바로 상황이 이해됐다. "아! 이 친구, 실수했구나." 조금 전까지 남한경제와 FTA에 대한 내 설명을 들으면서 조금씩 이해가 된다는 듯 맞장구도 치고 하더니 아마 마음이 흔들렸던 모양이다.

"도청하는 소리 안 들리니?" 핏기가 싹 가신 다급한 표정으로 묻던 친구의 얼굴이 떠올랐다. 1970년대 유신시대였다. 함께 길을 걷다가도 "우리 지금 미행당하고 있어!" 하며 내 손을 잡아끌곤 했다. 대학시절 내내 환청에 시달리던 마음 여린 시인이었다. 대단한 학생운동가도 민주투사도 아니었다. 그냥 그 시대에 먼저 취조 한번 당하고 짧은 감옥살이한 후유증으로 불안해하며 살던 평범한 학생이었을 뿐이다.

감시, 도청, 미행은 실제로 늘 집행해서라기보다 언제 어디서 누구에게 할지 모른다는 사실만으로 불특정 다수를 공포로 몰아갈 수 있다. 군사독재 시대에 남한에서 대학생이었던 나는 북한 젊은이의 흔들리는 눈동자와 굳은 얼굴에서 '감시사회'의 일상화된 공포를 바로 직감할 수 있었다.

장마당에서 산전수전 다 겪으며 생존전략의 달인이 된 중년의 탈북여성이 고개를 저으며 말했다. "다른 건 다 돈으로 되는데, 정치 쪽으로 잘못 걸리면 꼼짝없어요." 바로 그 정치문제로 잘못 걸려서 고생 끝에 죽어간 남편 이야기를 해줬다. 예전에 '종파분자'로 추방된 시아버지 때문에 성분이 나빠진 남편은 늘 조심하며 살았다. 그 지역에서 (수령)초상화 분실사고가 발생하자 성분 때문에 의심받은 남편은 가족도 모르게 취조를 받고 돌아온 후 점점 심한 공포에 휩싸였다. 자신의 결백을 증명할 길이 없어서 점점 심한 우울증상을 보이더니, 어느 추운 겨울밤 벌거벗고 나가서 찬물을 뒤집어쓰며 "수령님! 깨끗해지겠습니다"라고 울부짖더란다. 그후 더욱 심해진 정신착란에 시달리다 오래 견디지 못하고 죽었다. 흐르는 눈물을 닦지도 않고 오래 덮어두었던 아픔을 이야기한 부인은 한숨을 쉬며 말했다. "벌써 오래전 일이지요. 요즘은 그렇게 순진한 사람 별로 없을 거예요."

'혁명화'와 '수령님의 은사'

북한 인권문제는 심각하다. 일상적 감시에 대한 공포만 심한 게 아니라, 처벌방식도 오늘날 어떤 국가체제와 비교해봐도 뒤지지 않을 만큼 폭력적이다. 특히 국가체제에 대한 도전은 아무리 사소한 위반도 끔찍한 처벌을 받도록 되어 있다. 그러나 대부분의 독재체제가 그렇듯 모든 국민이 늘 감시당하고 직접적인 폭력에 시달리고 있는 것은 아니다. 스딸린 시대의 소련이나 나치시대 독일에서도 일상적 감시와 처벌에 대한 공포심은 널리 퍼져 있었지만, 실제로 국가폭력을 자행하던 수용시설들은 철저하게 격리되어 있어서 바로 옆을 지나다니던 일반인들은 그 안에서 무슨 일이 벌어지는지 알지 못했다.

외부세계에서 생각하듯 북한의 모든 처벌기관이 정치범수용소는 아니다. 그 모든 장소에서 가혹행위가 벌어지는 것도 아니다. 정치적 범죄보다 훨씬 많은 비정치적 범죄에 대한 다양한 수준의 처벌기구가 있다. 우선 다른 사회의 경찰과 비슷한 기능을 하는 '인민보안부'에서 살인, 절도, 폭행, 사기 등 일반적인 형사문제와 뇌물수수나 각종 법질서 위반행위에 대한 단속과 처벌을 담당하고 있다. '집결소' '노동단련대' '교화소' 같은 구금시설에서 질 나쁜 급식과 강도 높은 노동, 열악한 환경과 수감자에 대한 폭력행위로 희생자가 발생하지만, 그래도 일반 범법자를 격리수용하는 시설들은 다른 근대국가의 사법교정체계와 비슷한 틀을 갖추고 있다.

국제적으로 심각한 인권문제로 거론되는 것은 '국가안전보위부'라는 비밀경찰기구가 다루는 정치범 처벌방식이다. 일단 정치적 범죄 혐의자로 지목되면 체포, 심문, 재판, 구금 과정이 무자비하게 집행되고, 당사자만 아니라 가족들까지 연좌제로 처벌대상이 되기도 한다는 점에서 가장 심한 인권유린 체계로 지목받고 있다. 대표적 정치범수용소인 '요덕수용소'에 대한 증언들은 다양한 측면에서 그런 사실을 고발하고 있다.

그렇게 엄중한 처벌대상이 되는 범죄행위는 국제사회의 일반적 기준에서 보면 거의 경범죄 수준으로 여길 만한 것도 많다. 앞서 예를 든 초상화 분실 사건처럼 수령의 동상이나 사진, 기념물에 대한 모독행위, 혁명구호나 정치선전물 훼손 행위, 반정부 문서나 정보의 유포 행위, 국가 자원을 훔치거나 손해를 끼친 행위 등 정치적 범죄는 아무리 사소해도 중벌을 피하기 어렵다. 그 정도의 체제불만 표출도 위험시하고 무자비한 폭력적 징벌을 가함으로써 사람들이 아예 그런 생각조차 할 수 없도록 하는 것이다.

여기서 주목할 점은 권력엘리뜨 집단 내부의 분파적 갈등과 도전에 대한 처벌이다. 이른바 '숙청'이라는 것이다. 정치적 숙청은 흔히 알려진 것처럼 바로 죽음 또는 완전한 퇴출이 아닌 경우가 많다고 한다. 엘리뜨 집단의 범법행위는 극형보다는 원상복구 가능성을 열어두는 '재교육' 형식의 처벌이 많다. 연좌제로 가족까지 전부 정치범수용소의 '혁명화 구역'에 무기한 강제이주시킨 후에도, 사상이념 재교육을 받으면서 자신의 죄를 고백하고, 반성하고, 거듭나겠다는 각오를 밝히는 자기개조혁명화 작업을 되풀이하게 한다.

처벌받는 중에 이들은 수령에게 탄원서를 계속 써 올리면서 수령에 대한 믿음과 사랑을 표현하는 충성서약을 한다. 그렇게 더욱 뜨거워진 충성심과 '자기개조'를 인정받으면 하루아침에 원래의 위치로 복권되고 몰수되었던 재산까지 돌려받는 원상회복의 '은사'를 받기도 한다. 그것이 법에 의한 것이라기보다는 보이지 않는 권력의 '자의적' 판단에 의한 것이기 때문에 '권리'가 아니라 '은사'다. 즉, 수령의 사랑과 은혜만이 유일한 희망이다. 이렇게 선택된 소수의 사례를 보고 다른 무수한 정치범들도 참혹한 인권유린 상황을 견디면서 계속 자기개조를 하고 충성서약을 올리게 된다.

조선시대에 머나먼 오지로 귀양 간 선비들이 자신과 가족에게 가혹한 형벌을 내린 왕을 원망하지 않고 한양 쪽을 바라보며 "님임금 그리워 눈물 흘린다"거나 변치 않은 충성의 마음을 "흘러가는 구름에 담아 보낸다"라는 식의 무수한 '사모곡'을 지어 올린 것과 비슷한 방식이라고 할 수 있다.

사실 북한의 권력엘리뜨 집단도 조선시대 양반처럼 건국공신인 항일빨치산 가족들이 겹겹이 친인척관계로 얽혀 있다. 따라서 웬만한 정치적 범죄에 대한 처벌은 개인의 문제로 하고 회복 가능성을 남겨둠으로써 계속 충성경쟁을 하게 한다. 극단적 처벌을 유연하게 적용함으로써 엘리뜨 집단일종의 확대가족 집단 내부에서 반발심과 좌절감이 집단화되지 않게 조절하는 것이다.

"아직 끝나지 않았네"

북한 인권문제를 고발하는 절절한 증언을 접할 때마다 나는 지금도 전율을 금할 수 없다. 그 끔찍한 상황이 새로워서가 아니라, 우리도 남한사회에서 놀랍도록 비슷한 일들을 겪었기 때문이다. 군사독재 시대의 감시와 처벌에 대해서 그 시절을 살아온 우리 세대는 익히 알고 있다. 나 자신은 그 단면을 잠시 겪어본 경험밖에 없지만, 수많은 사람들이 심한 고문과 인권유린을 당했고 지금도 지워지지 않는 상처를 생생하게 기억하며 고통 속에 살아가고 있다. 아직도 새로운 증언과 증거가 계속 발굴된다. 그러나 그때나 지금이나 대다수의 "선량한 국민들"은 국가권력에 대한 두려움을 막연하게 느낀다 해도 그 무지막지한 폭력성을 체감하지는 못하고 있다.

누군가의 신고로 한밤중에 잡혀가고, 무자비한 취조를 당하고, 온갖 잔혹한 고문을 받고, 자백을 강요당하고, 형식적인 재판을 받고, 형기 중 교도소 안에서 가혹행위에 시달리고, 형기를 마쳐도 '청송감호소' 같은 곳에서 무기한 인신구속을 당했다. 억울한 사형도 있었다. 1970~80년대에 세계적인 인권탄압 국가였던 대한민국에서 수많은 '정치적 범죄 혐의자'들이 겪었던 일이다. 그리고 오늘날 우리는 언제 그랬냐는 듯 남의 일처럼 여기며 산다.

2019년 여름, '촛불혁명'으로 알려진 한국의 민주화와 인권에 대해서 공부하기 위해 동아시아 젊은이들이 서울에 왔다. 대한민국역사박물관, 서대문형무소, 전쟁과여성인권박물관, 민주인권기념관남영동대공분실 등을 찾아다니며 현장연구를 한 후, 일본 여학생이 먼저 감상을 이야기했다. 서대문형무소에서 독립운동가를 끔찍하게 고문하는 일본 경찰의 모습이 전시된 것을 보고 가슴이 떨렸는데, 그 고문방법을 한국 경찰이 배워서 불과 20~30년 전까지 서울시내 한복판에서 그대로 했다는 사실에 더욱 놀랐고 미안하다고 했다.

대만에서 온 젊은이는 자신을 현직 경찰관이라고 밝히고 소감을 이야기했다. 대만도 냉전시대에 비슷한 국가폭력이 있었어도 아직 제대로 규명하지 못하고 있는데, 이렇게 민주인권기념관까지 만든 한국의 민주화는 대단하다고 하면서 질문을 했다. "여기서 고문을 했던 경찰들은 어떤

벌을 받았습니까? 이런 끔찍한 시설을 만들고 운영한 사람들은 재판을 받았나요? 명령한 사람은요?" 한국 젊은이들이 고개를 저었다. 그러자 그는 말했다. "그럼 언제든지 재발할 수 있죠. 아직 끝나지 않았네!"

국가폭력은 특별한 시대에 특별한 국가만 저지르는 것은 아니다. 이들의 이야기를 들으며 나는 소설 『1984』를 쓴 조지 오웰George Orwell이 생각났다. 그 책에 나오는 고문장면은 대영제국의 식민지 경찰로서 버마미얀마 독립운동가를 고문하고 처형하는 장면을 직접 목격한 청년 오웰이 후에 생생하게 그린 것이다.[16] 국제적으로 인권을 주장하는 미국정부가 관따나모수용소에서 지금도 무기한 구금과 고문을 하는 현실도 아울러 생각났다.

인간에 대한 잔혹행위가 국가권력의 명령을 따랐을 뿐이라는 변명 뒤에 숨지 못하게 하려면, 체제이념과 종교적 신념에 의한 것이라는 자기정당화를 인정하지 않으려면, 인도주의에 대한 범죄는 시효 없이 국경을 초월해서 처벌해야 한다는 주장이 있다.[17] 오늘날 국제사회 현실에서 실현 불가능하다고 여기는 이런 이상주의적 인권운동가들의 주장이 내게는 가장 설득력 있는 방안으로 다가온다. 지금도 북한뿐만 아니라 세계 여러 나라에서 온갖 정치적 명분으로 고문을 자행하고 있다. 또한 어느 나라에서나 새로운 고문이 다시 발생할 수 있다. 이것을 막으려면 우리는 무엇을 어떻게 해야 할까?

7장

저변의 흐름

1. “필요한 길을 찾을 수도 있습니다”: 비공식경제

대기근으로 공식 배급체계가 제기능을 못 하자, 그 밑에 잠재되어 있던 비공식경제가 꿈틀대기 시작했다. 생존을 위해 사람들은 과거에는 꿈도 꾸지 못했던 불법적인 일들을 거침없이 했다. 평양에서 만난 관료들이 입으로는 “정치가 경제보다 중요하다”라는 ‘공식’입장을 거듭 말하고 있지만, 이미 그들 자신도 ‘비공식’경제에 목매는 상황이었다.

식량과 에너지가 고갈된 절대결핍 상황에서, 내부에서 조달할 수 없는 거의 모든 소비재와 원자재, 부품은 외부로부터 수입할 수밖에 없었다. 그러나 외화부족과 경제제재로 국가 차원의 공식수입은 어려운 상황이었다. 당장 사람들의 생활에 필요한 물자는 다양한 방식의 밀무역에 의존하게 되었다. 국제사회의 제재가 일상화된 상황에서 ‘밀수’는 그리 심각한 범죄로 인식되지 않았다. 오히려 외부 봉쇄를 뚫는 보급투쟁처럼 그 나름의 명분도 있기 마련이었다. 그런 점에서 권력을 쥔 군과 당도 ‘비공식적’으로 밀수를 묵인하고, 상황에 따라서는 적극적으로 이용했다.

북한의 비공식경제는 초라한 장마당의 모습으로 처음 나타났다. 그러나 그 밑으로 곧 새로운 공급–분배–소비의 보이지 않는 넓고 깊은 흐름이 자리 잡기 시작했다. 비공식적이기 때문에 공식적으로 내용을 확인할 수 없고 통계에도 잡히지 않아서 실체를 파악하기 어렵다. 다만 국제사회의 오랜 봉쇄와 제재 속에서도 최근 평양과 지방도시에 고층건물이 계속 올라가고 상당한 규모의 소비재와 사치품이 유통되고 있는 현실을 통해 비공식경제의 규모를 짐작할 수 있을 뿐이다.

1999년 여름, 나는 기근 구호식량을 구해 보내기 위해 중국 단둥에 갔다. 당시 단둥은 북한 기근 특수경기로 들뜬 혼란스러운 곳이었다. 오히려 그런 상황이 외부에서 관념적으로 짐작할 수밖에 없었던 북한 대기근의 복합적 실체를 체감할 수 있게 해줬다. 규범적인 말만 하는 '공식정치'나 작동하지 않는 배급제도 같은 '공식경제' 영역에서는 잘 보이지 않았던, '비공식정치', '비공식경제'의 도도한 흐름이 시작되는 발원지를 직접 목격했다. 그때 내가 직접 보고 듣고 느낀 일들은 북한권력이 발신하는 공식 체제논리와는 다른 방식으로 전개되는 비공식경제의 흐름과 일상생활의 역동성을 이해하는 열쇠가 되었다.

단둥의 식량창고

압록강을 가로질러 중국과 조선을 잇는 '우호의 다리友誼橋'에는 아무 차량도 다니지 않았다. 1999년 7월 27일 아침 9시였다. 평소 같으면 중국에서 구호물자를 싣고 조선으로 들어가는 트럭들이 줄지어 들어갈 시간이다. 북한의 휴일, '조국해방전쟁 승리의 날'이기 때문이다. "미제의 항복을 받아낸 휴전협정을 맺은 날"로 침략을 물리친 승리기념 행사 때문에 바쁜 날이라고 했다.*

단둥 강변의 철교 밑에서 유람선을 타니 조선 신의주 강변에 거의 닿을 만한 지점까지 바짝 붙여주었다. 압록강 중간지점이 국경선은 아니라고 했다. 압록강은 양국이 공동으로 관리하는 일종의 중간지대라는 설명이다. 손을 뻗치면 닿을 만한 거리에 퇴락한 잿빛 도시가 길게 이어져 있었다. 평안북도의 도청소재지 신의주였다. 몇해 전의 수해로 여기저기 무너진 흔적이 있는 콘크리트 부두와 건물, 멈춰 선 공장, 녹슨 배, 강가 유원지의 녹슨 놀이기구까지 제대로 복구의 손길을 받아본 적 없이 상한 모습 그대로 그렇게 늘어서 있었다. 그리고 뜨거운 여름 휴일 오후, 많은 사람들이 강가에 나와 맥없이 앉아서 화려한 유람선을 탄 우리들을 무심한 얼굴로 물끄러미 바라보고 있었다.

이따금 그들이 고개를 들고 쳐다보는 곳, 바로 강 건너편 중국의 국경도시 단둥은 하루가 다르게 번창하고 있었다. 번쩍이는 유리로 덮인 최신형 고층건물들이 강변에 들어서고, 그 틈새로 더 많은 빌딩골조가 올라가고 있었다. 밤이면 화려한 네온사인으로 불야성을 이루어서 칠흑 같은 어둠에 잠긴 채 이따금 희미한 불빛만 보이는 신의주시와 극단적으로 대비되었다. 이전에는 조선쪽 신의주가 현대적 도시였고, 중국쪽 단둥은 소박한 국경도시였던 것이 이렇게 불과 몇년 만에 극적으로 역전된 것이라고 했다.

이제 단둥은 북한과 외부세계를 연결하는 가장 중요한 관문이다. 1995년의 큰물피해 이후에 육로로 북한을 향하는 구호식량과 물자는 대부분 단둥을 통과한다. 그냥 통과만 하는 것이 아니라 상당량의 구매가 이

* 남한에서는 북한의 기습도발을 강조하는 의미에서 전쟁발발일인 6월 25일을 기념하고 있어서, 휴전협정을 조인한 7월 27일을 특별한 날로 기억하는 사람은 많지 않다. 온 민족에게 깊은 상처를 남긴 그 전쟁에 대해 남과 북은 전혀 다르게 기억하고 있었다. 그만큼 남과 북은 입장이 달랐고, 분단시대의 역사적 사건을 대하는 생각도 크게 달랐다.

곳에서 이루어지고, 바로 이곳 창고에서 트럭과 열차에 실려 조선으로 들어간다. 조선의 기근이 바로 중국 단둥을 살찌우고 있었다. 남한의 민간 구호단체인 우리도 그 단둥에 밀가루를 사러 갔다. 남북 간에 구호물자 전달이 어려운 상황이 되어서 우선 급한 곳에 몇 트럭이라도 직접 실어 보내기 위해서였다.

서울에서 기근 구호활동을 시작한 지 3년, 이곳 단둥까지 오는 동안 사실 여러번 그만둘 뻔했다. 처음에는 순수한 인도적 구호활동을 방해하는 남한 분단정치의 그물에 걸려 어려움을 겪었다. 정권이 바뀌면서 제한적이나마 민간단체가 직접 구호물자를 보내는 것을 허용하고 또 북한 사람들을 접촉하는 것까지 승인하기 시작했다. 그렇게 만난 북한 관료들과의 협상과정에서 이번에는 북한식 분단정치와 마주치게 되었다. 그동안 문화충격과 시행착오를 거듭하며 많은 것을 새로 알게 되었지만, 아직도 얼마나 많은 일에 놀라고 또 새롭게 배워야 할지 갈 길이 정말 멀게 느껴졌다. 남북관계와 국제정치 상황에 따라 간헐적으로 차단되던 구호물자 전달을 지속적으로 할 수 있는 길을 열어보려고 찾아온 곳이 바로 이곳 단둥이었다.

단둥에서는 그동안 만난 북한 관료들을 통해 경험한 '공식영역'과는 전혀 다른 '비공식영역'과 마주쳤다. 처음 우리에게 쌀과 밀가루를 팔기로 한 곳에 가보니, 가는 햇살이 새어 들어와 자욱한 먼지가 비치는 허름한 창고였다. 국제 자선단체인 카리타스 마크가 선명하게 찍힌 쌀포대가 높이 쌓여 있었다. 그쪽 구호물품을 담아 보내고 남은 포대를 쓰고 있어서 그렇다고 내용물을 보여주며 사겠냐고 했다. 도대체 어디서부터 어디까지 믿어야 할지 알 수가 없었다. 1960~70년대 서울 남대문 도깨비시장에서 겪었던 알쏭달쏭한 일들이 생각났다.

커다란 곡물창고 한쪽 벽에 그 장소에 어울리지 않는 대형 텔레비전과 전기밥솥, 심지어 소형 식기세척기까지 전자제품들이 쌓여 있었다. 조선으로 들어가는 물건들이라고 했다. 요즘 인기라 잘 팔린단다. 대기근상황에 전기도 오락가락하는 북한에서 누가 저런 물건을 산단 말인가? 대체 저런 걸 살 돈은 어디서 나오는가? 어리둥절한 내게, "배가 고파서 두부 몇모에 집을 파는 사람이 있는 곳에서 왜 부자가 나오지 않겠는가?"라며 창고 사장이 오히려 반문을 했다. 대기근으로 부자가 되는 사람이 중국만 아니라 조선에도 많이 있다는 것이다.

그렇게 부패한 사회에 무슨 구호물품을 보내나. 어처구니가 없어서 당장 손을 털고 나오고 싶었다. 그러다 문득 '과연 그렇구나. 사람 사는 곳이니 당연히 그런 일이 있을 수 있겠구나' 하는 생각이 들었다. 남한은 안 그랬는가. 부산 피난시절 추녀 끝 잠자리를 마련하기 위해 가보를 팔았다는 사람도 있지 않았던가. 외국 구호물자가 닿는 항구와 창고에서 얼마나 많은 물품을 빼돌렸는지, 구호식량 배급 과정에 얼마나 많은 부정한 손들이 들어갔는지 되새겨볼 일이다.* 그럼에도 불구하고 국제사회는 우리에게 계속 구호식량을 보냈고, 그 덕에 가난한 사람들도 꿀꿀이죽이나마 먹으면서 재난의 시기를 넘겼다.

그 무렵 접경지역에서 만난 탈북민들은 외국 구호식량이 북한에 도착하면(혹은, 들어올 것이라는 소문만으로도) 장마당의 곡물가격이 내려가더라고 증언했다. 불확실한 앞날 때문에 비축해두었던 식량이 장마당으

* 유명한 사례로, 1·4후퇴 시기 '국민방위군'으로 소집된 사람들이 먹어야 할 식량과 피복을 몇몇 장군들이 착복해서 1951년 겨울에 수많은 아사자와 동사자가 발생하고, 영양실조에 걸려 사망한 사건이 있다(사망자 수는 9만여명 이상으로 추산). 한국민족문화대백과사전, '국민방위군사건' 참조(http://encykorea.aks.ac.kr/Contents/SearchNavi?keyword=국민방위군사건&ridx=0&tot=4812).

로 풀려 나오기 때문이었다. 그런 상황이라면, 공식 비공식 가릴 때가 아니었다. 어떤 방식으로든지 구호식량 전달 자체가 고통받는 사람들에게 도움이 될 것이었다. 그러나 그렇게 크고 복잡한 재난현장에 우리 민간단체가 보낸 몇 트럭의 식량은 너무도 미미한 양이었다. 기근 구호라는 거창한 이름으로 캠페인을 진행해왔던 두손이 초라해 보였다.

"길이 없으면 함께 만들어갈 수도 있습니다"

2010년, 천안함 사건을 계기로 이명박 정부가 5·24조치를 통해 남북교역을 금지하자 중국 단둥에서 조선–중국–한국을 연결하는 삼국 무역이 활발해졌다는 소식을 들었다. 단둥지역을 연구하던 인류학자 강주원은 국제사회의 대북제재에도 불구하고 활발하게 움직이고 있는 비공식경제의 흐름에 대해 알려줬다.[1] 중국–조선 간의 공식교역이 차단되었다는 언론보도가 대대적으로 나올 때도 단둥과 신의주 간에는 현대마크가 선명한 컨테이너를 실은 배가 백주白晝에 압록강을 오가고 있었다.

2014년 겨울, 단둥을 다시 찾았다. 15년 만에 방문한 단둥시는 현대적 국제도시로 완전히 변모한 모습이었다. 도심 곳곳의 식당과 상점 간판에 한국, 중국, 조선 삼국기가 나란히 붙어 있어서 이곳이 삼국무역의 중심지로 세 나라 사람들이 활발하게 교류하는 도시라는 것을 보여주었다. 강 건너편 신의주시도 중심부에 고층건물을 짓고 있었고, 예전에 멈춰 섰던 녹슨 공장과 유원지시설을 다시 칠하고 가동 중이었다. 그런 상황을 간과한 당시 박근혜 정부는 불안정한 김정은 체제의 붕괴가 임박했다고 여기고 '통일대박'의 꿈을 키우는 시점이었다.

북한과 연결하는 '우호의 다리' 길목에 단둥세관이 있다. 이른 아침부터 통관을 기다리는 대형트럭들이 너른 주차장에 겹겹이 들어차 있었다.

단둥세관과 수출입상가

조선 신의주와 연결된 '우호의 다리(우의교)' 근처 거리 양편에 늘어선 조선무역 전문회사들과 도소매상점들.

북한 무역일꾼과 중국 조선족과 남한 사업가들이 서류를 들고 세관 사무실을 분주하게 드나들고, 무료한 트럭기사들은 무수한 담배를 피우며 통관을 기다리고 있었다.

단둥세관 입구의 너른 도로 양편으로 대규모 상가건물이 줄지어 서 있다. 장마당에서 파는 소비용품 상점들을 연상하고 갔던 내가 발견한 것은 커다란 한글간판을 내건 각종 자동차, 중장비, 모터, 화공약품, 건축자재와 발전기, 전자전기 제품을 파는 상가였다. 마치 서울의 청계천 공구상과 을지로의 건자재상, 화공약품 도매상을 한곳에 모아놓은 것 같은 광경이었다. 다른 한편으로는 양곡도매시장처럼 밀가루, 콩기름, 대두박大豆粕, 식용 알코올 등을 대량으로 취급하는 상점들이 있었다. 모두 북한으로 들어가는 물건을 파는 곳이라고 했다. 밖에서는 규모가 작아 보여도 모두 도매상점으로 대량주문이 가능한 일종의 샘플전시장이다. 실제로 한 상점은 지난해 5천만불 매출을 올렸다는 소문도 들었다.

가장 내 눈길을 끈 상품은 태양광, 태양열판이었다. 많은 상점에서 주로 취급하는 품목 이외에 '태양능발전기'를 함께 전시하고 있었다. 전기공급이 불안정한 북한에서는 가정이나 기업 등 어디서든지 꼭 필요한 물건이라고 했다. 작은 태양광판과 변류기로 텔레비전, 조명, '노트콤', '손전화' 충전이 가능하고, 큰 태양광판을 설치하면 선풍기, 전기모포, 냉동기, 세탁기, 전기밥솥까지 쓸 수 있다고 설명한 간판도 걸어놓았다. 모두 중국제품이었다. 한국에서 대체에너지 개발이 주춤한 시기에 중국은 태양광발전과 태양열 온수시설을 변경지방에 대량 보급하면서 가격도 저렴해졌다. 워낙 필수품이라 많이 사들여 간다는 말을 듣고 나는 마음이 놓였다. 기나긴 겨울 동안 더운물만 편하게 쓸 수 있어도 여러가지 질병예방에 큰 도움이 될 것이었다.

의미심장한 선전간판들도 눈에 띄었다. 북한 검열을 통과할 수 있는 방법으로 포장도 해주고, 원하면 신의주역이나 평양역에서 직접 수령할 수 있도록 배달도 해준다는 설명이었다. 지난 15년간 단둥을 기점으로 개척해온 공식, 비공식 교역에 대한 자신감 넘치는 광고들이었다. 단둥시내 전화번호부에는"조선무역에 어려움이 있습니까?" "필요한 길을 찾을 수도 있습니다. 끊어진 길을 연결하고, 길이 없으면 함께 만들어갈 수도 있습니다"라는 광고도 실려 있었다.[2]

'조선한국민속거리/朝韓風情街'라는 한글과 한문으로 된 현판을 높이 건 붉은 기둥의 패루가 보였다. '조선'과 '한국', 거리의 이름처럼 '조선 사람'과 '한국 사람'이 '조선 물건'과 '한국 물건'을 파는 상점들이 서로 이웃하며 상대방에게 인기 있는 상품을 팔고 있었다. 조선 상점에서 산삼, 녹용, 차가버섯, 들쭉술을 팔면 바로 그 옆의 한국 식품점에서는 화장품, 라면, 바나나우유를 팔았다.

조금 커 보이는 주방용품 가게에 들어가 보았다. 매장에 쌓아놓은 식기들은 평범했다. 그런데 서울에서 왔다는 사장님의 이야기를 들어보니 북한으로 들어가는 품목과 물량이 상상을 초월했다. 옥류관을 비롯해서 거의 모든 큰 냉면집 국수 뽑는 기계와 반죽기를 바로 여기서 공급했단다. 요즘 평양과 여러 도시에 새로 문을 여는 전문식당의 고기 굽는 테이블도 이곳에서 구입해 간 것들이라고 한다. 김치냉장고와 같이 남한 물건밖에 없는 전자제품도 잘 팔린다. 그밖에 남한에서 폐업한 식당설비가 중고품으로 단둥을 거쳐서 얼마나 많이 들어가고 있는지 가늠할 수 없을 정도라고 한다.

골목길 어귀에서 여성속옷 가게를 운영하는 남한 사업가도 언뜻 심상치 않은 사업규모를 언급했다. 얼마 전 평화시장에서 '땡처리한' 여성속옷 만장을 장당 천원에 사서 20톤 컨테이너에 잔뜩 담아 신의주로 보낸 바 있다고 했다. 그 대금을 얼마나 어떻게 받았는지는 물론 밝히지 않았다. 대신 인민복 차림으로 단골로 찾아오는 점잖은 중년간부 이야기를 해주었다. 올 때마다 도저히 개인이 소비할 수 없는 양의 야한 여성속옷을 사 가서 애인이 그렇게 많은가 농담을 했더니, 부인들 간에 은밀히 선물로 돌렸는데 요즘은 유행이 돼서 사는 사람이 많아졌다면서 도매가로 달라고 하더란다. 예전 한국에서 이른바 '양키물건'을 몰래 알음알음으로 팔던 장사방식과 비슷하다고 했다.

단둥 조선족거리의 비즈니스호텔에서는 조선에서 출장 온 무역일꾼과 중국에서 일하고 조선으로 돌아가는 외화벌이 일꾼들의 큼지막한 귀국가

방을 볼 수 있었다. 무엇이 들었을까? 요즘 조선 장마당에서 잘 팔리는 물건들일 거라고 했다. 귀국 직전에 이들이 사는 물건들을 보면 대략 그 내용물을 짐작할 수 있다. 2014년엔 한국산 전기밥솥, 화장품, 구두, 핸드백, 전기모포 등이라고 했다. 2015년 이후엔 아이패드, 노트북, 카메라 같은 최신 전자제품과 목걸이, 반지, 귀걸이, 브로치같이 작고 비싼 액세서리도 많아졌다고 한다.

2014년 단둥에 공식적으로 상주하는 북한정부와 기업의 일꾼들이 이미 수천명이고, 인근 임가공 공장봉제, 전기전자, 수산물가공에서 일하는 노동자들만 2만명에 달한다고 하니 그들이 귀국할 때마다 꾸러미꾸러미 들고 들어가는 상품을 어림잡아보아도 적지 않은 양이었다. 여기에 더해 러시아나 중동지역에서 일하고 돌아가는 해외노동자들도 비슷하게 사들여 갈 것이니 북한의 장마당과 시장에서 판매되는 고급소비재의 상당량은 이렇게 해외에서 벌어들인 돈으로 공급된다고 짐작할 수 있다.

평양행 국제열차가 압록강을 건너서 처음 정차하는 신의주역에 닿으면, 1970~80년대 중동의 건설현장에서 귀국하는 노동자들이 서울 김포공항에서 일제 코끼리밥솥, 텔레비전, 카메라, 녹음기를 구매자브로커에게 넘겨주던 광경과 비슷한 일이 벌어진다. 다시 국경처럼 경계검열이 있는 평양에 들어가기 전에 있는 평성역 주변에도 이렇게 들어간 물건들을 받아서 장마당으로 넘기는 '데꼬거간꾼'들이 많이 있다. 그래서 평성시의 옥전시장은 북한 최대의 의류도매시장이자 공산품과 공업원료의 공급지가 되었다고 한다.

이런 소비재의 수입은 비교적 '공식적'인 반입절차를 거치는 것이다. 그러나 내용물을 보면 외부세계의 규제대상 품목이거나 북한에서 반입을 금지한 품목도 많다. 한도 물량도 늘 초과되기 마련이다. 어쩔 수 없이 '비공식적'인 전략을 통해 넘어갈 길을 찾게 된다. 그래서 함께 필요한 것이 이른바 선물용뇌물용 기호품들이다. 단둥에는 고급 담배와 술, 한국식품과 화장품, 희귀 열대과일 등을 파는 귀국선물 전문상점과 사치품인 시계, 핸드백, 벨트, 목걸이 등 액세서리를 파는 상점들이 줄지어 들어섰다.

사치품이나 소모품은 스스로 소비하기 위한 것이라기보다는 특별한 관계를 만들거나 유지하는 데 필요한 물건들이다. 이런 비공식적 '선물의 정치'를 통해서 장마당과 시장 자체가 존재하고 기능할 수 있다고 한다. 즉, 공개적으로 거래되는 상품만이 아니라 그 흐름을 규제할 수 있는 권력 당사자들을 길들이고 관리하기 위한 물질의 동원이 필요하다는 것이다.

매일 오후 5시경이면 평양발 베이징행 국제열차가 단둥역에 도착했다. 국제선 출구로 인민복을 입은 간부풍 중년남자부터 양복정장 차림의 젊은 남녀까지 다양한 사람들이 걸어 나왔다. 마중 나온 사람들과 대부분 평양말씨로 반갑게 인사를 나눈다. 단둥에 상주하는 무역일꾼인 듯 세련된 바바리 차림으로 기다리던 북한 여성이 막 도착한 젊은 남성과 팔짱을 끼고 정답게 이야기하면서 주차한 승용차 쪽으로 걸어 나갔다. 비 내리는 단둥역 광장에는 금빛 마오쩌둥 동상이 밝은 조명을 받고 있었다. 광장을 둘러싼 상가건물 전광판에서는 남한 배우 김수현의 환하게 웃는 얼굴이 내려다보고 있었다.

"얘네들은 돈맛을 좀 들여야 돼"

북한 사람들과 오랫동안 거래를 해온 남한 사업가가 말했다. "사실 우리만큼 이런 거래방식을 잘 이해하는 사람도 드물어요. 남한도 1980년대까지 비슷한 일 다 겪었거든요. 무슨 사업을 해도 정치가, 관료, 경찰, 국정원 끼지 않고 되는 일이 있었나요? 트럭 하나 움직이려고 해도 검문소마 다 통과비를 찔러줘야 하고, 허다 못해 동사무소에서 서류 한장 떼려고 해도 급행료를 줘야 했지요. 교통위반으로 경찰에 잡혀도 만원 한장이면 해결됐잖아요? 아~, 근데 그런 게 언제 다 없어졌는지 몰라. 민주화 때문인가? 맞아! 요즘 한국 젊은 애들은 이런 사업 못 할 거예요."

몇년 전, 남북교류가 활발한 시기에 평양에서 있었던 일이 생각났다. 대북 협력사업에 관심 있는 남한 사업가들과 함께 평양의 한 소학교를 방문했다. 조금 넓은 교실에서 환영공연을 해주었다. 간단한 공연이 끝나고 아이들과 방문객들이 함께 사진을 찍었다. 교실을 나가려고 할 때 문제가 발생했다. 남한의 한 호텔 사장이 예쁜 4학년 여자아이 손에 100불짜리 돈을 몰래 쥐어줬기 때문이다. 울상이 된 아이는 한손을 내리지 못하고 어쩔 줄 모르고 서 있었다. 이상한 눈치를 챈 안내원이 돈을 뺏어서 사장에게 돌려줬다. 큰 문제가 될 수도 있었지만, 노련한 안내원이 적당히 무마한 것이다. 함께 온 일행들 들으라는 듯 호텔 사장은 큰 목소리로 말했다. "얘네들은 돈맛을 좀 들여야 돼!"

남한에서 개발독재 시대에 활약했던 이른바 '산업화세대'들은 대부분 전쟁과 피난 시대에 성장한 사람들이었다. 고난에 익숙하고 편법에 능한 생존의 달인들이 많았다. 그들은 전세계를 누비며 '안 되는 일도 되게 하는' 저돌적인 전략으로 '수출입국 대한민국'을 일으켜 세웠다. 그렇게 세운 "안 되는 일 없는 대한민국"은 초고속성장을 했고, 삼풍백화점과 성수대교를 비롯한 무수한 붕괴사고를 일으키며 IMF시대를 맞았다. 아직도 그 시대의 문화적 관행이 곳곳에 도사리고 있어서 세월호 참사 같은 비극을 일으키고 있다. 그냥 지나간 옛이야기로 돌리기는 어려울 것 같다. 그리고 이제 본격적으로 그 길로 가려는 북쪽의 이웃이 있었다.

2. "조선이 더 자본주의 같아요": 공식과 비공식

국내 자원이 고갈된 상황에서 중요한 문제는 필요한 물자를 외부에서 확보하는 일이었다. 때마침 물질적 풍요를 누리기 시작한 중국은 생존의 열쇠였다. 식량과 생필품을 구하기 위해서 불법으로 국경을 넘은 사람들은 가족의 생계를 위해 다시 돌아와서 가지고 온 물건들을 장마당에서 팔기도 했다. 그들 중에는 중국에서 팔릴 만한 물건(또는 사람)을 모아 다시 그 국경을 넘나들며 장사를 해서 점점 그 길을 넓혀나간 사람들도 있었다.

중국에서 식량과 생필품을 사 올 돈을 처음 마련한 사람들은 주로 중국이나 다른 외국일본과 한국에 있는 가족을 통해서 외화를 모으거나, 외부세계와의 연줄을 통해서 그쪽에서 돈이 될 만한 것들을 들고 나가 목돈을 만들었다. 그렇게 초기 교역자금을 마련하고 이윤증식 기술을 익힌 사람들을 '돈주'라고 했다. 초기 돈주들 중에는 골동품으로 큰돈을 쥔 사람도 여럿 있었다고 한다. 그런 돈주와 얽혀서 도굴한 경험을 이야기해준 탈북 청소년이 있었다.

'돈주'와 '대방': 밀수와 뇌물

옛 무덤을 도굴하려면 한밤중에 몰래 파야 하는데 작은 굴로 들여보내기는 몸이 작고 뱃심 있는 아이가 좋았다고 한다. "캄캄한데 그런 굴로 기어 들어가다보면 갑자기 도깨비불 같은 것이 번득번득 할 때가 있어요. 나중에 들었는데 시체에서 나온 '인'이라고 하대요. 그래도 꾹 참고 손으로 더듬다보면 병이나 주발 같은 것이 잡혀요." 어린 나이에 겪은 일이 지금도 싫은지 몸서리를 쳤다. 한편으로는, 이야기를 듣다가 놀라서 눈이 커진 내 얼굴을 빤히 보며 뽐내는 말투가 됐다. 그렇게 자기 같은 아이들에게

빵 몇개 주고 골동품을 챙겨서 중국에 판 사람이 지금은 큰 돈주가 되었다는 소문을 들었다고 한다.

북한에서 국경을 넘어온 물건들을 받아서 팔고, 식량이나 생필품을 준비해서 보내주는 중국 쪽 교역 상대방을 '대방'이라고 한다. 대개는 북한 사정에 밝은 조선족이나 조교중국에 영주하는 조선국적자, 또는 화교조선에 거주하는 중국국적자들이 그 역할을 했는데, 골동품과 같은 고가품은 결국 남한 쪽 '대방'에게 넘어간다. 이런 밀무역에 익숙해진 '돈주' 중에는 남한 사업가들과 바로 연결해서 이윤을 높이려는 사람도 있는데, 간혹 남한 정보기관이나 선교단체와 연계되거나 또 그런 의심을 받으면 정치적으로 큰 파국을 맞을 수 있는 위험한 일이다. 실례로 2016년에 서울로 온 신의주 출신의 청소년은 그동안 아버지가 보위부까지 끼고 여러해 동안 남한 사업가들과 직접 거래하며 사업을 했는데, 결국 정치적으로 얽혀 장기형을 받고 복역 중이라고 했다.

광산이나 기업소 사람들도 당장 먹고살기 위해서 몰래 구리선을 자르거나 기계부품을 뜯어다 중국 쪽에 팔아넘기기까지 했다. 어차피 움직이지 않는 시설이었고, 먹지 못해 죽어가는 상황에서는 어쩔 수 없다고 생각했다. 간혹 합법과 불법, 공식과 비공식을 따지는 사람이 나왔지만 모두가 부질없는 일로 여기고 우선 살기 위해서 무슨 짓이라도 했다. 사회질서가 엄중하던 시기에는 상상도 할 수 없었던 훔치기, 도둑질, 속이기 같은 불법행위가 어디서나 누구라도 경험하는 일이 됐다. 배고픈 어린아이부터 군인까지 식량뿐 아니라 눈에 띄는 쓸 만한 것들은 특별히 훔친다는 의식 없이 일단 가져다 썼다. '살기 위해서 하는 일'은 무슨 짓이라도 용납되는 상황이었다. 장마당에서 훔치다 잡힌 꽃제비를 "훔쳐 먹어서라도 살아남기만 하라"고 야단치듯 격려하면서 풀어주는 안전원도 있었다고 한다. 이런 불법적 생존전략이 너무 보편화되어서 일반적으로 묵인되었고, 조직적으로도 공공연한 일이 됐다.

공식적으로 법규범을 지켜야 하는 당과 군의 간부나 관료, 보위원, 안전원까지 권위나 직책을 이용해서 불법적인 일들을 하거나 남들에게 시키기도 했다. 예를 들어 상부에서 '꽃 바치기' 같은 충성헌납을 강요하면, 정치적 생존을 위해 온갖 '비공식' 수단을 동원해서 마련했다. 때로는 훔치고, 돌리고, 서로 봐주면서 형식적인 모양새를 갖췄다고 한다. 이런 혼란과 무질서 상황에서 일종의 전시 즉결처분처럼 '공개총살형' 같은 본보기 처벌이 있었다. 그렇게 극단적인 질서유지 방법으로 강압적인 공포분위기를 조성하기도 했지만, 이미 국경을 넘는 생존전략의 최전선이 된 조·중 접경지역은 점점 더 비공식적 교역이 일상화된 공간이 되어갔다.

혜산에서 살다가 열아홉살이 되던 2015년에 탈북해서 서울로 온 젊은 여성이 압록강변 자기 집을 거점으로 한 밀무역에 대해서 이야기했다. 아버지는 국경경비대와 짜고 밤마다 커다란 튜브에 닭과 염소를 싣고 강을 건너 중국 쪽에 넘겨주고 대신 장마당에서 비싸게 팔 수 있는 곡물쌀, 콩, 깨 등을 받아 왔다. 자기도 열일곱살부터는 아버지를 도와서 직접 압록강을 넘나들었고, 그렇게 가지고 온 곡물을 혜산시장에서 팔기도 했다. 자기가 군대에 가게 되자, 아버지는 의사에게 돈을 주고 병으로 빼내서 계속 밀무역을 돕도록 했다.* 이런 방식의 크고 작은 밀무역은 수천 킬로미터에 달하는 두만강과 압록강을 사이에 두고 일상적으로 수없이 벌어지고 있다.

"한국에 와서 보니 조선이 더 자본주의 같아요. 돈만 있으면 무슨 일이

* 대기근으로 인한 어려움과 출산율 저하, 군복무 기피현상 등과 맞물려 생긴 '군 초모사업(병사 모집사업)'의 빈자리를 여군들로 메우기 위해 여성 입대지원 압력을 강화했다.

든지 해결되거든요." 대기근시기인 1996년에 태어나 결핍의 시대를 겪으며 성장한 그는 자기 나름의 체제비교를 했다. 남한에 오니까 나라에서 이것저것 해줘서 사람들이 아주 물러진 것 같다고 한다. 그런가 하면 북한보다 너무 원칙적이고 융통성이 없어서 답답하다는 것이다. 남한같이 꽉 짜인 디지털 신용사회에 적응하기 불편한 듯했다. 그래도 20대 초반의 나이에 이미 밀수와 장사로 단련된 단단한 생활인으로서의 자신감을 엿볼 수 있었다.

비공식경제는 사회 전반으로 확대되었다. 밀조, 밀매, 밀수, 공갈, 절도, 뇌물, 횡령 등 온갖 불법행위도 생존을 위한 것으로 정당화되어갔다. 이런 일에 관여한 사람들은 누구나 공식적 법규범에 의해 처벌과 탄핵의 대상이 될 수 있다. 굳이 불법행위가 아니어도 비공식적으로 진행되는 사업과 거래는 언제든지 공식적으로 규제하고 단속할 수 있는 일이다. 장마당에서 작은 매대를 지키는 사람부터 큰 돈주까지, 이들을 관리하는 지방관료나 그 뒷배를 봐주는 중앙당 간부까지 모두가 불안한 위치에서 불확실한 사업을 진행하고 있다.

이렇게 불확실한 사회에서 사업의 안정성을 높이기 위해서는 관련된 모든 사람들과 좋은 인간관계를 만들고 끊임없이 다지고 관리해야 한다. 사업의 성격에 따라서 위로는 당과 군의 상급기관과 보위부, 안전부 등의 권력기관 사람들, 아래로는 비합법적인 일을 대신해주는 거간꾼이나 일꾼들, 옆으로는 언제라도 트집을 잡을 수 있는 장마당 관리인, 안전원, 초소의 군인들과 질투하거나 의심하는 동료와 이웃까지 신경 쓰고 관리할 대상은 많다. 그 모두에게 늘 잘할 수는 없으므로 근원적인 불안감 속에서 살아갈 수밖에 없다. 그래서 예전에 미신으로 간주해서 사회악으로 여겼

던 전통무속까지 역시 비공식적으로 은밀하게 되살아나고 있다고 한다.[3]

북한처럼 외부세계에 폐쇄적인 체제에서는 고급 소비재가 귀하기 때문에 해외에서 비공식적으로 들여온 물건을 주고받는 일 자체가 특별한 인간관계를 만들고 다진다. 상징적 교환으로서의 효용가치가 크다. 이것은 북한사회에만 있는 현상은 아니다. 계획경제가 공식모델인 사회주의체제에서 오히려 두드러지게 나타나는 비공식경제와 그에 따른 뇌물경제는 많이 알려져 있다. 중앙의 계획과 관료적 규제로 운영되는 이른바 '지령사회'의 공식적 정책과 규제 속에서 살아가기 위해서는 비공식적 인간관계와 물질교환이 필요하다. 소련, 뽈란드, 헝가리 등 사회주의체제에 대한 연구들은 이른바 '비공식경제' '제2경제' '지하경제' '그늘경제' 등 다양한 용어로 실물경제의 이중성에 대해 밝힌 바 있다.[4] 국가에 따라서 '브지아뜨소련' '꽌시중국' '고이기북한' 등으로 용어는 다양하지만 사회주의체제의 문화적 관례로 보편화된 '생존의 정치' 행위라고 할 수 있다.

대기근 위기상황을 어느정도 극복한 2002년, 북한 당국은 이른바 '7·1경제관리개선조치'를 통해서 시장을 공식화했다. 이를 계기로 종합시장을 개설하고, 기업의 시장경제활동을 용인했으며, 개인의 식당 및 서비스업을 허용했다. 그러나 여전히 시장물품을 규제하고, 자생적으로 발생했던 장마당들을 통합해서 체제 안으로 편입시키려 했다. 하지만 그런 규제 중심의 제도로 한번 풀렸던 비공식 경제활동을 제대로 통제할 수 없었고, 또 이미 비공식경제에 의존하게 된 공식경제를 돌이킬 수도 없었다. 당장 공식화된 시장 주변에 공공연하게 '메뚜기장불법노점상'이 늘어서고, 그중에는 외화를 바꿔 주거나 밀수로 들여온 불법 CD나 USB를 파는 암거래상도 있었다.

시장이 공식화되면서 공장과 기업소의 생산경영활동 자체가 시장과 유기적인 관계를 맺게 되었다. 원자재 수급, 생산시설의 보수관리, 새로운 기술과 기계 도입, 생산물 처분 등 대부분의 경제활동이 시장을 통해 이루어지게 되면서 공식과 비공식 영역 간의 경계는 더욱 모호해졌다.

초기 돈주 중에서 중국과 한국 '대방'과 연줄이 있고, 또 당간부나 고위 관료들과도 인간관계를 만들 수 있었던 사람들은 직접 '와쿠교역허가권'를 받아서 무역사업에 나서기도 했다. 그중 능력 있는 사람들은 국가기관당, 군, 정 소속 기업이나 무역회사의 이름을 빌려서 공식적으로 교역하고 비공식적으로 상납하면서 이윤을 챙겼다.

시장을 통해 돈주들이 급속하게 실력을 키워나가자 이들을 통제하기 위해서 2009년 전격적으로, 화폐개혁이 시행되었다. 이런 극단적 조치로 작은 초기 돈주들은 많이 망했지만, 오히려 새롭게 권력에 밀착해서 대규모 투자를 하는 돈주가 출현하는 계기가 되었다. 그중에는 고층아파트나 상가빌딩 건축 같은 대규모 개발사업을 추진하는 사람들도 있었다. 이렇게 큰 사업을 장기간 추진하기 위해서 이들은 폭넓은 인맥을 통해 투자금을 모으고 권력기관의 이름을 이용해서 노동력을 동원했다. 즉, 돈 굴리는 기술, 관료적 연줄, 중국(한국) 쪽 '대방'과의 연계능력을 갖춘 이른바 진짜 '돈주'가 등장하기 시작한 것이다.[5]

진짜 돈주의 출현과 소비재의 유행을 보고 자본주의의 맹아라거나 체제붕괴의 조짐이라고 여기는 주장이 많다. 그러나 스스로 생산수단을 갖지 못하고, 임금고용도 제대로 하지 못하는 돈주들을 자본가라고 생각하기는 어렵다. 그들은 오히려 기존 권력체제를 이용해서 이익을 취하고, 스스로의 안전과 신분상승을 꾀하고 있다. 즉, 시장을 통해서 관료층과 상호의존관계를 맺은 돈주들이 혼인과 신분세탁을 통해서 기존의 계급체제에 새롭게 편입되는 구조다. 이런 방식의 변화는 사회계급 구성원이 바뀌더라도 사회구조 자체는 유지되게 한다.*

탈북자들의 수기를 통해서 북한 일상생활에 대해 연구한 일본의 인류학자 이또오 교수는 "정치적 지위가 다른 사람들 간에 성립되는 교환은 사회 말단부터 최고 간부까지 연쇄적으로 이루어지고 있는 것으로 북한 사회를 유지하는 기본적 메커니즘이 되었다"라고 분석했다. 당원 간부가 못 하는 비사회주의적 상행위와 뇌물거래를 주저하지 않고 할 수 있는 사람들이 필요했다는 것이다. 바로 서로의 생존과 이익을 위해서 보완적 상호의존관계가 형성되었다. 따라서 비공식영역의 확대는 권력체제에 위협이 되기는커녕 오히려 제대로 기능하지 못하는 공식체제를 유지하는 데 없어서는 안 될 불가분의 한몸이 되었다. 결론적으로, "북한의 견고한 사회주의체제는 비사회주의적인 비공식영역을 부정하고 배제하는 것이 아니라, 실제로 그것을 일체화하는 것으로 성립되고 있다"라는 것이다.[6]

장마당과 시장: 여성들의 공간

대기근시대에 전국적으로 나타난 '장마당'은 이전부터 존재했던 '농민시장'이 위기상황에서 비약적으로 확산된 것이다. 농민시장은 사회주의 계획경제 체제에서도 국가가 배급으로 공급하지 못하는 물품을 교환하는 곳으로 공식적으로 허용되었다. 초기에는 농민시장조차도 개인 간 상거래라는 점에서 '자본주의적 잔재'로 여겨 장이 열리는 장소군단위에 1~2곳, 횟수10일장, 거래품목농수산축산물을 엄격하게 통제했다. 1980년대 이후 허

* 인류학에서 이런 현상을 '산스크리트화(Sanscritization)'라고 하는데, 상하 서열구조가 엄격한 신분사회에서 하층계급이 상층계급의 생활규범을 내면화하면서 계급상승을 꾀하는 현상을 말한다. 가깝게는 조선시대 말기의 '양반화' 과정과 유사한 현상이라고 할 수 있다.

가하지 않은 곳에서도 이른바 '골목장건물 뒤편 골목, 교차로, 길목'이나 '구들장개인집 온돌 위'같이 비공식 거래가 이루어지는 곳이 늘어났다.

식량배급을 비롯한 공식적 사회제도가 제대로 작동하고 있던 시기에는 배급받은 곡물들이 이런 불법시장에서 화폐역할을 했다. 그때는 이런 비공식 시장에 관계하는 사람들을 천하게 여겼고, 자본주의적 잔재를 극복하지 못했다고 비판의 대상이 되기도 했다. 따라서 계급적으로 낮은 성분이라 더 내려갈 곳이 없는 사람이나 나이 든 여성들이 하는 일로 여겼다.

1994년부터 평양을 제외한 모든 지역에서 배급이 중단되고 식량을 비롯한 모든 물자가 모자라게 되자 기업과 공장 등 대부분의 공식 경제활동이 멈췄다. 국가권력은 평양을 제외한 모든 지방의 개인과 기업은 알아서 '자력갱생'하라고 했다. 당장 살아가기 위해서 누구나 식량과 생필품을 구하는 일에 매달릴 수밖에 없었다. 하지만 조직생활에 길들여진 사람들은 공식적인 지위, 이념, 규범에 얽혀서 자발적 생존능력이 부족했다. 고지식하게 생활력을 상실하고 굶어 죽은 사람은 남성, 당원, 전문직교사, 기술자 등이 많았다고 한다. 오히려 '살림살이'에 익숙한 여성들이 비공식적 경제영역, 즉 장마당에 나가서 온갖 비사회주의적 생존전략으로 가족을 먹여 살리기 시작했다.

장마당과 시장은 압도적으로 여성들의 공간이다. 공급자의 80퍼센트 이상이 여성이고 장 보러 나온 소비자들도 매일 살림을 해야 하는 여성이 많기 때문이다. 비사회주의적인 것이라고 시장이 천대되던 시절부터 공식적 조직생활에서 덜 중요한 역할을 했던 여성들이 더 많이 뛰어들었고, 그들의 비합법 행위는 남성들에 비해 심각한 정치적 비판을 피하기 쉬운 편이었다. 여성이 가사를 전담하는 성역할 규범도 의식주 소비생활과 밀접하게 관련된 장마당 상품의 생산, 교환, 가공에 유리했다. 실제로 많은

생활경제의 주역 여성들
평양 서성구 메뚜기시장(위)과 개성공단(아래)에서 일하는 여성들.

여성들이 곡물을 비롯한 식량을 거래하고, 수많은 대체식품을 가공하고, 국수, 떡, 빵, 밀주를 만들어 팔고, 옷가지를 수선했다.

공식영역에서 차별받던 여성들이 스스로의 능력으로 온 가족을 먹여 살리게 되면서 자신감과 성취감을 느끼기도 했다. 장마당이라는 비공식

영역에서 새롭게 자신의 생활능력을 확인한 여성들은 여전히 조직생활에 얽혀 지내면서 살림도 못 하는 남편들을 생계에 아무런 보탬이 되지 않는 존재라고 '낮 전등' 또는 '멍멍이'라는 은어로 부르기도 했다.

청진 출신의 한 탈북여성은 장마당에서 감자국수와 들쭉술로 영업을 해서 온 집안 식구를 먹여 살렸다고 했다. 그렇게 번 돈으로 원래 종파분자 집안이라 앞날이 막힌 자식들의 성분기록을 전부 바꿔치기하는 데 성공했던 이야기도 자랑스럽게 들려주었다. 바꾼 성분으로 아들이 대학에 갈 수 있고 당원도 될 수 있게 되자, 이번엔 장마당에서 익힌 '고이기' 기술로 좋은 전공 분야에 입학할 수 있도록 했다. 그런 능력은 혜산에 집을 꾸미는 데도 쓸 수 있었다. "아파트 밖은 정부 차원에서 해주는 거라 그대로지만 안쪽은 내가 잘~ 꾸려놔서, 평양 사람들도 와 보고 깜짝 놀라요."

그렇게 그 체제에 적응해서 살던 사람이 서울로 와서 많은 것을 보고 느꼈다. 자유롭게 사는 것이 좋기도 한데 앞날이 꽉 막힌 것 같은 느낌이 들었다. 한번은 지하철에서 분주하게 뛰어가는 사람들을 쳐다보다가 '여기 사람들도 참 안쓰럽게 살고 있구나' 하고 생각했다. 주어진 틀 안에서 버둥대며 살 수밖에 없는 이곳이 답답하다고 했다.

3. "이팝에 고기국, 비단옷에 기와집": 이루지 못한 꿈

"모두가 이팝에 고기국을 먹으며 기와집에서 비단옷을 입고 사는 부유한 생활을 누리게 될 것입니다." 김일성이 1962년 '천리마운동' 때 선언한 구호다. 목표시기는 1964년이었다. 과장된 정치적 수사이긴 하지만, 당시에는 완전히 허황된 주장으로 여기지 않았다. 이미 기적적인 전후 복구와 놀라운 경제성장으로 '조선의 기적'을 이룬 국제사회주의 경제체제의 우등국가가 되었다고 인정받기 시작한 때였다. 그러나 세계적 냉전이 아시아에서는 베트남전쟁 등 열전熱戰으로 격화되면서 북한은 군사력 증강에 자원을 집중했다. 그후 반세기가 지나도록 인민의 생활을 풍족하게 하겠다는 꿈은 이루어지지 않았고, 오히려 대기근을 겪으며 생존에 급급해야 하는 현실이 되었다.

2010년, 김정일은 "나는 우리 인민들이 강냉이밥 먹고 있는 것이 제일 가슴 아픕니다. 이제 내가 할 일은 세상에서 제일 훌륭한 우리 인민들에게 흰쌀밥을 먹이고 밀가루로 만든 빵이랑 칼제비국을 마음껏 먹게 하는 것입니다"라고 했다.[7] 김정은 시대에 들어서도 체제수호를 위한 핵과 미사일은 계속 첨단수준으로 발달했지만, 아직도 인민들의 의식주 생활을 풍족하게 보장하겠다는 약속은 이루어지지 않고 있다.

"풀과 고기를 바꾸자": 식생활

북한의 식생활을 이야기할 때면, 흔히 옥류관 냉면, 단고기, 두부밥, 감자국수 같은 대표음식을 떠올리게 된다. 그 음식들의 맛과 멋을 소개하기에 나는 그리 적합한 사람이 아니다. 나와 북한의 만남은 대기근시기 식량문제에서 비롯되었기 때문이다. 구호활동을 위해 여러차례 평양과 개성 등을 방문해서 다양한 음식을 먹어볼 기회는 있었지만, 천천히 음미하기에는 당면한 문제가 너무 심각했고, 나는 너무 고지식했다. 여기서는 음식문화의 양극화와 식량자급 문제에 대한 몇가지 단상만을 언급하겠다.

평양의 한 호텔에서 처음 먹었던 아침식사가 생각난다. 아직 기근이 한창 진행 중이던 시기였다. 즐비하게 깔아놓은 뷔페음식 앞에서 당황했다.

"이렇게 먹을 필요 없는데…" 혼잣말이지만 티가 나게 중얼거렸던 것 같다. 유능한 동료가 옆구리를 쿡 찔렀다. 표정 관리를 하라는 뜻이었다. 생각해보니 그만한 숙박비를 냈으면 당연히 기대할 만한 국제표준형 호텔식 아침식사였다. 그만큼 북한문화와의 만남은 그 문화의 특성 이상으로 우리 자신의 선입견과의 씨름이기도 했다. 인류학자의 눈으로 펼쳐놓은 음식을 다시 찬찬히 살펴보니 비슷해 보이는 음식들도 내놓는 방식이 달랐다. 채소류를 비롯한 원재료는 빈약한 상태였지만 엄청난 기교와 세공으로 다듬어서 얇게 깔아놓았다. 그만큼 결핍을 정성으로 메운 깔끔한 차림새였다. 특히 머리카락 굵기 정도로 가늘게 썬 노랗고 하얀 계란 고명과 붉은 실고추가 인상적이었다. 내 입맛에는 심심한 평양식 김치가 가장 맛있었다.

"이 호텔 아이스크림, 맛있어!" 감색 인민복 정장을 입은 노숙한 고위간부가 불쑥 탄식처럼 한마디 했다. 나름 진지하게 어린이 영양 문제에 대한 이야기를 나누며 식사하던 자리였다. 그때 그 표정이 너무 솔직하고 천진해서 웃음이 나왔다. 굳었던 내 마음도 조금 풀리는 듯했다. 과연 사람은 밥만으로 사는 것은 아니었다. 외부세계의 우리들이 사회주의체제의 획일적인 이미지에 사로잡혀서 다양한 계급의 다면적 속성을 잘 모르고 있었을 뿐이다.

옥류관 냉면은 평양뿐만 아니라 북한 음식문화의 대표 상징이다. 평양 방문길에는 거의 빠지지 않고 이곳으로 안내되어 냉면을 먹었다. 맛있었다. 맛도 특별했지만 건물이 인상적이었다. 대동강변에 세운 전통식 합각 2층 건물은 그 자체가 "민족의 재보이자 평양의 자랑"이라고 했다. 입구에서는 잘 몰랐는데 안으로 들어가 보니 정말 큰 건물이었다. 1960년 '해방일 광복절'을 기념해서 개관한 본관건물만 연면적 4천평인데, '옥류관'이란 식당이름도 그때 김일성이 직접 지어주었다고 한다. 김정일의 작품이라는 개건공사 설계도에 따라 2006년과 2010년 두차례 증축해서 지금은 총 8천평 규모가 되었다.[8]

옥류관에서는 매일 1만그릇의 냉면을 제공하는데, 평양시민들에게는 1년에 한번 정도 이곳 냉면을 먹을 수 있게 냉면표를 공급해준다고 했다. 과연 사회주의적인 배분방식이라고 생각했다. 나중에 알고 보니 냉면표의 반 정도는 권력기관에 우선 배분하고 나머지 반으로 평양시내의 각 기업이나 인민반에서 특별히 선발된 사람에게 배분한다고 한다. 우리 같은 외부 손님들이 평양 방문 때마다 이곳 냉면을 먹을 수 있었던 것은 바로 그 권력기관용 냉면표 덕분이었을 것이다. 몇차례 가다보니 옥류관 종업원들이 외부 손님들에게 '바르게 냉면 먹는 법'을 일일이 가르쳐주기 시작했다. "식초는 먼저 면에 치고, 겨자는 국물에 넣어야 합니다." 대대로 평양 토박이라는 안내원이 싱긋 웃으며 나직하게 중얼거렸다. "원래 저런 거 없었어. 그냥 쳐서 먹는 게지."

2010년 김정일은 새로 증축한 옥류관 부속 '요리전문식당'을 현지지도하면서 "군인건설자들이 식당을 최상의 수준으로 건설한 데 대해 큰 만족을 표시하고, 조선민족요리는 물론 자라, 연어, 철갑상어, 메추리, 왕개구리 요리 등 40여종의 별미서양요리를 만들어 봉사해야 한다고 지적했다."[9]

북한을 방문해본 사람은 대개 비슷한 경험을 했을 것이다. 어려운 형편에 비해서 너무 거창한 '동석식사' 자리가 자주 있었다. 결국 외부 방문객들에게 돈을 쓰도록 하는 외화벌이의 일환이라고 기능적으로 해석하는 사람들도 있지만, 기회만 있으면 공식적 명분으로 좋은 음식을 먹고자 하는 것은 러시아나 중국 같은 국가사회주의 관료사회에서도 보편적인 일이었다. 그만큼 계획경제 체제에서 평소에 접하기 어려운 잘 차린 음식에 대한 욕구는 누르기 어려운 듯했다. 어지간한 결핍상황에서도, 또는 오히려 그럴수록 격식 갖춘 제사상 차림을 요구했던 남성 가부장 권력이나, 오랜 기간 굶주리면서 비축해두었던 음식을 축제날 하루에 폭식으로 소비하는 문화들의 사례도 떠올랐다. 그래도 어려운 기근시기에 거기서 그런 음식을 계속 먹었어야 했는지 아직도 마음이 편치 않다.

"이팝에 고기국." 김일성의 이 꿈은 폐쇄적인 자급경제로는 이루기 어렵다. 요즘 쌀이 남아도는 남한도 식량자급률은 47퍼센트2018년 기준, 곡물자급률은 23퍼센트에 불과하다. 한우와 한돈, 국내산 닭고기도 모두 수입 곡물 사료를 먹여서 키운 것들이니 완전히 국내산이라고 하기는 어렵다. 비슷한 시기에 북한 식량자급률 추정치는 92퍼센트로 남한의 두배에 달했다. 아무리 자급률이 높아도 필요량에 미치지 못하면 굶주리는 사람들이 생길 수밖에 없다. 해법은 명확하다. 모든 인민이 흰쌀밥에 고깃국을 먹으려면 엄청난 양의 식량을 수입해야 한다.

2005년 평양에서 「아리랑공연」을 관람할 때, 화려한 매스게임 중에 소, 돼지, 염소, 닭, 달걀 모양의 애니메이션 가면을 쓴 수백명이 나와서 춤을 췄다. 예술공연 중에 갑자기 촌극이 뛰어든 것 같았다. 2만명의 배경대는 "풀과 고기를 바꾸자!"라는 거대한 구호글씨를 올렸다. 아직도 해결하지 못한 절실한 꿈을 형상화한 것이라고 이해하면서도 그 초라하고 비현실적인 미래상이 안쓰러웠다. 그로부터 10년이 지난 2015년, 압록강을 오가며 밀수를 하던 소녀는 조선에서 키운 염소를 중국 쪽에 넘겨주고 바꿔온 쌀과 콩을 장마당에서 팔았다고 했다. 아직도 고기보다 곡식이 필요한 인민이 많은 게 현실이다.

2019년 5월, 식량농업기구FAO와 세계식량계획은 북한 식량문제에 대한 공동조사 결과를 발표하고, 136만 톤의 식량지원이 필요하다고 국제사회에 알렸다. 인구의 약 40퍼센트인 1100만명이 식량부족으로 영양 문제를 겪을 것이라고 예측했다. UN은 북한을 세계 식량부족국 39개 아프리카 31개국과 예멘, 시리아, 이라크, 아프가니스탄, 파키스탄, 미얀마 등 중 하나로 재지정했다.

평양의 새로운 외식문화 풍경은 최근 미디어를 통해 많이 소개되었다. 대동강맥주와 치킨, 피자, 햄버거 등 서양 패스트푸드와 각종 고기구이와 활어회 등은 김정은 시대 음식문화 변화의 상징처럼 소개되었다. 이런 변화는 국가권력 차원의 중요한 정치사업이라고 할 수 있다. 평양시민들 대부분이 몰래 봤다는 남한 드라마에 나오는 음식을 평양에서도 즐길 수 있도록 했다는 점에서 정치적 효과가 컸을 것이다. 이 체제에서 성공한 사람들은 굳이 위험하게 국경을 넘지 않아도 비슷한 음식문화를 누릴 수 있다는 메시지를 체험하기 때문이다.

아직 식량부족인 국가에서 급속하게 진행되고 있는 이런 음식문화 변화는 앞으로 상당기간 식생활패턴을 양극화시켜나갈 것이다. 평양에서 시작된 변화는 정치적 명분을 가지고 지방도시들로도 확산되고 있다. 그러나 어떤 사람들이 얼마나 자주 이런 음식을 즐길 수 있는지는 의문이다. 그런 음식문화가 보편화되려면, 식량자급이 아니라 대규모 식량수입에 의해서만 가능하다.

1960년대 중반, 서울 명동에 전기구이 통닭집이 처음 생겼다. 나는 몇 년 뒤 중학교 합격 기념으로 한마리를 먹어봤다. 그만큼 양계장이 흔해진 뒤였다. 마당에서 키운 토종닭만 먹어본 입에 수입 사료로 키운 양계장 통닭은 달았다. 요즘 흔한 튀김치킨은 1977년에 시작됐다. 식용유가 흔해진 뒤였다. 그때도 서울 달동네 판자촌에는 굶주린 아이들이 많았다. 서울에서 피자가 본격적으로 팔리기 시작한 것은 1980년대 후반부터다. 치즈 수입이 쉬워진 후였다. 지방 소도시에서 비슷한 피자를 먹을 수 있게 되기까지는 10년 이상 걸렸다. 그렇게 음식문화가 변하는 동안 한국의 식량자급률은 꾸준히 떨어졌다.

"바지 입은 녀성 출입금지": 복장검열

2000년 3월초, 처음 가본 평양거리는 무채색이었다. 잿빛 콘크리트 건물들과 차가 별로 다니지 않는 텅 빈 도로 때문인 듯도 했다. 그러나 무엇보다도 그 거리를 바쁜 걸음으로 걷고 있는 사람들이 검정색, 회색, 감청색, 국방색 옷을 입고 있어서 마치 옛날 흑백영화를 보는 듯한 착시감마저 들었다.

이른 봄의 쌀쌀한 날씨 탓이기도 했지만, 서울에서 대전 거리밖에 안 되는 이곳 평양은 아직 겨울인 듯 모두 외투와 목도리로 중무장한 모습이었다. 그런 거리에서 빨간 옷을 입은 어린아이를 발견했다. 엄마 손을 잡고 폴짝폴짝 뛰면서 걷고 있었다. 평양에 온 지 이틀 만에 본 색깔 있는 풍경이었다. 우리 일행은 서로 손짓을 하며 반겼다. 그후에도 몇차례 밝은 노란색, 파란색 옷을 목격하긴 했다. 모두 어린아이들이었다.

무채색 평양거리에서 유일하게 눈에 띄는 존재가 있었다. 교차로 중앙에 서서 교통정리를 하는 여성 보안원경찰들이었다. 눈에 띄는 커다란 흰 모자와 밝은 색조의 제복을 입고 비교적 짧은 치마에 흰 양말을 신고 절도 있는 동작을 하는 미모의 젊은 여성에게 오가는 사람들의 눈길이 머물 수밖에 없었다. 이따금 다가오는 자동차를 향해 교통봉으로 가리키며 기계적으로 꺾는 몸짓을 하는 모습이 왠지 애니메이션 캐릭터인형 같아서 똑바로 바라보기에 조금 무안했다.

평양거리에 갑자기 소나기가 쏟아졌다. 비옷을 입고 나와 다시 교통정리를 하는 그녀를 보고 함께 버스에 탄 남자들이 가벼운 탄성을 질렀다. 투명한 맞춤 비옷 속에서 제복의 색상이 돋보였다. "아~, 평양의 아이돌이구나." 무채색 빨치산국가에서도 화려한 제복의 아이돌은 필요한 듯했다. 그후 10여년, 김정은 시대의 개막을 상징하는 모란봉악단의 여성연주자들도 비슷한 제복을 입고 있었다.

평양은 아직 제복사회다. 거리의 옷차림은 다양해졌지만 상황과 장소에 따른 복장규범은 여전히 엄격하다. 제복문화란 날씨에 옷을 맞추지 않고 몸으로 맞추며 살도록 하는 것이다. 우리도 교복을 입고 살던 시절에는 6월이 되기 전에는 아무리 더워도 하복을 입을 수 없었고, 11월이 되기 전에는 아무리 추워도 동복을 입을 수 없었다. 한여름 더위 속에서 인민군 병사들이 몸에 척척 휘감기는 긴팔 긴 바지 제복을 입고 땀을 줄줄 흘리며 행진하는 모습을 보면서 제복의 본질을 실감했다.

2018년 남북정상회담 당시 평양시내를 카퍼레이드 하는 차량을 향해 '꽃술'을 들고 환영하던 수십만 시민들은 모두 정장 차림이었다. 교복 차림의 대학생들은 물론 모든 남성은 넥타이까지 맨 양복정장, 여성은 한복 치마저고리 차림이었다. 옷의 색상과 디자인은 다양해졌지만 기본적으로는 공식행사용 정장이라는 '획일적' 복장규범에 맞춘 옷차림이다. 평양을 떠나는 남한 대통령 일행을 환송하기 위해 비 오는 새벽길에 우산도 받치지 않고 도열해 있는 시민들의 모습에서 아직도 엄중한 제복사회의 규율을 확인할 수 있다. 정장 차림으로 차량행렬을 밤새 기다리고 있었을 평양 시민들을 생각하면 숙연한 느낌마저 든다. 지금도 제복문화의 힘은 살아 있다.

북한같이 정치적 규범이 엄격한 집단주의 문화에서 튀는 색상이나 다른 디자인의 옷을 입으면 '부르주아적'이라거나 '퇴폐적'이라는 비판을 받기 쉽다. 모두가 눈치껏 주변 사람들과 비슷한 옷을 입으니 조금만 달라도 금방 눈에 띈다. 심하면 '반혁명적'이라고 비난받고, 최소한 '자유주의적'이라거나 '이기적'이라는 지탄은 면하기 어렵다. 무언가 나름의 개성과 멋을 표현하고자 하는 용기 있는 사람은 아슬아슬한 경계선까지 변형을 모색한다. 학교 교복문화에 익숙한 남한 사람들 누구나 쉽게 연상할 수 있는 전략이다.

지도자와 권력엘리뜨층의 사소한 패션스타일 변화는 변형을 추구하는 사람들에게 아주 좋은 변명거리가 된다. 김정일 시대에 평양에서 유행했던 남성패션은 정말 특이했다. 2000년대 중반, 갑자기 평양거리에 선글라스 패션이 유행했다. 현지지도 중에도 선글라스를 쓰고 있던 김정일 덕분이었다. 한편, 김정일의 독특한 작업복 스타일과 비슷하게 만든 옷들을 간편 정장처럼 입고 다니는 남성들이 갑자기 많이 눈에 띄던 시기도 있었다. 불과 몇년 지나지 않아서 아무도 그런 옷을 입지 않았다. 늘 똑같아 보이는 남성정장에도 나름 유행이 있다.

상당히 추운 날씨인데도 평양거리를 다니는 여성들이 예외 없이 치마를 입고 있다는 사실이 조금 이상했다. 안내원에게 물어보니, '혁명의 심장, 수도 평양'에서는 여성들이 치마를 입는다고 당연한 듯 알려줬다. 혁명과 치마가 무슨 상관인지 의아했다. '혁명'보다는 '수도'이기 때문일 것 같았다. 외부 사람들도 다니는 곳이라 공화국의 단정한 모습을 보여줘야 한다는 추가설명이 조금 더 납득이 갔다. 여성들의 정장은 치마라는 관념에서 바지와 같은 작업복 차림은 안 된다는 뜻인 듯했다. 나중에 알아보니, 1986년에 김정일이 여성들의 바지 착용을 금지하는 교시를 했다고 한다. 모든 시민들이 그런 복장규정을 항상 지키도록 하려면 단순한 권고 이상의 조치가 필요하다. 평양시내로 들어오는 길목에서는 아침마다 대학생을 포함한 젊은 조직일꾼들이 복장검열을 했다.

유신시대에 학창시절을 보낸 나로서는 어쩐지 매우 익숙한 풍경이었다. 매일 아침 교문에서 규율담당 교사와 완장을 찬 학생이 등교하는 학생들의 복장과 머리모양을 단속하고 즉석에서 체벌도 했다. 대통령 박정희가 미니스커트와 장발을 "타인에게 혐오감을 주는 행위"라고 규정해서 경범죄로 처벌하던 시대였다. 경찰이 대나무자를 들고 지나가는 여성의 무릎부터 치마까지 길이를 재고, 남성의 귀를 덮는 머리를 가위로 덥석 잘랐다. 대학생이던 나도 그렇게 길거리에서 머리를 잘리고 짧은 치마를 입은 여성들과 함께 유치장까지 끌려간 경험이 있다. 가학적으로 놀리던 경찰들의 비웃는 표정이 지금도 생생하다. 그런 권력을 위임받은 사람들은 어느 사회에서나 비슷한 얼굴이 되는 모양이다.

2009년 여름, 평양에 들어오는 길목에서 바지 차림으로 들어오려던 중년여성이 완장을 차고 검열하는 젊은이들과 실랑이하는 모습을 담은 기록영상을 봤다.[10] 검열보다도 바지를 입고 저항하는 여성이 나타났다는 것이 인상적이었다.* 2012년 9월, 김정은의 처 리설주가 처음 바지 차림으로 공식석상에 나왔다. 그때쯤엔 여성들의 도발적 바지 착용이 이미 돌이킬 수 없는 현실이 되었을 것이다. 젊은 지도자와 부인은 새로운 현실을 추인하는 모양새를 만들면서 친근감을 과시했다.

극도로 집단주의적인 사회에서 의복문화의 변화는 일상적인 자기검열과 전술적인 자기표현 사이의 미묘한 틈새에서 발생하고 확산된다.

* 19세기 미국에서 여성이 바지를 입는다는 이유로 경찰서에 잡혀가던 시절에 여성 최초로 바지를 입고 관습에 도전한 메리 에드워즈 워커의 이야기는 문화적 복장검열에 대한 저항의 의미를 이해하게 한다. 키스 네글리 『메리는 입고 싶은 옷을 입어요』, 노지양 옮김, 원더박스 2019.

2011년 여름, 5년 만에 개성을 다시 방문했다. 개성공단을 지나 개성시내로 가는 길옆 비포장도로에서 어깨에 레이스가 달린 블라우스 차림의 여성이 걸어가고 있었다. 주변 사람들의 복장과 달라서 눈에 확 띄었다. 개성공단의 영향인지 굽 높은 구두를 신은 여성들도 여럿 보였다. 군데군데 빗물이 고여 있는 흙길을 걷는 데 편해 보이지는 않았다. 예전과 비교해서 옷 색깔뿐만 아니라 스타일도 다양해진 모습이었다.

김정일 시대 말기에 이미 진행되고 있던 아래로부터의 변화를 김정은 시대에 공식적으로 용인하면서 급속히 확산된 것이 오늘날 북한의 의복문화다. 개성공단이 문 닫은 이후 북한에서 패션을 선도하는 곳은 의외로 청진과 혜산이라고 한다. 외부세계와의 은밀한 비공식 경제교류가 활발하기 때문이다. 중앙권력의 눈길이 엄중한 평양보다도 전술적 자기표현이 상대적으로 용이하다고 한다. 권력은 아직 인민들의 자기표현을 억제하고 있다.

려명거리와 하모니카집: 주거공간

평양에서 안내를 맡았던 사람이 기하학적 조형물처럼 우뚝 솟은 통일거리의 고층아파트들을 가리키며 말했다. “저건 우리가 대학생 때 세운 겁니다. 우린 저런 거 속도전으로 그냥 지어버립니다.” 1989년 평양 세계청년학생축전 준비를 위해 전국 각지의 대학생들이 이곳에 모여서 함께 건설했다고 한다. 일종의 청년캠프 비슷한 분위기였던 듯 추억이 어린 표정이었다.

요즘도 평양의 고층아파트 건설에는 군인뿐만 아니라 대학생들도 동원된다. 너무 건설현장에 매달려서 수업일수가 모자라 어떤 학년은 1년 더 학교를 다녀야 할 정도라는 말도 떠돌았다. 당연히 학생과 부모의 불만이 클 것이라고 여기게 된다. 글쎄, 10여년 전 내가 만났던 안내원의 표정을 생각하면 단순히 강제노력동원이라고만 여길 수 없는 문화적인 의미가 있을 듯했다.

왜 개인이 살 집을 짓는 데 군인과 학생을 동원할까? 그들의 그런 노동은 어떤 보상을 받을까? 대답은 간단했다. '국가적 건설사업'이라 동원되었다는 것이다. 당연히 보수는 없다. 학비도 안 받고 교육시켜주는 나라니까 일을 시킨다고 돈을 요구할 수 없다는 논리인 듯했다.

북한의 대중노력동원은 역사적으로 면면한 전통이 있는 사업방식이다. 해방 직후에 시행되었던 '보통강 개수사업'을 시작으로, '전후 복구사업' '천리마운동' 등 대규모 대중동원을 통해 짧은 기간에 '조선의 기적'을 이룩했다는 자부심이 강하다. 그렇게 건설된 건물, 도로, 주거지역마다 이름을 지어 호명하며 교육적으로 의미를 되새겼다. 그런 사업에 참여한 사람들은 개인적으로나 집단적으로 젊음을 바쳐서 이룩한 중요한 성취이자 역사적인 사업에 참여한 경험으로 자긍심을 갖는다고 한다. 실제로 모두가 그렇게 느끼는지는 잘 모르겠지만, 적어도 그런 방식으로 사회적 의미가 인정되면 노고에 대한 위로는 될 듯하다.

이렇게 국가적인 명분으로 건설된 아파트에는 누가 살까? 그들에 대한 질투나 불만은 없을까? 당연히 있을 만한 입주자에 대한 특혜문제를 잠재우기 위해 국가적 기여도나 충성에 대한 사회적 포상이라는 의미를 대대적으로 선전했다. 올림픽에서 메달을 딴 체육영웅이나 돌아온 비전향 장기수들이 살게 된다고 알리는 것이다. 아파트의 크기나 위치도 크게 차이가 났는데, 그런 차이를 불평등하다고 여기지 않도록 입주자들의 직업과 직책의 중요성에 대한 국가적 인정이자 수령의 은사라고 개념화했다. 최근 건설된 '미래과학자거리'나 '려명거리'의 아파트에는 과학자와 교수

등 전문직 일꾼들에게 우선 배분해서 입주대상자들에 대한 질시보다는 선망의 감정을 유도했다. 물론 그러한 사회적 명분 아래 특권계급과 성분에 따른 배분도 이루어졌다.

요즘 평양과 지방도시의 고층건물이나 아파트는 주로 '돈주'와 같은 개인 투자자들의 투자로 건설된다. 그러나 노동력과 생산수단을 사유화할 수 없는 체제에서 건설작업을 하려면, 군인이나 학생 같은 조직적 노동력을 동원할 수밖에 없다. 그 결과물은 국가적 명분으로 내세운 입주대상에게 일부 배정하고 나머지를 명목상 이름을 빌린 군이나 당 같은 국가기관 간부들과 실질적 건설주체인 투자자들이 배분한다. 최근에는 배정된 아파트를 거래하는 사례도 늘어나고 있다.

국가적 명분을 걸고 사회적 노동력을 투입해서 만든 그 주거공간에 대한 권리는 어디까지나 '점유권사용권'에 지나지 않는다. 물론 상속도 가능하기 때문에 '소유권'이나 다름없다고 하지만, 본질적인 차이가 있다. 국가적 요구에 따라 언제든지 회수하고, 어떤 방식으로든 바꿀 수 있는 것이다. 토지 공개념 차원에서 이해해보자면, 토지, 건물, 부동산에 대한 사회적 통제와 효율적 활용이 여전히 가능한 상황이라고 할 수 있다. 북한의 아파트를 바로 자본주의적으로 해석하는 것은 무리하다. 요즘 올라가는 평양 고층아파트의 모습만 보고 투기를 꿈꾸는 서울 사람들 이야기를 듣다가 아파트에 대한 맹목적 집착에 놀랄 수밖에 없었다.

평양을 비롯한 지방도시의 아파트 건물들은 사회주의 도시계획의 상징이자 거대 조형물로서의 의미도 있다. 따라서 건축한 시대의 특성과 지도자의 취향이 눈에 띄게 드러난다. 특히, 김정일 시대의 통일거리와 광복거리는 최초의 고층아파트 단지로서 평양 스카이라인을 구성하는 데 주력했다. 세계청년학생축전을 앞두고 국가사업으로 급히 외형을 꾸미는 데 주력해서, 내부는 생활하기에 문제가 많았다. 당장 아파트 높은 층은 불안정한 전기 사정으로 엘리베이터가 자주 운행하지 못해서 살기 불편했고, 상하수도 공급도 원활하지 않았다. 개별 아파트가 아니라 층별로 공동화장실을 설치한 곳도 있었다. 집단 주거공간에는 여러가구가 함께 쓰는 공동화장실을 설치한 곳들이 많았기 때문에, 현대식 고층아파트도 공사기간과 비용을 줄이기 위해 그런 설계가 가능했을 것이다. 1980년대 중반, 내가 현장연구를 위해 서울 난곡 달동네에서 살 때 여덟가구가 화장실 하나를 함께 썼다. 이웃 간에 상당한 수준의 배려와 조정이 필요했다. 탈북민들이 내밀하게 토로하던 북한 아침 일상의 불편함에 나는 쉽게 공감할 수 있었다.

김정은 시대에 조성된 려명거리의 고층아파트들은 "형형색색의 조명으로 이채로운 불야경을 연출한다"라고 선전할 정도로 높고 화려하다. 나는 바로 전기 사정과 난방문제를 염려했다. 려명거리 사진으로 만든 2018년 달력의 9월 사진은 "자연에네르기형 려명거리"라는 설명과 함께 태양광발전 패널을 설치한 모습을 담았다. 중국 단둥에서 들은 이야기로는 지열난방, 태양열 온수시설까지 전면적으로 활용했다고 한다. 에너지 부족 상황을 자연에너지로 극복하고자 하는 새로운 기술의 보급으로 주거공간과 생활내용이 바뀌고 있다.

북한의 주거공간으로 국가적 랜드마크 격인 고층아파트들이 주목받고 있지만, 실제로 주민들이 거주하는 주거공간은 지역과 직종, 그리고 건축시기에 따라 다양하다. 그런 모든 주거공간의 공통된 특징은 집단적이고 정형화된 공동주택이라는 점이다. 새로운 사회주의적 가족과 이웃을 창출한다는 뚜렷한 목적을 가지고 건축되었기 때문이다. 전쟁시기에 폭격으로 철저히 파괴된 도시를 맨바닥부터 다시 만들면서 집단적 노동협업의 효율을 중시하는 사회주의적 주택건설 사업을 대대적으로 진행했다. 특히 동유럽 사회주의 형제나라의 적극적인 지원을 받아서 '아빠트' 형식의 다층살림집들이 많이 건축되었다. 이때 대대적으로 도입된 것이 조립식 건축방식이다. 미숙련 대중노동인력을 효과적으로 활용할 수 있었기 때문에 빠른 속도로 도시재건이 가능했다. 당시 기술적 어려움을 딛고 다층살림집 난방시설을 온돌로 만들도록 한 김일성의 지시는 "무분별한 서양식 주거방식 도입을 막은" 주체적 주택정책으로 유명하다.

1960년대초부터, 농업협동화에 맞춰서 농촌취락들을 집단화하고, '문화주택' 단지를 조성하는 사업이 전국적으로 시행되었다. 협동농장 단위의 공동경작을 기본으로 농민들의 생산활동과 생활방식을 사회주의적으로 집단화하는 거대한 사회개조 사업이었다고 할 수 있다. 이 시기에 만든 길게 늘어선 공동주택을 '하모니카집'이라고도 불렀다. 방 하나 부엌 하나인 2칸 주택을 기본으로 하고, 방 둘 부엌 하나의 3칸 주택에는 2세대가 동거하기도 했다.

이렇게 집단화된 주거생활에서 중요한 것은 공동주택 주민들의 사회관계다. 이동성이 높은 남한사회와 달리 거주이전이 자유롭지 않은 북한에서는 이웃과 동네, 즉 지역사회가 정치적 기능면에서만 아니라 사회경제적 생활면에서도 중요한 거점이다. 대개는 평생 함께 살아야 할 사람들이기 때문이다. 그동안 인민반 등 기초 지역조직들은 상부의 명령을 주민들에게 전달하고 보고하는 기능을 수행하는 정치적인 상호감시체제로만 알려졌다. 그러나 일상생활면에서는 지역사회에 필요한 일들을 협동해서 해결하는 기능과 주민들 간의 상부상조 네트워크 역할도 했다. 특히 공식적 배급체계가 무너진 위기상황에서는 지역단위 주민들이 전통적인 '계'

(위) **려명거리** 미래과학자거리와 함께 김정은 시대를 상징하는 건축.
(아래) **하모니카집** 담으로 가려져 거리에서는 잘 보이지 않는 평양의 오래된 땅집들.

나 '두레' 방식으로 비공식적인 자원과 기술을 모아서 대응했다. 실제로 장마당에 진출한 사람들 중에는 이웃들을 통해 장사기술을 배우고, 동네에서 '모음돈모아먹기, 계' 또는 '다니모시모음쌀, 십시일반' 방식으로 씨앗자금을 마련한 사례들이 많았다고 한다.[11]

2000년대 초반 평양의 아파트와 지방도시의 집들을 조금 가까이에서 볼 기회가 몇차례 있었다. 주거생활의 어려움을 바로 짐작할 수 있었다. 깨진 유리창을 갈아 끼우지 못하고 비닐이나 판자로 막아놓은 집들이 여럿 눈에 띄었다. 겨울이 춥고 긴 지역에서 부실한 유리창과 창틀은 난방에 치명적이다. 기근의 충격에서 조금씩 벗어나면서 집집마다 가는 목재를 이어 붙여가면서 창틀을 보수하기 시작했다. 바깥 베란다 공간에 나무로 틀을 짜고 비닐을 씌우는 집들도 나타났다. 도난사고가 많은 듯 창문에 굵은 창살을 붙인 집들도 있었다.

2003년 봄, 평양은 환경미화 중이었다. 잿빛 시멘트 벽면을 벗겨내고 새롭게 미장을 하고, 퇴색한 곳은 굵고 밝은 색조의 페인트를 칠했다. 남북교류가 막 활발해지기 시작한 때였다. 남한의 한 기업이 페인트를 대량 공급했다는 뒷이야기를 들었다. 전보다 환해진 평양거리를 자랑하고 칭찬하는 대화를 들으며 여전히 비닐로 바람막이를 한 창문들이 자꾸 눈에 밟혔다.

2005년 가을, 중국정부는 판유리를 생산하는 '대안친선유리공장'을 지어서 북한에 기증했다. 김정일은 준공식에 참석해서 중국 지도자와 인민들에게 감사해했다. 사회주의적 결핍을 경험해본 중국은 역시 무엇이 필요한지 잘 알고 있었다. 다음 해, 나는 남한 사업가들과 함께 이 공장을 참관했다. 공장을 둘러본 한 사업가가 주변 사람 들으라는 듯 큰 목소리로 말했다. "뭐~, 별거 아니네." 그 별것 아닌 것이 얼마나 사람들의 일상에 긴요한지 페인트처럼 '은빛이 나는' 것부터 기증하는 사람은 잘 모르는 듯했다.

그후 나는 남한 기업인들을 만날 때마다 방풍이 잘되고 난방에도 도움이 되는 경제적인 창호를 우선 탁아소, 유치원, 학교에 공급할 길은 없는지 상의하곤 했다. 머지않아 각 가정단위까지 공급할 수 있는 엄청난 수요를 감지한 한 기업이 관심을 보였다. 그러나 이명박 정부 때부터 남북관계가 경색되면서 이제는 지나간 옛이야기가 되었다.

최근, 평양을 방문한 사람들은 눈부시게 변한 도시경관을 보고 이구동성으로 변화를 체감했다고 한다. 경관은 국가사업이다. 건물 외형은 최우선적으로 꾸몄을 것이다. 생활은 인민들 몫이다. 주거공간은 여전히 알아서 꾸려야 한다. 밖으로 보이는 변화처럼 고르진 않을 것이다.

4. "저리 놀면 정말 재밌지": 놀이와 웃음

평양이 자랑하는 아이들은 어린 나이에 신묘한 재주를 뽐내는 아이들이다. 각종 악기 연주, 노래, 무용, 그림, 서예까지 어른처럼 잘한다. 무대에 올라서면 유창하게 말도 잘한다. 타고난 재주만으로 모두 그리 잘할 수는 없다. 국가에서 아이들의 특성을 조기에 발견해서 특기별로 교육하니 특별히 뽑혀서 기량을 연마한 아이들일 것이다. 평양을 방문하는 사람들은 대부분 만경대학생소년궁전으로 안내되어 특기별 '소조활동' 교실을 참관하고 공연을 관람하게 된다. 외부세계는 미디어를 통해 그런 특별한 아이들의 재주를 보고 감탄하고, 동시에 강한 이질감도 느낀다.

다행인지 불행인지 북한의 모든 아이들이 그렇게 '혜택받은' 시설에서 훈련받는 것은 아니다. 평양의 길거리에는 언제나 아이들이 나와 있었다. 많은 아이들이 늘 무언가를 하며 열심히 놀았다. 딱지치기, 총싸움, 고무줄놀이, 땅따먹기를 하는 아이들이 길가, 빈터, 공원 어디서나 눈에 띈다. 전차 선로에 네 녀석이 머리를 맞대고 침을 뱉고 못을 올려놓다가 야단맞고 도망가는 모습도 봤다. 아이들의 놀이가 살아있는 모습이었다. 평양의 높은 사람들이 자랑스레 보여준 아이들보다 몇배나 생기 있는 아이들이 그렇게 자라고 있었다.[12]

"중세의 가을": 놀이의 세계

외부 방문객들이 평양을 벗어나 사람들의 일상을 엿볼 수 있는 기회는 그리 많지 않다. 그래도 지방도시나 마을 가운데를 지날 때가 가끔 있었다. 사리원, 재령, 남포, 평성, 개성 등 내가 차를 타고 지나가본 도시마다 큰길과 골목길을 가리지 않고 아이들이 놀고 있었다. 어떤 놀이를 하나 궁금해서 나는 차창에 코를 붙이고 열심히 살펴봤다.

평양보다 지방 아이들이 더욱 격렬하게 노는 듯했다. 계절이나 기후와 관계없이 정말 다양한 놀이를 하고 있었다. 여자아이들은 고무줄놀이도 많이 했지만, 기다란 새끼줄을 돌리며 뛰어들기 놀이도 했다. 여럿이 한줄씩 길게 몸을 붙잡고 서로 다른 줄 꼬리를 잡으려고 뛰어다니는 놀이도 했다. 골목길 빈터에서는 남자아이들이 말타기, 자치기, 알치기, 팽이치기 같은 놀이를 하며 놀았다. 내가 어렸을 때 그랬던 것처럼 늘 여럿이 함께 놀았다. 여름날 냇가에서 벌거벗고 헤엄치는 아이들, 얼어붙은 시내에서 썰매를 타는 아이들도 있었다. 나무막대기를 가랑이에 끼고 마치 야생말들처럼 함께 달리기도 했다. 이따금 멈춰 서서 땀에 전 얼굴로 헐떡거리는

고무줄을 끊고 도망가는 개구쟁이
거리와 빈터에서 신나게 노는 북한의 아이들.

모습이 귀여웠다.*

나는 북한 아이들의 놀이를 바로 이해할 수 있었다. 대부분 어린 시절에 많이 해봤던 놀이기 때문이다. 그런 점에선 남북 공통의 전통놀이라고 할 수 있다. 직접 보지는 못했지만, 옆동네 아이들과 서로 돌팔매질을 하는 본격적인 전쟁놀이도 하고, 조금 큰 아이들은 패싸움도 한다는 이야기를 들었다. 제법 심한 부상자가 나올 정도로 격렬한 싸움이 되기도 한단다.

* 거리와 빈터에서 활기차게 노는 많은 아이들의 모습은 르네상스 시대의 화가 피터르 브뤼헐(Pieter Bruegel)의 작품 「아이들의 놀이」(1559)를 연상케 했다. 그렇게 활기차게 노는 모습을 사진에 담고 싶었지만 무대 위에서 공연하는 아이들만 보여주려는 북한 방침에 따라서 나는 촬영하지 못했다. 미국과 북한 사이에 전쟁위기가 고조될 때, 오스트레일리아 국립대학의 테사 모리스-스즈키(Tessa Morris-Suzuki)는 길거리에서 놀고 있는 평양 아이들의 동영상을 찍어서 유튜브에 올리면서 자막을 달았다. "대통령님, 이 아이들 머리 위에 폭탄을 떨어뜨리시겠습니까?"

그렇게 심해 보이는 전쟁놀이나 패싸움을 우리도 어린 시절에 다 하면서 컸다.*

두만강가에서 아이들이 모닥불을 피워놓고 웃고 떠들며 즐겁게 놀고 있는 모습을 강 건너 중국 쪽에서 촬영했다. 남한에 온 탈북청소년들에게 보여주니 눈빛을 반짝이며 앞다투어 이야기를 했다. “얘들 강냉이 구워먹는 거 맞지?” “아이다. 감자다!” “아~ 저리 놀면 정말 재밌지!” 서울의 지하노래방에서 번갈아가며 처량한 노래만 뽑고 있던 녀석들의 얼굴에서 갑자기 빛이 났다. 어린 시절 놀이의 기억만으로도 생기가 도는 듯했다.

아이들 못지않게 어른들도 놀고 있었다. 그들의 고단한 삶을 생각하면 이런 말이 이상할 것이다. 그러나 국가 차원에서 외부로 발신하는 엄격한 이미지에 눌려서 우리가 간과하는 것은 북한 사람들이 일상적으로 다양한 놀이를 즐기고 있고, 또 공식적인 일과마저도 일종의 놀이정신으로 대응하기도 한다는 점이다.

어른들의 놀이로 가장 자주 눈에 띄는 것은 ‘주패’라고 하는 중국식 카드놀이다. 바둑이나 장기처럼 공개적인 자리에서 많이 하는데, 평양시내에서도 작은 공원이나 동네 공터에 대여섯명이 모여 앉아 주패를 치는 모습을 자주 볼 수 있었다. 집이나 직장에서도 남녀노소를 불문하고 주패를 즐긴다. 남한에서 2000년대 초반까지 때와 장소를 가리지 않고 즐겼던 화투놀이 ‘고스톱’과 비슷한 열기가 있어 보였다. 당연히 도박성도 있을 듯했다. 탈북한 사람들 이야기로는 예전엔 담배나 술내기를 하거나 먹을 것을 가져오기 같은 벌칙을 주는 정도로 했는데, 시장거래가 활발해진 요즘은 제법 큰 판돈을 걸기도 한단다.

* 요즘 남한 아이들은 골목길이나 놀이터에서 거의 놀지 않는다. 모두 학원에 가거나, 혼자 집에서 게임을 한다. 요즘 평양의 고층아파트 지역 아이들도 점점 밖에서 덜 논다고 한다.

모란봉 을밀대에 오르는 길에 여기저기 자리를 깔고 앉아 '들놀이'를 즐기는 사람들을 봤다. 가족, 친구, 직장동료로 보이는 사람들이 각각 무리 지어 앉아서 준비해 온 음식을 펼쳐놓고 먹고 마시며 놀았다. 모두가 흥에 겨운 표정들이었다. 함께 노래하고 춤추기도 했다. 평소에는 외부 사람을 경계하고 가까이하려 하지 않던 사람들이 손짓해 부르며 한잔하고 가라 했다. 사람들 사이에 털썩 주저앉아서 조금 놀다 가겠다고 하자, 활짝 웃으며 쳐다보던 안내원이 그만 가자고 손짓을 했다. 우리에게도 낯익은 이런 놀이풍경이 어느 때부터인지 남한사회에서는 점점 사라지고 있다. 지난 20여 년 동안 남한에서 벌어진 문화변화가 급격해서일 것이다. 디지털 시대를 향해 저돌적으로 달려간 IT사회가 먼저 잃어버린 낭만일까.

북한에서 마주친 '노는 아이들'과 '노는 어른들'은 언제나 내 마음을 뛰게 했다. 놀이를 즐기는 것 자체가 규율로 꽉 짜인 세상에 균열을 내는 듯했다. 마치 잿빛 콘크리트 틈새로 살아 나오는 푸른 생명처럼 보였다. 사적인 놀이시간뿐만 아니라 국가기념일도 그들 나름의 방식으로 즐겼다. 놀이정신과 웃음으로 사회적 의무로 주어진 일과를 자신의 시간과 공간으로 만드는 전략을 구사하기도 했다.

'놀이하는 인간'Homo Ludens이라는 개념을 소개한 요한 하위징아Johan Huizinga는 문화가 얼마나 놀이의 특성을 지니고 있는지 탐구했다. 그는 『중세의 가을』이란 책에서 흔히 암흑시대라고 알려진 중세 후기가 "쇠락과 몰락의 시대라기보다 미래에 대한 서곡의 시대"라고 했다. 교리와 의례가 지배하는 세상을 부정하기 어렵고 지상의 현실이 절망적일 정도로 비참할 때, 중세 사람들은 진지함의 세계를 벗어나 놀이의 세계로 들어갔다.[13]

북한의 설날은 '술날'이라고도 한다.* 설날을 비롯한 주요 기념일에 수령은 돼지고기와 술을 선물형식으로 배급한다. 돼지고기 공급은 기근시기부터 끊어졌지만, 술은 가구당 소주 한병씩 계속 주고 있다. 물론 공식 배급만으로 명절에 소비되는 술과 음식이 모두 충당되는 것은 아니다. 대개 몇개월에 걸쳐 설날음식을 준비하고, 설날 잡을 돼지를 키울 경우 더 오랜 기간이 걸린다. 떡, 지짐, 만두, 나물, 고깃국, 쌀밥, 국수까지 푸짐한 음식에 옥수수와 누룩으로 직접 만든 술을 충분히 마련해서 온 가족이 차례를 지내고 잔치를 한다.

설날 아침식사를 하거나 이웃들에게 새해인사를 하면서 의례적 음주가 시작된다. 심지어 직장에 모여 신년사를 듣는 동안에 술잔을 나누기도 한다. 그러한 의례적 절차를 마치고 또래 집단이나 인민반을 중심으로 여러 집을 돌면서 본격적인 음주가무 및 각종 놀이를 한다. "그날은 밤새 술 마시고 친구들끼리 마시고 그러니까. 근데 한 집에서 마시는 게 아니니까. 보통 다섯여섯 집은 옮겨 가요. (…) 왜냐면 그날은 술날이니까. 오죽했으면 북한 드라마에서 설날은 술날이라고…"[14]

설날의 과음은 검약과 절제를 강조하는 '사회주의 생활양식'에 부합하지 않는다. 그러나 공식 미디어조차 '술날'이라는 표현을 수용했다는 점에서 사회적으로 용인된 '위반의 시간'이라고 할 수 있다. 이런 명절에 빠질 수 없는 것이 '윗사람' 방문과 비공식 선물교환이다. 이때 지참하는 대표적인 선물은 술이다. 이렇게 받은 선물은 다시 중요한 사람에게 돌리고, 그렇게 모인 술들을 풍성하게 나누어 마시면서 사회관계를 더욱 돈독하게 한다. "북한 설날의 일련의 의례들에서 술은 지도자로부터 내려왔다가

* 양력 설날 전국민적 술 소비행태를 빗대어 농담조로 일컫는 말이다.

조상에게 올라가고, 가족 및 이웃들에게 나뉘었다가 직장의 상관에게 올라가고, 종국에는 유희적 폭음으로 방탕하게 소비된다."*

스딸린 시대 소련에서 유배생활을 경험한 미하일 바흐찐Mikhail Bakhtin은 축제와 웃음은 그 자체가 혁명적일 수 있다는 점을 강조한다.[15] "해방적 놀이로서의 웃음, 그것은 일견 낭비나 방탕, 퇴폐처럼 여겨지지만 실상 정체되어 있는 현실을 움직이게 만들고, 고정된 서열을 허물어뜨리는 능동적이고 적극적인 능력"이라고 했다. 더 나아가, 웃음은 새로운 세계가 지금 여기서 만들어질 수 있음을 실연實演하는 창조행위라는 것이다.[16] 봉건시대의 지배권력은 축제를 통해 피지배계급의 불만을 발산시켜 해소하려 했다. 그러나 축제와 웃음은 공식적으로 요구되는 규범화된 태도를 일시적이나마 흔들고 뒤집어봤다는 해방의 이미지를 남긴다.

외부 방문객들을 안내하는 일은 북한 사람으로선 가장 긴장된 업무에 속한다. 공화국의 얼굴이자 대변인으로서 어떤 실수도 해서는 안 되기 때문이다. 또한 사상적으로 물들기 쉬운 일이라 안내원들은 대개 고참과 신참 2인 1조로 움직이며 최소한 이틀에 한번은 엄격하게 자아비판, 호상상호비판으로 생활총화를 해야 한다.

한번은 젊은 신참 안내원이 버스 계단을 오르다가 발을 헛딛고 넘어졌다. 얼굴을 붉히며 무안한 표정으로 올라오는 그에게 고참 안내원이 큰 목소리로 한마디 했다. "예쁜 녀자 쳐다보다가 그냥 자빠지누만. 고저 예쁜

* 최학락 「북한 설날의 소비와 선물 연구: 의무와 위반의 매개로서 술」, 한국문화인류학회 2019년 추계학술대회 발표문, 5면. 국가명절을 기념하는 공식의례와 지도자의 상징적 선물과 함께 나란히 더욱 대규모로 이루어지는 다양한 차원의 비공식 선물교환을 통해 축제의 문화적 역동성과 사회적 기능을 확인할 수 있다.

녀자가 문제야 문제!" 맨 앞자리에 앉은 남한단체의 젊은 여성을 보고 웃으며 한 말이다. 넘어졌던 본인과 함께 버스에 탄 일행 모두가 폭소를 터뜨렸다. 뒷자리에 앉았던 남한의 페미니스트가 평양말투를 흉내 내며 핀잔을 줬다. "자빠진 사람이 문제구만, 왜 녀자 탓을 합네까?" 또 한바탕 웃음이 터지고, 고참 안내원과 남한 페미니스트는 친해졌다.

몇년 뒤, 나는 감색 인민복을 입고 고위간부들과 함께 다니는 그때의 젊은 안내원과 우연히 마주쳤다. 그사이에 아주 높은 사람이 되었는지 주변 사람들이 쩔쩔맸다. 당시 상황이 또다른 차원에서 이해되었다. 그때 고참 안내원은 '백두산줄기 항일 빨치산의 자손'인 높은 신분의 신참이 실수하자 농담조로 놀리면서 긴장을 풀도록 했고, 동시에 남한단체의 실무자인 여성에게 호감을 표시한 것이다. 또한 신분적 서열을 나이와 직책으로 눌러보는 효과도 있지 않았을까.

공식적인 일로 평양을 방문한 사람들은 북측 대표들과 의례적인 '동석식사' 자리를 갖게 된다. 처음에는 환영사와 건배사가 오가는 격식 차린 순서를 갖다가, 술도 서로 권하고 분위기가 무르익으면 친근감의 표현인 듯 비꼬는 어투의 도발적인 질문을 던지기도 한다. 어릴 때 시골 친척집에 가면, 처음엔 반기다가 슬슬 서울 사람들을 놀리는 것 같은 말을 하는 것과 비슷한 느낌이었다. 이를테면 "서울 개들은 돈을 물고 다닌다며?" 같은 말이다. 실제로 평양에서도 비슷한 질문을 받은 적이 있었다.

"병호 선생(조금 친해지면, 이름 뒤에 선생 호칭을 붙여 부른다), 서울에서 나서 자라셨다는데, 한강에 다리가 몇개인지 아십니까?" 갑자기 머릿속이 복잡해졌다. "제3한강교까지는 번호를 붙였는데… 지금은… 열개? 스무개?" "아니, 자기가 나서 자란 도시에 다리가 몇개 있는 줄도 모른단 말입니까?" 머쓱해서 머뭇거리던 나를 옆에 앉았던 대북 구호활동가 동료가 도와줬다. "명철 동무, 요즘 서울에서 그런 걸 외우고 다니면 간첩이라고 그래." 그 자리에 함께 앉았던 모두가 박수를 치며 웃었다. 대남접촉 일꾼으로 훈련받은 듯한 북쪽 대표도 쑥스러운 표정으로 따라 웃었다.

북한 사람들의 농담은 긴장과 이완의 해학을 잘 모르는 사람들을 당황하게 한다. 때론 모욕감까지 느끼게 할 수도 있다. 2018년 평양에서 열린 남북정상회담 이후, 남한사회에서 한동안 정치적 논쟁거리가 되었던 "냉면이 목구멍으로 넘어갑네까?" 발언이 그런 경우다. 북한의 고위층 한명이 옥류관에서 냉면을 먹고 있던 남한 재벌들에게 농담처럼 했다는 말이다. 보도된 것만으로는 실제로 그런 말을 했는지, 또 어떤 상황에서 그런 말이 나왔는지 정확하게 알 수 없으나, 내가 평양 옥류관에서 북쪽 사람들과 여러번 식사해본 경험으로 짐작해보면, 충분히 있었을 법한 일이다.

그럼, 응용문제. 다음에 평양 옥류관에 갔을 때, 앞자리의 북쪽 사람이 "평양에 와서 이렇게 많은 과업일을 보셨는데, 냉면이 목구멍으로 넘어갑네까?"라고 질문을 하면 어떻게 할까?

(1) 모욕감에 치를 떨고 자리를 박차고 나온다.
(2) 상대방의 실례를 지적하고 당당하게 사과를 요구한다.
(3) "선생이 잘 드시니 나도 잘 넘어가네요" 하고 그쪽 말법으로 되받는다.
(4) "냉면이란 무엇인가?" 역으로 본질적인 질문을 던진다.[17]

"시간 훔치기": 웃음과 저항

대량의 아사자가 발생한 대기근 초기에 김정일은 역설적으로 '웃음'을 강조하기 시작했다. 가장 극적인 '지도자의 웃음'은 김일성의 영정사진으로 등장했다. 모든 가정과 공공장소에 근엄한 표정의 수령 초상을 모시고 살던 인민들은 활짝 웃는 얼굴로 나타난 거대한 초상화에 어리둥절했다. 절망적 현실 속에서 낙관적 미래를 과시하기 위해 김일성의 영정을 더욱 환하게 웃는 모습으로 그리도록 김정일이 직접 지시했다.[18] 그 이후 계속된 비극과 고난의 시대에 김정일 자신도 파안대소하며 현지지도를 했다. 체제의 한계를 웃음을 통해 극복하려 한 것이다.

그 아들 김정은도 위기감을 높이는 미사일 발사 현장에서 주위 사람들과 함께 웃는 모습을 연출했다. 규율을 강조하는 사회주의국가일수록 지도자와 인민들과의 만남을 '웃음'으로 상징하는 이미지 사진을 널리 사용한다. 억지로 연출한 것이라고 해석하기 쉬우나, 사실 규율사회의 권력자들은 언제나 굳어 있는 정형화된 감독들이 아니다. 적어도 그들과 직접 대면하는 사람들에게는 그 자신이 표상하는 이념의 긴장감을 풀어주는 인간적 모습의 연출도 필요한 것이다. 그러한 파격과 즉흥성은 즉각적인 정서적 이완을 가져오고, 폭넓은 유대와 공감을 이끌어낸다.

낙관적 정서를 퍼트리기 위해 국가권력이 선도한 웃음은 '관제' 영화와 TV드라마 속에서 '웃음과잉'으로 재현되기도 했다.[19] 새로운 드라마들은 평범한 사람들의 일상생활을 배경으로 세속적 가치, 오해와 실수 등을 웃음거리로 삼았다. 비극적 역사를 바탕으로 전개되는 항일 영웅서사나 수령의 미담을 다룬 예전의 진지한 작품들과 달리 가족과 일상의 소소한 사건들을 밝게 그린 것이다. 이렇게 공식 미디어에 나타난 웃음은 비공식 통로로 국경을 넘어서 들어온 새로운 오락문화의 강한 침투력에 대한 최소한의 대응이기도 했다.

한 무리의 사람들이 팬 포장도로를 메우고 있는 과정을 근처를 오가면서 관찰할 기회가 있었다. 그리 크지 않은 구멍 하나를 둘러싸고 20여명이 오가면서 일하는 듯했지만, 자세히 보니 실제로 일하는 사람은 그중 대여섯명밖에 안 되었다. 그나마 가끔씩 일하는 모양새였다. 나머지는 둘러서서 참견하는 듯 웃고 떠들고 있었다. 아침에 봤던 도로보수 작업은 오후까지도 별로 진척이 없었다.

'모내기전투'라는 거창한 이름의 구호간판을 들고 선전대를 앞세워 줄지어 가는 사람들도 봤다. 외부세계에서 생각하듯 노력동원에 강제로 끌려 나가는 사람들이라기에는 동료들과 나들이라도 하는 듯, 모두 함께하고 있다는 사실 자체를 '나름' 즐기는 듯, 장난기 어린 몸짓과 웃는 표정도 눈에 띄었다.

일상생활의 저항문화를 연구한 미셸 드 세르또Michel de Certeau는 권력이 '공간을 장악한 정규군'같이 규제하고 감시한다면, 약자들은 '시간을 훔치는 게릴라'처럼 '순종하는 척' '모르는 척' '하는 척'하는 전술로 저항한다고 했다.[20] 비슷한 맥락에서 말레이시아 농민들의 저항에 대해 연구한 제임스 스콧James Scott은 훔치기, 속이기, 비방하기, 도망하기 같은 비행을 '약자들의 무기'라는 개념으로 설명했다.[21] 대기근으로 지배권력의 권위가 흔들린 후, 제도적 강제상황을 피하거나 겉돌게 하고, 의도적으로 자기 이익에 맞게 변환시키기도 하는 전술적 행위들이 폭넓게 일상화되었다.

대기근시기에 식량과 생필품 확보를 위해 중국을 넘나들던 사람들은 중국 조선족 사회에 이미 널리 퍼졌던 한류 드라마, 영화, 음악 등의 오락도 함께 가지고 오기 시작했다. 체제권력으로서는 자본주의적 문화침투에 대한 경계심에서 이를 정치적으로 금기시하고 단속을 강화했다. 그러나 한번 호기심이 발동되면 막을수록 더욱 유혹적인 것이 된다. 남한 오락문화의 소비는 재미에 더해서 스릴도 함께 느끼는 일이다.

사회적 규범을 어기는 소비행위는 이미 '시간을 훔치는' 저항으로서의 의미도 있다. 또한 즐거움을 얻기 위한 은밀한 거래, 함께 몰래 소비하면서 느끼는 공범의식, 승리감을 나누는 낄낄거림까지 포함하면 일상생활의 저항문화로서의 의미가 크다. 처음 CD와 DVD로 확산된 남한 놀이문화의 침투는 USB시대를 거쳐 이제는 아이패드, 노트북으로 진화했다. 급격한 기술 변화와 놀이문화 변화가 북한사회를 얼마나 다양하고 불균형하게 변화시킬지 기대되고 또 우려된다.

5. "우리는 교양을 잘해서": 조직생활과 역할극

북한 사람들은 의례적인 삶을 산다. 거의 모든 사람의 일상생활이 촘촘하게 짜인 일과표의 생활의례에 맞춰서 진행되고, 생애과정의 중요한 마디마다 사회적으로 규정된 통과의례를 거치며 일생을 산다.

사람들의 아침은 확성기를 통해 울려 퍼지는 혁명음악 소리와 함께 시작된다. 한겨울의 캄캄한 어둑새벽이나 여름날의 어슴푸레한 새벽빛 속에서 동네마다 청소를 하러 나온 사람들이 비를 들고 움직이는 모습을 볼 수 있다. 평양 같은 대도시는 물론 두만강가 마을에서도 강 건너 중국까지 들릴 정도로 큰 노랫소리가 반시간 이상 계속된다. 남한에서 새마을운동 당시 고지식한 마을이장이 매일 아침 크게 틀어놓았던 행진곡 소리에 새벽잠을 설쳤던 기억이 되살아났다. "불평하는 사람이 있을 텐데…" 하지만 그렇게 이불속에서 투덜대던 우리도 국가권력이 개인의 시간을 소리로 제압하는 것을 오랫동안 꼼짝 못 하고 받아들일 수밖에 없었다.

가정에서 아침식사 전 가장 깨끗한 벽에 높이 모신 수령과 지도자 사진

앞에서 아침인사를 하는 의례가 있다. 수령사진 자체는 남한 기독교 가정의 십자가나 예수초상을 연상할 수 있지만, 아침인사 의례는 일본 가정에서 조상을 공양하는 '카미다나神棚'나 '부쯔단仏壇' 의례와 더욱 유사한 느낌이다. 실제로 얼마나 많은 사람들이 매일 하는지 의문이지만, 최소한 학교 다니는 아이가 있는 집에서는 할 수밖에 없는 사회적 규범이다.

조직생활 일과는 직업, 연령, 계층에 따라서 조금씩 다르지만, 모두에게 공통되는 일정은 매일 아침의 '독보회『로동신문』이나 지시문을 읽는 시간'와 '학습회혁명노작 공부', '강연회선전선동사업' 등 정치교양교육 시간이다. 모든 의례적 행위가 그렇듯이 매일 되풀이하다보면 형식적인 것이 되기 쉽다. 그럼에도 불구하고 하루의 일과를 모임으로 시작해서 모임으로 끝내는 집단주의적 생활양식을 내면화하는 효과는 있다.

'생활총화': 고백의 문화

생활의례 중에서 가장 주목할 만한 것은 매주 한번 하는 '생활총화'다. 생활총화는 자기 조직 사람들 앞에서 스스로를 반성하고자아비판, 다른 사람을 비판하는호상비판 시간이다. 주로 김일성 교시와 김정일 말씀, '10대원칙'에 비춰서 혁명사상대로 살지 못한 점과 '자유주의개인주의 또는 이기주의'적 태도에 대해서 비판한다. 예를 들어, 몸이 아파서 아침 독보회에 빠진 것은 혁명적 각오가 확고하지 못했기 때문이고, 개인적 이유로 과업에 충실하지 못한 것은 '자유주의를 부린 것'으로 스스로 고백하고 다른 사람의 비판을 받아야 한다. 이렇게 주기적으로 자기 자신과 다른 사람의 생활을 사회적 가치관에 맞춰서 성찰하고 상호 비판하는 시간을 가짐으로써 스스로 사회적 위치를 확인하고 사회적 존재로서 자리 잡게 한다.

국가권력으로서는 모두가 끊임없이 자기검열을 하고, 서로의 일상을 상호 감시하도록 하는 효율적인 통제방식이다. 기초조직 단위의 주별 생활총화는 조금 큰 조직단위의 월별 생활총화, 더 큰 조직의 연간 생활총화로 확대된다. 큰 규모의 생활총화는 중대한 과오를 저지른 사람을 본보기로 대중들 앞에 세워놓고 공개적으로 비판을 하고, 처벌방식까지 결정하는 긴장감 높은 정치적 드라마가 되기도 한다.

이렇게 긴장도가 높은 정치의례인 생활총화에 참가하는 사람들은 비판을 수월하게 넘어갈 만한 잘못을 미리 고백하거나, 서로 말을 맞춰서 위험도를 낮추는 전략을 쓰기도 한다. 혹시 실수로 심한 비판을 한 사람이 피해자의 집으로 따로 찾아가 사과하거나, 복수심의 악순환을 막으려는 막후 담합도 자주 시도된다.

생활총화는 대기근으로 사회제도가 흔들린 상황에서 뚜렷하게 형식적인 집단의례로 변질되어갔다. 생계문제로 바쁜 사람들은 생활총화가 있는 날 빠지기도 하고, 형식적으로 몇사람만 이야기하고 넘어가기도 했다. 심지어는 참가한 사람들이 의도적으로 딴짓을 하면서 의례의 권위와 긴장도를 떨어뜨리는 방식의 저항도 자주 나타났다.

여러가지 전술로 변질되고 있기는 해도 생활총화는 북한 사람들의 심성과 행동패턴에 강한 영향을 미쳤다. 고백, 비판, 반성, 교정, 새 출발로 이어지는 일련의 생활총화 과정은 본질적으로 종교성이 강한 생활의례다. 자신의 잘못된 부분을 먼저 드러내 보이고, 용서받아서, 다시 깨끗해진다는 믿음을 전제로 한 정화의례이기 때문이다. 전지전능한 신에게 자신의 죄를 스스로 고백하고 용서를 구하는 가톨릭교회의 고해성사와 비슷한 일종의 '고백의 문화'라 할 수 있다.

모든 인민에게 생활총화를 강제한 국가권력 스스로도 이러한 '고백의 문화' 패턴을 내면화하고 있는 듯하다. 2003년 조·일정상회담 당시 김정일은 평양을 방문한 일본총리 코이즈미 준이찌로오에게 일본인 납치 문제가 사실이었다고 고백하고 사과했다. 북한 최고지도자의 예기치 못한 고백에 당시 세계는 놀라고, 남한을 비롯한 미국과 유럽에서는 이런 고백이 앞으로 변화하겠다는 의지의 진정성을 보여주는 과시적 행동으로 해석했다.

그러나 막상 고백과 사과를 받은 일본 측의 반응은 달랐다. 온 나라가 충격에 휩싸이고, 양국관계는 최악의 대립상황으로 치달았다. 사실 일본총리가 납치사건이 없었다고 확신하고 평양까지 간 것은 아니었다. 그러나 북한의 최고권력 스스로 잘못을 공식적으로 인정했다는 물릴 수 없는 사실 때문에 적당한 이유를 대서 일본의 국가체면을 지킬 수 있는 여지가 전혀 없어졌다고 여겼다. 특히 평양정상회담 자리에 배석했던 당시 관방장관 아베 신조오는 '명예'를 핵심가치로 하는 일본문화의 논리로 북한의 범죄행위는 일본 국민에 대한 씻을 수 없는 모욕이라고 원상회복을 주장했다. 인류학자 베네딕트가 분석했던 대로 명예와 수치에 민감한 일본문화는 상대의 고백과 사과를 받아들이고, 용서하고, 새 출발 한다는 개념이 약하다. 아베 총리가 이끄는 일본이 아시아국가에 대한 과거의 전쟁범죄를 인정하지 않고, 공식사과도 회피하는 데는 그 나름의 문화적 이유가 있다.

사회적 교양과 통과의례

남한 어린이들과 함께 평양을 방문한 적이 있었다. 그러나 기대했던 남북 어린이들의 자유로운 만남의 자리는 좀체 만들어지지 않았다. 남한 사람들은 순수한 어린이들의 만남은 비정치적인 자연스러운 일이라 마음만 열면 얼마든지 가능한 일이라고 생각했다. 북한 사람들은 순진한 어린이들은 물들기 쉬워서 자신들이 통제할 수 없는 낯선 아이들과 그냥 만나게 할 수 없다고 여기는 듯했다.

기대와 달리 어른들의 행사만 따라다니게 된 아이들은 곧 참지 못하고 서로 이야기하고 떠들고 이리저리 뛰어다니기 시작했다. 함께 온 교사들이 달래보고 주의를 줘도 그때뿐이었다. 황당한 표정으로 남쪽 아이들을 쳐다보는 북쪽 사람들에게 민망해서 조금은 변명조로 물었다. "아이들은 원래 저렇게 가만히 있지 않지요?" 상대방이 정색을 하며 딱 잘라 말했다. "우리는 교양을 잘해서~. 우리 아이들은 절대 그런 일 없습니다." 그럴 리가? 믿어지지는 않았지만, 그동안 봤던 북쪽 아이들을 다시 떠올려보니 그럴 수도 있겠다는 생각이 들었다. 각 사회마다 아이들은 확실히 다르게 키울 수 있다.

'교양하다'란 말은 남한의 '교육하다'와 비슷한 의미로 쓰는 듯했다. 남한에서 '교양'이 '문화에 대한 폭넓은 지식, 상식, 정서'란 뜻으로 주로 쓰이는 반면, 북한에서 '교양'은 '올바른 사회생활의 밑바탕이 되는 고상하고 원만한 품성을 기르는' 일이다. 즉, 공적인 일과 사적인 일을 잘 구별하고, 특히 공적인 영역에서 적절한 행동을 할 수 있도록 문화적으로 훈련한다는 것을 의미한다. 그러한 교양은 교실에서 지식으로 배우는 것이 아니다. 어린 나이 때부터 조직생활을 통해서 익히며, 다양한 통과의례 과정을 거치면서 온전히 '교양된' 사회적 인격으로 성장한다.

북한 사람들 누구나 기억하는 가장 상징적인 통과의례는 소년단 입단이다. 소년단은 7~13세 나이의 남녀 누구나 가입해야 하는 첫번째 조직생활이다. 모두가 의무적으로 입단을 하지만 그 입단 순서에 차등을 둬서 가장 모범적인 학생들부터 순차적으로 입단식을 거행한다. 아이들로서는 처음으로 성공과 실패, 선발과 탈락, 가입과 배제의 엄중한 결과를 체험하

(위) **소년단 입단식** 입단심사를 통해 '선발'과 '탈락'을 최초로 경험하도록 하는 통과의례.
(아래) **백두산 답사길에 오른 행군대오** '광복의 천리길' 행군을 통해 청년으로 성장하는 소년지도자 통과의례.

게 된다. 어린 시절 친구들보다 먼저 선발되어 빨간 넥타이를 맸을 때의 감동을 아주 나이 든 사람들까지 자랑스럽게 이야기한다. 동시에 처음 선발에서 탈락되어 같은 반 친구들이 맨 빨간 넥타이를 쳐다보면서 부끄러워했던 아픈 기억을 떠올리는 사람들도 물론 많다.

이런 방식의 통과의례는 사춘기와 청년기의 조직생활 단위인 '사로청 사회주의노동청년동맹, 1996년 이후 김일성사회주의청년동맹으로 개칭' 가입을 거쳐서, 성인기의 최고 사회성원권인 '조선로동당' 입당이라는 목표를 달성할 때까지 모든 북한 사람들이 경쟁적으로 거쳐야 하는 정치사회화 과정이다. 조직 가입의 문턱을 넘어서면 그후 조직 안에서 높은 지위와 권력을 누릴 수 있는 자리에 오르기 위한 경쟁과정이 있다. 선발된 사람들은 '천리길' 행군이나 야영행사도 가고 지도력을 쌓는 경험도 한다. 이들은 공식행사를 잘 꾸려서 진행하고, 그 틀에 맞추어 적절한 행동을 하는 훈련을 거듭한다. 그래서 조선소년단의 구호처럼 사회적 삶에 '항상 준비'된 상태가 되도록 자신을 '교양'한다. 사로청을 포함해서 군과 직장, 대학 등에서도 각각 그 단위의 조직활동 평가를 토대로 조선로동당원이 될 수 있는 자격을 갖추어나간다.

모든 공식적 선발과정은 비공개적으로 이루어지기 때문에 타고난 성분이 영향을 미치기 쉽다. 그래도 사회관계를 적절하게 다룰 줄 아는 능력, 즉 '사회적 교양'은 결정적인 필요조건이다. 따라서 조직생활의 핵심전략은 다른 사람들과 좋은 관계를 다지고 충성심과 능력을 인정받는 것이다. 그러기 위해서는 다른 사람들의 눈을 늘 의식하면서 사는 자기검열 방법을 잘 익혀야 한다. 동시에 타인을 비판할 경우에도 상황을 봐가면서 적정선을 관리할 줄 알아야 한다.

'생활총화'를 비롯한 조직생활 경험이 풍부한 북한 아이들과 인지학습을 중시하며 개인적 욕망추구에 관용적인 환경에서 살아온 남한 아이들이 만났을 때 어떻게 상호작용을 할까? 그러나 다행인지 불행인지 그런 만남의 기회를 북한 어른들은 적극적으로 차단했다. 다만, 멀찍이 보고 웃으면서 남한 아이들은 '교양이 없다'고 확실히 느낀 듯했다.

"말밥에 오르지 않게 하라": 겉과 속

"말밥구설수에 오르지 않게 하라!" 조직생활을 하는 북한 사람들이 경구처럼 자주 되새기는 말이다. 아침에 등교하는 아이들에게나, 출근하는 남편과 아내에게, 또 생활총화를 앞둔 자기 자신에게도 거듭 다짐하는 말이기도 하다. 그만큼 다른 사람의 눈과 귀와 입을 의식하면서 살아야 한다. 그래서인지 북한 사람들이 사회생활을 하는 자세는 신중하고 진지한 편이다. 대체로 원리원칙에서 벗어나지 않는 범위에서 안전하게 '상투적' 대응을 한다.

그러나 일단 공적인 자리를 벗어나서 사적인 영역으로 들어가면 전면적이라고 할 만큼 태도가 변해서 놀랄 때가 많았다. 이렇게 공적인 태도와 사적인 태도가 다른 사람, 사회생활과 사생활의 차이가 큰 사람, 밖으로 사람들에게 하는 말과 속으로 혼자 생각하는 것이 다른 사람을 우리는 '이중적인 사람', 심하게는 '이중인격'으로 여기기 쉽다.

그러나 모든 문화권에서 사람들은 사회생활과 사생활을 구별하고 각각 다르게 행동한다. 다만 방법과 정도의 차이가 있을 뿐이다. 공적영역과 사적영역 간의 행동변화가 큰 문화도 다양하게 존재하는데, 그중 인류학적으로 연구가 많이 된 사례가 일본의 '타떼마에建前, 명분'와 '혼네本音, 본심'다. 한 사람이 겉으로 말하는 '입바른 소리'와 '솔직한 속마음' 간의 차이가 큰 현상이다. 베네딕트는 이렇게 이중적인 일본인들의 태도는 공적인 자리와 사적인 자리를 엄격하게 구별해서 각 자리에 맞는 적절한 대응을 하는 것이라고 해석했다. 즉 공적인 영역에서는 문화적으로 갈고닦은 절제된 대응을 하고, 사적인 영역에서는 자연스러운 감정을 드러내서 정서적 소통을 한다는 것이다. 그런 전환을 유연하게 잘할 수 있어야 교양 있는 사람이라고 여긴다. 그런 점에서 공적영역에서 예의 바르고 친절한 일본인이 사적영역에서는 무례하고 거만한 사람이 될 수도 있는 것이다. 물론 상황에 따라서 그 반대도 가능하다. 핵심은 두 영역 구별을 확실히 하도록 문화적으로 훈련되었다는 것이다.

그러나 서구문화, 특히 미국문화에서는 사회적으로 공사영역의 차이가 아무리 분명해도 인격적으로 성숙한 개인은 가능한 한 일관된 자아 정체성을 유지해야 한다고 여긴다. 그래서 미국식 영웅들은 엄숙한 공식석상에서도 자연스러운 모습으로 개성을 과시한다. 적어도 상황과 영역 변화에 그리 영향받지 않는 일관된 자아상을 만들고 연출하려고 노력한다.

인류학자 데이비드 플래스David Plath는 독립적인 개인의 자아실현을 절대적 가치로 여기는 서구 심리학의 편향성을 지적하면서 사회관계를 중시하는 자아성숙 개념을 소개한다.[22] 인간관계를 중시하는 문화에서는 한 사람에게 요구되는 다양한 역할을 각각의 영역에 맞게 수행해야 한다. 때로는 모순되는 역할도 적절하게 수행할 수 있어야 문화적으로 '성숙한' 사람이다. 삶의 의미 자체를 인간관계와 사회적 역할수행을 통해서 추구하고자 하는 문화에서 이상화하는 인간형이다.

사회관계를 중시하는 문화에서 자아 일관성이 무너지는 심리적 문제를 넘어가기 위해서 개발하는 능력이 바로 역할 '구획화'compartmentalizaton 다.[23] 공적영역과 사적영역 간의 차이가 클 때, 각 영역을 구획으로 나누어 그 경계를 넘어서면 심리적 갈등 없이 다른 역할에 몰입할 수 있다는 뜻이다.

"늬들이 혁명을 알아?": 역할극

집단주의 문화에서 사는 사람들은 주로 관례에 따라 살고자 한다. 특히 공적영역에서는 늘 정해진 방식대로 정중하게 방어적으로 대응하는 경우가 많다. 개인주의 문화의 가치관에서 보면 융통성 없고 답답하다는 느낌이 들 수밖에 없다. 남북 간의 만남같이 긴장도가 높은 공식상황에서는 그런 문화차이로 인해서 갈등이 발생하기 쉽다.

2000년대 중반 남북교류가 활발했을 때, 남한 방문객이 많아지면서 북한 당국은 새로 안내원들을 훈련시켜 대거 투입했다. 긴장한 신참 안내원들은 전형적인 방어적 태도로 일관했다. 예전에 자주 방문했던 곳도 못 간다고 하고, 늘 되던 일도 안 된다고 했다. 남한 방문단을 대표해서 북측 안내원들과 '일정투쟁일정조율'을 맡았던 민간단체 실무자가 저녁식사 자리로 옮겨서까지 토의하다 실망과 좌절감에 드디어 폭발했다.

"늬들이 혁명을 알아? 치사한 놈들. 이제 다시 안 와, 평양!" 식당 앞에 세워둔 버스에 타자마자 남한 실무자가 고함을 질렀다. 조명이 꺼진 평양 밤거리는 적막했다. 버스 안 누구도 아무 말도 못 했다. 버스기사는 시동을 끄고 차를 세웠다. 모두가 얼어붙은 채 침묵을 지켰다. 마침내 안내책임자의 나직한 명령에 차가 움직였다. 정작 소리친 본인은 홧김에 과음을 했는지 몸을 가누지 못했다.

남측 대표들이 나서서 북측 안내원들과 긴급하게 수습하는 자리를 만들었다. 굳은 얼굴로 앉아 있던 북측 안내원들이 격앙된 목소리로 말하기 시작했다. "혁명의 수도 평양에서 있어서는 안 되는 망발이 나왔습니다. 이건 너무나 엄중한 일이라 이런 자리에서 논의할 일이 아닙니다. 상부에 보고해야 됩니다. 여러분들의 안전 귀국도 책임질 수 없는 사태입니다." 살벌한 어조로 계속되는 으름장으로 미루어 보아 그들로서는 도저히 용납하기 어려운 모욕을 받았다고 느꼈나보다.

"우리 실무자가 남한에서 민주화투쟁을 열렬하게 한 사람인데 평소 못 먹는 술을 먹고 말실수를 한 듯하다"라고 변명도 하고 사과도 했다. "그래서 우리가 소위 남조선 운동권들을 좋아 안 합니다. 자기들이 무슨 대단한 혁명을 한 줄 알아요!" 몇해 전 국가권력에 기대서 거들먹거리던 비슷한 사람에게 리영희 교수가 일갈했었던 일이 머리에 스쳤다. "권력에 맞서서 싸워보지도 못한 것들이!" 하지만 그 자리에서 그런 식의 논쟁을 할 수는 없었다.

옆에 앉아서 가만히 오가는 이야기를 듣고 있던 경험 많은 남측 대표가 쓱 반말 투로 반문을 했다. "그래서, 우리 실무자가 장군님 욕한 건 아니잖아? 당신들이 미숙하게 안내해서 장군님 욕보인 거잖아?" 갑자기 자신들의 말법으로 역습을 당한 안내원들이 당황한 표정으로 잠시 주춤했다. 역할극 되받기가 먹힌 듯했다. 나도 바로 거들었다. "남북의 젊은 일꾼들이 서로 잘해보려고 하다가 생긴 일인데, 오해도 있을 수 있고 뜨거운 마음에 심한 말도 할 수 있지. 말보다 마음으로 서로 이해합시다. 자~ 자~ 한잔하면서 한번 마음 풀고 이야기해봅시다." 진지한 정치극을 가벼운 놀이극으로 바꿔보자는 뜻이었다.

찬물로 세수하고 나온 남한 실무자와 북측 안내원들은 그날 밤 호텔 노래방에서 어깨동무를 하고 함께 노래를 불렀다. 아까 긴장했던 모습과는 전혀 다른 사람이 된 듯, 「심장 속에 남는 사람」을 애절하게 부르던 북한 젊은 안내원의 확 풀린 얼굴이 기억에 남는다.

그래도 변하는 것

요즘도 외부세계에 보여주는 북한의 모습은 변하지 않았다. 평양거리에는 고층건물이 올라가지만, 김일성광장에서는 여전히 군사퍼레이드가 펼쳐진다. 최고지도자는 젊어졌지만, 여전히 인민복 차림으로 미사일 발사 현장에서 현지지도를 한다. 여성들의 옷차림은 다양해졌지만, 정장과 군복 차림의 권력엘리뜨들은 아직도 만장일치의 수첩을 들어 올린다. 공연예술은 경쾌해졌지만, 여전히 충성의 노래를 부르며 수령 동상 앞에서 줄지어 절하고 있다. 그렇게 변함없는 공식체제의 겉모습과 달리 주민들의 일상생활은 그래도 꾸준히 변하고 있다.

변화는 비공식적으로 일어나고 있다. 공식제도의 틀은 그대로 둔 채, 비공식 전략으로 틈을 내고 변질시키는 것이다. 대기근 이후 많은 사람들이 비공식영역에서 축적한 자원, 정보, 경험을 결합해서 공식영역의 법제도적 차별의 벽을 넘나드는 새로운 현실을 만들어내고 있다. 이러한 변화는 그동안 엄중했던 중심과 주변, 성분과 계급, 순수와 오염, 남성과 여성 간의 경계를 교란하고 때로는 역전시켰다.

비공식경제가 사회변화를 주도하면서 정치적 특권으로 유지되던 중심과 주변의 차이가 상대화되고 있다. 특히 외부경제와 연계되어 있는 신의주, 청진, 혜산, 남포 등 지방도시는 국가권력이 직접 통제하는 평양과는 다른 변화의 활력을 보인다. 휴대전화의 보급과 사적 교통수단의 증가로 공간적 거리가 압축되고 지역분리 통제도 약화되었다. 평양과 비평양을 나누는 경계는 여전하지만 실제로는 다양한 방식으로 뚫리고 있다.

비공식 경제영역에서 축적한 자원을 바탕으로 계급과 성분의 벽을 넘는 사람들이 늘어나고 있다. 상대적으로 낮은 성분의 생활전략가들은 결혼, 진학, 사업 등을 통해서 중심적 위치로 진입하거나, 특권적 혈연집단과 관계를 맺어서 신분상승을 꾀한다.

여성이 주도하는 장마당과 시장 등 비공식 경제활동은 기존의 가부장적 성별 위계구도와 성역할 고정관념을 실질적으로 변화시키고 있다. 이러한 현실변화를 반영해서 공식매체까지 남편들이 가사를 돕는 가정생활을 권장하게 되었다.

순수와 오염에 대한 관념으로 안과 밖, 우리와 남, 정상과 비정상을 엄격하게 구별하고 경계하는 제도는 여전히 남아 있지만, 시장에는 외국물건이 범람하고, 외래 대중문화가 널리 유통된다.

이렇게 폭넓은 일상생활 내용의 변화에도 불구하고, 기득권세력은 혈연, 계급, 지역, 성별 특권을 지키기 위해서 정치적 규제와 제도적 차별을 여전히 시행하고 있다. 현실변화와 동떨어진 법제도는 비공식 경제활동을 수탈하기 위한 정치적 도구로 활용되기도 한다.

이러한 북한사회의 변화에 대해서 외부세계는 체제붕괴의 조짐이라고 자가당착적으로 해석하거나, 혹은 극장적 권력연출과 무력 과시에만 주목하면서 변화하는 현실 자체를 무시한다. 오히려 우리가 이해해야 할 것은 공식제도와 비공식 전략 간의 괴리가 커지고 있지만 두 흐름이 모두 현실이고 그 둘은 상호보완적으로 기능한다는 점이다. 북한사회의 변화는 공식과 비공식 두 흐름 사이에서, 그 둘이 서로 영향을 주고받으면서 새로운 현실을 만들어가는 방식으로 진행되고 있다.

훗날 훗날에 나는 어디선가
한숨을 쉬며 이야기할 것입니다.
숲속에 두 갈래 길이 있었다고
나는 사람이 적게 간 길을 택하였다고
그리고 그것 때문에 모든 것이 달라졌다고.[1]

처음엔 보이지 않는 그 선이 이렇게 한 민족을 갈라놓을 줄 몰랐다. 생소한 선 하나가 오랜 세월 함께 살아온 사람들을 두 무더기로 나누어 그렇게 다른 길을 가게 할 수 있을 줄은. 원래 하나였으니 잠시 다른 길을 걷다가 곧 다시 만나 함께 가리라 여겼다. 오산이었다.

제국주의 시대에 강대국들이 지도 위에 그어놓은 모든 직선은 산과 강 같은 자연은 물론, 언어와 문화를 공유하는 민족도 가차 없이 분할했다. 그 경계선은 식민지배가 끝난 뒤에도 견고한 국경이 되어 인위적으로 다른 국가와 국민을 만들어냈다. 그렇게 많은 신생국가들이 탄생했다. 우리 민족을 둘로 나눈 북위 38도선은 제국주의 열강이 아시아, 아프리카, 라틴아메리카 여러지역을 빈 땅 나누듯 했던 그런 방식으로 그어졌다. 한 민족을 두 국민으로 만든 그 경계선은 공교롭게도 냉전세력이 뜨겁게 싸우는 최전선이 되었다. 각 진영의 선두에서 맞붙어 싸운 두 나라 모두 깊은 상처를 입었다. 그리고 70년이 지난 오늘까지도 전쟁은 끝나지 않았다.

그 전쟁은 특별히 잔인했다. 휴전이 되자 전쟁포로들은 국제법의 보호를 받으며 자기 나라에 돌아갔지만, 새로운 경계에 막힌 두 나라의 피난민들은 고향에 돌아갈 수 없었다. 전쟁 중에 헤어진 가족과의 재결합은 물론 편지 한통 주고받을 수 없었다. 그렇게 70년 세월이 흘렀다. 남북으로 갈린 수백만 이산가족들은 서로 생사조차 알지 못하고 한을 품은 채 늙고 죽어갔다.

이 끔찍한 상황에 대해서 남과 북은 서로 상대방에게 책임을 돌렸다. 처음엔 상대적으로 약했던 남쪽의 피해의식이 강했고, 상황이 역전되자 이번엔 북쪽이 소극적으로 대응했다. 양쪽의 권력은 억울한 주민들의 마음을 상대방에 대한 증오심을 키우는 데 이용했다. 보편적 인권을 주장하는 국제사회는 이 문제에 대해 무감했다.

두 갈래 길은 필연적으로 비교하게 만든다. 보는 관점에 따라 사소한 차이를 대조적인 특징으로 주목하고 서로 대립되는 것으로 여긴다.* 실제로 분단 이후 남과 북은 늘 상대방과 비교하고 의도적으로 서로 달라지려 노력했다. 자본주의와 사회주의라는 외래이념은 서로를 대조적으로 구별하는 상징으로서의 의미가 강했다.

이러한 양극화 과정은 국제 냉전세력의 경쟁적 지원으로 더욱 가속화

* 이렇게 대립적으로 분화되는 과정을 구조주의 이론은 이항대립(binary opposition)의 원리로 설명한다. 페르디낭 드 소쉬르(Ferdinand De Saussure)는 언어학적으로 한쪽이 다른 한쪽과의 비교에 의해 가치와 의미를 갖는다고 했다. 예를 들어 우리가 '악'을 상정하기 전에는 '선'을 의식할 수 없다는 것이다. 정치학에서는 양극화(bipolarization) 과정이라고도 한다.

됐다. 북한은 1960년대에 '조선의 기적(최초의 코리안 미러클)'을 이룬 나라로 사회주의권의 모델국가가 되었고, 남한도 1970년대에 '한강의 기적(또 하나의 코리안 미러클)'을 이루며 자본주의권의 대표적 발전사례가 되었다. 양측이 모두 단기간에 고도로 효율적인 국민국가를 건설할 수 있었던 것은 역설적이게도 전쟁을 겪으면서 온 국민이 체득한 생존전략과 오랜 중앙집권국가 역사 속에서 통합된 언어와 관습 등 문화적 토대가 있었기 때문이다.

남과 북은 서로 다른 길을 걸으면서 수많은 고비마다 양측이 공유하는 비슷한 전통문화 요소들을 각각 다른 방식으로 구성하며 대응해왔다. 그 두 갈래 길은 나란히 가다가 급격히 다른 방향을 택하기도 했다. 전쟁 때문에 양국은 절대권력자를 구심점으로 하는 사회체제를 구축했다. 양국의 급속한 산업발전도 강력한 지도력을 토대로 일종의 국가총동원 방식으로 추진됐다.

1972년 12월 27일, 남한의 유신헌법과 북한의 사회주의헌법이 같은 날 공포됐다. 남쪽 유신체제 대통령과 북쪽 유일체제 주석은 그렇게 나란히 짝을 이루었다. 서로 상대방 때문에 특별한 독재체제가 필요하다고 주장했다. 둘 다 전쟁파괴와 절대빈곤의 위기상황에서 강력한 지도력을 발휘한 경제발전 시대의 지도자였다. 김일성의 '천리마운동'과 박정희의 '새마을운동'은 각각 시대의 상징이었다.

위기상황에서 비상한 능력을 발휘한 카리스마 지도력은 위기 극복과 함께 소멸되는 것이 자연스러운 일이다. 독재자들은 종종 그런 카리스마 권력의 시간적 운명에 저항하여 종신권력을 추구한다. 그러나 종신권력은 바로 후계자 문제에 봉착한다. 지도자 주변에서 계속 특권을 누리고자 하는 무리들이 자연수명의 한계를 넘어설 수 있는 권력 재생산을 필사적으로 모색하기 때문이다. 이때 권력자의 아들딸은 권력의 2인자로 실세가 되거나 미래권력의 상징으로 추대되기 쉽다. 북한의 김정일과 김정은은 바로 그렇게 떠오른 세습권력이다.

김일성 같은 카리스마 지도자의 개인적 권위를 세습하는 것은 그의 장남과 손자로서도 용이한 일이 아니었다. 따라서 끊임없이 권력세습을 정당화하는 조건을 만들어나갔다. 위기의식을 조장하고 사상통제를 강화하여 반대파의 구속과 숙청을 일상화했다. 김정일의 후계구도가 본격화된 1970년대초부터 북한에서는 많은 책들이 금서로 사라지고, 널리 부르던 노래들이 금지곡이 되고, 복장과 두발에 이르기까지 생활검열도 강화되었다.

어딘지 익숙하지 않은가? 자유민주주의 남한에서도 유신시대에 모두가 경험한 종신권력의 통제방식이다. 적극적으로 이미지를 조작하는 상징정치도 추진되었다. '주체적 사회주의' 북한과 '한국적 민주주의' 남한 모두 충효사상을 강조했다. 북한에서는 김일성의 아내 김정숙이 '조선의 어머니'로, 남한에서는 박정희의 아내 육영수가 '자애로운 국모'로 추앙받았다.

극장적 권력연출로 세습기반을 닦은 김정일은 1994년 김일성이 죽자 강력한 '추모의 정치'를 통해 사회주의국가 최초의 가족세습 권력이 되었다. 군부를 장악한 혁명유가족 집단과 기득권세력이 특권의 세습을 함께 지켰다. 세습의 폐해는 다양하게 나타났다. 온갖 통제로 사회가 정체되고 자기치유 능력을 상실했다. 사회 각 영역에서 특권세습으로 인력과 자원이 폐쇄회로 안에서 맴돌게 되었다. 인민의 이해보다는 지도자 개인이나 권력집단의 이해가 먼저였다. 2011년 김정일이 죽자 권력은 27세의 김정은에게 세습되었다. 김정은은 젊은 시절의 김일성을 닮은 외모와 스타일로 카리스마 권력 이미지를 재생산했다.

남한의 박근혜는 육영수의 죽음 이후 스물두살 나이에 퍼스트레이디 역할을 대행하며, 의전서열 2위의 핵심상징이 되었다. 상징은 곧 권력으로 자라났다. 충성과 효도를 강조하는 '새마음운동' 전국대회를 진행할 때, 어린 '영애님'에게 교장선생들은 90도 경례를 하고, 시골 할머니들은 큰절을 올렸다. 2012년, 박근혜는 육영수의 헤어스타일과 박정희의 과묵한 이미지를 재연출하며 대통령이 됐다. 재벌의 경영세습, 목사의 교회세습 등 수많은 사회적 세습도 함께 정당화되었다.

권력세습은 독재자 한사람만의 문제가 아니다. 모든 기득권세력의 특권세습과 맞물려 있다. 북한은 왜 남한 선거가 다가오면 긴장을 고조시키고, 남한 기득권세력은 왜 비밀협상을 통해 무력도발을 요청하기도 하는가? 남북 권력집단은 적대적으로 공존하며 특권을 세습했다. 분단시대 체제권력은 그렇게 나란히 갔다.

결정적인 분기점은 남한의 민주화다. 남한 시민사회는 독재체제에 끊임없이 저항해서 1980년대말부터 권력교체가 제도화됐다. 권력기관의 개입으로 박근혜가 대통령에 당선되기도 했지만, 특권배분과 권력남용 끝에 결국 촛불혁명으로 탄핵됐다. 남한은 그렇게 정치적 권력세습의 고리를 끊었다. 그러나 사회경제적 기득권 세습의 문제는 여전히 뿌리 깊게 이어지고 있다.

대통령선거를 앞둔 시기에 북한의 수해복구지원을 위한 남북 실무자회의가 있었다. 북측 대표단에는 혁명가문 자손으로 김정은과 함께 떠오르고 있는 젊은 실세들이 포함되어 있었다. 그중 한사람이 이명박 정부의 봉쇄정책에 대한 비난 끝에 농담처럼 한마디 했다. "요즘 남쪽에서 이명박 찍은 사람들이 손가락 잘라야겠다고 야단이라면서요? 거참 앞으로는 선거 잘해야 할 텐데…” 듣다 못해 남측 민간단체 대표가 한마디 했다. “그래도 우리는 5년에 한번 바꿀 수 있잖소!” 갑자기 조용해졌다. 한동안 아무도 말하지 못했다.[2]

북한사회의 ‘민주화’는 절실한 과제다. ‘자주 주권’의 상징으로 핵무기와 미사일을 만들어 체제안보와 권력세습은 가능했지만 그러는 동안 세계적 빈곤국이 되었다. 고립이 장기화되면서 자폐적인 의미과잉 문화가 심화되고, 권력이 집중되면서 부정부패가 일상화되었다. 변화의 물꼬를 열려면 우선 북한사회를 강박적 위기의식에서 벗어나지 못하게 하는 국제적 고립상태가 완화되어야 한다. 그런 점에서 전쟁종료와 공식수교, 남북교류협력은 중요하다. 북한 스스로도 내부개혁을 통해 제도적 합리성을 높이고 사람들의 자율성을 강화해야 할 것이다.

남한사회의 ‘인간화’도 시급한 과제다. 탈북민들의 경험은 이 문제의 단면을 새롭게 보여준다. 한 탈북소년이 학교에 안 가겠다고 했다. “도덕적으로 글러먹은 아이들과 지내기 싫다”고. 옆에 앉은 아이와 가까이 지내려고 가위를 좀 빌려달라고 했더니 그런 건 개인 준비물이라고 안 빌려주더란다. 문화적응 문제라고 생각해서 차차 친구가 생기면 나아질 거라고 위로하니까, 남한 아이들은 자기들끼리도 친구가 없고 맨날 경쟁만 하는 “참 별난 놈들”이라고 한다. 학교에 가서 선생님을 만나고 온 어머니도 남한 교육은 통 이해가 안 된다고 한숨을 쉬었다. 잘 모르는 아이들을 학교에서 가르치려 하지 않고 학원에서 배워 오라고 하다니. 담당교사가 입학부터 졸업까지 아이들을 책임지고 가르치면서 각종 소조활동까지 하도록 하는 북한 학교와 비교가 된다고 했다.

큰 회사에서 일하게 되었다고 좋아하던 탈북청년이 얼마 견디지 못하고 나왔다. 도대체 너무 지독하게 일을 시켜서 힘이 부치기도 했지만, 사장부터 팀장까지 목줄 쥔 사람들처럼 거들먹거리는 게 아니꼬워서 그만 뒀다는 것이다. "북쪽에서는 수령 하나한테만 까딱까딱 경례하면 나머지 것들은 고저 고만했더란 말입니다. 여기서는 밥벌이와 관계만 되면 모두가 갑질을 해대니 견딜 수가 없어요." 탈북민들을 지원한다고 모두 예산타령만 하는데 사실 돈보다 사람이 더 아쉽다고 했다. 외롭고 불안하고 무엇보다도 희망이 없는 것이 가장 큰 문제인데, 알고 보니 남한 사람들도 모두 그리 살고 있는 것 같다고 했다. "조선에서는 고난과 가난 속에서도 가족, 이웃, 동료들과 함께 이야기하고 웃으며 살았다"는 것이다. 인간관계는 사라지고 이해관계만 남은 이 사회가 바로 남한 청년들이 이야기하는 "헬조선"이 아니겠냐고 반문했다.

남한은 특히 1990년대말 금융위기 이후 신자유주의 정책으로 모든 삶의 영역에서 비교와 경쟁을 당연시하며, 외부인이 진단하듯 "기적을 이룬 나라, 기쁨을 잃은 나라"가 되었다.[3] '우리'를 잃은 피폐한 사회는 '돈'만을 절대가치로 숭상하며 열등감과 우월감이 교차하는 경제부국이 되었다.

남한이 국제사회와 경쟁해서 '자유'와 '풍요'를 누리게 되었다면, 북한은 자신의 무력으로 '자주'와 '자존'을 지켰다고 주장한다. 불가능한 조건에서 만들어낸 특별한 성취는 그만큼 큰 희생과 모순을 안고 있다. 이제는 서로를 거울삼아, 과도하게 편향된 성취가 만든 문제를 직시하고 치유하는 길을 찾아야 한다.

분단 75년, 지금도 끝나지 않은 전쟁이 시작된 지 70년, 남북을 두 갈래 길로 몰아간 국제냉전이 끝난 지 30년이 되었다. 이제는 몇세대에 걸쳐서 갈라진 길을 걸어온 사람들에 대한 이해가 필요한 때가 됐다. 엄중하게 분리되어가던 두 갈래 길이 공식 비공식 차원에서 겹치고 얽히기 시작했기 때문이다. 그동안 우리는 상대편의 길을 멀리서 바라보며 그 길을 이끄는 지도자와 정치구호만 주목했다. 남한사회가 하나가 아니듯, 북한사회도 결코 하나가 아니다. 수령과 군인만 있는 것이 아니다. 평양시민과 지방주민, 당원과 비당원, 남성과 여성, 전쟁세대와 기근세대, 무수한 직종의 전문가와 노동일꾼 등 서로 다른 가치관과 충돌하는 이해관계를 가진 다양한 사람들이 있다. 우리가 직접 만날 사람들은 바로 그들이다.

동독 출신 실향민 악셀 슈미트-괴델리츠Axel Schmidt-Gödelitz는 독일이 통일되자 다른 체제에서 살아온 사람들이 평등하게 만나 서로를 이해하기 위한 '동서포럼'Ost-West Forum을 만들었다. 참가자들은 다른 체제에서 살아온 사람들과 삶 이야기를 나누며 서로 존중하는 경험을 했다. '국가의 역사'를 넘어서 '사람의 역사'를 직접 이야기하고 들으며 수많은 동서독 사람들이 서로 화해했다. 이 포럼은 독일인과 폴란드인, 독일인과 터키 이주민의 만남으로 발전하여 역사적 갈등을 경험한 집단들의 상호이해를 위한 프로그램이 됐다.

다른 길을 걸어온 사람을 만날 때는 서로 살아온 삶의 경험에 대한 존중과 공감이 무엇보다 중요하다. 서로에 대한 편견을 극복하는 출발점이기 때문이다. 나의 관점에서 상대방의 삶을 평가하는 것이 아니라 바로 그 사람의 눈을 통해서 그가 본 세상과 걸어온 삶을 이해하고자 하는 감수성이 필요하다. 그런 만남은 자신이 '가지 않은 길', '갈 수도 있었던 길'을 그려 볼 수 있게 한다. 그런 상상력은 자신이 걸어온 길의 치우침과 한계를 비춰 볼 수 있는 거울이 된다. 우리도 서로 '가지 않은 길'에서 겪은 삶의 경험을 나누고 공감하며 오랜 분단의 상처를 치유하고 공존을 모색하게 되길 바란다.

캄캄한 새벽 이상한 소리에 잠을 깼다. 옆에서 주무시던 외할머니 자리가 비어 있었다. 창호지문 너머에서 신음인지 울음인지 할머니의 기도소리와 라디오방송이 들렸다. 통일소식이 있어 '인민군에 끌려간(북에서는 의용군으로 자원한)' 외아들과 다시 만날 수 있을까 매일 틀어놓는 새벽 뉴스였다. 애간장을 끊는 아픔을 누르려는 듯 안간힘을 쓰며 몸을 뒤치는 할머니의 몸짓을 느낄 수 있었다. 무섭고 슬퍼서 나도 울먹이며 다가가 뒤에서 할머니를 안았다. 눈물 젖은 얼굴을 마른 두손으로 쓱 문질러 훔치고, 할머니는 거짓말처럼 활짝 웃어 보이며 어린 나를 와락 품에 안았다.

이산의 아픔을 안은 채 돌아가신 할머니, 어머니, 그리고 아직도 생사를 모르는 외삼촌. 어린 마음에 품었던 숙제를 이제 흰머리가 되어 조금씩 풀고 있습니다. 당신들의 고통을 기억하고 전하겠습니다. 당신들께 이 책을 바칩니다.

기근으로 희생된 수많은 사람들을 기억하고 추모합니다. 또한 그들을 돕기 위해 어려운 분단장벽을 넘나들며 애써온 인도지원 활동가들과 후원자들께 감사드립니다. 민족의 대재앙을 목격하고 구호활동에 참여했던 연구자로서 그 사실을 기록하고 증언하고자 노력했습니다.

북한에서 그리고 중국 접경지역에서 만났던 많은 분들께 감사드립니다. 어린아이처럼 끈질기게 질문하던 인류학자를 친절하게 받아주신 여러분의 관용과 가르침이 없었으면 이 책을 쓸 수 없었을 것입니다. 분단정치 현실 때문에 이름을 밝히지 못함을 안타깝게 생각합니다.

하나원 하나둘학교에서 "일없어 괜찮아 교장"이라고 놀리며 따르던 탈북청소년 여러분, 어린 시절 겪은 모진 어려움에도 꺾이지 않고 웃음과 희망을 이야기하던 그 용기와 생명력을 기립니다. '먼저 온 미래'인 여러분의 호기심 어린 탐색이 새로운 가능성을 열어가길 기원합니다.

이 책을 만드는 일에 참여해주신 모든 분들께 감사드립니다. 한양대 문화인류학과 북한문화론 수업에 참여한 학생들은 초고부터 함께 읽고 젊은 세대의 관점을 알려주었습니다. 진지한 비평으로, 때로는 빨치산이 어디 있는 산이냐는 엉뚱한 질문으로 세대 간 인식차이를 알려준 학생들 덕분에 조금 더 쉬운 말로 책을 쓰고자 했습니다. 책머리에 자기들 이름을 써달라던 요구를 지면관계로 들어주지 못해 미안합니다.

통일부 북한자료실 사서분들과 사진과 문헌자료를 함께 찾아준 대학원생 안종수, 한효주, 임재윤, 박채환에게 감사합니다. 덜 다듬어진 원고를 꼼꼼히 읽고 귀중한 의견을 주신 대전대 권혁범, 와세다대 김경묵 교수, 한양대 글로벌다문화연구원의 이향규, 최은영, 조일동, 김기영, 임성숙 박사, 평화디딤돌의 윤은정 선생께도 감사드립니다. 특히 95세의 장인어른께서 초고를 미리 읽고 독려해주셔서 머뭇거리던 마무리 작업을 서둘렀습니다. 덕분에 행복한 글쓰기를 했습니다. 감사드립니다.

더 나은 책을 만들고자 최선을 다해주신 창비출판사의 강영규, 배영하, 김가희 선생과 처음 책을 기획할 때 귀중한 의견을 주신 염종선, 윤동희,

박대우 선생께도 감사드립니다. 원고는 저자가 쓰지만 책을 만드는 것은 출판 전문가들이라는 사실을 거듭 깨달았습니다.

마지막으로 내가 쓴 모든 글의 첫번째 열혈 독자이자 엄한 편집자인 아내 정진경 교수에게 고마운 마음을 전합니다. 심리학자로서 남북문화통합연구에 참여한 지 20여년, 그동안 연구와 활동을 함께해온 당신의 도움으로 이 책을 쓸 수 있었습니다. 늘 든든합니다.

2020년 1월
정병호

| 주 |

1장 청년장군

1 『로동신문』 2006년 9월 8일자 '정론'.
2 권헌익·정병호 『극장국가 북한: 카리스마 권력은 어떻게 세습되는가』, 창비 2013.
3 기록영화 「위대한 헌신, 변이 난 해 2009년」, 조선기록과학영화촬영소 2010.
4 「북주민, 작년 5월부터 김정은 찬양가 배워」, 『NKChosun』 2010년 7월 9일자.
5 일본 『마이니찌신문』은 "정운(正雲)이 후계자로 낙점 됐다"라고 보도했다. 2009년 2월 17일자.
6 「존경하는 김정은 대장 동지의 위대성 교양 자료」, 『DailyNK』 2009년 10월 6일자.
7 呉小元 『ハダカの北朝鮮』, 新潮新書 2013.
8 추도시 「위대한 김정일 동지의 령전에는」, 『로동신문』 2011년 12월 30일자.
9 김철송(평양 인흥중학교) 「꼭 같으셔요」, 박춘선 엮음 『영원한 우리 아버지』, 평양: 금성출판사 2012.
10 Joan Robinson, "Korean Miracle," *Monthly Review* 16, no. 8(1965), 541~49면.
11 전영선 「김정은 시대의 문화정치, 정치문화」, 전미영 편 『김정은 시대의 문화』, 한울출판사 2015.
12 정병호 「극장국가 북한의 상징과 의례」, 『통일문제연구』 22권 2호(2010), 1~42면.
13 『중앙일보』 2010년 10월 11일자.
14 『조선일보』 2018년 6월 29일자.
15 신소제도의 작동에 대한 자세한 논의는, 김성경 「북한 정치체제와 '마음의 습속': 주체사상과 신소제도의 작동을 중심으로」, 현대북한연구 21권 2호(2018), 191~231면 참조.

16 정병호 「냉전 정치와 북한 이주민의 침투성 초국가전략」, 『현대북한연구』 17권 1호(2014), 49~100면.

17 다니엘 튜더·제임스 피어슨 『조선자본주의공화국: 맥주 덕후 기자와 북한 전문 특파원, 스키니 진을 입은 북한을 가다!』, 전병근 옮김, 비아북 2017; 주성하 『평양자본주의백과전서: 주성하 기자가 전하는 진짜 북한 이야기』, 북돋움 2018 참조.

18 전수일 『관료부패론』, 선학사 1999, 70~74면, 81~85면.

19 유발 하라리 『호모데우스: 미래의 역사』, 김명주 옮김, 김영사 2017, 한국어판 서문.

20 같은 책.

2장 행복을 교시하는 나라

1 최인철 『굿 라이프: 내 삶을 바꾸는 심리학의 지혜』, 21세기북스 2018.

2 한국문화인류학회 편 『(문화인류학 맛보기) 낯선 곳에서 나를 만나다』, 일조각 1998, 61~71면.

3 박한식·강국진 『선을 넘어 생각한다: 남과 북을 갈라놓는 12가지 편견에 관하여』, 부키 2018.

4 일본 요시다 야스히꼬 교수 홈페이지 참조(http://www.yoshida-yasuhiko.com/ankh/aramashi.html).

5 John Borneman, "Anticipatory Reflection on Korean Unification: How is German Unification Relevant?", paper presented at the Korea University 100th Anniversary International Conference, Korea University, Seoul, May 24, 2004.

6 이기범 『남과 북 아이들에겐 철조망이 없다: 이기범 교수의 마흔아홉 번 방북기』, 보리 2018, 86~94면.

7 「낮아진 밥상」, 『청년문학』 2003년 12월호, 26면.

8 유치원 수업 참관 녹취기록(2000년 3월 6일).

9 「김정은, 北소년단대회서 2번째 공개 연설」, 『뉴시스』 2012년 6월 6일자(https://news.joins.com/article/8391509).

3장 아버지 나라의 교육

1 교육도서출판사 편 『해방후 10년간의 공화국 인민 교육의 발전』, 평양: 교육도서출판사 1955.

2 유치원 수업 참관 녹취기록(2000년 3월 6일).
3 같은 기록.
4 당시 임수경의 북한 체류일정을 현지에서 조율했던 탈북한 사람의 증언.
5 전 평양 주재 루마니아 대사 증언(2003년 7월 30일 부꾸레슈띠에서 인터뷰).
6 권현숙 『루마니아의 연인』, 민음사 2001; 「(수요기획) 미르초유, 나의 남편은 조정호입니다」 KBS-1TV, 2004년 6월 23일 방송.
7 이민선 『소년들의 섬: 일제가 만들고 군사정권이 완성시킨 선감학원 소년들의 잔혹사!』, 생각나눔 2018.
8 이윤복 『윤복이의 일기: "저 하늘에도 슬픔이"와 엄마를 다시 만난 이야기』, 새벽소리 1993.
9 「조국의 사랑은 따사로와라」 가사.
10 「슈퍼맨이 돌아왔다」 KBS-2TV, 34~116회, 2015.
11 신상균 『복받은 세쌍둥이들』, 평양: 금성청년출판사 1993, 3면, 100면.
12 같은 책 101면.
13 올더스 헉슬리 『멋진 신세계』, 이덕형 옮김, 문예출판사 2018.
14 유발 하라리, 앞의 책 212~16면.
15 같은 책 6~11면.
16 한만길 편 『북한에서는 어떻게 교육할까: 북녘에서 살다 온 16인의 생생한 교육 체험기』, 우리교육 1999, 207~8면.
17 렴형미 「아이를 키우며」, 『조선문학』 2002년 11월호.

4장 태양민족의 탄생

1 서대숙 『현대 북한의 지도자: 김일성과 김정일』, 을유문화사 2000; 와다 하루키 『북조선: 유격대국가에서 정규군국가로』, 서동만·남기정 옮김, 돌베개 2002 참조.
2 유치원 수업 참관 녹취기록(2000년 3월 6일).
3 에릭 홉스봄 『만들어진 전통』, 박지향·장문석 옮김, 휴머니스트 2004.
4 오대형 『당의 령도밑에 창작건립된 대기념비들의 사상예술성』, 평양: 조선미술출판사 1989, 129~53면.
5 김은택 『고려태조 왕건』, 평양: 과학백과사전종합출판사 1996, 4면.
6 같은 책 113면.
7 림종상 『동명왕』, 평양: 금성출판사 2005, 257면.

8 전영률 「위대한 수령 김일성 동지께서 단군 및 고조선과 관련하여 하신 교시는 력사 연구에서 새로운 전환의 계기를 열어놓은 강령적 지침」, 『단군과 고조선에 관한 연구 론문집』, 평양: 사회과학출판사 1994, 16면.
9 같은 책 17면.
10 장우진 「평양은 조선민족의 발상지」, 같은 책 146면.
11 신지락·조상호 편 『금수산기념궁전전설집』 1권, 평양: 문학예술종합출판사 1999, 128~29면.
12 같은 책 132면.
13 조흥윤 『한국의 원형신화 원앙부인 본풀이』, 서울대학교출판부 2000.
14 조상호·리순일 편 『금수산기념궁전전설집』 2권, 평양: 문학예술종합출판사 1999, 3~11면.
15 신지락·조상호 편, 앞의 책 3~5면.
16 같은 책 96~102면.
17 정병호 「극장국가 북한의 상징과 의례」, 1~42면.
18 고영환 「정예교육을 위한 최고의 시설 혁명학원 체계」, 한만길 편, 앞의 책 111면.
19 김연광 「굿바이! 김일성」, 『월간조선』 2005년 12월호.
20 김성모·탁성일·김철만 『조선의 집단체조』, 평양: 외국문출판사 2002.
21 권헌익·정병호, 앞의 책.
22 Clifford Geertz, *Negara: The Theater State in Nineteenth-Century Bali*, Princeton University Press 1980, 102면; 클리퍼드 기어츠 『극장국가 느가라: 19세기 발리의 정치체제를 통해서 본 권력의 본질』, 김용진 옮김, 눌민 2017 참조.
23 C. Geertz, 같은 책 131~32면.
24 제2차 조선로동당 초급선전일꾼대회에 보낸 서한, 2019년 3월 6일.

5장 빨치산과 "고난의 행군"

1 김태우 『폭격: 미공군의 공중폭격 기록으로 읽는 한국전쟁』, 창비 2013.
2 평양의 한 유치원에서 높은반 수업 참관 영상기록(2000년 3월 6일).
3 김두일 『선군시대 위인의 정치와 노래』, 평양: 문학예술출판사 2002, 253쪽.
4 전덕성 『선군정치에 대한 리해』, 평양: 평양출판사 2004, 7면.
5 같은 책 8~9면.
6 사회과학원 철학연구소 『우리 당의 총대철학』, 평양: 사회과학출판사 2003, 88면.

7 같은 책 7~8면.

8 『김정일선집』 14권, 평양: 조선로동당출판사 2000, 267면.

9 김두일, 앞의 책 254면.

10 「혁명의 수뇌부 결사옹위하리라」의 가사 일부.

11 '당의 유일사상체계 확립의 10대 원칙' 참조(특히 2항, 8항, 10항).

12 서정주 「마쯔이 오장 송가(松井伍長頌歌)」의 일부(『매일신보』 1944년 12월 9일자에 발표).

13 노천명 「님의 부르심을 받고서」의 일부(『매일신보』 1943년 8월 5일자에 발표).

14 「소년단원 우리도 총폭탄 되리라」 가사 일부, 노래집 『당신이 없으면 조국도 없다』(1997), 82면.

15 C. Geertz, 앞의 책.

16 「혁명의 꽃씨앗을 뿌려간다네」, 『5대혁명가극 노래집』, 평양: 문학예술출판사 2008.

17 권헌익·정병호, 앞의 책 33~34면.

18 조성찬 『총대와 혁명』, 평양: 근로단체출판사 2008, 90쪽.

19 김진 「국민이 3일만 참아주면…」, 『중앙일보』 2010년 5월 24일자.

20 Byung-Ho Chung, "North Korean Famine and Relief Activities of the South Korean NGOs," *Food Problems in North Korea: Current Situation and Possibility*, Gill-Chin Lim and Namsoo Chang, eds., Oruem Publishing House 2003.

21 AP, 1999년 5월 10일자.

22 정병호 「북한 기근의 인류학적 연구」, 『통일문제연구』 제16권 1호(2004), 평화문제연구소.

23 같은 글.

24 Jasper Becker, *Hungry Ghosts: Mao's Secret Famine*, New York: Henry Holt and Company 1998.

25 D. L. Yang, *Calamity and Reform in China*, Stanford: Stanford Univ. 1996.

26 정병호 「북한 기근의 인류학적 연구」, 111~12면.

27 정병호 「북한 어린이 기아와 한국 인류학의 과제」, 『한국문화인류학』 제32권 2호(1999), 한국문화인류학회, 155~75면.

28 정병호 「분단의 틈새에서: 탈북 난민의 삶과 인권」, 『당대비평』 16(2001), 236~55면.

29 Byung-Ho Chung, "Living Dangerously in Two Worlds: The Risks and Tactics of North Korean Refugee Children in China," *Korea Journal*, Vol. 43, No. 3(2003), 191~211면.

30 S. Lautze, *The Famine in North Korea: Humanitarian Responses in Communist Nations*, Feinstein International Famine Center, Tufts University 1997.
31 정병호 「북한 기근의 인류학적 연구」, 109~40면.
32 같은 글 129~33면 참조.
33 좋은벗들 엮음 『(북한사람들이 말하는) 북한이야기』, 정토출판 2000.
34 송승환·원영수 『(위인일화에 비낀) 웃음의 세계』, 평양: 평양출판사 2003, 76~77면.
35 석윤기 『고난의 행군』, 평양: 문예출판사 1991, 713면.
36 권헌익·정병호, 앞의 책 256~61면 참조.
37 재레드 다이아몬드 『대변동: 위기, 선택, 변화』, 강주헌 옮김, 김영사 2019, 18~19면.
38 김영훈 『차라리 이기적으로 살걸 그랬습니다: 진심, 긍정, 노력이 내 삶을 배신한다』, 21세기북스 2019, 122~24면.
39 송승환·원영수, 앞의 책 134~35면.
40 이기범, 앞의 책 118면.
41 정병호 「함경도 아이들에게 남해의 미역을」, 『한겨레신문』 2012년 2월 21일자.
42 정병호 「내복만한 효자가 없다」, 『한겨레신문』 2011년 1월 27일자.

6장 차별과 처벌

1 메리 더글라스 『순수와 위험: 오염과 금기 개념의 분석』, 유제분·이훈상 옮김, 현대미학사 1997, 288면.
2 정병호 「냉전 정치와 북한 이주민의 침투성 초국가 전략」, 『현대북한연구』 17(1), 49~101면.
3 김재웅 「연좌제와 출신성분의 규정력을 통해 본 해방 후 북한의 가족정책」, 『동방학지』 187집, 313~41면.
4 伊藤亜人, 『北朝鮮人民の生活』, 東京: 弘文堂 2017, 42~46면.
5 장우진 『아득히 먼 옛날의 우리 선조들을 찾아서』, 평양: 사회과학출판사 2009, 133면, 158면, 207면.
6 같은 책 147면.
7 Ruth Benedict, *Race: Science and Politics*, University of Georgia Press 1940; 장태한 『흑인: 그들은 누구인가』, 한국경제신문사 1993 참조.
8 Erving Goffman, *Stigma*, Prentice-Hall 1963, 1~5면.
9 김일성 「인민정권기관 일꾼들 앞에서 한 연설」(1978년 4월 20일), 『김일성저작집』

33권, 평양: 조선로동당출판사 1987.

10 伊藤亜人, 앞의 책 52면.

11 같은 책 54면.

12 북한연구학회 편 『북한의 여성과 가족』, 경인문화사 2006 참조.

13 『조선녀성』 1989년 4월호, 5면.

14 어린이의약품지원본부 「북한 여성의 임신 및 출산과 건강에 관한 보고서」, 2005.

15 정진경 「북한사람들의 성역할 특성과 가치관: 탈북자 자료」, 『한국심리학회지: 일반』 제21권 2호(2002), 163~77면.

16 조지 오웰 『1984』, 정회성 옮김, 민음사 2003; 『나는 왜 쓰는가: 조지 오웰 에세이』, 이한중 옮김, 한겨레출판 2010.

17 한나 아렌트 『예루살렘의 아이히만』, 김선욱 옮김, 한길사 2006 참조.

7장 저변의 흐름

1 강주원 『나는 오늘도 국경을 만들고 허문다』, 글항아리 2013; 『압록강은 다르게 흐른다: 문화인류학자의 눈으로 본, 국경과 국적을 넘어 아웅다웅 살고 오순도순 지내는 사람들 이야기』, 눌민 2016 참조.

2 조선변경무역 전문회사들의 시장조사 대행 및 컨설팅 광고. 『2014년 단둥전화번호부』, 상업안내면.

3 伊藤亜人, 앞의 책 434~35면.

4 Caroline Humphrey, *The Unmaking of Soviet Life: Everyday Economies after Socialism*, Cornell University Press 2002.

5 홍민 「북한 시장일상생활연구: 그로테스크와 부조리극 '사이'에서」, 박순성·홍민 엮음, 『북한의 일상생활세계: 외침과 속삭임』, 한울 2010, 292~362면.

6 伊藤亜人, 앞의 책 434~36면.

7 「우리의 승리를 굳게 믿는다」, 『로동신문』 2010년 2월 1일자 '정론'. 김정일은 3년 내에 이 목표를 실현시키겠다고 주장했으나, 2011년 12월 사망했다.

8 『로동신문』 2007년 1월 7일자.

9 『조선중앙통신』 2010년 10월 17일자.

10 「(KBS 스페셜) 3代세습, 지금 북한에서 무슨 일이 일어나고 있나」, KBS-1TV 2009년 6월 28일.

11 伊藤亜人, 앞의 책 387~404면.

12 정병호 「남과 북 아이들 어떻게 키울까?」, 『개똥이네 놀이터』 2007년 1월호 '권두언', 보리.

13 요한 하위징아 『중세의 가을』, 이종인 옮김, 연암서가 2012.

14 자강도 도시 출신 1963년생 여성의 설날에 관한 구술. 최학락 「북한 설날의 소비와 선물 연구: 의무와 위반의 매개로서 술」, 한국문화인류학회 2019년 추계학술대회 발표문 재인용.

15 미하일 바흐찐 『프랑수아 라블레의 작품과 중세 및 르네상스의 민중문화』, 이덕형·최건영 옮김, 아카넷 2001.

16 최진석 『민중과 그로테스크의 문화정치학: 미하일 바흐친과 생성의 사유』, 그린비 2017.

17 상대방이 무례한 질문을 하는 난감한 상황에서는 역으로 본질적인 질문을 던지라는 내용의 칼럼(김영민 「추석이란 무엇인가?」, 『아침에는 죽음을 생각하는 것이 좋다』, 어크로스 2018) 참조.

18 오현철 『선군령장과 사랑의 세계』, 평양: 평양출판사 2005.

19 이명자 『김정일 통치 시기 가족 멜로드라마 연구: 북한 근대성의 변화를 중심으로』, 동국대학교 대학원 연극영화학 박사학위논문 2005, 117~21면.

20 Michel de Certeau, *The Practice of Everyday Life*, University of California Press 1984.

21 James Scott, *Weapons of the Weak: Everyday Forms of Peasant Resistance*, Yale University Press 1985.

22 David W. Plath, *Long Engagement*, Stanford University Press 1980.

23 Susan Pharr, *Political Women in Japan*, University of California Press 1981, 144~47면.

닫는 글

1 로버트 프로스트 「가지 않은 길」(피천득 옮김) 중 일부.

2 정병호 「北은 김정은, 南은 박근혜? 우리는 바꿀 수 있다!」, 『프레시안』 2012년 12월 14일자(http://www.pressian.com/news/article.html?no=40141).

3 다니엘 튜더 『기적을 이룬 나라 기쁨을 잃은 나라』, 노정태 옮김, 문학동네 2013.

| 이미지 출처 및 제공처 |

이 책은 다음의 단체 및 저작권자의 허가 절차를 밟았습니다.
이미지를 제공해주신 분들께 진심으로 감사드립니다.
수록된 사진은 대부분 저작권자의 사용 허가를 받았으나,
일부 저작권자를 찾지 못한 경우는 확인되는 대로 허가 절차를 밟겠습니다.

1장
미사일과 아이돌 우리민족끼리 홈페이지
꼭 같으셔요 연합뉴스(왼쪽) 김명호(오른쪽)

2장
우리는 행복해요 선무(「우리는 행복해요 We are happy」, oil on canvas 2008)
콩우유차는 왕차 통일뉴스

3장
만경대혁명학원을 찾아주신 장군님 박영철 『민족의 어버이』, 평양: 평양출판사 2012, 90면
유자녀들의 친부모가 되시어 같은 책 12면
뽈란드로 간 전쟁고아 커넥트픽쳐스(다큐멘터리영화 「폴란드로 간 아이들」, 추상미 감독, 2018)

4장
아버지 대원수님은 영원한 우리의 해님 정병호
태양기념건축 정병호
두개의 태양상 우리민족끼리 홈페이지
정일봉 탄생설화 조선화보사 『영광의 50년』, 평양: 조선화보사 1995, 27면
활짝 웃어라 통일뉴스

5장
원쑤놈들을 미워하는 마음 AP Photo/Kim Kwang Hyon
가는 길 험난해도 웃으며 가자 김상순 『주체예술의 빛나는 화폭』, 평양: 평양예술종합출판사 2001, 10면
키 크기 운동 AP Photo/Wong Maye-E
대한민국 쌀 연합뉴스

6장 **평양결사수호** 정병호

7장 **단둥세관과 수출입상가** 정병호

생활경제의 주역 여성들 東京新聞/城内康伸(위) 정진경(아래)

려명거리 우리민족끼리 홈페이지

하모니카집 정병호

고무줄을 끊고 도망가는 개구쟁이 임종진

백두산 답사길에 오른 행군대오 최기만·정춘종『태양과 청춘』, 평양: 금성청년출판사 1999, 162면

* 모든 이미지는 재사용 시 해당 단체 및 저작권자의 재허가 절차를 밟아야 합니다.

고난과 웃음의 나라
문화인류학자의 북한 이야기

초판 1쇄 발행/2020년 2월 3일
초판 4쇄 발행/2023년 12월 5일

지은이/정병호
펴낸이/염종선
책임편집/김가희 배영하
조판/박아경
펴낸곳/(주)창비
등록/1986년 8월 5일 제85호
주소/10881 경기도 파주시 회동길 184
전화/031-955-3333
팩시밀리/영업 031-955-3399 편집 031-955-3400
홈페이지/www.changbi.com
전자우편/human@changbi.com

ISBN 978-89-364-8650-1 03300